대원불교
학술총서

43

대원불교
학술총서
43

불교 근대주의의 형성

불교는 어떻게
근대성과 만났는가

데이비드 L. 맥마한 지음
김한상 옮김

운주사

발간사

오늘날 인류 사회는 4차 산업혁명을 통해 완전히 새로운 세상을 맞이하고 있습니다. 전통적인 인간관과 세계관이 크게 흔들리면서, 종교계에도 새로운 변혁이 불가피하게 되었습니다. 이런 상황에서 대한불교진흥원은 다음과 같은 취지로 대원불교총서를 발간하려고 합니다.

첫째로, 현대 과학의 발전을 토대로 불교를 현대적으로 재해석할 필요가 있습니다. 불교는 어느 종교보다도 과학과 가장 잘 조화될 수 있는 종교입니다. 이런 평가에 걸맞게 불교를 현대적 용어로 새롭게 이해할 수 있도록 하려고 합니다.

둘째로, 현대 생활에 맞게 불교를 이해할 필요가 있습니다. 불교가 형성되던 시대 상황과 오늘날의 상황은 너무나 많이 변했습니다. 이런 변화된 상황에서 부처님의 가르침을 제대로 이해할 수 있도록 하려고 합니다.

셋째로, 불교의 발전과정을 종합적으로 이해할 필요가 있습니다. 북방불교, 남방불교, 티베트불교, 현대 서구불교 등은 같은 뿌리에서 다른 꽃들을 피웠습니다. 세계화 시대에 부응하여 이들 발전을 한데 묶어 불교에 대한 총체적 이해가 가능하도록 하려고 합니다.

대원불교총서는 대한불교진흥원의 장기 프로젝트의 하나로서 두 종류로 출간될 예정입니다. 하나는 대원불교학술총서이고 다른 하나는 대원불교문화총서입니다. 학술총서는 학술성과 대중성 양 측면을 모두 갖추려고 하며, 문화총서는 젊은 세대의 관심과 감각에 맞추려고 합니다.

본 총서 발간이 한국불교 중흥에 조금이나마 기여할 수 있기를 바랍니다.

불기 2570년(서기 2026년) 1월

(재)대한불교진흥원

감사의 글

이 프로젝트는 미국 국립인문재단(National Endowment for the Humanities)의 여름 연구비 지원금으로 시작되었습니다. 필자는 또한 연구비를 지원해 준 미국 종교 아카데미와, 센트럴 펜실베이니아 컨소시엄 보조금을 지원해 준 앤드류 멜론 기금(Andrew W. Mellon Foundation)에 깊은 감사를 드립니다.

제4장의 초기 버전은 '근대성과 과학적 불교의 담론(Modernity and the Discourse of Scientific Buddhism)'이라는 제목으로 *Journal of the American Academy of Religion* 제72권, 제4호(2004), 897-933에 게재되었습니다. 이 책의 일부도 *Indian International Journal of Buddhism* 제10권, 제5호(2004), 63-99의 '탈신화화와 불교의 핵심 대 부가물 모델(Demythologization and the Core-versus-Accretions Model of Buddhism)'의 자료와 『서구를 향한 다르마: 아시아를 넘어선 불교(Westward Dharma: Buddhism Beyond Asia)』, edited by Charles S. Prebish and Martin Baumann, Berkeley: University of California Press, 2002, 218-229의 '서구를 위한 선의 재포장(Repackaging Zen for the West)'의 내용을 포함하고 있습니다. 이 자료를 다시 인쇄할 수 있도록 허락해 준 출판사에 감사드립니다.

끝으로 원고의 일부를 읽거나 다양한 방식으로 이 책의 집필을 지원해 준 제럴드 라슨(Gerald Larson), 아네트 아로노비츠(Annette

Aronowicz), 스티븐 쿠퍼(Stephen Cooper), 존 라다스 모던(John Lardas Modern), 제이슨 카빈(Jason Carbine), 찰스 프레비쉬(Charles Prebish), 폴 누머리치(Paul Numrich), 대릴 캐터린(Darryl Caterine), 댄 블레어(Dan Blair), 카비 하트만(Kabi Hartman), 그리고 카렌 새틀러(Karen Sattler)에게 감사의 말씀을 전합니다.

불교 용어에 대한 참조 사항

필자는 다른 언어의 텍스트에서 나온 용어를 언급할 경우를 제외하고는 산스끄리뜨어를 사용하였다. 필자는 영어가 아닌 용어는 일반적으로 잘 알려져 있거나, 이 책에서 자주 사용되는 경우를 제외하고는 이탤릭체로 표기하고 분음 부호를 달았다. 〔역주: 번역본에서는 굵은 서체를 사용하였다.〕 고유명사는 분음 부호 없이 표기하였다. 수뜨라(sūtra)와 숫따(sutta)는 각각 산스끄리뜨어와 빨리어로 된 불경을 가리킨다. 티베트어는 일반적으로 투렐 와일리(Turrell Wylie) 체계에 따라 표기하였지만, 수많은 무성 문자를 포함하거나 영어로 입력된 티베트어는 소리 나는 대로 표기하였으며, 와일리 음역은 처음 사용될 때 괄호 안에 넣었다. 중국어는 병음倂音 체계에 따라 표기하였다. 출처가 명시되지 않은 산스끄리뜨나 빨리문의 번역은 모두 필자가 한 것이다.

Preface to the Korean translation

I began thinking about the themes in *The Making of Buddhist Modernism* by observing that my university students in the United States, as well as people with an interest in Buddhism in the West more generally, had ideas about Buddhism that were quite distinct from those I had encountered in Asia and in the classical texts of the tradition. Westerners with no ethnic background in Buddhism, for example, often see it as having minimal ritual, as being congruent with science and modern psychology, as being primarily about meditation, or as a way of life rather than a religion. I used my students' interpretations as a starting point for my research: how did they get certain ideas about Buddhism? Where did they come from? What is the lineage of these ideas? As such, I initially thought about my project as investigating Buddhism in the West. I quickly discovered, however, that one could not tell the story of western interpretations of Buddhism without discussing various forms of modernizing Asian Buddhism. Indeed, the story I tell in this book is of the transnational character of what I have called Buddhism modernism. It would be mistaken to think of it as fundamentally either Eastern or Western: rather, it is something that has emerged from the transnational intertwining of many different traditions, movement, habits of thought, groups, and individuals in Asia, Europe, and North America.

Even though there exist uniquely western and American versions of Buddhist modernism, the transnational cross-fertilization of its elements is so pronounced that it is often hard to pin them down to any specific geographic locale. For example, Mindfulness Based Stress Reduction (MBSR), a medicalized mindfulness and meditation program developed in the United States by Jon Kabat-Zinn, is ubiquitous in North America and has now spread around the globe as a secularized program of health and well-being. Kabat-Zinn derived a great deal of MBSR from his training with a Korean Seonteacher, Seung Sahn Haengwon, the founder of the Kwan Um School. Bits and pieces of Korean Seon, therefore, were imported into a medical setting in the United States and then exported back to Korea, where they are now included in lay-people's retreats at monasteries and reincorporated into more distinctively Korean articulations of Buddhism. This is just one of many complicated transnational flows embedded in the larger phenomenon of Buddhist modernism.

Although I did not discuss the rich tapestry of Korean Buddhism in the book, I am honored to have it translated into the Korean language because Korea, too, is an important part of this story. Perhaps this translation will encourage someone with more expertise in modern Korean Buddhism to add to the story. Indeed the very fact of this translation is itself a part of the broad international conversation that constitutes Buddhist modernism and its multi-faceted interpretations.

2024. 12. 30.

David L. McMahan

한국어판 서문

『불교 근대주의의 형성』에서 다루는 주제들에 대해 생각하게 된 계기는, 저의 미국 대학생들과 서구에서 불교에 관심을 가진 사람들이 불교에 대해 가지고 있는 관념이 내가 아시아에서 접했던 것들이나 전통적인 고전 문헌에서 본 것들과 상당히 다르다는 점을 관찰하면서였습니다. 예컨대, 불교에 대한 민족적 배경이 없는 서양인들은 불교가 최소한의 의례만 가지고 있고, 과학과 근대 심리학과 일치하며, 주로 명상에 관한 것이거나 종교라기보다는 삶의 방식으로 보는 경우가 많습니다. 저는 제 학생들의 해석을 제 연구의 출발점으로 삼았습니다. 그들은 어떻게 불교에 대한 특정한 생각을 갖게 되었을까요? 그 생각들은 어디에서 왔을까요? 이러한 생각의 계보는 무엇일까요? 그래서 저는 처음에 제 프로젝트를 '서양'의 불교를 조사하는 것으로 생각했습니다. 하지만 저는 곧 서구에서의 불교 해석에 대한 이야기를 하려면, 아시아 불교의 다양한 근대화 형태들을 논의하지 않고서는 불가능하다는 사실을 깨달았습니다. 실제로 이 책에서 제가 말하는 이야기는 제가 불교 근대주의라고 부르는 것의 초국가적 성격을 가집니다. 불교 근대주의를 근본적으로 동양적이거나 서양적이라고 생각하는 것은 잘못일 것입니다. 오히려 그것은 아시아, 유럽, 북미의 여러 다른 전통, 운동, 사고 습관, 그룹, 개인이 초국가적으로 얽히면서 형성된 것입니다.

불교 근대주의에는 독특한 서양 및 미국식 버전이 있지만, 그 구성 요소들이 초국가적으로 서로 영향을 주고받은 정도가 너무나 뚜렷하기 때문에, 그것들을 특정한 지역에 국한하기 어려울 때가 많습니다. 예컨대, 존 카밧진(Jon Kabat-Zinn)이 미국에서 개발한 의학화된 마음챙김과 명상 프로그램인 마음챙김 기반 스트레스 감소 프로그램(MBSR)은 북미 지역에서 널리 사용되고 있으며, 현재는 건강과 웰빙의 세속화된 프로그램으로 전 세계로 퍼졌습니다. 카밧진은 관음종觀音宗의 설립자인 한국 선 스승 숭산 행원과 선 수행을 하면서 MBSR을 많이 배웠습니다. 따라서 한국 선의 자잘한 부분들은 미국의 의료 환경으로 수입된 후 한국으로 역수출되었습니다. 이제는 절의 재가자를 위한 수련회에 포함되어 더욱 독특한 한국적 불교 표현에 다시 통합되었습니다. 이것은 불교적 근대주의의 더 큰 현상에 내재한 많은 복잡한 국제적 흐름 중 하나일 뿐입니다.

이 책에서 한국 불교의 풍부한 태피스트리에 대해 논의하지 않았지만, 한국도 이 이야기의 중요한 부분이기 때문에 한국어로 번역하게 되어 영광입니다. 아마도 이 번역은 근대 한국 불교에 대한 전문 지식이 더 많은 사람이 이야기에 추가하도록 격려할 것입니다. 실제로 이 번역 행위 자체가 불교적 근대주의와 그 다면적 해석을 구성하는 광범위한 국제적 대화의 일부입니다.

2024. 12. 30.

데이비드 L. 맥마한

역자 일러두기

(1) 적절한 번역어를 찾기 어려운 경우나 독자들이 원어를 함께 아는 것이 바람직하다고 판단되는 경우, 한글 번역어 뒤에 원어를 병기하였다.

(2) 한자 병기는 원서에는 없지만 독자의 이해를 돕기 위해 역자가 추가한 것이다.

(3) 산스끄리뜨어와 빨리어의 발음 표기는 원어 발음에 가깝게 우리말로 표기하였다.

(4) 원어 및 한자는 처음에 한 번만 병기하는 것을 원칙으로 하였으나, 문맥 이해나 어원 설명이 필요할 경우, 여러 번 병기하기도 하였다.

(5) 원서의 직접 인용문이 우리말 문장 구조상 어색하거나 가독성을 저해한다고 판단되는 경우, 간접 인용으로 전환하여 번역하였다. 이러한 기준은 원서의 간접 인용문에도 동일하게 적용하였다.

(6) 원서에 소개된 2차 문헌의 직접 인용문 일부는 시중에 출판된 한글 번역본을 참고하여 번역하였다. 비록 참고한 번역본의 출처를 일일이 명시하지는 못하였으나, 해당 역자들에게 감사의 마음을 전한다.

(7) 원서에 소개된 불교 원전의 인용문은 불교 원전을 참고하여 번역하였다. 이는 중역 과정에서 발생할 수 있는 오류를 방지하기 위함이다.

(8) 원문의 복수와 단수 형태는 문맥에 따른 의미 전달의 정확성을 위해, 필요한 경우 그대로 유지하여 번역하였다.

(9) 원본이 출간된 지 다소 시간이 경과했기 때문에 일부 인물의 생몰 연대나 역사적 사실이 현재와 다르게 서술된 부분이 있으나, 원문의 내용을 존중하여 그대로 번역하였다.

(10) 대문자로 된 God라는 말은 하느님이나 유일신이라고 번역하지 않고 신神으로 옮겼다.

9. 근대에서 탈근대로? 431

1. 들어가는 말: 불교와 근대성

새로운 불교

프랭클린 앤 마샬 칼리지(Franklin and Marshall College)에서 가르친 지 1년째 되던 어느 추운 금요일 저녁이었다. 필자는 한 성실한 학생의 부탁을 받고 어두운 거리를 따라 도시에서 가장 힙한 나이트클럽에 가게 되었다. 안으로 들어가니 납작한 검은 벽에서 섬뜩한 조각들이 튀어나와 있었고, 무대 위에서 빙빙 도는 음악가들로부터는 번쩍이는 불빛과 귀를 찢을 듯한 음악이 흘러나왔고, 어두워진 무도장은 분홍색 모호크(mohawk) 머리 모양, 입술과 눈썹 반지, 검은 가죽옷, 찢어진 청바지를 입은 사람들이 몸을 뒤틀고 있었다. 그리고 바 옆 어둑한 구석에 조용히 앉아 있던 다섯 명의 티베트 승려가 무대에 오를 채비를 하고 있었다. 밴드가 휴식에 들어가자, 승려들은 조명을 받으며 등장했다. 한 학생의 간단한 소개가 끝나자, 그들은 목젖을 울리는 듯한 낮은 저음의 독경과 간단한 뿌자(pūjā) 의식을 행했다. 젊은 관객 중 일부는 당황한 것처럼 보였지만 예의를 지키며 조용히 있었다. 또 다른 사람들은 티베트어 음절이나 뿌자 의식의 원리는 이해하지 못했지만, 이국적이고 영적이며 심오하고 매우 멋진 일이 일어나고 있음을 알고 흡족해하는 듯했다. 이후 자유 티베트 학생회(Students for a Free Tibet) 현지 지부 대변인이 중국의 티베트 점령에 대해 간략하게 이야기하고 팸플릿을 나눠주었고, 요란한 음악과 춤이 재개되었다. 승려들은 다음날 저녁에 있을 카네기 홀 공연을 위해 서둘러 다음 장소로 향했다.

이는 불교도와 불교에 관심 있는 서양인 사이에서 이루어진 수많은 만남 중 하나였다. 이 만남들은 서로 겹치는 관심과 의제, 상호 호의뿐만 아니라 상호 간의 이해 부족이라는 특징을 지니며, 지난 한 세기 이상에 걸쳐 불교가 발견될 수 있는 새로운 맥락을 형성해 왔고, 실제로 새로운 불교를 구성해 왔다. 이 만남 이후에도 승려들과 클럽 손님들은 평소와 다름없이 살아갔을 것이다. 하지만 그 사건은 젊은 파티 참석자들 사이에서 티베트의 상황, 승려들의 품행, 초세속적 독경, 누군가 참석한 자유 티베트 콘서트, 불교에 관해 읽은 책이나 수업에 관한 많은 대화를 분명히 불러일으켰다. 승려들도 자신들끼리 대화를 나눴다. 그 대화 내용은 젊은이들의 옷과 헤어스타일이 지닌 의미를 파악하려는 시도, 이 작은 행사조차도 중국 통치하의 티베트 자치의 대의에 대한 인식과 지지를 높이는 데 도움이 될 것이라는 희망감의 표현, 미국 펑크 음악에 대한 평가, 그리고 나이트클럽 장면을 불교 지옥의 대기실과 비교하는 것이었다. 대화는 불교와 서양 문화간 접점의 증가하고 변화하는 패턴을 구성하는 담론의 흐름으로 이어졌다.

이러한 대화 중 또 다른 대화는 다음 월요일에 내 강의실에서 이루어졌는데, 불교를 다루는 첫 번째 날인 아시아 종교 입문 수업에서 학생들에게 불교 전통에 관한 생각과 인상을 좀 말해 달라고 요청했을 때였다. 대중 영화와 잡지 기사들로부터 다양한 인상을 받고서 한 학생이 그 학기의 표준적인 견해가 된 생각을 진솔하게 말했다. "불교는 특별히 뭔가를 믿거나 어떤 엄격한 규칙을 실제로 따르지 않아도 되는 종교이다. 왜냐하면 우리는 단지 자비를 실천하고 명상을 통해 평화로운 마음 상태를 유지하면 되기 때문이다. 불교는 창의성과 직관을 중요시하며 기본적으로 근대적·과학적 세계관과 양립할 수 있다. 불교는 민주적이고 사상의 자유를 장려하므로 종교라기보다는 '영성(spirituality)'에 가깝다." 불교의 복잡한 실천과 교리에 몰두하는 진지한 수행자들은 말할 것도 없고, 2천5백 년의 역사를 거치며 다양한 문화 속에서 풍부한 다양성을 보여 온 불교에 천착하는 학자들도 그러한 엉뚱한 생각에 눈살을 찌푸릴 수도 있다. 그러나 이러한 생각은 단순히 무지의 소산이 아니다. 그러한 생각은 최근 역사 속 불교의 재현에 구체적인 뿌리를 두고 있으며, 실제로 그러한 재현은 학자들과 수행자들이 직접 만든 것이다. 사실 그러한 생각은 다양한 아시아의 역사적 맥락에서 불교를 정확하게 재현한 것이 아니라, 더 최근에 등장한 새로운 불교를 재현한 것이다.

최근 몇 년간 북미의 종교적 지형에서 두드러진 변화 중 하나는 불교가 미국 문화의 다양한 측면들 속으로 파고 들어가 폭발적 성장을 거듭하는 점이다. 불교 승려들은 텔레비전 광고와 시트콤에 출연하고, 록 콘서트의 무대에 올라가 노래를 부르고, 캘리포니아와 뉴욕주 북부에 불탑을 세운다. 미국 중산층들이 대학 캠퍼스와 유니테리언 교회에서 격식을 갖추지 않고 불교 명상을 하기 위해 모이는 동안, 서점은 불교에 관한 책들로 가득 채워지고 있다. 하지만 많은 미국인과 유럽인들이 흔히 '불교'라는 용어로 이해하는 것은 근대의 혼합적 전통이다. 사실 이 전통은 붓다의 깨달음에 못지않게 유럽 계몽주의에 뿌리를 두고 있으며, 빨리 성전만큼이나 낭만주의와 초월주의에 뿌리를 두고 있으며, 마음챙김(sati)과 명상만큼이나 아시아 문화와 식민지 열강의 충돌에 뿌리를 두고 있다. 대부분의 비非아시아계 미국인들은 불교를 명상, 엄격한 철학적 분석, 그리고 개인의 경험에 대한 의존을 장려하는 매우 경험주의적인 심리학과 결합한 자비의 윤리가 가장 중요한 요소인 종교로 보는 경향이 있다. 불교는 권위와 독단을 맹목적으로 따르지 않도록 하고, 미신, 마술, 성상聖像 숭배, 신들이 설 자리가 거의 없으며, 근대과학과 자유민주주의 가치의 발견과 대체로 양립한다. 이 그림은 수 세기 동안 아시아에 존재해 온 불교의 전통적 형태의 요소들을 그린 것이지만, 불교가 유구하고 다양한 역사를 통해 아시아 불교인들에게 의미했던 것과는 많은 점에서 상당히 다르다. 서양 대중들의 불교에 대한 그림은 고대 불교 문헌과 살아있는 전통 속에 분명히 있지도 않고, 서양의 교육받은 엘리트 집단의 환상, 즉 상응하는 대상이 없는 단순한 이미지일 뿐이다. 오히려 서구뿐 아니라 아시아 각국에서 한 세기가 넘도록 진행되어 온 근대화, 서구화, 재해석, 이미지 만들기, 활성화, 개혁 과정의 결과물인 실로 새로운 형태의 불교이다. 이 새로운 형태의 불교는 아시아 불교인들과 서양인 열광자들이 근대성의 지배적인 문제들과 의문들, 예를 들어 인식론적 불확실성, 종교적 다원주의, 허무주의의 위협, 과학과 종교 간의 갈등, 전쟁, 환경 파괴에 대한 불교적 대응을 형성하는 데 깊이 관여하면서 형성되었다.

이러한 문제에 대한 불교적 사고의 출현은 사회가 빠르고 전례 없이 변하는 시대에 문화, 개인, 제도가 독특하게 융합된 결과이다. 동서양을 막론하고 많은 근대화된 불교 해석가들은 동양의 지혜를 인간화함으로써 근대화를 통해 영적인 의미를 잃었다고 자신들이 주장하는 근대 서구를 구원한다는 주제를 제시했다. 그러나 이 구원이 성공하려면 불교 자체가 변형되고 개혁되고 근대화되어야 했다. 즉, 신화적 요소들과 미신적인 문화적 부착물들이 제거되어야 했던 것이다. 따라서 서구, 그리고 교육받은 아시아의 도시민들 사이에서 볼 수 있게 된 불교는 의례를 적게 포함하고, 불교 문헌에 묘사된 기적들과 초자연적 사건들을 덜 강조하고, 성상 숭배를 폐기하거나 재해석하며, 과학적·인문학적·민주주의적 이상들과의 호환성을 강조한다. 동시에 이러한 최근의 불교 형태는 변화하는 세계에 적응하기 위해 단순히 전통적인 요소들을 모두 없애버리지 않고 재창조했다.

불교 근대주의와 서구

서양의 과학, 철학, 심리학이 다르마(dharma)[1]의 근대적 변용에 미치는 영향과 이 주제에 대한 미국과 유럽 저자들의 돋보이는 존재감을 고려할 때 다양한 근대화 형태의 불교를 '서양 불교'로 생각하고 싶은 생각을 뿌리치기 힘들다. 확실히 서양인들은 불교를 서양문화의 범주, 이념, 서사로 매우 선택적이고 독특한 방식으로 변화시키는데 크게 기여했다. 하지만 불교의 근대화는 결코 전적으로 서구의 프로젝트거나 단순히 동양이라는 타자他者를 재현한 것이 아니었다. 이 과정에 핵심적인 역할을 했던 많은 인물은 서구 사상과 불교 사상 모두를 배운 아시아의 개혁가들이었다. 또한 이 과정에서 아나가리카 다르마팔라(Anagārika Dharmapāla), 스즈키 다이세츠(鈴木大拙), 그리고 최근의 14대 달라이 라마(Dalai Lama)와 같은 주요 아시아 인물들의 동기를 단순히 불교를 서양식 근대성에 순응시키는 것으로 축소할 수도 없다. 어떤 사람들은 불교 범주를 근대주의 담론에 주입하여 근대성의 약점을 비판하고 서구의 식민주의에 저항하거나 자신의 종교적 또는 국가적 특수성을 주장하기 위해서만 근대성을 비판했다. 필자가 논의하고자 하는 이 새로운 형태의 불교, 즉 일부 학자들이 불교 근대주의라고 부르는 것은 아시아인, 유럽인, 미국인의 공동 창조물이었다. 필자는 주로 서구에서의 불교 근대주의 발현을 살펴보려 하지만, 아시아인, 유럽인, 미국인 간의 상호 연결은 내 주제를 '서양 불교'로 분류하려는 시도를 무색하게 한다. 학자들이 종종 '서양 불교', '미국 불교' 또는 '신불교'로 뜻하는 바는 하나의 지리적 또는 문화적 배경의 배타적인 산물이 아니라 운동의 더 세계적인 네트워크의 한 측면이다.

필자가 사용하는 '불교 근대주의'라는 말은 단순히 근대 시기에

---

1 '다르마(dharma)'는 불교의 가르침을 말한다.

존재하는 모든 불교를 의미하는 것이 아니다. 오히려 근대성의 지배적인 문화적·지적 힘들과의 상호작용 속에서 등장한 불교 형태를 의미한다. 불교 근대주의는 느슨한 연관성과 모호한 경계를 가진 역사적 과정의 역동적이고 복합적이며 다층적인 집합체이다. 그럼에도 불구하고 불교 근대주의에는 그 전반적인 윤곽을 그릴 수 있을 정도로 뚜렷한 특징이 있으며, 세부적인 특성을 명확히 하고, 그 형성 과정을 추적할 수 있는 요소들이 존재한다. 하인즈 베헤르트(Heinz Bechert)는 그의 저서 『불교, 국가, 사회(Buddhismus, Staat und Gesellschaft)』(1966년의 초판본, 1984년의 재판본도 참조)에서 불교 근대주의라는 용어를 학술적 범주로 정립했다. 그는 불교 근대주의를 이성理性과 명상, 성전聖典 문헌의 재발견을 강조하는 '합리적 사고방식'으로 재해석한 운동으로서, 수많은 지리적 영역과 학파에 걸친 부흥 운동이라고 설명했다. 불교 근대주의는 또한 의식, 성상 숭배, '민속(토속)' 믿음 및 실천을 별로 강조하지 않았으며, 특히 미얀마와 스리랑카에서 사회 개혁과 민족주의 운동과 관련이 있었다. 어떤 곳에서는 유럽의 식민주의에 직면하여 불교를 민족 종교로 재인식하고 서양 문헌의 부정적인 식민주의 묘사에 대항하려고 시도했다(1984: 276). 이후 논문에서 베헤르트는 초기 형태의 불교 근대주의의 여러 핵심 구성 요소들을 밝혔다. 이 구성 요소들은 탈신화화('전통 신화들에 대한 상징적 해석'과 우주론의 근대화)를 포함하는데, 이는 불교가 믿음과 도그마를 강조하는 다른 종교들에 비해 '과학적 종교'로 해석될 수 있도록 하였다. 또한 불교를 신조나 종교라기보다는 철학으로 보는 생각, (초기 서양에서 불교를 비관주의로 재현한 것에 대응하고자) 불교가 낙관주의라고 주장하고, 사회사업, 민주주의, '평등의 철학'을 강조하는 활동가적 요소도 포함한다. 또 중요한 것은 명상에 대한 새로운 중추적 강조이다. 이는 성전聖典의 명상법을 부활시켰을 뿐만 아니라 이를 대중화하고 민주화하여 독특하고 근대적인 '명상 센터'에서 모든 이들이 실천할 수 있는 길을 열었다(1994: 255-56).

리처드 곰브리치(Richard Gombrich)와 가나나트 오베예세케레(Ga-nanath Obeyesekere)는 특히 스리랑카의 싱할라 불교에서 유사한 경향을 구체적으로 분석했다. 두 사람은 19세기 후반과 20세기 후반에 싱할라 불교의 근대화 양식과 빅토리아 시대의 영국 문화에 대한 기독교 영향을 강조하면서, '프로테스탄트 불교(Protestant Buddhism)'라는 용어를 사용하여 근대화 불교가 유럽 식민지화와 기독교 선교에 항의하고 개신교의 요소를 채택했음을 암시한다. 이러한 경향에는 개인과 종교적 목표를 서로 연결하는 성직자의 배제, '중개인 없이 개인의 궁극적인 목표를 추구하는 개인', '영적 평등주의', 개인의 책임, 그리고 자아 성찰이 포함되었다. 재가자가 중요해지면서 승가(출가자 공동체)의 중요성은 감소했다.[2] 곰브리치와 오베예세케레는 개신교의 영향으로 "종교는 개인화되고 내면화된다. 진정으로 중요한 것은 공개적인 축제나 의례에서 일어나는 일이 아니라 자신의 마음이나 영혼 속에서 일어나는 일이다."라고 주장한다(1988: 216). 프로테스탄트 불교의 부상은 스리랑카와 다른 아시아 국가들에서 중산층의

---

2 필자는 비구와 비구니 모두를 가리키는 말로 '출가자(monastics)'라는 용어를 사용한다. 최근에는 승가(僧伽, saṅgha)라는 용어가 재가 수행자들뿐만 아니라 비공식적인 명상 단체들까지도 포함할 정도로 확장되고 있다.

부상과도 관련이 있으며, 전통적인 불교 윤리와 빅토리아 시대의 사회 관습이 혼합된 형태였다(Gombrich 1988: 172-97). 프로테스탄트 불교는 오리엔탈리스트 학자들이 성전聖典 문헌에서 '진정한 불교'의 위치를 상정한 것을 그대로 재현한 반면, 지역이나 마을에서 실천되는 불교의 변형들을 타락하고 미신적이라고 일축하는 경우도 많았다.

더 최근에 도널드 로페즈 주니어(Donald S. Lopez Jr.)는 자신이 '근대 불교'라고 부르는 개념을 분석하며 이 영역의 일부를 탐색했다. 그는 근대 불교가 "계층보다 평등을, 지역보다 보편을 강조하며, 종종 공동체보다 개인을 중시한다."라고 주장한다(2002: ix). 근대 불교는 붓다의 원래 메시지가 '이성, 경험주의, 과학, 보편주의, 개인주의, 관용, 자유 그리고 종교적 정통성의 거부'(2002: x)라는 근대적 개념들과 충분히 양립할 수 있다고 본다. 근대 불교는 전통적인 불교보다 여성의 역할이 훨씬 더 활발하고 가시적이며, 그 사회적 기반 또한 종종 교육받은 중산층 계층에 속해 있다. 로페즈는 근대 불교가 국가를 초월한 불교 종파로 발전했다고 주장하면서, "문화적·국가적 경계를 초월하는 국제 불교로, 세계적인 지식인 네트워크를 형성하고, 영어로 가장 자주 글을 쓴다."(2002: xxxx)라고 말한다. 이 '종파'는 지리적 영역에도 전통적인 종파에도 뿌리를 두고 있지 않지만, 다양한 위치에 있는 다양한 불교 학파들의 근대적인 측면이다. 게다가 근대 불교는 자체적으로 전 세계적인 계보와 표준적인 '성전聖典'을 가지고 있는데, 그것은 주로 대중적이고 반은 학자인 저자들의 저작들이다. 그러한 저자들은 근대 불교의 형성기에 활약한 인물들과 좀 더 최근의 인물들이다. 전자는 샤쿠 소엔(釋宗演), 드와이트 고다드(Dwight Goddard),

스즈키 다이세츠, 알렉산드라 데이비드 닐(Alexandra David-Neel)이며, 후자는 스즈키 순류(鈴木俊隆), 상가락시타(Sangharakshita), 앨런 왓츠(Alan Watts), 틱낫한(Thich Nhat Hanh), 초감 트룽파(Chögyam Trungpa)이다.

이와 같은 불교 근대주의와 밀접히 관련된 개념들은 이 책이 탐구할 기본 영역에 대한 훌륭한 종합 지도를 제공하지만, 전체 이야기를 말해 주는 것은 아니다. 근대적인 형태의 불교가 서구화, 탈신화화, 합리주의화, 낭만주의화, 개신교화, 또는 심리화되었다고 말하는 것은 당연하지만, 이러한 진행 중인 과정과 관련되어 온 특정한 근대 이데올로기의 힘, 문헌의 출처, 사회적·문화적 관행, 명시적 철학, 암묵적 가정을 조명하려는 작업은 거의 수행되지 않았다. 필자는 이 책에서 불교와 융합하여 독특한 근대적 형태의 다르마를 형성해 온 구체적인 서양 문헌, 개념, 이념, 실천들을 탐구하고자 한다.

필자는 불교와 근대성과의 만남이 불교를 어떻게 변화시켰는지 밝히는 것뿐만 아니라, 근대성의 조건들이 불교 해석이 가능하거나 불가능하게 되는 암묵적 매개변수를 어떻게 만들어냈는지도 조명하고자 한다. 불교가 순응한 근대성의 타협할 수 없는 요소는 무엇인가? 반면에 불교가 도전하고 변화시키려는 근대성의 측면은 무엇인가? 불교 근대주의는 지식, 사회적 관계, 과학과 철학의 근대적 담론 안에서 어떻게 자리를 잡았을까? 그리고 아시아 불교도들은 어떻게 더 전통적인 불교 담론 안에 근대성의 담론을 만들어 두었을까? 불교는 어떻게 서구 근대성에 내재한 기존의 관심사와 논쟁에 참여하게 되었을까? 불교 전통의 어떤 요소들은 어떻게 그리고 왜 근대 세계의 요구에 부응하는 것으로 선택되고 다른 요소들은 무시되거나 억압되었을까? 불교는 미국과 유럽 문화의 메타 서사와 점점 더 세계화되는 근대성의 메타 서사에 어떻게 들어맞았을까? 근대주의자들과 개혁가들은 근대성에 내재한 일부 문제에 대한 불교적 대응을 어떻게 구성했으며, 그 과정에서 근대성에 의해 형성되면서도 동시에 그것을 비판하는 새로운 불교 형태의 지적 기반을 어떻게 발전시켰을까? 그리고 어떻게 불교 문헌, 사상, 실천이 근대 서양뿐만 아니라 근대 동양의 가장 심오한 실존적·사회적·철학적 고민들을 다루는 것으로 이해되었을까? 이것들은 필자가 불교와 서구 근대주의가 혼합된 몇 가지 방식을 확인하려고 노력할 때 묻게 될 몇 가지 질문들이다.

근대성과 불교

불교와 근대성과의 만남을 이해하기 위해서는 '근대성(modernity)'이라는 다원적 용어를 명확히 정의해야 한다. '근대성'은 인문학과 사회과학에서 논쟁의 여지가 있는 용어이며, 아마도 어떤 정의로도 충분하지 않을 것이며, 하나의 타임라인으로도 충분하지 않을 것이다. 예컨대 근대 국가는 근대 철학이나 근대 경제학과는 다른 역사를 가진다. 게다가 근대성에 대한 다양하고 경쟁적인 서사가 존재한다. 그러나 근대성은 개신교 종교개혁, 과학혁명, 유럽 계몽주의, 낭만주의, 그리고 현재에 이르기까지의 그 후속 사조들에게 뿌리를 두고 점진적으로 부상하는 사회적·지적 세계를 일반적으로 가리킨다고 말해도 무방하다. 대부분의 근대성 분석가는 근대성이 전통적인 형태를 극도로 불안정하게 만들었으며, 현기증이 날 정도로 새로운 문화적 상황들이 밀려들게 했다고 동의한다. 마셜 버먼(Marshall Berman)의 열정적인 산문은 이러한 감각뿐만 아니라 근대성의 몇 가지 구체적 특징들도 포착하고 있다.

> 근대 생활의 소용돌이는 많은 출처로부터 비롯되었다. 물리 과학에서의 위대한 발견들은 우주와 그 속의 우리 위치에 대한 이미지를 변화시켰다. 생산의 산업화는 과학적 지식을 기술로 전환하고, 새로운 인간 환경을 창조하며 기존의 것을 파괴하고, 생활의 전반적인 속도를 높이며, 새로운 형태의 기업 권력과 계급투쟁을 만든다. 거대한 인구 변동은 수백만 명의 사람들을 조상 대대로 살아온 터전에서 끊어내어 세상 반대편으로 내몰아 새로운 삶을 살게 했다. 급격하고 종종 급격한 도시 성장이 일어났다. 역동적으로 발전하는 대중 커뮤니케이션 시스템은 가장 다양한 사람들과 사회를 감싸고 서로 연결한다. 점점 더 강력해지는 국가들은 관료적으로 구조화되고 운영되며 꾸준히 그들의 권력을 확장하려고 노력한다. 사람들과 민족의 대중 사회 운동은 그들의 정치적·경제적 지배자들에게 도전하고, 삶에 대한 어느 정도의 통제권을 얻기 위해 노력한다. 그리고 마침내, 이 모든 사람과 제도를 나아가게 하고 움직이는 것은 점점 확장되고 급격히 변동하는 자본주의 세계 시장이다. 20세기에는 이러한 소용돌이를 일으키고 영구적인 상태로 유지하는 사회적 과정을 '근대화'라고 부르게 되었다(1982: 16).

다른 관련 요소들로는 새로운 형태의 문학과 예술, 세계 여행의 증가와 용이, 그리고 이러한 많은 과정을 창조하고 갱신하고 합법화하는 데 기여한 다양한 이데올로기와 근거들이 있다. '근대 생활의 소용돌이'는 이 모든 것을 포함하며, 삶 속에서도 분석적 범주로서도 너무 모호해져서 감당할 수 없을 정도가 될 위험이 있다. 그러므로 이제 이를 보다 다루기 쉬운 몇 가지 제목으로 묶어보도록 하자.

찰스 테일러(Charles Taylor)가 『자아의 원천들: 근대적 정체성의 형성(Sources of the Self: The Making of Modern Identity)』(1989)이라는 두꺼운 책에서 근대성을 포괄적으로 설명한 것은 소용돌이의 철학적·종교적·사회적 측면을 담을 수 있는 그릇을 제공한다. 테일러는 불교나 아시아 종교에 대해 거의 언급하지 않았지만, 그의 근대성의 근원이라는 주제화는 불교가 서구 사상과 문화적 실천을 접하게 된 관련 조건들을 폭넓고도 날카롭게 분석해 준다. 필자는 테일러의 길고 복잡한 주장을 온전히 다루려는 시도 없이, 이 작업 전반에 걸쳐 테일러의 주요 주제 중 일부를 프레임으로 활용할 것이다. 필자는 여기서 테일러가 근대성의 핵심 요소들을 근대적 자아 정체성과 도덕성의 세 가지 광범위한 영역—서구 유일신론, 합리주의와 과학적 자연주의, 낭만적 표현주의와 그 후속 사조들—으로 추출한 것을 채택함으로써 시작한다. 필자가 '근대성 담론'이라고 부를 이 세 가지 틀은 서구의 역사적 시기와 삶의 형태에 뿌리를 두고 있지만, 서구뿐만 아니라 전 세계적으로 불교 근대주의의 발전을 이해하는 데 필수적이다.[3]

---

3 필자가 사용하는 '담론(discourse)'이라는 용어는 명시적인 언어적 요소뿐만 아니라 특정 시대와 장소에 고유한 사회문화적 관행, 암묵적 가정, 그리고 이론 이전

유신론적 영역에는 주로 기독교에 기반을 둔, 유일신, 인간, 윤리적 의무에 대한 전통적인 개념이 포함된다. 내 주제에서 가장 중요한 것은 개신교 종교개혁, 아시아에서의 선교 활동, 그리고 이후 불교와 기독교 간의 대화와 협력 시도의 지속적인 영향이다. 19세기와 20세기 초 아시아의 불교 개혁가들과 서양의 해석가들과 열광자들은 종종 기독교를 불교가 모방하거나 비판하거나, 또는 둘 모두로 대응해야 하는 것으로 여겼다. 아시아 국가 선교사들에 대한 신랄한 고발에서 프로테스탄트의 반성직주의 모방, 오늘날의 불교·기독교 대화 운동에 이르기까지 기독교는 근대화하는 불교와 함께 항상 존재하는 창조적 긴장의 원천이었다. 최근에는 유대인이 미국의 불교 개종자와 동조자 중 적지 않은 비율을 차지하기 때문에 유대교가 불교 근대주의에 중요해졌다.

두 번째 영역은 과학적 자연주의와 유럽 계몽주의에 뿌리를 둔 합리주의 전통이다. 불교가 서양에 매력적으로 다가왔고 아시아에서 새롭게 명성을 얻은 이유 중 하나는 불교가 근대과학과 독특하게 양립할 수 있는 '합리적 종교'로 이해될 수 있다는 전망 때문이다. 이는 역사적으로 불교 근대주의 구축에 중요한 측면이었으며, 오늘날에도 정당성을 주장하는 데 필수적인 부분으로 남아 있다. 그러나 많은 불교도는 과학적 유물론, 전쟁 기술, 환경 파괴, 기술이 행복을 가져올 수 있다는 희망에 대해 비판적이었다. 따라서 불교 근대주의는 한편으로는 과학의 기본 주장에 동조하면서도, 다른 한편으로는 과학

삶의 형태(pretheoretical forms of life)까지 포함하는 의미로 사용한다.

을 바로잡는 역할을 하려고 시도하면서 과학과의 관계에서 양면적인 태도를 유지해 왔다.

근대성의 세 번째 영역은 테일러가 낭만적 표현주의(romantic expressivism)라고 부른 것으로, 이는 부분적으로 산업주의와 과학혁명으로 인해 서구 세계에서 심화된 합리화, 기계화, 탈신성화에 대한 비판으로 등장한 문학, 예술, 철학 운동을 포괄한다. 이 운동은 신성함과 신비를 재확인하고, 자연, 예술, 그리고 합리성과 도구적 이성을 계산하는 데 점점 더 가려지고 있는 인간 영혼의 숨겨진 깊이를 찾으려고 했다. 그것은 자연과 감정을 도덕과 영적 지식의 원천으로 보았고 예술, 창의성, 자기표현, 개인적 성취를 거의 종교적인 수준으로 끌어올렸다. 미국의 초월주의자, 신지학자, 기타 대안적 영성운동의 신봉자, 그리고 나중에는 비트 시인과 1960년대의 반문화적 인물과 같은 낭만주의 운동의 후계자들은 불교 근대주의에 가장 중요한 영향을 미쳤다. 이 넓은 의미의 낭만주의는 특히 서구의 불교 근대주의에서 중요해진 많은 주제를 제공한다. 낭만주의 철학, 예술, 문학은 종종 근대 세계의 주요 특징, 특히 산업주의, 물질주의적 자본주의, 군국주의의 충격적인 효과로부터의 소외감을 표현한다. 특히 이러한 요소들이 인간성을 억압하고 경직시키는 효과에 대해 비판적인 시각을 드러낸다. 낭만주의자들은 또한 '동양'을 이국적으로 여기고 서구 사회의 병폐가 아시아의 더 영적이고 원초적인 지혜에 의해 치유될 수 있다는 희망을 투사하는 경향이 있다. 프리드리히 폰 실러(Friedrich von Schiller)는 낭만주의자들을 '고향을 갈망하는 망명자들'이라고 불렀고, 이 전통의 일부는 분명히 이 고향을 동양의 항상 멀고 신비한 타자他者로 보았다. 근대 불교에서 메아리치는 낭만주의의 울림은 자연으로의 회귀, 의식의 깊은 내면에 대한 탐구, 외부 권위에 대한 의심, 창조적 자발성의 즐거움, 그리고 모든 생명의 일체성과 상호연관성에 대한 인식으로 나타난다.

이러한 주제들은 막스 베버(Max Weber)가 실러에게서 차용한 표현인 '세계의 탈주술화'라고 부른 개념과, 세계를 재주술화하려는 근대적인 시도가 불교 근대주의에서 어떤 역할을 하는지와 관련이 있다. 베버는 사회학에 영향을 끼친 탈주술화(disenchantment)라는 개념을 도입하여, 근대성이 전통적 사회 질서(친족 관계, 공동체, 일과 의례의 자연스러운 리듬)를 비인간화, 억압적인 일상, 관료적 역할, 기술적 규칙으로 대체하는 과정을 설명했다. 베버에 따르면, 근대 이전 세계관의 신, 정령, 신비로운 힘은 과학적 설명, 합리적 계산, 기술 적용으로 대체되었다. 사람들은 더 이상 신의 질서와 윤리적으로 지배되는 우주가 당연시되는 세상에서 살아갈 수 없게 되었다. 작업장의 '기계적 화석화'와 축적과 부의 공허한 미화가 그 세계를 대체했다(1958).

베버의 근대성에 대한 설명과 그에 수반되는 세속화 논제－근대성이 종교의 공적 영역에서의 후퇴와, 많은 경우 종교의 완전한 소멸을 필연적으로 수반한다는 관점－는 대규모로 입증되지 않았다. 실제로 오늘날 세계 여러 곳에서 전통 종교가 부활하는 것을 볼 수 있다. 세속화와 탈주술화는 분명히 일어났지만, 그것은 제한된 인구 집단, 특히 유럽인, 북미 지식인, 아시아 여러 국가의 급성장하는 중산층 사이에서 발생한 현상이다. 그러나 여기서 중요한 것은 탈주술화가 보편적이었는지 여부와 상관없이 불교 근대주의의 발전이 종종 베버의 가정에 따라 작동했다는 것이다. 세계의 탈주술화는 불교 근대주의의 설계자이자 신봉자들 사이에서 체감되어 왔으며, 탈주술화와 재주술화의 역학은 그러한 발전의 중요한 엔진이었다. 불교 근대주의 문헌에서는 어떤 중요한 것이 상실되었다는 강한 인식이 드러난다. 즉, 자연과의 친밀한 연결, 세계를 기계적인 것이 아닌 생명력 있고 유기적인 존재로 바라보는 관점, 그리고 인간들 사이의 평화로운 조화가 사라지고 그 자리를 전 지구적 재앙 수준의 폭력 위협이 대신하게 되었다는 것이다. 그러한 문헌은 항상 합리주의의 그림자처럼 존재해 온 원시주의(原始主義, primitivism)에 기대고 있으며, 이는 낭만주의 시대에 본격적으로 등장했다. 낭만주의 시대에서 우리는 근대 사회의 복잡성을 일소하려는 열망인 '고결한 야만인(noble savage)'의 가치화를 엿볼 수 있다. 고결한 야만인이란 차별화, 인공성, 허무주의에 빠진 근대성의 허물이 없는 근대의 신화적 존재로서, 근대 인류의 소유욕, 권력욕 또는 영적 공허감이 없이 환경과 조화를 이루는 사람이다. 결국 근대성은 근대 이전에 대한 향수를 품고 있으며, 고대 전통이 세계를 재주술화할 수 있다는 희망을 함께 지닌다. 아이러니하게도, 이러한 재주술화는 고대 전통이 지닌 고유한 형태의 '과학'과 '기술', 즉 정신적 차원의 과학과 기술을 통해 이루어 내려는 것이다.

탈주술화와 밀접하게 관련된 개념은 우리가 '의미의 위기(crisis of meaning)'라고 부를 수 있는 것으로, 많은 사람이 근대성의 고유한 특징이라고 믿어 왔다. 20세기 중반 학자들 사이에서 더 유행한 용어이지만, 일부 사람들이 아시아 종교에서 해결책을 찾았던 이 위기는 근대성의 독특한 조건에서 발생하기 때문에 내 주제를 이해하는 데 여전히 중요하다. 그것은 테일러가 '우리가 충족시킬 수 없다고 느끼는 강압적 요구'를 제기하는 '피할 수 없는 틀'(1989: 118)로 정의되었던 이전 문화의 영적 위기와는 다르다. 영원한 추방, 영원한 저주, 또는 여러 번의 불리한 재생을 직면하는 것은 당연하게 여겨졌던 규범적 질서를 뒤엎으며 근대 생활에 부담을 준 허무주의의 가능성에 직면하는 것과는 다르다. 많은 사람이 여전히 거의 의문의 여지가 없는 종교적 틀 안에 살고 있지만, 근대성은 항상 허무주의의 유령에 시달려왔다. 불교가 근대성과 교류해 온 방식 중 하나는, 특히 근대적 허무주의와 탈주술화에 맞서 싸우고, 상실된 의미를 재주술화하고 다시 세상으로 불러들이는 방식으로 다르마(dharma)를 재구성하는 동시에, 광범위한 자연주의적 우주론 틀 안에 머무르며 합리주의적이고 과학적인 감수성과 조화를 이루려는 시도이다. 따라서 불교 근대주의에는 본질적인 긴장이 존재한다. 그것은 바로 과학적 합리주의와 낭만주의적 표현주의 사이의 긴장으로, 이 책에서 반복적으로 다루게 될 것이다. 필자는 불교 근대주의가 바로 이 긴장을 조율하는 과정을 통해 그 형태를 상당 부분 형성하게 된다는 점을 보여줄 것이다.

이 세 가지 근대성의 담론 전반에는 근대성의 불가피한 공리公理를 구성하는 주제가 관통하고 있으며, 근대 프로젝트에 융합하려는 모든 노력은 반드시 이러한 공리에 응답해야 한다. 그러한 공리란 개인주의, 평등주의, 자유주의, 민주적 이상, 사회 개혁에 대한 충동이다. 테일러가 강조하는 두 가지 주제는 세 가지 담론 모두를 관통하며, 여기에서 중요한 역할을 한다. 첫째는 의미 있는 삶의 소재지가 다른 세계가 아니라 바로 이 삶, 일상에서 살아가는 방식에 있다는 근대 특유의 세계 긍정적 태도이다. 둘째는 내면성, 반성, 자기 성찰로의 전환이다. 이러한 변화는 진리가 마음의 이성적 능력에 있다고 볼 수 있다는 점에서 계몽적 합리주의의 특징이다. 르네 데카르트의 이원론은 모든 의미를 마음 자체에 귀속시키며, 이는 물질세계에서 도구적 의미를 제외한 모든 것을 앗아가는 움직임이다. 개신교는 내면의 성찰과 신과의 내면적 체험에 전례 없는 가치를 부여했고, 낭만주의는 도덕성, 창의성, 영성의 근원을 영혼의 깊은 내면에서 찾았다. 근대성의 다양한 측면의 이러한 내향성은 후기 불교 근대주의에 막대한 영향을 미쳤던 또 다른 후기 담론인 심리학 담론에서 구체화되었다. 융의 전형적인 정신분석 이론에서 시작하여 현재의 정신 요법과 마음챙김 수행의 현대적 얽힘에 이르기까지 심리학은 불교를 해석하는 데 있어 가장 널리 사용되는 관점 중 하나가 되었다.

그러나 여기서 근대성에 관한 질문을 남겨둔다면 전 세계 근대성의 다양성이 도전하는 잘못된 동질적 그림을 설정할 위험이 있다. 근대성에 대한 서양의 고전적 이론, 예컨대 마르크스(Mark)와 뒤르켐(Durkheim)의 이론에서는 근대 유럽의 문화 프로그램, 제도적 기반, 지배적 이데올로기는 결국에는 필연적으로 전 세계로 확산되어, 모든 근대화 사회를 그 이미지대로 변형시킬 운명에 처해 있다고 본다. 그러나 새롭게 드러나는 현실은 더 복잡하고 다양해졌다. 상이한 사회는 상이한 발전 시기에 다양한 형태의 근대성을 발전시켜 왔으며, 다양한 이데올로기적·제도적 프로그램을 가진 일련의 근대성을 낳았다. 비록 '원래의' 서구 근대성이 종종 모호한 기준점으로 작용하기도 하지만 말이다. 비서구 사회의 근대화는 서구 근대성의 반복적 변형들에 단순히 굴복하거나 순응한 경우는 드물며, 오히려 근대성의 특정 요소들을 창의적이고 이질적으로 수용하면서도 다른 요소들에 대해서는 선택적으로 저항해 왔다. 더욱이 많은 비서구문화는 인권의 언어와 같은 근대성의 특정 특징을 서구에 대한 저항을 위해 사용했다. 예컨대 유럽 열강의 식민 지배를 받았던 여러 아시아 문명은, 역설적이게도 서구가 강조해 온 사회적 저항, 개인과 문화의 자율성, 그리고 유토피아적 사회 비전을 받아들였다. 그 결과 자유를 외친 서구 식민 지배자들의 모순이 드러나게 되었고, 피식민지 사회는 서구의 해방 담론을 오히려 서구 식민 지배자들에게 되돌려 비판하는 도구로 삼게 된 것이다.[4] 의미심장하게도 불교 근대주의의 초기 형태는 사실상 그러한 저항 운동의 대장간에서 만들어졌다. 예컨대, 민족주의적 불교 부흥 운동은 19세기 스리랑카와 일본에서 식민주의, 기독교 선교, 서구 헤게모니에 반대하여 시작되었다. 더 불교 근대주의의 최근 형태들 또한 서구 근대성의 일부 측면을 수용하면서 동시에 그것을 비판하는 긴장을 조율하고 있다. 사회적 참여불교는 여권女權과 개인의 자유에 대한 서구 개념을 채택하면서 서구의 경제적 제국주의와 군국주의에 반대하는 등 근대성의 다양한 특징을 옹호하고 비난한다. 고유한 문화적 요소와 더 세계적인 추세를 결합한 다른 형태의 불교 근대주의는 '토착 근대성'으로 간주할 수 있으며, 이는 불교의 토착적 또는 지역적 요소를 명확히 근대주의적 요소들과 창의적으로 엮어내는 방식이다. 따라서 근대성과 불교적 근대성은 동일하지 않다.

---

4 '다중 근대성(multiple modernities)'의 개념에 대한 자세한 내용은 Eisenstadt 2002를 참조하라.

이론과 암묵

이러한 근대성 담론은 상호 배타적이지 않고 서로 중첩되며, 자기 정체성, 사회적 실천, 정치사상의 다양한 언어를 구성한다. 어떤 개인이나 텍스트나 운동은 이러한 영역 중 하나만을 상대적으로 강조하면서 다른 영역들을 배제할 수도 있지만, 대부분 이러한 영역들은 서로 얽혀 있을 뿐만 아니라 근대 세계의 많은 일상 구조와도 얽혀 있다. 낭만주의 시를 읽고 일요일에는 교회에 가며, 어쩌면 목요일 저녁에는 불교 명상 모임에도 참여하는 물리학자를 만나는 것은 결코 상상할 수 없는 일이 아니다. 더욱이 이러한 담론은 지적·예술적 또는 종교적 운동으로만 간주해서는 안 되며, 근대 의식의 일부 가능성을 정의하는 광범위하고 종종 사전 성찰적 경향으로 간주해야 한다.

필자는 불교가 근대성을 구성하는 암묵적인 이해와 사회적 실천, 그리고 명시적인 이론들에 의해 불교가 세상에 주입된 몇 가지 방식을 설명하고자 한다. 이러한 암묵적인 것과 이론적인 것 사이의 구분을 통해 필자는 다음의 사실을 강조하고자 한다. 즉, 어떤 전통이 새로운 문화적 맥락에 도입된 전통이나, 혹은 아시아 국가들의 근대성이 그랬듯이, 강력한 새로운 문화 형태가 도입되어 지배적인 위치를 차지하게 된 전통은 사회의 암묵적인 배경 이해뿐만 아니라 지배적인 지적 담론의 관점에서 자신을 재구성해야 한다는 점이다. 특히 불교처럼 서구에서 교육받은 문화 엘리트들에게 주로 호소력을 지녀온 전통의 경우, 독자적인 지적 정당성을 확보해야 했기에 이러한 지적 담론은 더욱 중요하다. 그러나 아마도 성공을 위해 더 중요한 것은, 그 전통이

한 문화의 살아있는 세계와 소통할 수 있어야 한다는 점이다. 즉, 일상적인 실천의 레퍼토리, 암묵적인 관념들, 그리고 지각과 행위를 구조화하는 성향들과 접속할 수 있어야 한다. 이를 통해 사람들은 사회적 상호작용을 하고, 무엇이 적절하고 부적절한지를 인식하며, 서로에게 기대할 수 있는 바를 이해하고, 권력 관계를 분별할 수 있다. 전통은 다양한 사상가들이 세계 내 존재(하이데거), 삶의 형태(비트겐슈타인), 생활세계(현상학), 기질(아비투스), 주관적 신념(피에르 부르디외)이라고 부르는 개념들과 소통할 수 있어야 한다. 전통이 새로운 문화적 맥락에서 재구성되는 방식은 지배적 전통의 암묵적 이해와 사회적 관행의 관점에서 볼 때 그것이 매력적이거나 혐오스럽거나 변칙적으로 보이는지, 즉 공명하는지에 크게 좌우된다. 필자는 이 다소 모호한 용어를 의도적으로 사용하는데, 이는 새로운 문화 형식이 성공하거나 실패하는 방식이 명시적인 이론적 공식화뿐만 아니라, 문화의 이론 이전의 이해와 사회적 관행에 비추어 직관적으로 이해할 수 있는지에 대한 다소 모호한 감각에도 달려 있음을 시사하기 위함이다.

이것들은 다른 문화를 이해하기 위한 해석학적 맥락을 형성한다. 가다머(Gadamer)의 용어를 빌리자면, 이는 '선이해(preunderstandings)'와 '선판단(prejudgments)'으로, 우리가 가진 역사적·문화적·언어적 틀이 필연적으로 타문화에 투영되지만, 동시에 이해를 위한 전제 조건이기도 하다. 그러한 선이해는 전통이 다른 문화적 맥락에서 어떻게 수용되고, 새로운 상황에서 자리를 잡고 그 틀에 따라 형성되는 방식을 필연적으로 형성한다.

이론적인 것과 암묵적인 것 사이의 이러한 구별은 또한 필자가 근대성의 담론들이라고 부르는 것을 이해하는 데에도 영향을 준다. 그 담론들은 명시적으로 이론적 측면을 지니는 동시에, 근대성의 암묵적인 차원이기도 하다. 다시 말하면, 담론들은 겉으로는 '실재'에 고유하게 뿌리를 둔 것처럼 보이지만 실제로는 문화적으로나 역사적으로 매우 특수한, 말로 표현하기 어려운 규범적 존재 방식으로 구성된다. 이 담론들에는 철학자, 과학자, 성직자뿐만 아니라 일반 사람들이 자신의 이해를 표현하는 데 사용하는 언어도 포함된다. 심리학자 케네스 거겐(Kenneth Gergen)이 지적한 것처럼 서양인들은 오랫동안 합리주의와 낭만주의에 뿌리를 둔 언어로 자신들의 정체성을 구축해 왔다. 합리주의적 언어로 표현하면, 인간은 추론하고, 신념을 형성하며, 의식적인 의도에 따라 행동하고, 판단을 내릴 수 있는 존재이다. 반면 낭만주의적 언어로 표현하면, 인간은 내면적 깊이, 열정, 창의성, 도덕성을 지닌 존재이다(2000).[5] 로크의 민주주의와 개인의 권리에 대한 사상은 대중의 상상력을 통해 널리 퍼져 있어서, 비록 일반인들이 이를 능숙하게 설명하지 못하거나 로크에 대해 들어본 적이 없더라도, 그의 사상은 '상황이 어떤지(how things are)'에 대한 암묵적인 이해의 일부를 형성한다. 불교는 자신을 불교적 근대주의로 재창조하면서 그러한 암묵적인 이해뿐만 아니라 그 이론적 표현과도 공명해야 했다.[6]

5 거겐(Gergen)은 또한 이러한 언어들이 탈근대적 자아 구축 방식에 자리를 내주고 있다고 말한다.

6 필자는 여기서 이러한 엘리트 사상이 암묵적인 이해와 성향을 '유발'한다고 주장하는 것이 아니다. 그러한 일이 어떻게 생기는지는 여기서 다룰 공간이 거의 없는

불교 문헌이 종종 우리의 일상적인 가정과 매끄럽게 만나는 것처럼 보이는 것은 근대주의 작가들이 의심할 바 없이 종종 무의식적으로 불교를 근대성의 언어로 표현하는 방법을 찾아냈기 때문이다.

번역과 변용

근대 서구 생활의 이러한 광범위한 좌표 중 일부를 매우 문화적이고 특수한 것으로 인식하는 것은, 근대성이 어떻게 불교를 변화시키고 새로운 불교문화를 창조하고 있는지를 이해하는 데 도움을 준다. 이러한 문화의 독특함은 서구의 일부 매우 진지한 수행자조차도 대체로 잘 인식하지 못하는 것이다. 예를 들어보겠다. 불교도, 또는 단순히 불교에 '입문한 사람'[7]이 괜찮은 서점에 가서 잠시 훑어보고 고전 원전의 번역본을 구입한 다음 집에 가서 읽는 것보다 더 흔한 일이 어디 있겠는가? 명상 외에도 대부분의 서구 불교도는 불교 서적 읽기를 불교도로서의 주요 활동 중 하나로 여기며, 실제로 많은 사람이 책을 통해 불교에 입문했다(Coleman 2001: 199). 하지만 제이 가필드(Jay Garfield)가 지적한 바와 같이 불교 역사에서 지난 1, 2세기 전에는

복잡한 문제이다. 다만 필자는 명시적인 사상들이 이미 작동 중인 더 큰 문화적 힘의 일부인 경우가 많다고 제안한다. 그러한 사상들은 엘리트 수준에서 명확하게 표현되고, 그 표현은 특히 대중 교육과 문해력이 확산된 근대 시기에 대중적 수준으로 반향되어 되돌아온다. 그러므로 암묵적인 것과 이론적인 것은 서로 연루된다.

7 장로교에 '입문'하는 것이 불가능한 방식으로 불교에 '입문'할 수 있다는 사실은 서구에서 불교의 문화적 위치에 대해 뭔가를 말해 준다.

그러한 독서가 일반적인 관행이 아니었으며 많은 경우 아예 불가능하기도 했다. 대부분의 불교문화에서 책은 구전 암송을 뒷받침하는 역할을 했다. 예컨대, 전통적인 티베트 승려들은 경을 소리 내어 읽고, 그 내용을 암기한 뒤 스승들 앞에서 낭송한다. 그들은 불교 성전을 자유롭게 탐독하지만, 이번 주에는 짠드라끼르띠(Cāndrakīrti)를, 다음 주에는 바수반두(Vasubandu)를 읽는 식으로 기분 내키는 대로 선택하지는 않는다. 대신 정해진 커리큘럼을 따르며, 이러한 커리큘럼 밖에서는 사실상 아무도 그러한 텍스트를 읽지 않는다. 전통적인 불교적 상황에서는 서점과 대중화된 인쇄 문화가 없었을 뿐만 아니라, 최근 세계적으로 문해력이 폭발적으로 증가하기 전까지는 그러한 텍스트를 읽을 수 있는 사람조차 거의 없었다.

더군다나 단순히 그런 책을 집어 들고 스스로 이해하려고 노력한다는 생각은 사실상 아무도 하지 않았을 것이다. 불교의 방대한 성전聖典 텍스트는 공인된 스승의 구두로 하는 개인 지도를 돕고자 저술되었다. 이러한 텍스트를 스승의 도움 없이, 그리고 확립된 교육 체계 밖에서 읽으려는 시도는 과거에도 그랬고 지금도 일부에게는 어리석은 일로 여겨진다. 따라서 성전 텍스트를 서양 언어로 번역하는 것은 단순한 언어적 번역이 아니라 문화적 변형이며, 더 정확히 말하면 근대성의 텍스트 관행에 맞춰 스스로를 형성해 가는 새로운 불교문화 속에서 전례 없는 텍스트 관행을 수립하는 과정이다.

하지만 변형은 거기서 멈추지 않는다. 텍스트 자체도 번역되는 과정에서 변형되게 된다. 가필드가 주장하듯이, 모든 전승과 번역은 필연적으로 변형이기도 하다.

번역할 때 우리는 다음과 같은 모든 방식으로 〔텍스트를〕 변형한다. 기점 언어에서 특정한 공명共鳴을 지닌 용어와 구절을, 목표 언어에서 전혀 다른 공명을 지닌 용어와 구절로 대체한다. 우리는 모호한 표현을 명확히 하면서 새로운 모호성을 도입한다. 우리는 목표 언어에서 이론적으로 함축된 표현을 사용하여 특정 해석을 해석하거나 고정한다. 우리는 어느 정도 난해한(esoteric) 텍스트를, 독자가 스승 없이도 접근할 수 있도록 함으로써 〔그 텍스트를〕 외재화(exoteric)시킨다. 우리는 텍스트가 읽히고 사용되는 맥락 자체를 바꾼다. (출판 예정)

핵심 용어는 특정한 참조의 틀, 즉 개념과 감정과 행동의 특정한 연결망을 활성화한다. 예컨대 우리는 산스끄리뜨어 목샤(mokṣa)를 '자유(freedom)'로 번역할 수 있다. 불교에서 이는 윤회에서 구현된 존재로의 재생으로부터 해방을 의미할 뿐만 아니라, 파괴적 심리 상태(kleśa)인 탐욕, 성냄, 어리석음, 그리고 이것들이 만들어내는 고통(duḥkha)으로부터의 해방도 의미한다. 그러나 목샤가 (어쨌든 전적으로 타당한 번역인) '자유'로 번역될 때, 근대 유럽의 언어와 문화에서 자유라는 단어가 갖는 강력한 문화적 공명을 불러일으키지 않을 수 없다. 이 단어는 필연적으로 개인의 자유, 창조의 자유, 선택의 자유, 억압으로부터의 자유, 사상의 자유, 언론의 자유, 노이로제로부터의 자유, 내가 될 자유 등의 음표音標를 울리며, 참으로 마틴 루터(Martin Luther)가 역설한 자유의 정신을 다 포함하고 있다. 이 단어를 들을 때, 근대 서양의 역사, 철학, 이데올로기, 일상적인 가정들과 깊이 얽힌 의미망이 활성화되지 않는 것은 거의 불가능하다. 불교의 중심 용어 중 하나인 보디(bodhi)의 번역은 또 다른 예를 제공한다. 이 단어는 문자 그대로 '깨어남(awakening)'을 의미하며, 보리수 아래에서 붓다가 이룬 최고의 경지를 가리킨다. 하지만 가장 일반적인 영어 번역인 'enlightenment(계몽)'는 유럽 계몽주의의 사상, 가치, 감성과 관련된 복합적인 의미(이성, 경험적 관찰, 권위에 대한 의심, 사상의 자유 등)를 불러일으킨다. 더욱이 초기 번역가들은 의식적으로 이 링크를 부정하게 사용했다. 불교학의 선구자인 토마스 리스 데이비스는 처음으로 보디를 '계몽(enlightenment)'으로 번역했으며, 붓다를 유럽 계몽주의 철학자들과 명시적으로 비교했다(1882: 30).

목샤와 보디를 번역하기 위해 다른 단어들을 찾는다고 해서 '문제'가 해결되는 것은 아니다. 우리는 더 적절하고 이념적으로 덜 부담스러운 용어를 찾을 수는 있다. 하지만 원어의 모든 의미와 연상을 빈틈없이 담아내면서도 새로운 맥락에서 발생하는 의미와 연상을 완전히 배제하는 번역은 있을 수 없다. 번역과 전달은 필연적으로 단어별, 텍스트별, 문화별 변형이다.

불교 근대주의의 혼합성

서구 근대 사회에서 사람들 대부분은 자신들이 불교라고 부르는 것이 실제로 아시아, 유럽, 북미의 다양한 문화적·지적 흐름이 풍부하게 혼합되어 있다는 사실을 거의 알지 못한다. 불교는 2천5백 년 이상에 걸친 길고 복잡한 역사를 자랑하며, 현재 거의 전 세계에 걸쳐 있다.

게다가 불교는 방대한 양의 문헌과 많은 고유 전통을 가지고 있으며, 그 각각은 자신이 뿌리내린 다양한 문화의 산물이다. 그러므로 불교가 아시아 밖의 문화에 순응하려면 교리와 실천과 텍스트를 매우 선별적으로 차용해야 했다. 불교 전통들이 출현한 모든 지역에서 다르마는 특정 시대에 특정 민족의 범주, 실천, 관행, 역사적 상황의 관점에서 이해되었다. 실제로 불교 전통들은 다양한 지리적 영역에서 매우 다양한 형태를 취하고 지역 사상과 실천을 변형하고 흡수하고 대체하고 수용하는 놀라운 적응력을 보여주었다.

새로운 문화의 요소를 받아들이고 조화될 수 없는 요소를 버리는 과정을 통해, 전통들은 결국 이미 혼합되어 있던 전통들의 또 다른 혼합체로 변화하게 된다. 그러나 이러한 혼합성(hybridity)은 단순히 새로운 문화적 맥락의 암묵적 규범에 부합하지 않는 것을 제거하는 과정만은 아니다. 그것은 열광적인 포용 못지않게 논쟁과 협상을 통해 전통과 맥락을 재구성하는 것을 포함한다. 불교가 중요한 위상을 가지게 된 많은 곳에서 불교는 매우 구체적인 방식으로 도입되고 적용되었다. 예컨대 티베트에서 불교에 관심을 둔 사람은 통치자였다. 처음에는 철학과 명상보다 마법에 더 관심을 두었다. 중국의 경우 불교는 남아시아와 중앙아시아에서 온 상인과 이민자들에 의해 전해져서 귀족들 사이에서 문화적으로 통용되었다. 한漢 왕조가 멸망하는 과정에서 발생한 위기의 경향은 외부의 사상 및 실천에 대한 전례 없는 개방성을 가져왔다. 불교가 중국인들에게 갖는 의미들, 즉 불교가 도교와 유교 사상에 얼마나 동화될 수 있는지, 가족이 가장 중요한 곳에서 독신의 출가 전통이 어떻게 이해될 수 있는지, 중국인들이 불교에 대해 알고 있는 바가 얼마나 '원래에 가까운지' 등에 대한 협상은 수 세기 동안 계속되었다.

유럽과 미국에서도 불교는 기존의 담론과 논쟁에 적응되고 스며들었으며, 근대 서구의 범주와 가정에 따라 해석되었으며, 서구의 철학, 이념, 문화적 관행을 확인하거나 반박하는 역할을 요청 받아 왔다. 불교 근대주의의 문화적 위치와 불교의 사상과 실천이 어떻게 서구 담론의 맥락에서 편입되고 변형되었는지를 이해하려면, 우리는 불교가 이러한 담론에 스며들면서 탄생한 새로운 형태의 불교가 전통적 측면들뿐만 아니라 19세기와 20세기, 그리고 이제 21세기 미국과 유럽의 분류 체계, 관심사, 불안에 의해 얼마만큼 형성되었는지 이해해야 한다. 불교가 연계된 서구의 '토착 전통들'에는 신지학, 기타 형이상학적 전통들, 분석심리학, 기독교, 유대교뿐만 아니라 계몽적 합리주의, 낭만주의, 오늘날 탈근대주의의 만연한 담론들이 포함된다. 언급한 바와 같이, 그러한 만남은 이미 새로운 형태의 불교를 형성하였지만, 그 변화는 일방적인 것이 아니었다. 불교 사상과 실천은 미국과 서양에 상당한 영향을 끼쳐 왔다. 아르투어 쇼펜하우어(Arthur Schopenhauer)와 바그너(Wagner)가 의심스럽게 불교를 받아들인 사례에서부터, 빅토리아 시대 영국과 미국에서의 열광적인 반응, 그리고 1950년대와 1960년대 미국 사회에 불교가 폭발적으로 확산되어 비트 작가들과 문학, 철학, 심리학, 예술 분야의 다른 인물들에게 중요한 영향을 미친 것까지, 불교는 유럽과 북미의 문화 생활에서 때때로 베일에 가려지기도 했지만 중요한 요소였다.

근대성과의 건설적인 접촉은 서구의 부정적인 재현뿐만 아니라 아시아의 유럽 제국주의로부터도 불교를 방어하려는 아시아 불교도들의 노력으로 시작되었다. 예컨대, 19세기 말과 20세기 초 스리랑카의 불교 부흥 운동은 주로 서구 식민 통치의 억압과 선교에 대응하여 불교를 재창조하려는 시도였다. 다른 아시아 국가에서도 비슷한 운동이 일어났다. 따라서 불교 근대주의는 상호 호기심, 문화교류, 열린 마음의 보편적인 대화가 아니라, 경쟁, 위기, 식민주의 폭력이라는 맥락에서 시작되었다. 따라서 불교 근대주의의 혼합성은 때때로 문화이론가 호미 바바(Homi Bhabha)가 이 용어를 영향력 있게 사용한 방식과 일치한다. 바바는 식민통치자와 피식민자 사이의 관계에 특화된 특별한 의미로 혼합성을 이해한다. 그는 이를 피식민자가 지배권력의 문화적·담론적 형태를 모방하면서도, 종종 미묘한 방식으로 지배 권력에 맞서 뒤집는 전략으로 설명한다(1994). 그러한 모델은 예컨대 식민 권력을 모방하고 동시에 저항하는 불교 형태를 발전시킨 식민지 스리랑카에 잘 적용될 수 있다. 하지만 일본과 티베트와 같은 다른 지역은 서구의 식민 지배를 받은 적이 없으며, 그러한 지역에서 등장한 중간적 형태의 불교는 유럽 식민화의 역학만으로는 완전히 설명될 수 없다.[8] 그러므로 불교 근대주의의 혼합성은 다면적이며, 하나의 모델로 환원될 수 없다.

마찬가지로, 오리엔탈리즘(orientalism) — 에드워드 사이드(Edward Said)가 정의한 대로, 아시아와 중동 민족을 정복하려는 유럽의 지배 이데올로기와 정치적 프로그램과 암묵적으로 연결된 동양에 대한 학문적 재현 — 은

---

8 티베트 불교의 근대화에 있어서 서구의 역할에 대한 논의는 Dreyfus 2005를 참조하라.

분명히 관련성이 있지만, 필자가 다루는 주제의 모든 측면을 설명하기에는 충분하지 않다. 오리엔탈리즘이 불교 근대주의의 형성에 중요한 역할을 한 것은 의심할 여지가 없지만, 불교 근대주의 전체를 오리엔탈리스트적 환상의 형성이나 식민주의나 탈식민주의에 대한 대응으로 축소하는 것은 잘못일 것이다. 필자가 논의할 몇몇 발전 양상은 오리엔탈리즘으로 깊이 물들어 있지만, 다른 발전 양상들에서는 오리엔탈리즘의 존재가 배경 메아리처럼 희미하게 남아 있으며, 더 현대적인 실재들에 자리를 내어주는 모습을 보인다. 불교 근대주의에 대한 많은 분석은 불교 근대주의를 주로 서구의 담론적 구성물, 또는 오리엔탈리즘에 뿌리를 둔 일종의 서구적 환상으로, 어떤 실제 대상과도 합치하지 않는 것으로 이해해 왔다. 불교 근대주의 문헌에는 불교에 대한 일관된 이해를 전혀 제공하지 못하거나, 서양식 불교 해석 방식에 완전히 포섭되어 대부분의 아시아 불교도가 알아채지 못할 정도로 서구적 재현이 넘쳐난다는 점은 의심의 여지가 없다. 이러한 재현에 대한 분석은 이 연구의 중요한 부분이지만, 불교 근대주의를 주로 서구의 불교 재현 모음으로 이해하는 것은 두 가지 이유로 부적절하다.

첫째, 불교 근대주의의 중요한 창시자 중 다수는 서구인이 아니라 아시아 불교도였다. 그들은 오리엔탈리즘적 불교 재현에 적극적으로 관여하며, 전략적 이해관계에 따라 그 일부 특성은 수용하고, 또 다른 일부 특성은 반박하는 방식으로 대응했다. 불교 근대주의를 오직 서구적 재현의 관점에서만 바라보는 것은 아시아 불교도들이 자신들의 전통을 근대주의적으로 재구성하는 데 있어 공동 창조자로서의 주체성을 가리는 결과를 낳는다(Snodgrass 2003: 10-15, King 1999: 149). 둘째,

불교에 대한 많은 근대주의적·학술적·대중적인 구성 일부는 실제로 환상이었지만, 그것들은 결코 쓸데없는 환상은 아니었다. 그러한 환상은 전 세계 살아 숨 쉬는 사람들이 실천하는 불교가 되는 새로운 방식을 만들어내는, 생산적인 것이었다. 정신분석가들이 말했듯이 환상은 쉽게 무시될 성질의 것이 아니다. 환상은 우리에게 환상을 품는 사람에 대한 중요한 정보를 알려주고 환상을 품게 된 대상을 변화시킬 수 있다. 불교의 근대적 재현들은 역사적 기술로서 부적절하더라도 불교가 어떠한 모습이 되었는지에 영향을 미쳤다. 따라서 불교 근대주의를 재현과 학문적 구성의 관점에서만 보는 것은 종교사가宗敎史家에게 가장 중요한 사실을 간과하는 것이다. 그러한 사실이란 바로 새롭고 역사적으로 독특한 형태의 불교가 지난 150년 동안 출현했다는 것이다.

출전과 전략

이 연구는 포괄적이라기보다는 주제별·분석적·예시적이다. 즉, 필자는 불교 근대주의의 지속적인 패턴과 모티프를 보여주는 특정 주제들을 비판적으로 검토하려고 노력했다. 모든 중요한 인물이나 운동을 다루는 개괄적인 조사를 시도하기보다는 말이다. 필자는 불교 해석과 불교 근대주의의 형성에 있어 중요한 흐름을 대표하며 흥미롭고 통찰력 있는 역사를 지닌 특정 현대의 사상과 실천을 선택했다. 필자는 주로 미국 학생들이 대중 서점에서 접할 법한 몇 가지 주제를 출발점으로 자주 사용한다. 따라서 이 불교 근대주의의 초상은 이렇게 광범위하게 다양한 운동의 모든 윤곽을 다루고 모든 색상을 담아내려는 시도가 아니다. 어떤 특징들은 밝은 빛 아래서 선명하게 드러나고, 다른 특징들은 흐릿한 윤곽만이 드러나는 그림자 속에 남겨진다. 이 색채들은 서양, 특히 불교가 가장 성공한 곳으로 자리 잡은 북미에서 두드러진 발전 양상을 통해 굴절되어 나타난다. 그렇다고 해서 필자가 항상 '미국 불교'를 연구한다는 뜻은 아니다. 다만 북미를 출발점으로 삼는 경우가 많을 뿐이다. 이렇게 하는 데에는 여러 가지 이유가 있다. 로페즈(Lopez)가 제안한 것처럼 영어는 불교 근대주의의 링구아 프랑카(lingua franca)가 되었다. 영어로 된 책은 전 세계적으로 엄청난 영향력을 행사해 왔으며, 미국에서 인기를 얻은 미국인 스승들과 아시아계 스승들도 마찬가지이다. 이 책이 주로 영어로 된 문헌을 출발점으로 삼는 것은 이 책에 일정한 한계를 부여하는 것이 사실이다. 예컨대 우리가 대중적인 태국 팸플릿이나 스리랑카 명상 센터에 대한 민족지民族誌에서 시작했다면 불교 근대주의는 상당히 다르게 보일 수 있다. 그러한 연구는 분명히 필요하다! 하지만 북미는 불교 근대주의와 중요한 관계를 맺어 왔기 때문에 통찰력 있는 출발점이 된다. 이것은 대중 문학에서 자주 암시되는 것처럼 유럽계 미국인이 항상 다르마를 시대에 적응시키는 최전선에서 대담한 혁신가였으며, 아시아인은 언제나 죽어가는 전통을 유지하는 세력이었다는 이유 때문이 아니다. 실제로 근대성과 일치하는 방식으로 불교를 개혁하고 부흥하는 데 중추적인 역할을 해 온 사람들은 대체로 아시아의 불교도들이었다. 북미가 중요한 이유는 아시아 이외의 다른 어떤 곳보다 불교를 근대적인 용어들로 재구상하려는 중요한 시도의 중심지였기 때문이다. 1백년 이상 북미는 유럽, 미국, 아시아의 불교도들이 서양 감성에 맞춰 불교를 재현해 온 곳이지만, 그렇게 재현된 불교는 다시 아시아와 전 세계로 퍼져나가 전 세계적으로 불교를 형성해 온 힘이 되었다. 불교가 다른 아시아 국가들보다 미국에서 더 인기가 있고, 현재 그곳에 수백 개의 불교 사원과 다르마 센터가 존재한다는 사실에 더하여, 미국은 미국인과 유럽인뿐만 아니라 아시아인들에게도 새로운 불교 재현과 실재의 인큐베이터로서 중요한 역할을 했다. 그럼에도 불구하고 필자가 내 주제를 바라보고자 하는 주된 범주는 특정 지역이 아니라 근대성이다. 불교 근대주의는 초국가적인 성격을 지니고 있기 때문에, 필자는 그것을 주로 국가적 경계에 따라 개념화하고 싶지 않다. 비록 필자가 특정 지역에서 불교 근대주의를 바라보고 있지만 말이다.

필자가 불교 근대주의를 분석하는 데 가장 유용하다고 생각하는 문헌의 층위는 학술 문헌도 아니고, 점점 늘어나는 간접적이고 일반적으로 정보가 빈약한 책도 아니다. (후자의 예로는, 이 글을 쓰는 시점을 기준으로 아마존(Amazon)에 7권이 등록된 선禪과 골프에 관한 책들이다!) 오히려 불교 근대주의의 영향력 있는 공식화이거나 불교 전체를 대표하는 것으로 당연시되는 후기 저작인, 교육받은 일반 독자를 위한 저서들이다. 필자의 일반적인 연구 방법은 (반드시 서양인이 쓴 것은 아니더라도) 미국에서 대중적으로 읽히는 현대 불교 문학에서 공통으로 나타나는 주제를 거슬러 올라가, 이러한 재현의 초기 출처를 불교 근대주의의 형성에 결정적 영향을 끼친 인물들의 저서에서 찾는 것이다. 그렇게 함으로써 불교 근대주의의 가장 최근 발현들을 그 형성기인 19세기 말과 20세기 초로 추적한다. 이는 필자가 다루는 초기 자료의 대부분이 테라와다(Theravāda)나 일본 선불교 전통에 대한 해석으로 구성되어 있음을 의미한다. 더 최근에는 티베트, 중국, 한국 등의 전통과 소카갓카이(創価學會) 등 일본 전통이 근대주의 불교에서 중요해졌지만, 테라와다와 선禪의 변형은 초기부터 불교 근대주의 지속적인 핵심 모티브를 확립해 왔다. 필자가 다루는 불교 근대주의의 주제적 요소의 역사를 재구성하는 데 있어 관건은 전통적인 불교적 자료들로부터 서양의 역사적·문화적·이데올로기적·철학적 자료들을 분리하려는 시도이다. 이런 식으로 필자는 불교의 특정 유형이 특정한 서양 전통과 서로 혼합되어 온 방식을 보여주고자 한다. 필자는 이 작업에서 새롭고 특이하거나 발견되지 않은 불교 근대주의자들을 발굴하려고 노력한 것이 아니라, 오히려 가장 영향력 있는 몇몇 불교 근대주의자들의 역사적 중요성을 밝히려 했다. 왜냐하면 바로 그들이 필자의 주제를 만들었기 때문이다.

1~3장은 일반적 해석 개념, 역사적 운동, 불교 근대주의를 광범위한 지적·문화적 맥락에 배치하는 특정 사례들을 제시한다. 이어지는 5개 장은 하나의 예시적인 사상이나 실천의 발전을 더 깊이 탐구한다.

2장은 불교의 '근대주의자'와 더 '전통적인' 불교도를 구별하는 몇 가지 사항들을 논하는데, 첫째 근대적·전통적 스펙트럼을 넘나드는 불교의 복합적인 초상을 그려내고, 둘째 탈신화화, 탈전통화, 심리화 등 근대화의 몇 가지 요소들을 논한다.

3장은 불교가 과학적 합리주의, 낭만주의, 기독교라는 근대성의 세 가지 담론과 어떻게 접촉하고, 그에 대해 어떠한 입장을 취해 왔는지 논한다. 필자는 불교 근대주의가 이러한 담론들에 상당한 영향을 받았을 뿐만 아니라, 그들 사이의 긴장 속에서 자신만의 위치를 구축해 왔음을 주장한다. 한마디로 말하면, 불교 근대주의는 기독교에 맞서 '합리적 종교'라는 입장을 내세우기 위해 과학적 합리주의와 자신을 동일시해 왔다. 하지만 불교 근대주의는 또한 과학이 내포한 유물론적 함의를 경계하며, 그에 대응하기 위해 내면의 깊이와 내면의 실재를 강조하는 심리학과 낭만주의의 언어를 활용해 왔다.

4~7장은 불교 근대주의의 혼합성을 보여주는 좀 더 구체적인 사상과 실천을 면밀히 검토하는데, 특히 그것이 합리주의적 담론과 낭만주의적 담론 간의 긴장을 어떻게 조율하는지를 중점적으로 살펴본다. 4장은 세계 종교 중에서 불교가 근대과학과 독특하게 양립할 수 있고, 좀 더 급진적인 표현으로는 불교 자체가 본래부터 과학적이었다는 사상의 발전 과정을 조사한다. 필자는 이 사상이 19세기 말과 20세기 초에 서로 얽힌 두 가지 위기에서 시작되었다고 본다. 하나는 식민주의의 위기로, 아나가리카 다르마팔라와 같은 식민 치하의 불교도들이 불교의 권위를 회복하기 위해 과학과 합리주의와 부합하는 관점에서 불교를 재구성하게 되었고, 다른 하나는 빅토리아 시대 신앙의 위기로, 폴 카루스(Paul Carus)와 헨리 스틸 올콧(Henry Steel Olcott)과 같은 서구인들이 과학과 조화를 이루는 합리적 영성을 추구하게 된 것이다.

5장은 불교와 창의성 사이의 근대적 관계의 발전을 탐구한다. 필자는 이러한 관계가 불교 전통의 특정 요소, 특히 선禪과 낭만주의 및 그 후속 사조들의 혼합에서 비롯되었다고 주장한다. 스즈키의 창의성에 대한 논의는 이러한 발전에서 필수적이었다. 그가 낭만주의, 초월주의, 정신분석 전통의 자발성, 무의식 개념과 선禪을 융합한 것도 마찬가지이다. 그의 이러한 창의적 혼합은 예술, 창의성, 자발성이 오늘날까지 불교 근대주의의 핵심 가치로 자리 잡게 하는 원동력이 되었다.

6장은 합리주의와 낭만주의 양식을 결합하여 상호의존성 개념의 역사를 탐구한다. 상호의존성에 대한 고전적 관점과 근대적 관점을 대조하기 위해, 필자는 먼저 다양한 남아시아 사상들에서 연기(緣起, pratītya-samutpāda)가 지닌 함의를 살펴보고, 이어서 동아시아의 자연관에 대한 간략한 고찰을 진행한다. 그런 다음 필자는 낭만주의와 과학에서 비롯된 자연 개념이 불교의 상호의존성 개념을 재구성하는 데 어떤 영향을 주었는지, 그리고 이러한 재구성을 통해 불교의 상호의존성 개념이 현대 세계에 고유한 정치적·윤리적 함의를 지닌 세계 긍정의 생태학적 세계관으로 어떻게 형성되었는지 살펴본다.

7장과 8장은 다양한 근대 서구 사상과 사회적 흐름이 불교 수행, 특히 불교 근대주의의 핵심이 된 마음챙김과 명상과 어떻게 얽혀 있는지를 논한다. 7장은 '주관성 전환(subjective turn)'—서구에서 근대적 형태의 근원적 성찰성(radical reflexivity)과 개인화된 영성의 개발—과 불교 명상 기법 사이의 접점에 대해 논한다. 필자는 명상에 대한 근대적 담론이 과학적 합리주의, 낭만주의, 심리학, 자유주의적 사회 이론의 영향을 받아 형성되었다고 주장한다. 한편 불교적 맥락을 벗어난 명상의 새로운 적용은 불교 명상을 제도적 틀과 전통적 형식에서 분리하는 데 기여했으며, 그것을 기존의 불교 전통으로부터 해방시켰다. 하지만 역설적으로 이러한 변화는 불교 명상을 이전보다 더 불교 전통의 중심으로 자리매김하게 만들었다.

8장은 현대의 마음챙김 수행을 살펴보며, 그것이 세계 초월을 지향하던 전통적인 수행 방식에서 벗어나, 초자연적인 요소에 의존하지 않고 세상을 포용하고 재주술화하는 방식으로 변화했음을 설명한다. 필자는 이러한 재주술화의 중요한 부분이 불교적 마음챙김과 근대 문학적 감수성에서 부분적으로 유래한 의식의 방식들이 혼합된 결과라고 주장한다. 이러한 문학적 감수성은 일상의 사소한 것들에 새로운 관심과 가치를 부여한다.

마지막으로 마무리 장은 현대 시기의 불교에 관한 몇 가지 최근 발전과 문제를 고찰한다. 필자는 북미에서 탈전통화 경향의 급진화와, 이에 대한 대응으로서의 탈전통화에 대한 반작용 및 전통적 주제들의 재차용 움직임을 함께 고찰한다. 필자는 또한 현대 불교에서 사회적 참여와 개인적인 영성 사이의 긴장에 대해 논의하고, 불교 근대주의(또는 탈근대주의)가 서구 근대성에 얼마나 적응했는지를 고려하여 그것에 도전하고, 비판하며, 새로운 통찰을 제공할 수 있는 역량에 대한 몇 가지 생각을 제시한다.

2. 전통과 근대주의의 스펙트럼

전통불교와 근대불교의 초상

근대주의자와 전통주의자를 구분하는 선線은 종종 흐릿하고 고르지 않다. 근대주의자는 전통의 특정 요소를 공개적으로 반박하거나, 진정한 원래 전통으로 돌아가려 한다고 주장할 수 있다. 근대주의 운동은 종종 새로운 것을 확립하기보다는 오히려 새로운 것을 버리고 옛것을 되살린다고 주장할 수 있다. 그러나 그러한 부흥은 현재의 언어, 사회형태, 관습, 세계관에 의해 필연적으로 깊게 좌우된다. 자의식적으로 보수적이든 혁신적이든 간에, 전통은 당대當代의 대화에 참여할 수 있도록 자신을 재구성해야 한다. 이는 급진적인 적응이나 급진적인 도전을 수반할 수 있지만, 언제나 새로움을 의미한다.

불교도들이 근대성의 본질적인 특징에 대응하여 자신들의 전통을 재고한 방식을 더 명확히 하기 위해, 필자는 전통 불교도와 근대주의 불교도의 초상肖像 몇 점을 그려보고자 한다. 필자는 이 초상들이 서로에 대한 다양한 수행자들의 관계를 명확히 하고, 불교 근대주의 윤곽을 더 정확하게 묘사하는 데 도움이 되기를 바란다. 이들은 인터뷰 대상자, 공인公人, 불교 작가, 학술 민족지民族誌로부터 다소 비체계적으로 조립된 복합적인 초상들이다. 이 초상들은 절대로 근대 후기 세계에서 불교도가 되는 모든 가능한 방법을 대표하는 것이 아니라, 오히려 근대와 전통 사이의 연속선 위에서 특정 지점들을 보여주는 예시로 이해되어야 한다. 구체적으로 필자는 첫째, 초상들이 전통적 불교 형태와 근대적 불교 형태라는 두 극단 사이의 깊은 차이를 보여주고, 둘째, 전통과 근대주의가 때때로 어떻게 얽혀 있는지를 설명하고, 셋째, 오늘날 부상한 주제들이 어떻게 불교 근대주의의 형성기까지 거슬러 올라갈 수 있는지를 다루고자 한다.

한 서양 불교 동조자

우리는 이 책의 미국과 유럽 독자들이 접할 가능성이 가장 높은 불교도의 유형부터 시작한다. 즉, 자신을 불교도라고 스스로 밝힐 수도 있고 밝히지 않을 수도 있지만, '불교 동조자'[1]라고 부를 수 있는 사람이다. 중년의 영국 여성 사라(Sara)는 교육을 받은 중산층 전문직 종사자로서 가정을 가지고 있다. 사라는 영국 성공회에서 자랐고 지금도 가끔 교회에 가며 교회 신도와 불교 수행 사이의 갈등을 거의 인식하지

---

1 '불교 동조자(Buddhist sympathizer)'라는 용어는 토마스 트위드(Thomas Tweed)가 만들었다. 이 용어는 '불교에 대해 어느 정도 동조하지만, 불교를 전적으로 또는 완전히 포용하지 않는 사람들'을 가리킨다(1999: 74; Tweed 2000도 참조).

않는다. 사라는 어떤 미국 불교 작가의 대중 서적을 읽고서 불교를 탐구하기 시작했으며, 지금도 대부분 책을 통해서 불교 전통과 접촉한다. 사라가 읽는 책은 주로 영미권의 스승들, 소수의 저명한 아시아 스승들의 대중적 저서들이다. 사라는 단지 짤막한 발췌본일 뿐인 불경을 조금만 읽었다. 사라는 아는 승려가 한 명도 없다. 다른 영국인이 운영하는 명상 센터에서 몇 번의 주말 집중 수련회에도 참석했지만, 전통적인 사찰에 가본 적도 없고 특정 기관에 소속되어 있지도 않다. 사라는 명상을 불교의 본질로 여기고 매일 20분 정도 명상을 하려고 노력한다. 사라는 임대한 강당에서 매주 만나는 비공식적이고 '초교파적인' 불교 명상 그룹의 일원이다. 이 그룹은 명상에 대한 폭넓은 경험을 가지지만, 어떤 불교 단체와도 공식적인 관계가 없는 또 다른 영국인에 의해 시작되었다. 주간 명상 세션에는 의례가 거의 포함되어 있지 않다. 일부 절하기와 영어로 독송하는 약간의 게송은 그룹 창립자가 어떤 절의 집중 수련회에서 접한 더 광범위한 예배 의식에서 채용한 것이다. 간단한 예배 의식의 일부로 사라는 작은 불상을 향해 절을 한다. 그녀가 보기에 이러한 행위는 형식적인 존경의 제스처이자 붓다가 가르친 기본 원리들에 대한 동의의 표현이며, 각 존재 속에 있는 깨달음의 불씨인 불성佛性이 자신에게도 있음을 인정하는 것이다. 사라는 자신이 붓다의 조각상은 말할 것도 없고, 붓다라는 인물을 '숭배'한다고는 절대 생각하지 않는다.

사라는 명상을 개인의 평화와 심리적 건강을 달성하고 일상의 풍요를 음미하고 향상하는 기술로 본다. 하지만 불교와 사라와의 관계는 개인적인 명상에만 국한된 것이 아니라, 자신의 윤리적 선택과 다른 사람들과의 관계에도 영향을 미친다. 그녀는 자신의 수행이 분명한 사고와 창의성뿐만 아니라 도덕적 행동과 타인과의 좋은 관계 구축에도 도움이 된다는 점을 이해한다. 사라는 모든 중생에 대한 연민의 가르침 때문에 고기를 덜 먹게 되었다. 평화, 정의, 인권, 환경 배려를 증진하는 데 적극적 역할을 하는 최근의 세계적 운동인 참여불교에 대한 독서를 통해 특정한 환경과 사회 정의 이상도 지지하게 되었다. 사라는 하루에 규칙적으로 마음챙김 수행을 하려 노력하고, 정기적으로 자애, 연민, 더불어 기뻐함, 평온의 사범주(四梵住, cattāri brahma-vihārā)를 상기한다. 이는 사라가 더 차분하고 연민하는 태도로 동료, 친구, 가족과의 관계를 관리하는 데 큰 힘이 된다. 따라서 사라의 수행은 그녀의 윤리적·사회적 삶에 영향을 주지만, 자신이 생각하기에 해도 되거나 해서는 안 되는 특정한 행동들에는 영향을 미치지 않는다. 예컨대, 사라가 저녁 식사를 하면서 한 잔의 와인을 마시는 데 불음주계는 걸림돌이 되지 않는다. 제도화된 '규칙들'을 불신하는 사라는 연민과 비폭력이라는 일반적인 이상과, 차분하고 깨어있는 상태가 자연스럽게 윤리적 행동으로 이어질 것이라는 생각에 따라 행동한다. 사라는 윤리적으로 긍정적이거나 부정적인 행동을 하는 것이 자기 삶에서 상응하는 결과를 가져올 가능성이 있다고 믿지만, 자신의 수행이 본인에게 행운이나 번영을 가져다줄 것이라고는 믿지 않는다.

사라의 세계관은 불교와 힌두교의 대중화된 가르침, 그리고 일반적으로 받아들여지는 과학적 사상들의 혼합물이다. 초자연적인 요소는 사라의 삶에서 큰 비중을 차지하지 않지만, 여전히 매력적인 가능성으로 남아 있다. 사라는 텔레파시와 같은 초자연적 사건들이 일어날 가능성을 믿지만, 원론적으로는 이러한 사건들이 과학적으로 설명될 수 있다고 가정한다. 사라는 자신보다 '더 위대한' 무언가, 즉 모든 존재 속에 있고 세계에 스며드는 강력한 힘, 에너지, 또는 모든 것을 포괄하는 마음이 있음을 믿는다. 신, 범천梵天, 불성佛性이라는 개념들은 모두 이 하나의 궁극적 실재를 가리킨다. 사라는 불교의 가르침을 선호하지만, 대중 서적을 읽고 때때로 힌두교 및 신이교(新異教, neo-pagan) 스승들의 가끔 있는 강연에도 참석한다. 사라가 읽는 선禪, 테라와다, 티베트의 대중적인 저자들의 책들은 모두 상당히 비슷하기 때문에 특정한 불교 전통에 대한 소속감은 없다. 그녀는 불교의 요소들 중에서 문화적 장식에 불과한 아시아 문화의 산물이라고 생각되는 것들을 자유롭게 받아들이거나, 수정하거나, 거부할 수 있다고 느낀다. 그녀는 이러한 요소들을 보다 보편적인 '영적' 진리와는 구분된 것으로 본다. 대중 문학에서 강조된 불교의 가르침은 이러한 선택의 자유에 힘을 실어주었다. 그 가르침이란 다르마는 강을 건너는 데 유용한 뗏목일 뿐이고 강을 건너면 더 이상 쓸모가 없다는 생각, 모든 언어와 개념을 넘어서는 하나의 보편적인 진리를 제외한 모든 진리는 상대적이라는 생각, 불교는 과학과 모순되는 주장을 받아들이지 않는다는 생각, 모든 가르침, 심지어 불교의 가르침도 개인의 체험으로 확인되어야 한다는 생각, 일단 달이 보이면 쓸모없게 되는 달을 가리키는 손가락과도 같이 모든 교리는 각자가 채택한 방편(方便, upāya)에 불과하다는 생각이다. 따라서 형이상학적 문제들에 대한 그녀의 명시적 믿음은 모호하고 가변적이다. 예컨대, 사라는 육체적 죽음 이후에도 어떤 형태로든 삶이 계속된다고 믿지만, 재생의 관념에 대해서는 확신하지 못한다. 사라는 존재가 인간, 동물, 신, 아수라, 아귀, 또는 지옥 중생으로 다시 태어나는 불교의 윤회에 대한 설명을 읽었지만, 그러한 존재들이 문자 그대로 존재한다고 믿지 않고 상징적인 것으로 본다. 또한 사라는 세속의 삶을 벗어나는 사고가 매력적이라고 생각하지 않는다. 오히려 그녀는 더 깊고 풍부하고 자비롭게 세속의 삶을 살아가고자 한다.

태국의 한 여신도

야니사(Yanisa)는 태국 북부의 작은 도시에 살고 있다. 그녀는 가난한 가정에서 태어나 사회 경제적으로 조금 더 높은 지위를 가진 상점 주인과 결혼했다. 야니사의 주요 종교 활동은 승가가 정한 윤리적 규칙을 따르고 업의 공덕을 생기게 하고 정령精靈들을 통제하기 위한 의례를 행하는 것이다. 야니사는 그러한 공덕 짓는 행위들이 현생에 자신과 가족에게 이로울 뿐만 아니라 축생계, 아귀계, 지옥이 아닌 더 높은 천상계에 재생할 가능성을 높일 것이라고 믿는다. 야니사는 또한 의례와 윤리적 행위가 번영과 행운에 도움이 된다고 생각한다. 야니사가 수행하는 주요 공덕 짓는 행위 중 하나는 지역 사찰을 지원하기 위해 정기적으로 돈과 물품을 제공하는 보시(dāna)이다. 야니사는 매주 한 번씩 절에 가서 이해하지 못하는 언어인 빨리어로 승려들이 독송하는 경을 듣는다. 승려의 설법을 듣고 오계를 다시 받고 살생, 거짓말, 도둑질, 허용되지 않는 성관계, 음주를 하지 않겠다고 다짐하고, 입적한 승려들의 사리가 모셔져 있는 탑 주위를 경건하게 돌며 큰 불상 앞의 불단에 향과 꽃과 초를 올리며 자신과 가족의 안녕을 기원한다. 집에서는 가족의 거주지를 지켜주는 가정과 마당의 정령들을 위해 매일 집의 제단과 집 바로 밖에 있는 정령의 집(spirit house)〔역주: 미얀마, 태국, 캄보디아, 라오스 등 동남아시아 국가에서 특정 수호신을 모시는 사당이다.〕에서 매일 비슷한 제사를 드린다. 야니사와 그녀의 가족은 결혼, 출산, 죽음, 집을 짓고 새 밭을 가는 등 삶의 모든 중요한 사건에서 신중하게 규정된 의례를 수행하여 도움을 주는 정령들을 공경하고 사악한 정령들로부터 자신들을 보호하며, 붓다·다르마·승가의 힘을 활용한다. 야니사는 한 번도 명상을 해본 적이 없으며, 그렇게 하는 것이 주제넘다고 여길 것이다.

야니사는 특정한 물체에 신성한 힘이 깃들어 있다고 깊게 믿고 있다. 예를 들어, 봉헌된 불상, 붓다나 불교 성자의 사리舍利가 안치된 탑, 패엽경貝葉經 따위가 이에 해당한다. 야니사는 자신이 목에 걸고 있는 유명한 불교 성자가 새겨진 구리 부적이 도덕적 의무들을 상기시킬 뿐만 아니라 그녀를 불행으로부터 보호하고 번영을 가져다준다고 믿는다. 야니사는 몇몇 유명한 승려를 비롯한 지역사회의 몇몇 사람들이 정령 숭배를 곱지 않은 시선으로 보고, 부적 사용을 권장하지 않으며, 붓다에게 바치는 공물은 그저 존경과 추모와 감사의 표시로만 여겨야 한다고 생각한다는 사실을 알고 있지만 이러한 태도를 흥미로운 변칙 현상으로 간주한다. 야니사가 아는 대다수 사람은 정령의 존재를 당연한 것으로 받아들인다. 그녀는 정령을 공경하고 달래어 성과가 있는 경우를 보았을 뿐만 아니라 감히 정령을 무시하는 사람들에게 닥친 비극적 이야기도 들었다. 야니사는 어떤 유력한 승려들이 고도의 집중 상태인 선정(禪定, jhāna)의 힘으로 미래를 예언하고 기적적인 치유를 수행할 수 있다고 믿는다. 야니사는 자신이 미래에 다시 태어날 것이며, 지금 자기 행동이 현재의 남은 삶뿐만 아니라 미래의 삶의 조건에도 영향을 미칠 것임을 의심하지 않는다.

야니사와 그녀 남편이 최근에 얻은 또 다른 공덕의 원천은 10대 아들의 수계식이었다. 비록 아들이 평생 승려로 남아 있지는 않겠지만, 수계식으로 본인과 부모는 공덕과 사회적 명성을 얻는다. 수계식을 통해 아들은 수계식이 아니었다면 받을 수 없었던 교육을 받게 될 것이며, 교육을 받은 후에는 환속하고 세속의 직업을 찾을 것이다. 야니사 아들의 수계식은 그녀에게 깊은 자부심을 안겨주었다. 다른 더 실용적인 동기 중에서도 특히 아들의 수계식은 부모, 특히 자신을 낳아주고 돌봐준 어머니에 대한 감사의 표시였기 때문이다. 야니사의 나라인 태국에는 정식 비구니 교단이 없다. 그러므로 수계식은 야니사에게 선택사항이 아니다.

야니사는 문해력이 있지만 불교 관련 글은 거의 읽지 않는다. 이따금 팸플릿이 야니사의 집으로 오기도 하며, 아들이 어렸을 때 붓다의 생애와 전생 이야기의 만화책을 그에게 읽어주기도 했다. 야니사는 복잡한 불교 교리를 명확하게 설명할 수 없다. 하지만 자기 가족, 소박한 학교 수업, 불교문화권에서의 오랜 생활을 통해서 전통의 형성 이야기, 특히 붓다의 전설과 붓다의 전생 이야기를 알고 있다.

미국의 한 다르마 스승

레이첼(Rachel)은 도시 중산층 가정의 유대계 미국 여성이다. 레이첼은 부모님이 활동하던 정통 유대교 회당을 다니면서 성장했다. 레이첼은 대학생 때 인류학을 공부하고 해외 유학 프로그램으로 인도에 살았는데, 거기서 처음으로 아시아 종교에 관심을 가지게 되었고 서양인을 위한 아쉬람에서 명상을 소개받았다. 레이첼은 집에 돌아온 뒤에도 불교와 힌두교에 관한 책을 계속 읽었고 규칙적으로 명상하는 삶을 살기 시작했다. 국내와 해외를 더 여행한 뒤에 레이첼은 대도시에 정착하여 상담심리학 석사 학위를 받고 상담사로 일했다.

그러는 동안 레이첼은 하루에 두 번씩 약 30분 동안 명상을 더 자주 하기 시작했다. 레이첼은 일본 승려가 운영하는 현지 선원禪院에서 매주 좌선 명상에 참석하기 시작했다. 수년에 걸쳐 레이첼은 관리위원회의 일원으로 참여하여 하루에 최대 10시간의 좌선과 걷기 명상을 하는 엄격한 섭심攝心 수행으로 휴가를 보내는 등 선원에 더욱 깊이 참여하게 되었다. 그녀는 결국 교단에 정식으로 입문하고 16계를 지킬 것을 의무화하는 의식에서 재가계在家戒를 받았다. 자기 로시(老師)의 제안에 따라서 헌신적인 서양 학생들과 함께 일하는 데 익숙하고 여성을 수행에 받아들이는 일본의 한 선원에서 1년을 보냈다. 수년간 재가자로서 헌신적인 수행 끝에 레이첼은 미국에 있는 자기 로시로부터 계통을 이어받아 가르쳐도 된다는 인가를 얻었다. 선원에서 손아래 교사로 몇 년을 보낸 후, 레이첼은 다른 선원의 최고위 로시가 되도록 초대되었다. 비록 소수의 아프리카계, 라틴계 미국인과 일부 2~3세대 아시아계 미국인들을 끌어들이지만, 레이첼의 선원은 대체로 중상류층 유럽계 미국인 전문가가 중심이다.

레이첼은 연수의 일환으로 일본 사찰의 복잡한 의례 문법을 배웠고, 이를 자신의 수행에 통합했다. 레이첼은 이러한 의례를 마음챙김을 위한 도구이자 일상 활동을 알아차리는 방법으로 본다. 불상에 절하는 것은 자신의 불성에게 절하는 것이지 도움을 주리라 기대하는 외적 존재에 절하는 것이 아니다. 아귀를 위해 음식을 마련해 놓는 의례도 그러한 존재가 존재한다면 실제로 그 음식의 혜택을 받을 것이라는 기대에서 행해지는 것이 아니라, 배고픈 사람과 가난한 사람에 대한 사려 깊은 연민을 개발하기 위한 기회로 행하는 것이다. 레이첼은 자신의 불교 수행이 자신을 더 번영하게 하거나 바람직하지 않은 사건이 발생하지 않게 할 것이라고 기대하지 않으며, 그러한 수행 동기를 미개하고 미신적이라고 생각한다. 오히려 레이첼은 수행을 불행이 닥쳤을 때 지혜와 연민으로 대응하는 능력을 발휘하는 것으로 본다. 레이첼은 또한 불교 교리의 많은 전통적인 측면들(수많은 초인간적 존재와 인간보다 낮은 존재들, 그리고 과학 이전의 우주론)을 거부하거나 재해석하는 데 거리낌이 없다. 그녀는 이러한 측면들을 주로 심리학적인 관점에서 해석한다. 레이첼은 불교의 근본적인 가르침이 근대 심리학, 생태학, 철학의 통찰과 일치하며, 많은 면에서 이들을 능가한다고 생각한다. 레이첼은 예컨대 연기 교리를 세계에 대한 근대 생태학적 이해와 관련이 있다고 해석한다. 사라나 야니사와는 달리 레이첼은 근대 작가뿐 아니라 도겐(道元), 나가르주나, 다른 고전 저자들의 책도 읽으면서 불교의 어려운 철학적 가르침들과 씨름한다.

따뜻한 인품을 지닌 역동적인 연사인 레이첼은 미국인들이 난해한 선禪의 가르침을 쉽게 이해할 수 있도록 돕고, 일본 문화에 깊이 뿌리박혀 미국적 맥락에서는 도움이 되지 않는다고 생각되는, 때로는 엄격한 선의 요소들을 부드럽게 풀어내는 것으로 잘 알려졌다. 레이셀은 아시아 불교가 종종 평등주의와는 거리가 멀다는 것을 알며, 불교 제도의 위계적이고 가부장적인 측면의 개혁을 지지한다. 레이첼이 운영하는 선원은 민주적으로 운영되며, 이사뿐만 아니라 최고위 로시도 선출한다. 레이첼은 다른 선원, 교회, 집중 수련원, 대학 등을 정기적으로 방문하여 강연, 집중 수련 프로그램, 워크숍을 진행한다. 레이첼은 다르마 강연(dharma talks)에서 환경, 평화, 정의, 인권, 게이와 레즈비언 문제를 이야기하면서 진보적인 정치 운동을 공개적으로 지지하고 있다.

한 전통적 승려

롭상(Lobsang)은 인도의 대규모 난민 공동체에서 살고 있는 40대 티베트인이다. 그는 어렸을 때 인도에 도착하여 공립학교에 다녔고, 10대 후반에 승려가 되었다. 롭상은 교학과 연구를 강조하는 겔룩파(Gelukpa) 학파에서 구족계를 받았다. 망명 중인 대규모 교육 승원의 한 곳에 소속된 승려로서 롭상의 주요 활동은 의식에 참여하고 겔룩파 교단을 특징짓는 풍부한 지적 삶을 추구하는 것이다. 절의 하루는 절의 수호신을 달래는 의례, 온갖 신에게 바치는 기도, 경의 독송을 포함한 일련의 의례로 구성된다. 승려는 또한 비용과 시간이 많이 소요되는 계절 의식을 수행하며, 춤추기, 만다라(maṇḍala) 건설, 수행자와 신을 상징적으로 동일시하는 탄트라 수행으로 특정 신을 기린다. 게다가 롭상과 그의 많은 도반道伴은 악령을 물리치고 질병을 치료하며 행운을 불러오는 것과 같은 다양한 실용적인 목적을 위해 재가자에게 의식을 집전한다.

롭상이 행하는 가장 중요한 의례는 탄트라적 성격을 띠고 있다. 즉, 특정한 신을 불러오고 동일시하는 과정을 포함한다. 그러한 의례를 행할 자격을 갖추기 위해서 롭상은 관정(灌頂, abhiṣeka)에 입문했다. 이를 통해 특정 신들과 함께 수행하고, 그들을 시각화하며, 그들과 관련된 만뜨라(mantra)와 무드라(mūdra)를 익히게 되었다. 이러한 의례는 구원론적 목적으로 행해질 수 있지만, 보다 실용적인 목적을 위해 변형되어 사용되기도 한다. 롭상은 여러 신의 탄트라 의례를 집행할 수 있는 권한을 부여받았는데, 각 신은 다른 특성을 가지며 각기 다른 목적에 따라 사용된다. 즉, 평화로운 신은 평화로운 목적을 위해 사용되고 분노한 신은 악령을 몰아내는 것과 같은 더 공격적인 목적을 위해 사용된다. 야니사와 마찬가지로 롭상은 다양한 영계靈界의 존재가 세상을 채우고 있으며, 세상 문제에 도움이 되도록 달래고 활용되어야만 한다는 것을 의심하지 않는다. 이러한 존재에는 유령, 지역 정령, 다르마의 보호자, 그리고 더 높은 차원에서는 전통적인 대승 만신전(萬神殿, pantheon)의 붓다들과 보살들, 탄트라 신들이 포함된다.

롭상의 승려 교육은 승려들이 주로 교사였던 세속의 공립 교육기관에서 중학교를 마친 뒤에 시작되었다. 처음 3년은 텍스트를 암송하는 데 바쳤는데, 이는 깨어있는 시간 대부분을 차지하는 작업이었다. 그 후 3년 동안 롭상은 다른 승려들과 오랜 시간의 활발한 토론을 통해서 수사학적 기술을 키우고 해석학적 통찰력을 연마했다. 그런 다음 롭상은 또 다른 12년 동안 경과 주석서를 집중적으로 연구했다. 거의 20년의 훈련 끝에 롭상은 겔룩파 학파 최고 학위인 게셰(dge bshes)를 취득했으며, 지금은 다른 승려들을 가르치는 데 많은 시간을 할애하고 있다. 롭상의 임무에는 시간이 많이 소요되는 행정 업무도 포함되는데, 이는 절의 복잡한 관료 체계에서 불가피한 부분이다. 롭상은 절 밖의 가족 및 몇몇 친구들과 긴밀한 접촉을 유지하며, 시간이 날 때마다 그들과 어울린다.

절의 대부분 도반처럼 롭상도 공식적인 명상에는 참여하지 않는다. 하지만 그가 행하는 암기, 독송, 탄트라 의식은 주의력을 배양하는 명상에 준하는 요소들을 포함하고 있다. 롭상은 은둔처와 외딴 동굴에서 몇 년을 보내면서 진지하게 명상을 닦아온 소수 승려를 알고 있지만, 그의 도반 대부분은 명상보다는 학문적 연구를 선택했다. 롭상은 언젠가 전문 사찰에서 명상 과정을 따를 계획이며, 어쩌면 말년에는 외딴 은둔처에서 홀로 시간을 보낼 수도 있다. 비록 롭상이 깨달음의 가능성을 믿고 언젠가는 깨달음을 성취할 것이라고 예상하지만, 현생에서 그러한 성취를 기대하지는 않는다. 비록 롭상이 암기한 탄트라 문헌에는 그러한 가능성에 대한 언급이 있음에도 불구하고 말이다. 롭상은 그러한 목표가 여러 해에 걸쳐—어쩌면 수많은 생을 거쳐— 홀로 명상을 집중적으로 수행하는 것을 포함한다는 점을 인식하고 있다. 하지만 롭상은 승려로서의 자기 소명을 자신과 자신이 봉사하는 사람들이 좋은 재생을 얻고 완전한 깨달음을 얻기 전에 거쳐야 할 윤회를 단축하는 데 도움이 될 공덕 짓는 삶으로 본다.

아시아의 한 근대주의자

아난다(Ānanda)는 또 다른 아시아 승려이지만 롭상과는 다른 부류이다. 그는 자국의 불교 전통에서 교육받았을 뿐만 아니라 유럽 대학에도 다녔다. 아난다는 서양 문헌을 잘 읽고 영어를 유창하게 구사하며 모국어뿐만 아니라 영어로도 책을 집필하였다. 아난다의 책은 아시아와 유럽의 여러 국가의 불교도들에게 인정받았고, 강연과 수행을 목적으로 여러 곳에 초대받아 여행을 많이 다녔다. 아난다는 유대인, 기독교인, 과학자, 정치인과 대화를 나누었고, 국제 신문을 읽었으며, 시사 문제에도 정통했다.

아난다는 서양의 교육, 사회, 문화를 경험했기 때문에 그의 불교 이해는 다른 세계관과 혼합되어 있다. 롭상의 교육은 하나의 전통 내에서만 이루어졌다. 하지만 아난다는 상이한 불교 종파뿐만 아니라 불교와 서양 사상을 종합하려고 시도한다. 아난다는 민주주의, 자유, 정의, 평등주의, 인권과 같은 근대적 개념들을 옹호한다. 아난다는 불교가 이러한 개념들에 독자적으로 기여할 수 있다고 보며, 불교가 실험적 검증과 엄격한 추론과 같은 기본적인 과학적 원리들을 긍정하고, 유일신론 전통과는 달리 진화론, 과학적 인과관계 개념들과 양립할 수 있다고 믿는다. 아난다는 저술과 강연에서 불교를 더 높은 수준의 마음과 보편적인 연민을 함양하기 위한 수행이자, 정교한 철학적·심리학적·윤리적 사상의 체계로 제시한다. 아난다는 또한 불교를 평화, 정의, 민주주의의 원동력으로 제시하고, 모국에서 불교가 후원하는 사회 프로그램뿐만 아니라 국제적인 불교 평화와 정의 운동에도 동참하고 있다.

아난다는 많은 전통적 가치를 유지하면서도 언제나 그것을 근대 세계에 적응시키고 수정하려고 시도한다. 아난다는 전통적 불교 의식의 복잡한 체계를 소중히 여기며 이를 공동체를 유지하고 서약을 재확인하는 방법으로 여기지만 전례를 단순화하고 일반 사람들이 더 쉽게 접근할 수 있도록 하는 것을 옹호한다. 아난다는 여성의 종교적 소명에 더 많은 기회를 제공하는 개혁을 선호하고, 승가에 더 많은 재가자 참여를 지지하며, 더 높은 수준의 불교 수행에 대한 헌신을 표명하지만, 평생 출가해서 생활할 필요가 없는 새로운 유형의 재가자 수계식을 장려한다. 아난다는 명상 기법이 기초적인 수준에서만 실행되더라도 모든 인류의 행복에 불교가 기여하는 것으로 이해하여 모든 사람을 위한 명상을 주장한다. 아난다는 다르마를 통해 번영과 이익을 추구하는 사람들을 못마땅해하며 개인이나 가족의 이익을 위해 영매, 주술, 영계靈界 존재들에게 비는 것을 거부한다. 아난다는 영계 존재들을 부정하지는 않지만, 공개적인 언급을 거의 하지 않으며 다르마로부터 대중적인 정령 숭배를 분리하려는 노력을 조금도 멈추지 않는다. 아난다의 관점에서 승려들은 오로지 대중의 영적 행복에만 관심을 가져야지 대중의 세속적인 필요와 욕구를 충족시키는 도구가 되어서는 안 된다. 아난다는 불교 전통의 시대에 뒤떨어지고 쇠퇴한 측면을 개혁해야 한다고 주장하며, 붓다가 가르친 핵심적 실천과 원칙을 후대의 문화적 추가 요소들로부터 가려내려고 시도한다.

근대화, 혁신, 개혁에 대한 아난다의 욕구는 상당 부분 서구의 근대주의 이념들로부터 영감을 받았지만, 서구의 근대성을 전면적으로 수용하지는 않는다. 아난다는 서구의 업적을 공공연하게 칭찬하면서도 아시아의 식민주의와 제국주의의 어두운 역사를 잘 알고 있으며 물질주의뿐만 아니라 군사적 침략에 대해서도 비판적이다. 아난다는 빈부격차를 근원적인 악으로 보며, 현대 소비주의와 자유시장경제의 가혹한 현실을 비판한다. 이러한 비판들은 그 자체로는 동일한 현상에 대한 서양의 비판과 매우 유사하지만, 아난다는 여기에 불교의 개념, 상징, 이야기와 뒤섞어 독특한 불교적 풍미를 넣는다.

전통과 근대의 연속체

다시 말하지만, 이 초상들은 매우 다양한 현대 불교도를 모두 포괄하려는 것이 아니라, 필자의 주제에서 중요한 몇 가지 본질적인 특징과 테마를 설명하기 위한 것이다. 우리는 사례를 늘리고 더 광범위하고 전 세계적으로 대표되는 그룹을 개발할 수 있지만, 이 다섯 가지 사례는 필자가 다루려 하는 몇 가지 본질적인 개념들, 비교, 대조를 위한 자료를 제공한다. 첫째, 사라와 야니사라는 두 재가 수행자 사이의 대조이다. 그들은 매우 다른 유형이지만, 두 사람 모두 '대중적인' 불교 수행자로 간주될 수 있다. 가장 분명한 차이점 하나는 야니사에게는 불교가 지역사회의 사회생활에 깊숙이 박혀 있는 반면, 사라에게는 불교가 외부에서 수입되어 선택적으로 수용된다는 것이다. 사라는 마음만 먹으면 불교와의 많은 관계를 개인화할 수 있으며, 매주 하는 명상과 간혹 하는 집중 수련을 제외하면 사라의 '공적인' 삶에서 그녀를 불교도로 식별할 수 있는 것은 거의 없다. 사라는 이를 다소 개인적인 일, 즉 다양한 종교적·영적 선택지들 가운데서 고르는 개인적인 선택으로 본다. 그녀는 '조직화된 종교(organized religion)'에 대해 의구심을 품고 있기 때문에 자신을 불교도라고 밝히는 것에 대해서조차 다소 애매모호한 태도를 취하고, 특정 친구와 지인들 사이에서 자신을 불교도라고 밝히는 것을 불편해한다. 사라에게 불교는 명상, 개인적 변화, 심리적 건강의 문제이며, 내면 자유를 향하여 사회적 조건화를 초월하는 것이다. 사라의 불교는 무엇보다도 개인적인 것이나, '개인화된' 종교에 대한 많은 사회학자들의 주장과는 대조적으로 거기에 윤리적·사회적 의미가 없는 것은 아니다. 비록 명시적인 도덕적 '규정들'보다는 연민과 이타적인 마음 상태를 개발하는 규정 아래에 있기는 하지만 사라가 읽는 많은 불교 대중서적에는 윤리에 대한 논의가 포함되어 있다. 사라의 수행도 지역사회와 무관하지도 않다. 사라가 속한 명상가 그룹은 우정과 지원의 소중한 원천이다. 하지만 사라의 불교 수행은 이 소그룹 외의 지역사회와는 거의 관련이 없다.

이와는 대조적으로 야니사의 종교적 지향은 자기 가족, 지역사회, 문화 속에 깊숙이 뿌리박혀 있다. 야니사는 다른 종교적 지향들을 알고 있지만 그것들을 자기 삶의 '선택사항'으로 진지하게 고려해 본 적이 없다. 야니사는 자기 종교관을 의식적으로 선택한 것이 아니라 그냥 주어진 것으로 받아들인다. 야니사의 불교 수행은 사회적 조건화로부터의 자유의 문제이기는커녕, 일반적으로 공유되는 수행, 믿음, 윤리적 가치들의 구체화인 그녀 지역사회의 사회적·문화적 삶과 구별이 안 된다.

야니사의 특정한 수행들도 사라가 거의 알아보지 못할 것이다. 야니사에게 있어서 의례 행위는 가장 중요하며 명시적인 믿음보다 우선한다. 의례 행위는 경건할 뿐만 아니라 실용적이고 도구적이다. 의례 행위는 그녀의 실존 세계를 관통하는 영적 힘을 존중하고 달래며 관리하는 것과, 이생과 내세에 행운을 가져다주는 업의 효력을 생성하는 것과 관련이 있다. 야니사는 절에 봉헌된 불상이 붓다의 힘을 구현하는 성물聖物로 보는 반면, 사라는 그런 생각에 반발할 것이다. 사라가 매주 명상할 때마다 절하는 불상은 단순한 상징에 불과하다. 의례를 통해 정령을 달래고 공경한다는 개념은 사라의 수행에서 아무런 역할도 하지 않는다. 사라는 그런 것들을 불교의 본질과 무관한 미신적인 문화적 추가 요소들로 본다.

사라와 야니사의 성별과 사회적·경제적 계층도 그들의 불교 실천을 조건 짓는다. 중산층 수입으로 인해 사라는 책을 구매할 수 있었고, 강연에 기부금을 낼 수 있었으며, 명상 수업과 주거 수련회에도 참가할 수 있었다. 대부분의 서양 개종자나 불교 명상 전통의 동조자들처럼 사라도 백인 중산층이다.[2] 정규 교육을 통해 사라는 추상적 사고력을 발전시켰으며, 그 결과 기본적인 불교 철학 개념들에 접근할 수 있는 능력이 더욱 높아졌다. 사라의 성별은 수행하는 데 사실상 아무런 장애가 되지 않았다. 사라 본국의 승가는 남성과 여성이 거의 균등하게 나뉘고, 사라의 명상 수련회는 언제나 남녀 모두를 포함하며, 사라에게 가장 큰 영향을 준 불교 스승과 작가 중 일부는 여성이었다. 사라는 불교 교리가 남녀평등을 긍정한다고 보는데, 그 주된 이유는 자신이 만난 대부분의 불교도가 남녀평등을 암묵적으로 긍정했기 때문이다.

반면에 야니사는 기초 교육 이상을 받은 적이 없으며, 가장 기본적인 교리 외에는 불교 철학에 대한 지식이 거의 없다. 야니사는 명상이

---

2 반면에 소카갓카이(創価學會) 전통은 특히 미국에서 훨씬 더 다양한 지지자들을 끌어모았다. Seager 2006 참조.

특별한 수행 승려와 소수의 고등 교육을 받고 독실한 재가신자의 영역이라고 보아 명상하는 것을 진지하게 고려한 적도 없다. 야니사는 가정에서 여자 가장으로서 역할이 있기 때문에 모든 가족의 이익을 위해서 많은 가정의례를 치를 필요가 있다. 태국에는 비구니 교단이 없지만 야니사가 원한다면 여성 출가자인 매치(mae chī)가 될 수는 있다. 태국과 다른 동남아시아 불교 여성들이 집중적인 종교적 소명을 추구할 기회가 점점 늘고 있지만 실제로 그렇게 하는 여성은 거의 없다. 대부분은 의례에 참여하고 의례에 쓰일 공물을 마련하는 데 도움을 주어 승가 공동체를 지원하는 것이 자신들의 역할이라고 여긴다.

사라와 야니사 두 사람 모두 각자 문화의 비불교적 요소들과 불교의 실천을 결합하는데, 자신들이 그렇게 하고 있다는 사실을 종종 깨닫지 못한다. 사라의 실천은 남녀평등, 민주주의의 우월성, 적어도 물리적 세계를 설명하는 과학의 견실성 등 그녀 문화에서 파생된 타협 불가능한 가정을 배경으로 이루어진다. 불교에 대한 사라의 생각과 실천은 그녀가 아는 것보다 훨씬 더 깊이, 근대 서양 심리학 및 철학, 그리고 서양과 아시아 불교 사이의 특정한 상호작용의 역사에 영향을 받았다. 이 모든 것은 사라가 소수의 선별된 핵심 불교 개념을 바라보는 데 있어 필터이자 초점 렌즈 역할을 한다. 야니사의 불교 수행은 그녀 문화의 사회적 관습과 전제들에 기반을 둔 더 넓은 종교적 관심의 영역 속에서도 이루어진다. 야니사는 불경에서 언급된 야차(夜叉, yakṣa)와 건달바(乾達婆, gandharva)와 같은 불교 특유의 영계靈界 존재들과 지역 정령 전통에서 유래한 영계 존재를 크게 구별하지 않는다.

야니사는 존경받는 일부 불교 승려가 특별한 힘을 지니고 있어 축복과 보호를 제공할 수 있음을 알고 있지만, 비슷한 목적을 위해 지역 무당과 같은 비불교적 존재를 활용하는 데에도 주저함이 없다.

비록 필자는 사라와 야니사를 대조하여 고도로 근대화되고 서구화된 접근법을 더 전통적인 접근법과 구별하고자 하지만, 이러한 구분을 절대적인 것으로 받아들여서는 안 된다. 예컨대, 사라 본국의 승가에서는 봉헌된 불상이 상징적인 힘 외에 다른 무언가가 있다고 믿는 사람이 거의 없겠지만, 몇몇 서구 동조자들은 인간사에 영향을 미칠 수 있는 초자연적 존재를 믿는다. 어떤 사람들은 또한 특정한 물체나 장소가 고유한 영적 힘이 있다고 믿거나, 업과 재생에 대한 더 문자적인 설명을 받아들인다. 따라서 서양의 불교 동조자들이 초자연적 존재나 전통적인 우주론을 완전히 배척한다고 보는 것은 지나친 판단일 수 있다. 마찬가지로 우리는 야니사의 실천을 순전히 '근대 이전적'이라고 볼 수 없다. 비록 야니사의 성상聖像 숭배가 오래되고 전통적이긴 해도 오늘날 태국의 형태는 세계화된 자본주의의 근대 상업적 힘과 분리할 수 없다. 부적, 불상, 봉헌판과 같은 성물聖物의 거래는 엄청난 상업적 의미를 가지며, 일부 보고에 따르면, 부동산만큼이나 많은 수익을 창출한다(Swearer 2003: 16). 스텐리 탐비아(Stanley Tambiah)는 부적 숭배의 번성(기원은 아니지만)은 근대의 경제·정치적 힘에 의해 태국 사회가 급격히 불안정해진 데 대한 반응이라고 주장한다. 이러한 불안정화는 많은 사람들의 삶에 큰 불확실성을 야기했고, 초자연적인 것에 의존하는 경향을 증가시켰다는 것이다(1987). 따라서 부적의 인기는 근대성의 독특한 힘들에 의해 촉진된 전통적 실천으로의 일종의 회귀를 나타낸다. 이는 전통과 근대성의 복잡한 얽힘을 보여준다. 즉, 이 둘은 서로 배타적인 경우가 거의 없다.

레이첼과 롭상은 엄격한 불교 수행의 매우 다른 두 가지 방식을 대표한다. 레이첼과 같은 수행자들은 불교계에 수적으로는 거의 존재하지 않을 정도로 드물지만, 그들의 영향력은 그 수를 훨씬 능가한다. 사실 소수의 서양 불교도는 서양의 불교 이해 방식에 큰 영향을 미쳤으며 불교가 우세한 아시아 국가들에서도 상당한 영향을 미쳤다. 그 이유는 소수의 서양 불교도가 국제적으로 널리 배포된 베스트셀러를 집필하고 순회강연을 하고 자체 기관을 설립했기 때문이다. 그들은 문화적으로 엘리트이고 교육 수준이 높으며 여행을 많이 하고 경제적으로 유리한 배경을 대개 가지고 있다. 레이첼의 상황은 아시아 불교문화권에서도 극히 드물 것이다. 왜냐하면 그녀는 남녀 모두를 가르치고 남성과 동일한 권위를 가진 여성이기 때문이다. 아시아의 다양한 불교 공동체에 존경받는 여성 스승들이 존재하지만, 이들이 남성에 대해 권위를 가진 경우는 거의 없다. 승려의 행동 규칙을 담고 있는 성전 문헌인 『율장律藏』은 명시적으로 비구니를 비구에게 종속시킨다. 많은 성전聖典 자료는 여성이 남성과 동일한 영적 능력이 있음을 확인하지만, 역사적으로 여성은 고급 가르침을 접하기 어려웠고 승려로서 수행하거나 지도자 역할을 맡을 기회가 적었다.

레이첼과 롭상 모두 불교 전통에서 권위 있는 스승임에도 불구하고 레이첼과 롭상 사이의 차이가 엄청나다는 점은 분명하다. 레이첼과 롭상은 서로 다른 문화 세계를 점유하고 있으며 매우 다른 암묵적인 가정에서 다르마에 접근한다. 두 사람 모두 각자의 전통에서 자격을 얻었는데, 롭상은 길고 집중적인 승가 교육 과정을 통해서, 레이첼은 전통에 대한 서약과 (일본의 한 절에서 머물던 해의) 공식 승가 교육을 통해서 자격을 얻었다. 이러한 교육 방식의 차이는 겔룩파 학파와 선 학파 사이의 대조를 반영할 뿐만 아니라, 서구에서 활동하는 로시들이 일본의 전통적 맥락에서 요구되는 필수 수련 여부와 관계없이, 자신이 적합하다고 판단한 사람에게 공식적인 법맥 전수—이는 일정 수준의 수행 성취를 인정하고 남을 가르치는 행위를 허락하는 것이다—를 행하는 근대적 관행도 반영한다.

레이첼과 롭상은 또한 각자의 전통에 다르게 접근한다. 티베트 불교가 여러 면에서 근대화되고 있지만 승려 교육 센터의 커리큘럼은 여전히 본질적으로 전통적이다. 즉, 다원적이며 이상적으로는 특정 전통의 미리 정해진 결론으로 향하지 않는 탐구를 장려하는 서구의 교양 교육 모델과는 달리, 티베트 불교의 목적은 규범적 진리를 조사, 해석, 재확인하는 것이다. 레이첼은 교양 교육 전통이 길러낸 인물이며, 불교를 명상적이고 '영적인' 삶을 살기 위한 많은 길 중 하나로 본다. 레이첼은 다양한 사상들에 접근할 수 있었고 그것들을 일관된 세계관으로 통합하기 위해 노력했다. 하지만 롭상은 자기 전통에 대해 더 깊게 내면화된 이해를 가지며, 레이첼이 자기 전통을 아는 것보다 더 정확하고 미묘하게 안다. 롭상은 텍스트를 암기하고 다양한 해석을 논의하면서 다른 유형의 교육을 받은 사람이 쉽게 얻을 수 없는 전통에 대한 이해력을 얻었다. 롭상의 교육은 다양한 관점을 제시한 다음 학생들이 스스로 추론하여 결론을 내리도록 고무하는 다원적 교육이 아니다. 대안적인 견해는 주로 반박되고 무시되기 위해서만 제시된다. 따라서 롭상이 받은 승려 교육의 모든 사상과 실천은 독특하게 실제적이고 그럴듯하며 일관되게 보이는 우주를 구성하는 데 도움이 된다.

수행에 대한 각자의 접근 방식도 상당히 다르다. 레이첼은 명상이 승려이건 재가자이건 간에 불교 수행의 본질이라고 생각한다. 롭상의 세계에서 명상은 불교도의 궁극적인 목표를 위해 매우 중요하고 필요한 것으로 간주되지만, 그것은 기대가 아니며 소수의 승려와 훨씬 더 적은 재가자에 의해서만 행해진다.[3] 명상은 수년간의 삶을 기꺼이 바칠 고도로 숙련된 사람만 할 수 있는 고행으로 여겨진다. 티베트 절 승려들은 짧은 시간이나마 이 길을 성공적으로 걸어온 소수 서양인에게 감명을 받았다. 하지만 대다수 승려조차 수행하기 어려운 고단계 명상이나 탄트라 수행을 닦고자 절에 오는 사람들을 보면서 당혹감과 희열이 교차한다. 우리가 높은 영적 발전이 거의 불가능한 말법末法 시대에 살고 있다는 아시아 불교의 통념을 감안할 때, 승려를 포함한 대다수 아시아 불교도는 이생에서 야심차게 해탈을 목표로 삼기보다는 공덕이 되는 업을 짓는 데 만족한다. 아시아에서 깨달음은 장기적인 프로젝트로 간주된다. 서구에서는 종종 명상이 불교 승려의 주요 활동이라고 단정되지만, 실제로는 (교학 또는 의례 전문가와 반대되는) 소수의 명상 전문가에 의해 대개 수행된다. 이것은 심지어 선(즉, '명상') 전통 수행자들에게도 해당하는데, 던컨 류켄 윌리엄스(Duncan Ryuken Williams)의 말을 빌리자면, 그들 중 대다수는 선 명상을 수행한

---

3 『율장』은 명상을 구원론적으로 필요한 것으로 여기긴 하지만 윤리적 의무로 요구하지는 않는다.

적이 없으며, (선 스승들의 전기와 어록들에 기술된 바와 같은) 선 스승의 성상 파괴 행위에 가담한 적이 없으며, 공안을 풀어본 적이 없고, 선 정원을 가다듬은 적이 없으며, 신비로운 명상 상태를 추구한 적이 없고, 도겐의 글을 읽지도 않았다(2005: 3). 오히려 그들의 활동은 성직자 역할이 더 비중 있게 되었는데, 여기에는 병자를 치료하고 장례 의식과 퇴마 의례를 집전하는 것이 포함되었다. 명상은 항상 깨달음에 필수적인 것으로 여겨져 왔고 대다수 불교 공동체에서 존중되고 숭배되어 왔지만, 출가자와 재가자 모두에게 불교 수행의 필수 요소로 표현되는 것은 주로 근대에 들어 나타난 현상이며, 불교 근대주의의 핵심 구성 요소이다.(이 점은 6장에서 더 논의할 것이다.)

필자가 이 처음 네 개의 초상들 사이에 그린 대조는 주로 서양과 아시아 불교 실천 사이의 대조이다. 하지만 이것이 우리가 서양을 근대와, 아시아를 전통과 각각 동일시할 수 있다는 의미는 아니다. 세계적인 감각을 지닌 근대주의 승려인 아난다의 초상은 독특한 근대적 형태의 불교를 만들고 유지하는 데 중요한 역할을 한 사람들을 나타낸다. 아난다라는 이름은 그가 남아시아 출신임을 암시하지만 사실상 불교가 지배적인 모든 국가 출신일 수 있다. 이것은 이러한 매우 다른 지역의 근대화된 인물들 사이에 실질적인 차이가 없다는 것을 의미하지 않는다. 물론 아난다의 이름을 바꾸고 그의 구체적인 특성을 더 미묘하게 다듬으면 그는 더욱 명확하게 태국인, 스리랑카인, 티베트인, 타이완인, 일본인 등이 될 수 있을 것이다. 그러나 여기서 필자가 강조하고 싶은 것은 아난다의 세계화, 보편화, 초국가화, 근대화 경향인데, 이는 아난다가 계속해서 자기 전통에 뿌리를 두고 있음에도 불구하고 지역화된 형식보다는 보편화된 형식으로 명백하게 기울어져 있다는 점이다. 근대화의 핵심적인 측면 중 하나는, 그것이 무역이든 종교든 관계없이 세계화로 향하는 경향이며, 이러한 경향은 많은 경우 지역적 차이를 약화시키는 결과를 낳는다.

레이첼과 마찬가지로 아난다도 소수 불교도를 대표하지만, 지명도 덕분에 영향력이 매우 크다. 아난다는 분명 제14대 달라이 라마, 틱낫한, 술락 시와락사 같은 가장 저명한 현대 아시아 불교 지도자들, 그리고 덜 알려진 다른 사람들의 조합이다. 그들은 19세기와 20세기의 일부 선구자들과 마찬가지로, 불교가 미지의 영역으로 진입하는 과정에서 전통과 근대성의 어렵고 유동적인 경계를 협상해 왔다. 일부는 스리랑카의 기독교 학교에 다니거나 옥스퍼드에서 학위를 받거나 정치와 과학을 공부하는 등 근대 서구의 교육을 받았다. 그들은 불교와 근대 세속 문화의 산물이며 둘 사이의 매개 공간에 거주한다. 그들은 종종 사회적으로나 정치적으로 활동적이며 때로는 민족주의적이다. 많은 사람이 식민주의나 근대 전쟁을 통해 근대성의 어두운 면을 직접 경험했다. 실제로 불교 인구가 압도적인 많은 국가들이 20세기에 전쟁, 점령 또는 독재로 황폐화하였고 현존하는 가장 유명한 두 명의 불교도인 14대 달라이 라마와 틱낫한이 망명 생활을 하고 있다는 사실은 의미심장하다. 저명한 불교도이자 노벨상 수상자인 미얀마의 아웅산 수치(Aung San Su Kyi)는 압제적인 정부에 의해 가택 연금되어 수년을 보냈다. 따라서 많은 불교 근대화가 평화와 정의 문제에 동기를 부여받은 것은 우연이 아니다. 하지만 불교의 사회 참여가 항상 아난다처럼 나타나는 것은 아니다. 그는 미국과 유럽의 진보적 정치 성향과 여러 면에서 일치하는 관점을 지닌 인물이다. 평화주의를 지향하고 인권, 여성의 권리, 생태적 원인 등을 지지하는 인물들은 세계적으로 인정받고 영향력을 행사하게 되었다. 그럼에도 불구하고 정치에 참여하는 다른 불교도들은 전투적인 형태의 민족주의를 지원했다. 예컨대 2차 대전 전의 일본과 현대 스리랑카의 불교도들이 그러하다. 근대적 형태의 불교는 종종 평화와 정의를 옹호해 왔지만, 때로는 완전히 다른 의제를 가진 정치 세력들에 의해 채택되기도 했다.

아난다로 대표되는 인물들은 대부분 서구 근대성을 전면적으로 수용하지 않았다. 그들은 우리가 '토착 근대성(indigenous modernities)'이라고 부를 수 있는 것을 대표한다. 이는 서구 근대성의 많은 요소를 선택적으로 수용하지만, 완전히 동화되지는 않은 형태이다. 그들은 과학에 큰 관심이 있을 수 있으나 여전히 붓다의 사리를 숭배한다. 그들은 자유민주주의를 옹호할 수 있으나 여전히 승가 내에서 특정한 전통적인 형태의 위계적 권위를 고수한다. 그들의 가르침은 불교와 서구의 사상 및 실천을 결합하여 복합적인 혼합 형태를 이루며, 근대성과 전통의 요소들을 전략적으로 수용하고 거부하며 변형시킨다.

이제 필자는 이 다섯 초상이 보여주는 근대화된 불교 형태와 전통적인 불교 형태의 차이점을 밝히기 위해 근대화된 불교 형태가 출현하게 된 몇 가지 일반적인 경향을 설명하고자 한다. 주로 근대성의 산물이며 매우 다양한 문화를 아우르는 세 가지 특정한 문화적 과정인 탈전통화, 탈신화화, 심리화를 이해하면 전통적인 초상과 근대적인 초상 사이의 차이점을 이해하는 데 도움이 될 수 있다.

탈전통화

종교와 관련된 근대화의 핵심 측면 중 하나는 권위의 방향이 외부에서 내부로 이동하는 것이며, 이에 따라 제도적 종교에서 개인화된 종교로의 재구성이 이루어지는데, 이를 탈전통화라고 한다. 린다 우드헤드(Linda Woodhead)와 폴 힐라스(Paul Heelas)는 이것을 다음과 같이 설명한다. "개인 또는 개인이 열망하는 모든 것 위에 존재하는 권위적인 영역으로부터 자아의 직접적인 영적 체험이라는 권위로의 전환이다."(2000: 342) 전통성이 강한 종교에서는 권위가 현재에 대해 확실한 지침을 제공하는 '초월적이고 권위 있는 과거'에 뿌리를 두고 있다. 반면, 탈전통적인 성격이 강한 종교에서는 권위가 개인의 탐구와 체험에서 비롯된다고 여겨진다. '자아' 자체 또는 주관성의 일부 측면은 신성한 것으로 간주되며, 내면의 영역이 권위의 중심지가 된다.[4] 탈전통화된 종교는 더 전통적인 제도의 맥락에서 발생할 수 있지만, 종종 전통 종교의 제도적 구조가 없기에 워크숍, 집중 수련회, 또는 사라의 풀뿌리 승가와 같은 임시 환경(ad hoc settings)에서도 발견될 수 있다. 그것은 또한 초월성에서 내재성으로, 인간 본성에 대한 부정적인 평가에서 긍정적 평가로, 내생을 포함한 미래에 대한 관심에서 지금

---

4 우리는 '무아(無我, anātman)'의 교리를 표방하는 불교에서 '자아(self)'라는 용어의 사용을 정당화하기 위해 여기서 시간을 지체할 필요가 없다. 여기서 사용된 좀 더 사회학적인 의미에서 '자아'는 고정되고 영구적인 영혼인 아뜨만(ātman)을 가리키는 것이 아니라 특정한 사회적 맥락 속에서 작동하는 유동적인 행위자를 가리킨다.

여기의 삶을 온전히 경험하는 것에 대한 관심으로의 전환을 수반할 수도 있다. 탈전통화는 이성, 경험, 직관을 전통보다 우위에 두고, 개인의 평가에 따라 전통적 신념과 실천을 거부하거나 수용하거나 재해석할 자유를 주장하는 근대주의적 경향을 구현한다. 종교는 더욱 개별화되고 개인화되며 선택의 문제가 된다. 사람은 자신의 종교를 선택하고 심지어 만들 권리를 가진다. 이러한 개인의 선택에 대한 강조는 종교의 '소비화와 도구화'를 초래할 수 있으며, 종교가 자아를 만족시키기 위한 하나의 상품으로 전락할 수도 있다(341-44).

불교에 있어 탈전통화의 관련성은 특히 비교문화적으로 적용될 때 복잡하다. 분명히 이 과정은 근대 서구의 이데올로기와 사회적 관행에 의해 주도된다. 그리고 전 세계 대다수 불교도가 야니사와 롭상과 같은, 더 전통적인 형태의 불교를 실천하고 있다는 점은 주목할 만하다. 하지만 다른 규모가 큰 종교들과 마찬가지로, 불교도 많은 신자들 사이에서 탈전통화되었다. 여기에는 빠르게 부상하는 아시아 여러 국가의 부유하고 교육받은 중산층 인구뿐만 아니라 서구의 개종자들도 포함한다. 서구 개종자들 사이에서 탈전통화가 발생하는 부분적인 이유는 그들 대다수가 불교를 제도적 구조와는 거의 무관한 모호한 '동양의 신비주의' 또는 더 포괄적인 보편적 '신비주의'의 일부로 묘사하는 책을 통해서 불교를 배우기 때문이다. 서구의 대중 문학은 종종 불교의 '본질'을 제도적·사회적 현실보다는 주로 내적 경험에 관한 것으로 제시한다. 이러한 접근 방식은 새로운 유형의 준準 재가 공동체를 태동하였다. 이 공동체는 불교 대중서적을 읽고 명상하고 가끔 수련회에도 참여하지만, 자신이 반드시 불교도라고는 생각하지 않는 불교 동조자들의 모임이다. 사라의 사례가 잘 말해 주듯이, 이러한 동조자들은 어떤 제도적 형태의 불교에 헌신하지 않을 수도 있고, 후기의 근대적 감성에 맞지 않는 교리를 거부하거나 단순히 인식하지 못할 수도 있다. 동시에 이들은 '힌두교 동조자', '도교 동조자', '신이교 동조자'일 수도 있다. 하지만 그들이 특별히 근대적인 것은 그들의 절충주의 때문만은 아니다. 역사를 통틀어 많은, 아니 대부분의 전통 동아시아인의 종교적 삶은 다양한 전통의 믿음과 실천이 혼합되어 형성되어 왔다. 오늘날 그렇게 영적으로 절충적인 불교 동조자들이 탈전통화된 불교를 구현한다고 볼 수 있는 특징은, 그들이 개인으로서 불교의 어떤 부분이라도 의식적으로 자유롭게 받아들이거나 거부할 수 있다고 느끼며, 다른 전통의 조각들과 섞어서 자신만의 종교적 브리콜라주(bricolage)〔역주: 손에 닿는 대로 아무것이나 이용하는 예술 기법을 말한다.〕를 만들어낸다는 사실이다. 자율적인 이성, 선택의 자유, 직관적 통찰은 외부 권위보다 암묵적으로 우위에 있다고 간주되지만, 그 자유에는 영적 스승의 지도를 받는 것도 포함될 수 있다.

불교에 대한 관점이 주로 근대주의 저자들의 영향을 받은 사람들에게는, 주관적 경험과 개인의 권위에 대한 강조가 근대적 발전이라고 말하는 것이 다소 이상하게 들릴 수 있다. 결국 불교는 종종 이러한 경향들의 구현체로 묘사된다. 확실히 명상 체험의 작용을 다룬 근대와 고대의 불교 문헌은 넘쳐난다. 다음 장에서 더 자세히 논의할 터이지만, 어떤 경에는 붓다의 가르침조차도 의심해 보고 개인적으로 검증하라고 권고하는 구절도 있다. 이러한 점들은 개인주의와 개인 경험의 권위가 불교의 특징임을 시사하는 것처럼 보인다. 하지만 오늘날과 역사를 통틀어 야니사와 롭상 같은 절대다수의 불교도는 정통 교리에 의문을 제기하거나 도(道, mārga)에 대해 자신의 개인적인 접근법을 구축하도록 장려되지 않았다. 또한 그들은 학식 있고 제도적으로 승인된 사람들의 가르침에 반하여 자신들의 개인적 경험을 권위 있는 것이라고 간주할 만큼 대담하지 않았으며, 믿음과 행동에 있어 자신들의 직관보다는 승가와 스승의 권위에 의지하였다.

필자는 이 책 전반에 걸쳐 탈전통화된 불교가 출현한 구체적인 이유에 대해 여러 가지 다른 방향에서 다룰 것이다. 그 결과로 오늘날 많은 사람이 불교 전통의 중심이라고 생각하는 요소들인 명상, 내적 경험, 개인의 권위가 근대성의 중력에 의해 그렇게 구성되었음이 확인되기를 바란다. 근대성은 전통의 방대한 전집全集으로부터 특정 요소들을 끌어와서 그것들을 중심적인 것으로 만들었을 뿐만 아니라—역사 전반에 걸쳐 불교 경험에서 실제로 더 전형적인 다른 요소들은 배제하고—근대 담론의 관점에서 그것들을 재구성하기도 하였다. 이러한 과정은 탈전통화뿐만 아니라 탈신화화를 통해서도 이루어졌다.

탈신화화

수레바퀴와 아귀

기쁨과 공포, 행복과 폭력이 뒤섞인 생생한 이미지로 가득 찬 원판을 으르렁거리고 눈을 크게 뜬 악마가 움켜쥐고 있는 유명한 티베트 재생의 수레바퀴 이미지는 불교를 가르치는 데 매우 매력적인 도구이다. 시각적으로 매우 직관적일 뿐만 아니라 업, 재생, 열반, 삼독三毒,

12연기와 같은 고전 불교의 교리적 기본 주제들을 많이 포함하고 있다. 이 이미지의 주요 특징 중 하나는 여섯 가지 재생 영역[六道]으로 구성된 불교 우주의 일부에 대한 묘사이다. 여기에는 신, 아수라, 인간, 축생, 아귀, 다양한 지옥의 거주자 등 다양한 층위의 존재들이 포함된다. 매 학기 수업을 할 때마다 수레바퀴는 스크린에 띄워져 늘 학생들의 면밀한 성찰과 질문을 불러일으킨다. 하지만 최근에 필자는 불교의 기본적인 가르침을 소개하거나 불교 미술에 대해 논하는 데 사용하는 것뿐만 아니라, 불교에 대한 전통적인 해석과 근대적인 해석의 차이를 설명하는 데에도 수레바퀴를 사용하고 있다.

예컨대 미얀마의 명상 스승인 마하시 사야도(Mahāsī Sayādaw)가 수레바퀴에 대해 언급한 것을 생각해 보라. 그는 여러 면에서 근대화한 인물이지만 여기서는 다소 전통적인 설명을 제시한다.

> 재생의 수레바퀴, 즉 윤회는 너무나 무시무시하다. 그러므로 윤회의 비참한 조건들을 깊이 인지하고 이 끊임없는 순환에서 벗어나 열반에 도달하기 위해 모든 노력을 다해야 한다. 만약 현세에 윤회 전체로부터의 벗어남이 불가능하다면 적어도 지옥이나 축생이나 아귀의 영역에서는 재생하지 않도록 노력해야 한다. 이 경우 악처惡處에서 재생하는 근본 원인인 자아가 있다는 잘못된 견해를 완전히 제거하기 위해 노력해야 한다(Fronsdal 1998: 171에서 인용).

이와는 대조적으로 북미에서 가장 영향력 있고 서구화된 티베트 불교 스승 중 한 명인 초감 트룽파는 재생 영역을 전혀 다른 용어로 설명한다.

> 영역은 주로 개념화와 합리화에 의해 강화된 우리 자신과 주변 환경에 대한 감정적인 태도이다. 인간으로서 우리는 하루 종일 천상계의 자부심에서부터 지옥계의 증오와 피해망상에 이르기까지 모든 영역의 감정을 체험할 수 있다. 그럼에도 불구하고 사람의 심리는 일반적으로 한 재생의 영역에 확고하게 뿌리를 두고 있다. 이 영역은 우리에게 혼란의 한 형태를 제공하며, 근본적인 불확실성과 우리가 존재하지 않을지도 모른다는 궁극적인 두려움과 마주하지 않기 위해 자신을 즐겁게 하고 몰두할 수 있는 방식을 제시한다(1976: 24).

트룽파에 따르면, 영역의 가장 중요한 의미는 다양한 마음 상태를 상징하여 수행자가 이를 파악하고 궁극적으로는 그 지배에서 벗어나는데 도움이 된다는 것이다. 신의 영역은 자기도취의 상징이다. 아수라의 영역은 피해망상에 해당한다. 인간의 영역은 탐욕에 해당한다. 축생의 영역은 어리석음에 해당한다. 아귀의 영역은 빈곤감에 해당한다. 지옥의 영역은 성냄에 해당한다. 여섯 영역을 극복해야 할 특정 감정이나 마음의 상태로 연결하는 것은 불교 텍스트의 전통, 즉 존재는 몸과 말과 마음으로 지은 행동의 과보를 받는 여섯 영역에서 재생한다는 사상에 확고한 기반을 두고 있다. 그러나 여섯 영역의 의미를 주로, 또는 전적으로 심리적인 것으로 해석하는 방식은 근대에 들어서 나타난 독특한 경향이다. 이와 같은 우주론 겸 윤리적 가르침에 대한 재해석은 19세기와 20세기 불교 특정 계통의 변형이 지닌 특징이며, 불교의 근대화, 부흥, 재창조의 주요 메커니즘 중 하나인 탈신화화 과정의 일부이다. 필자가 탈신화화라고 부르는 것은 고대 세계관에 내재한 가르침에서 근대 세계관의 맥락에서 실행 가능한 의미를 추출하거나, 더 정확하게 말하면 재구성하려는 과정이다. 이러한 주제를 근대적인 방식으로 재구성하기 위해서 근대성과 양립할 수 없는 요소는 '신화'로 격하되고 문자 그대로의 진릿값은 삭제당한다.

그러나 탈신화화는 교리적 문제일 뿐만 아니라 실천에 함의를 가질 수도 있다. 많은 불교 학파에서는 죽은 자를 기리며 아귀(餓鬼, preta)에게 상징적으로 음식을 베푸는 의례, 즉 시아귀회施餓鬼會를 봉행한다. 아귀는 바람직하지 않은 재생 영역 중 하나에서 탐욕스러운 업의 과보를 지금 받으며 목이 연필처럼 가늘고 배가 불룩하게 나온 몸통을 가지고 끊임없는 굶주림에 시달린다. 일본 조동종曹洞宗의 선禪 버전은 죽은 자는 산 자의 영역으로 돌아오고 아귀가 지상을 배회하는 시기로 여겨지는 여름 오봉(お盆) 축제에서 봉행되는 감로문甘露門이다. 승려는 주로 경을 독송하는 의식을 행하여 죽은 가족과 조상을 위해 공덕을 짓고 그 비용은 절의 주 수입원이 된다. 미국 스승 버니 글래스만(Bernie Glassman)은 젠 피스메이커 오더(Zen Peacemaker Order)라는 교단의 창시자이자 더 광범위한 참여불교 운동의 저명한 미국 인물 중 한 명이다. 그는 아귀가 윤회의 다른 영역에 존재하든 존재하지 않든, 아귀를 우리 자신과 사회의 가장 우선적인 약자로 바라보는 관점을 반영하기 위해 시아귀회를 다시 만들었다. 그의 활동가적 혁신 중 하나는 특권층과 소외계층 간의 분리에 대한 환상을 지우기 위해서 선 수행자들이 일정 기간 돈, 음식 또는 식량 없이 노숙자들과 함께 거리에서 생활하는 '길거리 수련회(street retreat)'로 알려져 있다. 글래스만은 또한 교정 시설에서 교도소 명상 프로그램을 마련하는 데에도 적극적으로 참여했으며, 전쟁, 빈곤, 노숙자 문제를 다루는 기타 다양한 프로그램을 운영하는 데에도 활발히 활동했다.

그리고 글래스만에게 아귀는 노숙자, 소외된 자, 극빈자뿐만 아니라 모든 사람이기도 하다. 모든 사람은 만족할 수 없는 굶주림을 가지고 있으며, 그것이 고통을 일으킨다. 글래스만이 각색한 감로문은 불교의 다른 전통들의 요소들뿐만 아니라 유대교의 예배 의식도 통합한 것이다. 의례에 대한 짧은 비디오에서 참가자 마이클 다이구 오케페(Michael Daigu O'Keefe)는 의례의 의미를 '내면의 아귀에게 마음을 여는 것'과 관련이 있다고 설명한다. 그는 유령이 '자신의 불만족스러운 면'을 나타낸다고 말한다. "그러나 아귀는 우리 문화의 틈바구니에 있는, 주류에서 배제된, … 우리가 외면하고 돌보지 않는 누군가이기도 하다."(Gregory and Weaver 2004) 글래스만의 의례는 신화를 제거하는 과정에서 흔히 나타나는 내면화와, 최근 불교에서 사회의 구조적 병폐를 해결하려는 욕구를 서로 결합한다. 그것은 또한 유대교 예배 의식과 상이한 불교 학파의 불교 의례를 융합한다는 점에서 탈전통화된 종교에서 흔히 볼 수 있는 전통들의 절충적 결합을 보여준다.

따라서 탈신화화는 전통적인 설명의 존재론적 실재들을 내면화하고, 어떤 경우에는 글래스만의 근대화된 의례와 같이 그것들을 구체적이고 가시적인 실재들로 외부화하기도 한다. 이것은 전통적인 불교도들이 내면의 실재들에 전혀 관심이 없었다거나 그들이 전통적으로 사회 문제를 무시해 왔다는 말은 아니다. 명상에 관한 문헌들, 정신 현상들에 대한 아비다르마의 광범위한 분석, 마음의 다양한 측면들에 대한 유가행파(瑜伽行派, Yogācāra) 철학자들의 풍부한 설명은 모두 마음에 대한 엘리트 고전 작가들의 심오한 관심을 입증한다. 그리고 현재 형태의 불교 사회 행동주의는 참신하지만, 불교도들은 사회와 완전히 동떨어진 적이 결코 없었다. 그럼에도 불구하고 재생의 영역과 거기에 사는 존재들을 자기 마음의 측면들, 심리적 상태의 상징, 다양한 인간 집단의 표상으로 재인식하는 것은 근대 시기의 독특한 산물이다. 필자는 여기서 주관성, 마음, 알아차림, 명상이 불교적 삶에서 중요했다는 점을 부정하려는 것이 아니라 전통적으로 심리적인 것으로 받아들여지지 않은 것들이 심리적 실재들로 변환되는 방식을 조사하려는 것이다.

탈신화화, 불교와 기독교

탈신화화 현상은 결코 불교에만 국한된 것이 아니다. 어느 정도 그것은 지난 세기 동안 거의 모든 종교 전통에서 발생했다. 1960년대에 피터 버거(Peter Berger)는 자신이 종교의 '주관화(subjectivization)'라고 부르는 것을 객관적 실재에 대한 무쟁점적 모델이 붕괴하면서 광범위하게 나타나는 현상으로 보았다.

> 종교적 실재는 점점 더 개인의 마음 밖에 있는 사실들의 참조 틀에서 마음속에 위치하는 참조 틀로 '번역'되고 있다. 예컨대, 그리스도의 부활은 더 이상 물리적 본성의 외부 세계에서 일어난

> 사건으로 간주되지 않고, 신앙인의 마음속에 존재하는 존재 현상이나 심리적 현상으로 '번역'된다. 달리 말하면, 종교가 말하는 가장 실제적인 존재(realissimum)는 우주 또는 혹은 역사에서 개인의 마음으로 옮겨진다. 우주론은 심리학이 된다. … 전통적 종교의 긍정은 이제 '상징들'로 간주될 수 있는데, 그것들이 '상징'한다고 생각했던 것은 일반적으로 인간 마음의 '심층'에 존재한다고 추정되는 어떤 실재들로 판명된다(1969: 166).

버거가 부활의 의미 변화에 대해 언급한 것은, 탈신화화라는 해석학적 프로그램의 아버지인 기독교 신학자 루돌프 불트만(Rudolph Bultmann)을 참조한 것이다. 불트만의 프로젝트는 고대 세계관의 원래 고향에서 『신약성서』의 구절과 주제의 '더 깊은 의미(deeper meaning)' 또는 '실존적 의미(existential meaning)'라고 부르는 것을 추출하여 근대인이 이해할 수 있는 용어로 제시하려는 시도였다. 그가 주장한 '신화적 세계관'에는 기적, 악마, 글자 그대로 구름 위의 하늘, 중간의 지상, 지하 세계의 지옥으로 이루어진 3층 세계가 포함되어 있다. 초기 기독교 종말론과 함께 그러한 개념은 '근대인(modern man)'에게 '완전히 종말을 고'하였다(1958: 17).[5] 하지만 그는 "신화적인 말 전체에는

---

5 그러한 것들이 더 이상 관련이 없다는 불트만(Bultmann)의 주장은 아는 범위가 다소 제한되어 있음을 시사한다. 오늘날 더 전통적인 종교적 신념과 관습이 부활하고 있다는 점을 고려할 때, 그가 말한 '근대인(modern man)'은 그가 생각했던 것보다 더 희귀한 종種일지도 모른다는 생각을 뿌리치기 힘들다. 하지만 바로 이 엘리트이고 교육받은 근대인이야말로 기독교 근대주의뿐만 아니라 불교 근대주의 건설에도 가장 큰 역할을 해 온 주체였다.

신화라는 외피 아래 숨겨진 더 깊은 의미가 담겨 있다. 그렇다면 우리는 그러한 더 깊은 의미를 보존하기 위해서 신화적인 개념들을 깔끔히 버리자."라고 주장한다(18).

그러한 '더 깊은 의미' 회복의 전형적인 사례는 불교의 삶의 수레바퀴를 상기시키는 한 예인 천국과 지옥의 개념에 대한 불트만의 탈신화화이다. 불트만은 "그 의미는 매우 분명하다."라고 말한다. "조잡한 방식이긴 하지만, 그것은 하나님이 세상 너머에 계시며 초월적인 존재라는 생각을 표현한다. 초월이라는 추상적 개념을 아직 형성할 능력이 없는 사유는 그 의도를 공간의 범주로 표현한다. 초월적인 신은 지상 위의 훨씬 높은 엄청난 공간적 거리에 있는 것으로 상상된다."(1958: 20) 마찬가지로 지옥을 땅 아래의 어둠으로 재현한 것은 어둠이 상징하는 엄청난 악의 세력을 표현한 것이다. 사탄과 악령의 개념은 우리 자신의 행동이 너무 당혹스럽다는 … 경험에 기반한다. 사람들은 종종 자신의 욕망에 이끌려 더 이상 자신을 제어하지 못하게 되고, 그 결과 상상할 수 없는 사악함이 그들로부터 터져 나오게 된다는 것이다(20-1). 불트만의 분석은 삶의 수레바퀴에 대한 트룽파의 심리학적 해석보다 더 실존적이었지만, 두 사람 모두 각자의 우주론에서 핵심 요소를 재구상하여 메시지의 주요 의미로부터 초자연적인 것을 제거하고 그 의미를 개인의 마음속에 재배치한다.

비평가들은 불트만의 접근 방식에 대해 신학적 문제와 역사적 문제를 모두 지적해 왔다. 최근의 탈구조주의와 탈근대주의 사상은 신화적인 것과 비신화적인 것 사이의 경계선이 불트만이 생각한 것만큼 명확하지 않음을 시사한다. 또한 이러한 '더 깊은 의미'를 찾으려는 시도가, 근본적으로 매우 다른 문화(이 경우 근대 서구)의 지배적인 세계관 또는 신화의 관점에서 단순히 급진적으로 재해석된 것, 즉 '재신화화'와 본질적으로 다르다는 것도 명확하지 않다. 그러나 필자는 불트만의 기획 자체의 건전성에 관심이 있는 것이 아니라, 불교가 근대 시기에 해석되고 활성화되고 재구성된 방식과의 공감에 관심이 있다.

불교의 탈신화화는 종종 불트만의 탈신화화와 두 가지 점에서 차이가 있었다. 첫째, 불트만의 프로그램은 기독교를 근대 세계에 적응시키는 의식적인 해석학적 전략이었던 반면, 불교 해석에서 이 과정은 대부분 암묵적인 탈신화화였다. 불교의 탈신화론자들은 '성경의 신화적 세계관에 대한 급진적인 포기와 의식적인 비판'을 대담하게 주장한 불트만처럼 자각적인 경우는 드물었다(1958: 39). 둘째, 불트만은 신화적 세계관을 예수에게 귀속시키고 예수의 본질적인 메시지를 근대적 용어로 재구성하려고 시도했던 반면, 많은 불교 해석가는 붓다와 그의 초기 제자들이 이미 '근대적'이거나 탈신화화된 세계관을 가지고 있었다고 보았다. 예컨대, 초창기 불교 동조자 슈트라우스(C. T. Strauss)는 "진정한 불교는 신비주의와 반대이며, 기적을 거부하고, 현실에 기반을 두고 있으며, 절대 원인과 기타 소위 제1원인에 대한 추측을 거부한다."라고 주장했다(105). 더욱이 진정한 불교는 기도, 예배, 의식을 '쓸모없을 뿐만 아니라 영적 진보에 방해되는 것'으로 간주한다고 주장했다(53-54). 이러한 해석에서 붓다의 가르침인 다르마는 서양인들이 식민지로 삼은 나라들에서 흔히 접했던 대중불교의 의식, 축제, 성상 숭배, 정령을 제어하려는 시도와는 완전히 구별되었다. 오리엔탈리스트 학자들은 '진정한 불교'를 고대의 문헌 속에서 찾고, 엄선된 가르침으로 그 범위를 제한했다. 이들은 살아있는 불교도들에 대한 고려는 철저히 배제했으며, 단지 서구 근대성과 대화하면서 자신들의 전통을 근대화하던 개혁가들만을 예외로 인정했을 따름이었다(Almond 1988). 따라서 탈신화화의 방향은 불트만이 기독교를 다룬 방식과는 정반대였다. 불트만은 예수를 과학 이전의 세계관에 뿌리박힌 실존적 진리를 제시한 지혜로운 창시자로 제시했다면, 동정적인 오리엔탈리스트들은 붓다를 그 시대의 원형과학적 자연주의자로 묘사하였다. 수 세기에 걸쳐 붓다의 고대·근대적 교리는 일반인들의 의식과 미신에 파묻혀 있었기 때문에, 고대의 맥락이 아니라 최근에 덧붙여진 요소들로부터 발굴되어야 했다.

탈신화화되고 탈전통화된 불교의 핵심

탈신화화된 불교 버전은 전통에 대한 선택적이고 재구성된 독해법에 기반을 두고 있지만, 단순히 서구의 발명품은 아니다. 방대한 불교 성전에는 근대적 감수성과 쉽게 대화할 수 있는 구절이 있으며, 아시아의 저명한 불교 작가들도 탈신화화된 불교를 장려해 왔다. 이는 예컨대 대학 강의실에서 여전히 널리 사용되는 텍스트인 월폴라 라훌라(Walpola Rāhula)의 『붓다가 가르친 것(What the Buddha Taught)』(1959〔1974〕)에서 볼 수 있다. 여러 면에서 훌륭한 책으로, 전반적으로 빨리 경의 특정 핵심 교리를 이해하기 쉽고 접근하기 쉽게 제시한다. 하지만 첫 번째 장인 「불교적 마음가짐(The Buddhist Attitude of Mind)」

은 탈신화화되고 탈전통화된 불교에 대한 본의 아닌 입문서이다. 붓다의 생애에 대한 간략한 설명에는 미국 초월주의와 유럽의 자유사상이 반영되어 있으며, 고따마(Gotama)는 '사상의 자유', '자립', '관용'을 강조한 급진적 개인주의자로 묘사된다(4-5). 아쇼까(Aśoka)의 마애법칙磨崖法勅은 종교 간의 평화로운 공존을 지지하는 내용으로, '불교 문명의 가장 소중한 이상 중 하나인 관용과 이해'를 보여주는 사례로 인용된다(5). 이는 브라만의 전통과 권위를 의문의 여지 없이 유일한 진리로 믿고 받아들인 정통 브라만교와 대조된다(9). 빨리 경들에서 발견되는 '와서 보라(ehi-passika).'라는 권고는 '와서 믿으라.'와 반대되는 과학적이고 경험적인 태도로 받아들여진다. 이는 불교가 주장하는 경험적 태도와 기독교 신앙의 요구 사항을 암묵적으로 대조하는 것이다(8-9). 빨리 경들의 무기(無記, avyākṛta)—붓다가 깨달음에 도움이 되지 않았기 때문에 답변을 거부한 사변적 질문들—와 독화살의 비유는 삶에 대한 붓다의 실용적인 태도를 보여준다. 마찬가지로 라훌라는 강을 건너는 데 사용되었지만, 강을 건너면 버려지는 뗏목에 가르침을 빗댄 비유는 독단주의로부터 붓다가 자유로웠음을 설명한다고 주장한다. 업의 법칙은 근대과학의 용어로 '원인과 결과의 이론', 즉 '자연법칙'으로 표현되는데, 이는 기독교가 자신의 법칙들을 깰 수 있는 초자연적 존재에 의존하는 것과 대비된다(32).

내 요점은 라훌라의 불교가 '진정한' 불교가 아니거나, 왠지 변칙적이거나 솔직하지 못하다는 것이 아니라, 책 제목이 약속하는 '붓다가 가르친 것(What the Buddha taught)'은 아니라는 것이다. 라훌라는 이전의 불교적 맥락에서 제기되지 않은 질문들에 대한 불교적 해답들을 구축하고, 서양뿐만 아니라 전 세계적으로 큰 문화적 통용성을 지닌 강력한 근대 담론과 불교를 조화시키려 했다. 그의 다르마 재구성은 근대화의 전형적인 방식으로 탈신화화되고 탈전통화된 불교를 제시함으로써 다르마를 근대 담론 속에 위치시킨다.

1. 라훌라는 불교 문헌이라는 방대한 말뭉치에서 근대적 세계관, 특히 계몽주의, 개신교, 초월주의, 과학과 공명하는 방식으로 해석될 수 있는 특징들을 선택한다.
2. 이 선택은 기적, 주술, 초자연적 존재, 문자 그대로의 천국과 지옥에 관한 이야기와 같은 불교 문헌의 다른 특징들을 배제하거나 모호하게 한다.
3. 라훌라는 이러한 문제들을 언급할 때 윤리적으로 중요한 신화, 상징 또는 우화로 제시하는 경향이 있다.
4. 엘리트 문헌에 초점을 맞춤으로써 라훌라의 설명은 추상적인 교리보다 많은 불교도의 삶에 실질적으로 더 중요한 의례, 신앙, 액막이와 같은 현장에 기반한 불교 전통의 많은 특징들을 차단하고 있다.

라훌라가 제시한 수행, 태도, 믿음의 상당 부분은 많은 일반 불교도에게 낯설게 느껴질 것이다. 라훌라가 억누른 내용은 다양한 역사적 표현들로서 불교에 대한 더 완전한 그림을 제시한다. 예컨대, 라훌라가 다른 견해에 대한 관용을 강조한 점은 반대자들의 입장을 맹렬하게 공격하는 많은 논쟁적 불교 문헌이나 모국 스리랑카에서 불교도들이 참여해 온 종교 갈등에는 확실히 반영되어 있지 않다. 그가 말하는 '불교도'는 살아있는 불교도와는 거의 관련이 없는 이상화된 인물이다. 예컨대, 더 좋은 재생을 얻기 위해 공덕을 쌓는 불교도들 사이의 널리 퍼진 관행과는 대조적으로, 라훌라는 무아와 무상의 교리에 근거하여 '불교도'는 내생의 문제에 대해 '전혀 고민하지 않는다.'고 주장한다(1959〔1974〕: 34). 라훌라의 불교는 오리엔탈리스트 학자들이 이상화하고 문헌 중심으로 재구성한 불교이다.

이러한 근대와 고대의 문화 형태와 동양과 서양의 사상과 태도가 혼합된 형태 대신에, 우리는 엘리트 승려보다는 재가자에 의해 도입되고, 주술과 사후세계에 주로 관심이 있는 비근대적인 문화에서 출현하는 상당히 다른 버전의 불교를 상상해 볼 수 있다. 그러한 불교의 중심 특징은 업장 소멸(karmic purification)을 위한 의례, 유리한 환경에서 재생하기 위해 초자연적 존재들에게 비는 기도, 기적, 삿된 기운으로부터 보호받기 위한 의례일 수 있다. 실제로 불교는 근대 시기 이전에 도입된 여러 지역에 전파되면서 이러한 모습에 가까운 형태를 취한 경우도 있었다. 하지만 불교가 새로운 문화에서 자기 자리를 잡기 위해서 근대성은 어느 정도 탈신화화와 탈전통화를 강요하였다. 이는 불트만과 같은 명시적이고 계획적인 재해석을 통해서가 아니라, 사실상 교육받은 사람이라면 누구나 받아들이는 근대성의 지배적인 사상, 실천, 가정을 저자와 수행자들이 흡수함으로써 이루어졌다.

심리화

오늘날 여섯 가지 재생 영역[六道]이 존재론적 질서에서 심리적 상태로 전환되는 것은 탈신화화와 탈전통화가 종종 심리화 과정과 맞물려 있다는 점을 보여주는 하나의 예시이다. 실제로 불교와 서양 심리학의 상호작용은 서양인들에 의한 가장 널리 퍼진 해석의 틀 중 하나이자 후기 불교 근대주의의 강력한 구성 요소였다. 분명히 이 상호작용에 대해 할 말이 많다. 다만 지금은 불교를 심리학으로 해석하는 방식과 불교의 영향을 받은 근대적 심리 치료 모델의 발전이 어떻게 근대화 과정에서 신화 제거와 전통 해체의 기능을 수행하는지를 설명하고자 한다.

불교를 심리학으로 특징 지은 최초의 선구적인 학자들은 토마스 리스 데이비스(Thomas W. Rhys Davids, 1843~1922)와 캐롤라인 리스 데이비스(Caroline A. F. Rhys Davids, 1857~1942)였다. 토마스는 빨리학의 아버지이자 빨리 성전 협회(Pali Text Society)의 창립자이자 회장이었다. 1894년에 토마스와 결혼한 캐롤라인은 그가 죽은 후 회장직을 맡았고, 두 사람은 빨리 성전의 대부분과 상당량의 학술서적과 대중서적을 출판했다. 초기불교의 표준적 해석을 확립한 그들의 영향력은 서구뿐만 아니라 아시아에서도 막대했다. 두 사람 모두 불교를 윤리 심리학으로 제시하고 의례와 종교적 요소들을 덜 강조하였다. 아비다르마(abhidharma)의 정교한 마음 분석에 감명받은 그들은 불교 근대주의자들 사이에서 널리 퍼진 용어인 '마음의 과학'으로 불교를 언급한 최초의 사람 중 하나였다. 심리학과 관련하여 캐롤라인 리스 데이비스는 다음과 같이 주장했다. "불교도는 아리스토텔레스(Aristotle)와 서양 심리학의 진정한 동양의 동료이며, 보편적인 관점에서 볼 때 정신 생리학이 도입될 때까지 그리스인, 그리고 실제로 유럽 전체와 업적에 있어 동등하다. 이러한 정신분석은 전혀 신화적이지 않고 과학적이다."(1912: 61)

리스 데이비스의 저서에 더해, 불교를 분석심리학의 관점에서 설명하는 작업은 다르마의 가장 강력하고 지속적인 심리학적 재구성 중 하나가 되었으며, 탈신화화의 핵심 동력 가운데 하나로 작용했다. 불교에 대한 체계적인 정신분석학적 해석은 에반스 웬츠(W. Y. Evans-Wentz)가 영어로 처음 번역한 『티베트 사자의 서(Bar do thos grol)』와 『티베트 대해탈의 서(Tibetan Book of Great Liberation)』에 칼 융(Carl Jung)이 쓴 서문(1927)에서 시작되었다. 일련의 이상한 우연을 통해 서양의 티베트 불교를 다소 과장되게 재현하게 된 『티베트 사자의 서』는 죽은 자가 죽음과 재생 사이의 세 단계(bar dos)를 통과하는 안내서이다(Cuevas 2006; Lopez 1998: 46-85). 『티베트 사자의 서』에 제시된 바르도(bar do)에서 죽은 자의 경험의 중심은 붓다들과 보살들의 비전인데, 일부는 평화로운 형태로, 일부는 분노한 형태로 나타낸다. 각각은 특정 영역에서 해탈이나 재생의 가능성을 나타낸다. 융은 바르도를 무의식의 수준으로 해석하고 영역의 평화롭고 분노한 신을 집단 무의식(collective unconscious)의 보편적 원형(universal archetype)의 표현으로 해석했다. "신과 정령의 세계는 그야말로 내 안의 집단 무의식에 지나지 않는다."(liiii) 이 해석은 특히 서구에서 많은 학자들에 의해 받아들여졌고 대중 작가들 사이에서는 거의 규범적인 해석이 되었다. 선구적인 이탈리아의 티베트학 연구자 주세페 투치(Giuseppe Tucci)는 티베트 만다라의 신들에 대해 "인간의 영혼에 내재한 원형이며, 따라서 다른 지역과 다른 시대에 유사한 모습으로 다시 나타난다."라고 말했다(1961[1970]: 25). 휴스턴 스미스(Huston Smith)는 인기 영화 '믿음을 위한 만가(Requiem for a Faith)'(Hartley Film Foundation, 1969)에서 "매우 견고하고 객관적으로 실제처럼 보이는 이 신들은 실제로 우리 내면의 심리적 힘을 나타낸다."라고 주장했다.

특히 히말라야 불교 전통에서, 신들을 정신분석적으로 변형한 이 과정이 불교의 근대화에 얼마나 중요한 역할을 했는지는 아무리 강조해도 지나치지 않다. 이러한 관점이 오늘날에도 서구 문헌에서 여전히 널리 받아들여지고 있을 뿐만 아니라(예컨대, Moacanin 2003; Preece 2006 참조), 대승-금강승 신들의 거대한 만신전(萬神殿, pantheon)을 마음의 다양한 측면으로 해석함으로써 그것을 무력화하는 핵심적인 기능을 수행했기 때문이다. 특히 티베트 불교와 서구의 근대성이 만나는 초기 단계에서, 이 전통은 서구의 골수 깊숙이 있는 서구 유일신론과 계몽적 합리주의의 다음과 같은 계명을 거역하지 못했을 것이다. "우리는 유일신 앞에 다른 신들을 두어서는 안 되며, 신들에게 은총을 빌거나 보호를 요청해서는 안 된다. 왜냐하면 그렇게 하는 것은 비합리적이고 미신적이며 미개하기 때문이다." 실제로 19세기 후반까지 이러한 계명 때문에 유럽인들은 티베트 불교를 악마적이고 우상숭배적인 종교, 혹은 미신에 기반한 후진적인 체제로만 바라보았다. 7세기에 티베트로 이동한 불교의 문화 자본은 영계 존재들을 통제하는 불교도들의 뛰어난 능력에 있었다. 서구 근대성으로 불교가 편입하기 위해서도 영계 존재들에 대한 통제력을 입증해야 했다. 이번에는 영계 존재들을 분자와 원자의 세계로부터 쫓아내서 정신에 가두었다. 여기에서 영계 존재들은 모든 사람에게 내재하는 '표상', '상징' 또는 '에너지'로 계속 존재할 수 있었다. 분노한 신들은 사악한 악마나 원시적 미신이 아니라, 마음의 대담한 탐험가들이 발견한 내면의 실체들이라는 기발한 이미지들로 해석되었다. 이러한 신들의 내면화는 티베트 불교가 현실 세계에 거주하는 수많은 신들을 수용할 수 없는 유일신론과 근대성의 근대 서양에 진출하도록 해주는 마스터 키였다.

『티베트 사자의 서』의 풍부한 심리적 의미들에 대한 주목은 근거가 없지 않으며, 신들을 존재론적 실재보다 덜 중요한 것으로 해석할 수 있는 이유들이 불교 텍스트 자체에서 도출된다. 티베트 사상에서 두드러진 공(空, śūnyatā)의 교리는 신, 악마, 인간 또는 동물을 막론하고 어떤 존재도 고유한 자성을 지니지 않는다고 주장한다. 더군다나 『티베트 사자의 서』에서 신들은 실제로 '현현(snang ba; Skt. prati-bhāsa)'으로 제시되며, 바르도(bar do)[6]에서 떠도는 죽은 자와 구별되지 않는다. 그리고 신들은 산스끄리뜨·티베트 문학에서 긍정적이고 부정적인 다양한 감정 상태들과 관련 있다. 하지만 서양 해석가들은

---

6 이 용어는 절대적인 실재가 아니라 현상적인 모습을 의미하며, 그 모습은 어느 정도 인식자에게 의존하고, 그 이면에는 실질적인 대상이 존재하지 않는다는 함의를 지닌다. 에반스 웬츠(Evans-Wentz)는 그것을 '생각 형태(thought-form)'로 번역한다. 프란체스카 프리맨틀(Francesca Fremantle)과 초감 트룽파(Chögyam Trungpa)는 그것을 '투영(projection)'으로 번역한다.

신과 죽은 자의 이미지에 담긴 비이원성과 모든 현상의 공을 근거로 삼아 신의 존재론적 지위를 박탈하는 데 너무 성급하게 매달려 왔다. 돌이켜보면, 이는 해석의 여러 수준이 존재한다는 더 복잡한 현실을 충분히 고려하지 못한 성급한 해석법이었다. 신들은 (다른 모든 것들과 마찬가지로) 자성이 없지만, 그렇다고 해서 어떤 티베트의 전통도 신들을 전적으로 심리적 실재들로만 간주하지 않는다. 서양 학자들과 진지한 수행자들 모두 신을 단순히 원형으로 해석하는 방식이 티베트인들의 삶에서 신들이 실제로 차지하는 의미를 온전히 설명할 수 없다는 점을 점차 깨닫고 있다. 티베트인들에게 붓다, 보살, 수호신은 단순한 심리적 힘의 상징이 아니라, 이 세상에 실제로 선한 영향과 악한 영향을 모두 미칠 수 있는 (다른 존재들과 마찬가지로) 실재하는 존재들이다. 종이에 그려지고 금속과 돌로 조각된 신들을 연상시키는 재현도 단순한 심리적 실재들을 나타내는 생생한 상징에 불과한 것이 아니다. 신들을 초청하는 의례(Tib. rab gnas)에서 일단 봉헌되면 그러한 형상들은 곧 신들의 물질적 화현으로 간주된다. 그 앞에서 엎드리는 것은 형상들이 나타내는 상징적 이상에 대한 헌신 이상을 의미한다. 예컨대 붓다의 봉헌된 만다라 앞에 있다면 바로 붓다 앞에 있는 것이다(Lopez 1998: 150-55 참조).

전통적인 히말라야 불교도들에게 세계는 깨달은 존재들뿐만 아니라 수많은 귀신, 정령, 악마, 수호신들로 살아 숨 쉬는 공간이다. 이 존재들은 일상의 의례와 주기적인 축제에서 기도와 위무의 대상이 되며 매우 구체적인 방식으로 일상에 모습을 드러낸다. 우리는 그러한 믿음과 실천을 설명하기 위해 '엘리트' 종교와 '대중' 종교의 구별에 의존할 수도 없다. 왜냐하면 그것들은 교육받지 않은 대중들에게만 국한되지 않으며, 학식 있는 승려들이 단지 일반 사람들을 위한 '방편'으로 묵인하는 것도 아니기 때문이다. 예컨대, 학자들은 '슈크덴 사건'으로 알려진 논쟁에서 수호신들이 교육받은 티베트 승려들에게 얼마나 현실적인 존재로 여겨지는지를 주목해 왔다. 이 논쟁은 14대 달라이 라마와 그의 겔룩파 학파 내의 더 보수적인 구성원들 사이에서, 수호신인 도르제 슈크덴(Dorje Shukden)을 달래는 의식이 유익한지 해로운지를 둘러싸고 벌어진 갈등이다.[7] 이 논쟁은 1970년대에 시작되었는데, 당시 달라이 라마가 겔룩파 학파와 오랫동안 연관되어 온 이 수호신과 관련된 의식을 금지하면서 격렬한 반발을 불러일으켰다. 서구의 대중 언론은 이 논쟁을 미신적 전통주의자들에게 공격당하는 근대적이고 이성적인 달라이 라마의 문제로 표현하는 경향이 있었지만, 사실 달라이 라마는 슈크덴의 존재에 대해 의심을 표명하거나 그것을 단순한 상징으로 축소하려 한 적이 없었다. 오히려 그가 슈크덴에 대한 신앙을 지양하도록 권고한 결정은 부분적으로 네충 신탁(Nechung Oracle)의 조언에 따른 것이었다. 네충 신탁은 국가 문제에 대해 조언하고자 무당을 통해 접촉되는 자비로운 정령이다. 달라이 라마는 또한 슈크덴이 '어두운 힘의 정령'이라고 생각하며 그에 대한 신앙이 티베트 통합의 대의와 자기 건강에 악영향을 미칠 수 있다는 우려를 표명했다(Batchelor 1998: 64). 분명히, 이 논쟁과 관련된 모든 당사자는 슈크덴을 세계에서 실제적인 영향력을 행사할 수 있는 외부 동인으로 인식했다.

---

7 수호신은 빠드마삼바바(Padmasambhāva)가 티베트에 불교를 가져왔을 때 다르마를 보호하기 위해 개종한 토착 티베트 악마로 종종 여겨진다.

그리고 다른 존재들과 마찬가지로 슈크덴도 자성이 없다는 사실은, 이 인습적 실재의 세계에서는 티베트를 점령한 중국인들도 마찬가지로 자성이 없다는 사실과 별반 다르지 않았다. 1997년에 달라이 라마의 입장을 지지하는 게셰 롭상 갸초(Geshe Lobsang Gyatso)와 그의 제자 두 명이 이 사건으로 살해될 정도로 논쟁이 증폭시킨 광분은 최고조에 도달하였다.[8] 사람들이 심리적 원형(psychological archetypes) 때문에 살해당하는 경우는 드물다.

이러한 논쟁이나 서구인들의 티베트 불교에 대한 지식의 증가에도 불구하고, 서구 대중 문헌에서는 티베트 신들을 정신분석학적으로 해석하는 경향이 여전히 사라지지 않고 있다. 이는 탈신화화가 필요하다는 인식을 입증한다. 정신분석학적 이론은 티베트 불교가 서양에 수용되는 데에 중요한 역할을 해 왔다. 그러나 신들을 심리적 힘으로 변환하는 것의 이점은 신들을 그들 자신의 관점에서 이해하지 못하는 대가를 치렀다. 이러한 형태의 다르마를 근대주의 수행자가 수용할 수 있도록 만들면서, 티베트인들의 자신들에 대한 이해는 모호해져 버렸다. 앞으로 살펴보겠지만 이는 근대화 과정에서 공통적이고 어쩌면 피할 수 없는 긴장이다. 티베트 불교를 보는 이 두 가지 방식이 수행자들의 삶에서 조화를 이룰 수 있을지는 아직 미지수이다.

집단 무의식을 법신(法身, dharma-kāya)의 한 측면으로 해석한 스즈키를 필두로 불교를 정신분석학적 언어로 번역한 것은 서양에 선불교

---

8 논쟁과 그 의미에 대한 더 자세한 설명은 Lopez 1998: 188; Dreyfus 2003: ch. 13; 그리고 "Deity or Demon" 1998을 참조하라.

를 도입하는 데에도 중요한 요소였다(4장 참조). 서문을 자주 집필했던 작가 융은 스즈키의 『선불교 입문(Introduction to Zen Buddhism)』의 서문에서 이러한 접근 방식에 정신분석학적 정당성을 부여했다. 이후 정신분석가 에리히 프롬(Erich Fromm)은 스즈키와 협력하여, 선禪이 무의식의 전체를 파헤쳐 의례화함으로써 소외감을 극복하고 수행자를 전체화시키는 일종의 급진적 정신분석학이라고 제안했다(6장 참조). 불교에 대한 정신분석학적 해석은 오늘날에도 여전히 대중적인 지지를 잃지는 않았지만, 프로이트와 융을 훨씬 넘어섰다(예컨대, Safran 2003 참조). 한편, 20세기 중후반에 걸쳐 다른 심리학 이론과 방법도 불교와 접목되었다. 예컨대, 게슈탈트 요법(Gestalt Therapy)의 창시자 프리츠 펄스(Fritz Perls)의 '자각 훈련(awareness training)'은 불교의 마음챙김 기법을 차용한 대인관계 치료 방식이다. 에이브러햄 매슬로우(Abraham Maslow)의 '절정 경험(peak experience)'과 '자아실현(self-actualization)' 개념은 서구 사회의 깨달음과 명상적 통찰에 대한 이해에 상당한 영향을 미쳤다. 1960년대에 등장한 일종의 심리적 영속주의인 자아초월 심리학(transpersonal psychology)의 개념도 마찬가지이다.[9]

최근 수십 년 동안 불교와 심리학의 융합에 가장 큰 변화가 있었다면, 그것은 불교 명상의 임상적 적용이 더욱 활발해졌다는 점일 것이다. 불교와 심리학의 초기 교류는 두 분야 간의 관계를 이론화하려는 시도로 특징지어졌지만, 최근의 연구는 치료 환경에서 이를 실제로

---

9 *Journal of Transpersonal Psychology* (www.atpweb.org/journal.asp)를 참조하라.

활용하는 방향으로 전환되었다. 불교의 마음챙김 기법은 새로운 실험적 심리 치료에 통합되었고, 심지어 그 기반을 형성하기도 했다. 아마도 가장 성공적인 것은 매사추세츠 대학 심리학자 존 카밧진(Jon Kabat-Zinn)의 마음챙김 기반 스트레스 감소 프로그램(MBSR)일 것이다. 이 프로그램은 예컨대 호흡, 신체, 느낌, 인지를 주시하는 방식의 마음챙김 수행을 불교적 맥락에서 차용하되, 전통적인 종교적 의미를 많이 제거하고, 스트레스 감소, 불안 조절, 신체적 고통 관리, 우울증과 외상 후 스트레스 장애 치료를 위한 치료법에 통합한 것이다. 이러한 마음챙김 기법은 차례로 인지 행동 치료(cognitive behavioral therapies)에 통합되었으며, 마음챙김 기반 인지 치료(mindfulness based cognitive therapy)와 같은 혼합형 치료가 탄생하는 데 기여했다(Nauriyal et al. 2006; Kwee et al. 2006 참조).

여기서 일종의 심리학으로서의 불교 해석은 불교 근대주의에 필수적이었다는, 심리학에 대한 나의 요점을 밝히기 위해 이러한 혁신적인 치료법들을 세세하게 살펴볼 필요는 없다. 정신분석이 불교의 탈신화화에 도움이 되었다면, 최근의 실용적인 심리 치료는 불교의 탈전통화를 촉진하였다. 그 결과, 명상은 불교 외적인 치료 환경에서도, 종종 불교가 아닌 목적을 위해, 그리고 명시적인 불교적 가치에 대한 헌신 없이도 수행될 수 있게 되었다. 명상은 더 이상 의례, 윤리, 우주론과 결부된 승가 생활의 필수적인 부분이 아니라, 재가 불교도뿐만 아니라 무종교인이나 모든 종교인도 실천할 수 있는 것이 되었다. 불교의 영향을 받은 심리 치료 목표들은 대개 증상의 완화, 우울증의 극복, 강박적 사고의 완화, 개인의 통합, 자기실현 등과 같은 서양 심리

치료 전통의 용어들로 설명된다. 종종 불교는 그러한 불교 외적인 목표들을 성취하는 데 유용할 수 있는 기술들의 저장소 역할을 한다. 심리 치료는 불교가 주변부에서 변화하고 있는 가장 눈에 띄는 분야 중 하나이며, 불교가 비불교와 혼합되는 장소이다.

분명히 불교와 심리학의 상호작용은 이미 설명한 바와 같이 탈전통화와 탈신화화의 측면을 모두 보여준다. 게다가 불교를 일종의 심리학으로 재구성함으로써 불교에 부여된 정통성은 불교도들 사이에서 불교 개념 자체에 반향을 일으키며, 이는 전통의 변혁을 촉진하는 피드백 루프(feedback loop) 역할을 한다. 주요 연구 대학들의 전문 심리학자 연구실과 같은 명망 있는 비불교적 맥락에서 불교 수행이 인정받는 것은, 불교에 문화 자본과 위신을 부여하며, 불교도들이 자신의 전통을 심리학적 용어로 재개념화하도록 장려한다.

다채로운 연속체

탈전통화, 탈신화화, 심리화 경향을 이해하는 것이 불교 근대주의와 근대화를 더 일반적으로 이해하는 데 어떻게 도움이 될까? 근대화에 대한 일부 고전적인 사회학적 개념을 따르면, '전통'과 '근대성'의 상호 배타적인 이항 구조로 설정하려는 유혹이 생기기 쉽다. '전통'은 종종 위계적 사회 등급화, 문화적 동질성, 신화적 세계관의 암묵적 수용, 종교적 권위에 대한 무조건적인 순종, 사회적 규범들에 대한 철저한 복종, 개인 자유가 거의 없는 상태를 특징으로 하는 조건으로 이해된다. 여기서 개인 자유가 거의 없는 상태란, 뒤르켐의 표현을 빌리자면,

'개인의 개성이 사회 대중의 깊은 곳에서 사라지는' 그러한 상태이다(Heelas 1996: 4에서 인용). 이러한 조건 속에서 사람들은 당연시되는 세계에 깊게 뿌리박힌 존재로 간주되며, 그들의 정체성은 사회 집단에 의해 철저히 결정된다고 여겨진다. 반대로 '근대성'은 전통과 집단의 속박들로부터 해방되는 조건으로 여겨진다. 이러한 조건 속에서 개인은 문화와 종교의 '주어진 것들(givens)'에 대해 비판적으로 성찰하고, 무엇을 받아들이고 거부할지를 선택할 수 있다. 신성한 메타 서사는 다수의 다른 전체 서사와 충돌하기 때문에 상대화된다. 근대 문화의 다양성은 모든 목소리에 의문을 제기하므로 어느 한 권위나 전통이 당연하게 여겨지는 지위를 누릴 수 없게 된다. 개인들은 이제 스스로 선택하고, 자신의 종교적 의미를 구성하고, 각 주장을 평가하고, 자신의 길에 대한 지침으로 자신의 이성과 직관을 신뢰해야 한다. 종교는 개인적이고 사적인 문제이다. 개인들은 이제 자유로워졌지만, 그 대가로 마법과 의미로 가득 찬 신성화된 세계를 포기해야 했다. 개인들은 이제 본질적 의미가 없는 세계와 마주해야 하며, 그로 인해 사회적 무질서와 허무주의에 직면할 위험을 안고 있다.

전통과 근대성에 대한 이러한 고전적 재현은 유용한 통찰을 담고 있긴 있지만 지나치게 단순화되어 있다. 고대 전통들을 자기 성찰이나 개인 선택의 여지가 없는 획일적인 체계로 그리는 방식은 전통 일반뿐만 아니라 전통적인 형태의 불교에 대해서도 과도하게 왜곡된 재현이다. 불교 역사에서는 전통적인 역할에서 벗어나 전통을 개혁하고 되살리며 새로운 교리와 실천을 발전시킨 개인들이 넘쳐난다. 마찬가지로 전통이나 외부 권위에 구속되지 않고 자신의 신념과 실천을 합리적으로 선택하고 자신의 자율적 결정에만 의존하는 자유 행위자는 캐리커처(caricature)〔역주: 사건의 양상이나 인간의 자태 등을 그 특징을 잡아 익살스럽게 표현한 그림이나 문장을 말한다.〕에 불과하다. 집단의 지배를 벗어나 주로 내면 지향적으로 살아가는 사람, 그리고 앤서니 기든스(Anthony Giddens)가 말했듯이, '더 이상 외적인 도덕적 규범이 아니라 자신을 반성적으로 조직함으로써 살아가는' 사람으로서의 근대 개인에 대한 이러한 관점은, 가장 근대적이거나 탈근대적인 맥락에서도 문화와 하위문화가 여전히 개인의 행동과 자아 정체성에 깊이 영향을 미친다는 사실을 간과하고 있다(Woodhead and Heelas 2000: 370). 이는 폴 힐라스가 제안하는 바와 같다.

> 사람들은 '근대 이전적'·'전통적'이든, '근대적'이든, 심지어 '탈근대적'·'탈전통적'이든, 항상 서로 충돌하는 요구들 속에서 살아간다. 한편으로는 자아 자체를 초월한 영역에서 나오는 권위의 목소리와, 다른 한편으로는 개인의 욕망, 기대, 경쟁적이거나 특이한 열망에서 나오는 목소리 사이에서 말이다. … 과연 '전통' 사회가 개인을 완전히 흡수하여 자율적인 목소리의 발현을 억누르거나 부정할 수 있다고 가정하는 것이 타당한가? 혹은 '근대' 사회나 '근대 이전' 사회의 사람들이 명확한 질서로부터 거의 아무런 지침 없이 살아가는 데 만족하거나, 그런 삶을 실제로 살아갈 수 있다고 가정하는 것이 타당한가?(1996: 7-8)

따라서 우리가 근대화, 탈전통화, 탈신화화에 대해 말할 때, 이는 전통적 요소들과의 창의적 긴장 속에서 공존하는 광범위한 경향을 의미하며, 어느 한쪽이 완전히 우위를 점하는 것은 아니다.

앞서 제시된 현대 불교도의 초상들은 전통적인 불교 세계에 깊게 몰입한 사람들과 거의 철저하게 탈전통화되고 탈신화화된 방식으로 불교에 접근하는 사람들을 보여준다. 두 극단 사이에는 매우 다양한 연속체가 존재하며, 예를 들어 다음과 같은 사례들이 포함될 수 있다. 더 근대주의적인 승려가 정령 따위는 없다는 설득에 따라 정령을 달래는 제사 지내기를 그만두게 된 교육 받지 못한 베트남의 시골 사람, 죽어서 정토淨土에 왕생往生할 수 있으리라는 확신으로 매일 수행하는 타이완의 불교도 과학자, 자기 일본인 로시에 사실상 절대적인 권위를 부여하며 그가 말하거나 행동하는 모든 것은 깨달음의 표현이라고 생각하는 영미계 선불교 학생 등, 많은 불교도는 전통과 탈전통화, 신화와 탈신화화의 복잡한 융합 속에 살고 있다. 불교 안에서 탈전통화가 분명히 진행되었지만, 전통적인 제도, 권위 또는 위계 구조가 완전히 사라진 것은 아니다. 오히려 그것들은 논쟁과 재협상의 대상이 되었고, 그 과정에서 새로운 형태의 불교 근대주의가 형성되었다. 탈전통화가 가장 강한 북미 개종자 공동체에서도 매우 전통적인 절, 스승, 학생을 볼 수 있다.

그러므로 탈전통화, 탈신화화, 심리화 경향을 지닌 근대화는, 근대성의 지배적 서사가 묘사하듯 단순히 전통의 속박에서 벗어난 자율적 개인의 탄생으로 이루어지는 것이 아니다. 오히려 근대화는 근대성의 담론과 실천의 이질적인 적응, 지배적인 공리公理와 가정에 대한 선택적 동의, 적응의 정도와 방식에 대한 이념적 투쟁을 통해 진행된다.

근대주의자들은 종종 전통과 근대성의 결합 방식, 불교의 다양한 측면과 관련하여 불교를 어떻게 배치할지에 대해 고심했다. 다음 장에서는 이러한 노력들이 근대성의 주요 담론들과 어떻게 맞물려 왔는지를 살펴보고, 그 과정에서 특히 초기 단계에서 불교 근대주의의 다양한 흐름이 어떻게 형성되었는지를 고찰할 것이다.

3. 불교 그리고 근대성의 담론

탈맥락화와 재맥락화

최근 수십 년 동안 학자들은 어떤 전통이든 그 텍스트, 교리, 제도, 실천이 고유한 문화적·역사적 환경의 산물이라는 점을 더욱 충분히 인식하게 되었다. 이러한 요소들은 지역과 국가 문화에 깊게 뿌리박혀 있으며, 그 표현과 산물은 사회적 관행과 암묵적 전제, 가정, 전제 속에 둘러싸여 있다. 급격한 내부 변화나 다른 문화와의 접촉이나 다른 문화-지리적 지역으로의 수출을 통해 이러한 더 큰 문화적 맥락들이 제거되면 전통은 이러한 전제와 가정을 공유하지 않는 다른 대화의 장에 들어오게 된다. 불교도들이 고대 중국에 도착하기 시작할 때, 지난 세기 반에 불교도가 북미에 도착했을 때가 그러한 예이다. 이러한 탈맥락화와 재맥락화는 종종 상당한 재편을 초래하곤 한다. 왜냐하면 전통을 떠받치던 문화적 기반 중 일부가 무너지고, 전혀 다른 문화의 구조로 대체되기 때문이다. 그러면 전통은 자신이 발전해 온 환경이 아닌 다른 환경에서도 적응해야 하고 살아남아야 한다. 전통은 완전히 다른 이데올로기 생태계의 암묵적 가정, 문화적 규범, 사회적·제도적 관행들과 연결되어야 한다. 번역가와 통역사가 새로운 문화의 근본 조화와 공명하는 음표를 침에 따라서 전통은 새로운 의미를 부여받아야 한다. 하나의 문화적 맥락에서 타당했던 사상과 실천은 흔적 기관처럼 쇠퇴하며, 새로운 질문에 답하고 새로운 요구에 부응하고 새로운 문화의 공리적 가정을 지지하거나 혹은 반대하는 사람들과 함께 참여하도록 요구받음에 따라 새로운 사상과 실천이 때로는 불편하게 접목된다. 전통의 특정 요소들은 새로운 맥락의 의미, 가치, 힘이라는 네트워크 속에서 그것들이 갖는 고유한 공명에 따라 강조되거나 가려지거나 재해석된다.

이러한 과정이 불교와 서양의 근대성이 만나는 과정에서 어떻게 발생하고 또 지속되어 왔는지를 밝히기 위해 필자는 이미 제시된 근대성의 세 가지 큰 담론인 과학적 자연주의, 낭만주의와 그 후손 사조들, 서양의 유일신론을 따로 떨어뜨려 놓고, 이들 각각의 담론에 불교가 관여하면서 서양 불교 근대주의의 주요 양상들이 어떻게 형성되어 왔는지를 그려보겠다. 다시 말하면, 필자는 서구 근대성이라는 프리즘의 몇 가지 지배적인 색채가 불교의 다양한 색조를 어떻게 반영하고, 동시에 다른 측면들은 어떻게 가려졌는지를 보여줄 것이다. 하지만 이것은 단순히 특정 주제들을 통째로 선택하는 것 이상의 과정임을 아는 것이 중요하다. 왜냐하면 근대주의 담론에 도입될 때 이 주제들은 때때로 전혀 새로운 방식으로 기능하며, 그 결과 새로운 의미를 획득하고 새로운 생명을 얻기 때문이다. 그리고 우리는 이 과정을 더욱 정교하게 이해해야 한다. 각 담론이 불교의 다양한 측면들을 조명하고, 그렇게 함으로써 변화된 측면들을 조명해 왔다는 것이 아니다. 왜냐하면 이 근대성의 세 가지 담론 사이에는 지속적인 긴장, 협상, 중첩, 논쟁이 존재해 왔으며, 불교 근대주의의 등장은 그 담론들 안에서 그리고 그들 사이에서 특정한 주장을 제기하는 과정을 수반했기 때문이다. 불교는 이 세 가지 담론과 특정한 관계 속에 '배치'되어야 했다. 즉, 어떤 하나는 긍정하고, 다른 하나에 도전하며, 그들 사이의 긴장을 조율하거나, 아마도 해결되지 않은 문제를 다루는 새로운 무언가를 제시하는 방식으로 말이다. 자신들의 주장을 펼치는 과정에서, 불교도와 불교 동조자들은 이 세 가지 담론 모두와 조화를 이루려는 동시에 그것들을 비판하려는 시도를 해왔다. 이는 첫째, 불교는 근대적 대화에 참여할 자격이 있는 사상임을 보여주기 위함이고, 즉 불교는 '근본적으로 다른 가정에 기초한 것이어서 근대 이전'이라는 영원한 타자로 밀려나야 할 필요가 없다는 점을 보여주기 위함이고, 둘째 불교는 확실히 근대적 대화에 가치 있는 무언가를 기여할 수 있다는 점을 보여주기 위함이었다.

필자는 이 세 가지 근대성 담론에 대해 다소 유화적인 초점을 유지하면서, 이를 단지 명시적인 운동(예컨대, 영국 낭만주의 또는 프랑스 계몽주의)뿐만 아니라 근대 서양 문화(그리고 최근에는 동양 문화) 속에 뿌리내린 지속적이고 종종 암묵적인 문화적 지향들까지 포함하는 것으로 이해하려 한다. 이는 대중문화뿐만 아니라 엘리트와 지식인 문화도 포함된다. 또한 우리는 이 세 가지 영역을 본질화하거나 고정적 실체로 만들지 않도록 주의해야 한다. 이 영역들은 시간이 지남에 따라 서로 겹치고 변화하며, 그 경계는 모호하다. 그럼에도 불구하고 문화적으로 실행 가능하기 위해서는 어떤 새로운 사상, 예술적 형식, 또는 제도가 개입되어야 한다는 점에서 우리는 그것들을 근대 생활에 만연한 광범위한 문화적 경향으로 볼 수 있다. 왜냐하면 이러한 담론에는 사실상 타협할 수 없는 근대성의 많은 공리公理가 포함되어 있기 때문이다. 예컨대 민주주의의 우월성, 개인 권리의 필요성, 물리적 실재들에 대한 주장을 확립하는 과학의 역할, 개인의 창의성을 제공하는 예술가의 역할 등이 그것이다. 어떤 새롭거나 이질적인 요소는 이러한 공리들과 상당 부분 조화를 이루어야 하며, 설령 그것들이 관련 가정을 도전하거나 재구상再構想하려 하더라도 그러하다.

불교와 과학적 합리주의

과학적 합리주의란 지식이 체계적인 경험적 관찰과 이성에서 나온다는 계몽주의의 인식론적 주장에서 파생된 사상과 실천을 의미한다. 이러한 다양한 합리주의는 근대성의 초기 구성 요소 중 하나였으며, 지식에 대한 새로운 접근 방식을 도입했다. 이는 이전 시대보다 더 도구적인 방식으로 이성을 활용하는 경향을 띠었고, 관찰 대상과 관찰 주체 사이의 분리도 더욱 뚜렷해졌으며, 실제로 그 둘 모두가 재구성되었다. 과학적 합리주의는 세상을 대체로 기계론적 관점에서 보는 경향이 있으며, 과학적 방법을 경험적 진리를 확인하기 위한 유일한 도구로 여긴다. 이 관점은 원칙적으로 설명할 수 있는 모든 것은 과학적 용어로 설명할 수 있다고 주장한다. 지식의 한계는 특정한 경우에서 관찰과 이성이 닿는 한계와 같다. 이러한 지향은 과학적으로 분석될 수 있는 것 너머에 '더 많은 것'이 존재한다는 생각을 부정하고, 세계를 오로지 물질적 원인과 결과의 관점에서만 설명하는 다양한 형태의 자연주의와 밀접한 관련이 있다. 물론 이것은 거의 캐리커처 수준으로 일반화된 간략한 스케치일 뿐이다.

합리주의와 자연주의는 십여 가지 변종으로 설명될 수 있지만, 필자가 관심을 두는 것은 이러한 이론들 자체가 아니라, 근대성에 고유한 일반적이고 때로는 암묵적인 지향으로서의 합리주의이다. 여기서 중요한 두 가지 특징이 있다. 첫째, 이 지향은 세계가 체계적이고 초연한 관찰, 실험, 합리적 분석을 통해 식별할 수 있는 자연법칙에 의해 지배되는 예측 가능한 현상으로 이루어져 있다고 본다. 둘째, 이러한 관점은 근대적 형태의 허무주의 출현 가능성을 열어주며, 동시에 이를 막기 위한 다양한 시도를 제시한다. 포괄적인 과학적 자연주의는 '영적' 실재들에 대한 여지를 남기지 않는 총체적인 담론이며, 비평가들에 따르면 삶을 평면적이고 무의미하며 내재적 가치가 없으며 강력한 윤리적 규범이 없는 상태로 만든다고 한다. (물론 모든 과학적 자연주의가 이와 같은 것은 아니다. 대부분의 계몽적 합리주의자는 유신론자였다.) 불교 근대주의의 초기 수십 년부터 불교 옹호가들은 이 두 가지 특징을 모두 다루는 방식으로 불교를 표현하기 시작했다.

일본과 스리랑카의 근대주의 운동가들과 유럽과 북미의 옹호가들은 불교가 서양과 처음으로 접촉한 초기 수십 년 동안, 불교를 과학적 방법과 당시의 놀랍고 새로운 과학적 발견 및 이론들과 독특하게 조화를 이루는 종교로 제시했다. 앞서 살펴본 탈신화화의 상당 부분은 과학적 자연주의와 합리주의에 대한 호소를 전제로 한다. 비록 불교가 이러한 지향의 더 실증주의적인 측면을 완전히 수용하지는 않더라도 말이다. 서양에 불교를 소개한 최초의 아시아인들은 불교가 과학과 본질적으로 양립할 수 있다고 대담하게 선언했다. 시카고 세계종교의회(1893)의 일본 대표단 대표이자 미국에서 이민자 공동체 밖에서 선禪을 가르친 최초 승려인 샤쿠 소엔(釋宗演, 1859~1919)이 바로 그러한 예이다. 그는 불교 근대주의의 가장 중요한 초기 창시자 중 한 명이었다. 12살 때 임제종臨濟宗 전통에 따라 구족계를 받았고, 진정한 세계시민적 성격을 지닌 최초의 선승禪僧 중 한 명이 되었다. 그는 도쿄(東京)의 게이오(慶應) 대학에서 영어와 서양 철학과 종교를 공부했고, 스리랑카에서 2년 동안 테라와다 절에서 지내며 빨리어를 공부하였다. 서양인들에게 한 강연과 편지에서 그는 붓다의 가르침은 근대과학의 교리와 정확히 일치한다고 주장했다(122). 샤쿠 소엔과 다른 초기 근대주의자들은 업의 교리와 모든 것이 원인과 조건의 복잡한 작용을 통해 발생한다는 불교 교리를 인과율의 근대적 개념으로 통섭했다. 삶과 죽음과 재생의 순환 속에서 종種 간 업의 연관성이라는 전통적 교리도 진화론으로 통섭되었다.

일부 근대주의자들은 불교 명상의 마음 관찰과 근대과학적 관찰 방법을 서로 연결했다. 다른 사람들은 붓다를 일종의 자유로운 사고를 하는 경험론자로 제시했다. 이와 관련하여 중심이 된 빨리 경은 「깔라마 숫따(Kālāma-sutta)」로, 붓다는 특히 자기 제자가 아닌 사람들인 특정 청중에게 전통, 경, 또는 스승에 대한 헌신 때문에 어떤 가르침도 믿지 말라고 권고한다. 이 경은 오늘날 자유로운 탐구와 자기 결정이라는 경험주의 정신을 예시하는 것으로 널리 해석되는 훈계이다. 이 경에서 붓다는 다양한 사문과 바라문이 제시한 다양한 교리에 혼란을 느끼고, 이들의 교조주의와 경쟁 교리에 대한 폄하로 심난한 질문자들에게 다음과 같이 응답한다.

> 오, 깔라마들이여, 그대들이 당황하는 것은 당연하다, 그대들이 의심하는 것은 당연하다. … 소문으로 들었다 해서, 대대로 전승되어 온다고 해서, '그렇다 하더라.'고 해서, [우리의] 성전에 써 있다고 해서, 논리적이라고 해서, 추론에 의해서, 이유가 적절하다고 해서, 우리가 사색하여 얻은 견해와 일치한다고 해서, 유력한 사람이 한 말이라 해서, 혹은 '이 사문은 우리의 스승이시다.'라는 생각 때문에 그대로 따르지는 말라. 깔라마들이여, 그대들은 참으로 스스로가 '이러한 법들은 해로운 것이고 이러한 법들은 비난받아 마땅하고 이런 법들은 현자들의 비난을 받을 것이고 이러한 법들을 많이 받들어 행하면 손해와 고통이 있게 된다.'라고 알게 되면 그때 그것들을 버리도록 하라(Nyanaponika and Bodhi 1999: 65).

이 대목을 접한 최초의 기독교인들은 의심해 보라는 말에 놀라움을 금치 못했을 것이다. 비록 경이 도덕적 문제들(도덕적 행위는 이익을 가져오고 비도덕적 행위는 불이익을 가져온다는 점을 알기)에 주로 관심 갖는 것처럼 보이긴 해도, 그것이 어떻게 과학과 근대성의 특징인 자유로운 탐구 정신을 담고 있는 것으로 보일 수 있는지 쉽게 알 수 있다. 그러나 이러한 주장들은 근대 문학에서 과장되는 경향이 있다. 예컨대, 초기의 불교 옹호자 폴 카루스는 불교는 과학으로 증명할 수 있는 진리 외에 다른 어떤 계시도 인정하지 않는 종교라고 주장했다(1897: 114). 이것은 '눌리우스 인 베르바(Nullius in verba)', 즉 '누구의 말도 곧이곧대로 받아들이지 말라.'라는 자연 지식 개선을 위한 런던 영국 왕립협회의 모토를 불교식으로 확립하려는 시대착오적인 시도였다.[1] 그럼에도 불구하고 근대과학의 신조와 이러한 공감대를 확립함으로써 「깔라마 숫따」는 근대 시기 이전에는 결코 누리지 못한 중심적인 위치를 차지하게 되었다. 「깔라마 숫따」는 서양인들이 쓴 수많은 대중 서적에서 붓다가 맹목적인 믿음을 피하고 제자들에게 심지어 자신의 가르침을 포함하여 모든 것을 직접 확인하라고 요구했다는 증거로 인용된다.[2]

그러나 이러한 합리주의적-경험주의적 불교 해석은 종교적 의례, 붓다와 보살들에 대한 신앙, 성상 숭배, 그리고 불교 국가에서 식민지 개척자와 탐험가들이 보고한 기타 '미신적' 요소들의 존재로 인해 복잡해졌다. '현장 속의' 이러한 불교 요소들이 문헌의 합리주의적 요소들과 조화를 이루는 방식이 불교 근대주의의 형성에서 관건이었다. 아시아와 서양의 해석가들은 모두 문헌의 합리주의적 요소들을,

---

1 그 모토는 권위에 의존하기보다는 실험을 통해 진리를 발견하려는 협회의 의지를 강조했다.

2 일부 근대 평론가들은 이 텍스트에 일반화된 근대주의적 해석에 회의적 견해를 표명했다. 빅쿠 보디(Bhikkhu Bodhi)의 의구심에 대해서는 제9장을 참조하라.

후대의 추가와 왜곡으로 타협된, 불교의 원래 '핵심' 또는 '본질'로 종종 묘사했다. 필자가 다른 곳에서 불교의 핵심 대 부가물 모델(the core-versus-accretions model of Buddhism)이라고 부른 것은 붓다 자신이 '미신'으로부터 자유로운 합리주의적이고 경험에 기반한 심리적·윤리적인 교리를 가르쳤으며, 이는 근대 과학과 대체로 양립할 수 있으며, 빨리 경들에 보존되어 있다는 견해이다(McMahan 2004a).[3] 이러한 핵심에 시간이 지남에 따라 문화적 추가 요소들, 즉 일반 사람들의 요구 수용, 미신, 의례, 신행, 제도적 경직화가 추가되어 근대 유럽 식민지 개척자들이 아시아의 여러 지역에서 발견한, 이른바 타락한 상태에 도달했다는 것이다. 19세기 후반에 등장한 이러한 불교 해석은 붓다를 지극히 이성적인 인물로 바라보았으며, 스티븐 프로테로의 지적에 따르면, 이는 상당 부분 빅토리아 시대의 신사를 모델로 삼은 것이었다(1996: 97). 붓다는 유럽 계몽주의와 빅토리아 시대의 사회 관습의 기본 교리와 놀라울 정도로 양립할 수 있는 매우 합리적인 가르침을 설파했으며, 그 가르침은 경험적이고 합리적이며, 다정다감한 연민이 담긴 동시에 개인적인 경험과 검증에 의존하는 것이었다.

이와 같은 견해, 즉 불교 전통이 합리주의적이고 원형과학적인 세계관에서 출발하여 점차로 대중적 신앙에 순응하여 제사, 의례,

---

3 스티븐 배첼러(Stephen Batchelor)의 『믿음 없는 불교(Buddhism without Beliefs)』(1997)는 불교를 지극히 합리주의적으로 제시한 현대적 사례로, 불교의 핵심에 있는 초기의 '종교 이전', 경험적 사고, 검증 기반, 불가지론적 세계관이라는 개념에 호소한다. 하지만 그는 불교가 제도화되면서, 종교성에 빠져드는 경향을 보였다고 말한다(1997: 3).

미신, 신화적 우주론, 수많은 초자연적 존재를 만들었다는 견해는 비록 역사적으로는 문제가 있음에도 불구하고, 불교 근대주의의 강력한 요소였다. 빨리 경들에는 후대 일부 대승 경전들에서 발전된 환영幻影의 불가사의, 주술, 기도, 의례가 적은 것이 사실이다. 그리고 불교문화는 치유, 기우제祈雨祭, 정령 통제 등 세속적 이익을 가져오는 기술을 발전시켜 왔는데, 이는 빨리 성전에서 주장하는 범위를 훨씬 넘어서는 것이다. 불교가 전파된 여러 지역에서 불교는 현지 정령 숭배, 기타 토착적 신앙 및 실천들과 융합되었다. 하지만 초기 불교 운동이 근대 합리주의와 경험주의와 충돌하는 그 어떤 것으로부터도 완전히 자유로운 합리주의적이고 과학적인 종교라는 이미지는 근대적 태도의 투영일 뿐이다. 예컨대 고대 불교도의 세계는 실제 영향력을 행사할 수 있는 영계 존재들로 가득 차 있었다. 경들은 승려가 악의를 품은 비인간 존재들과 만나는 서사를 제공하고, 그러한 비인간 존재들뿐만 아니라 난산難産과 뱀에게 물리는 것과 같은 다른 문제들을 해결할 수 있는 게송을 독송할 것을 권한다. 경들은 또한 재가신자에게 신(deva)과 아귀에게 공물을 바치라고 말한다.[4] 더욱이 불교의 원형과학적 우주론의 주장은 초기 불교도의 세계가 광활한 바다에서 4.5마일 높이 솟아 있고 기하학적으로 일곱 개의 고리로 둘러싸인 거대한 산인 수메루(Sumeru)로 상상되었다는 점을 고려해야 한다. 산꼭대기에는 신들의 영역이 있었고 그 아래에는 다양한 지옥들이 있다. 오늘날 우리는 그러한 우주론을 신화적 우주론이라고 부르지만, 이러한 의미에서

---

4 예컨대, *Aṅguttara Nikāya* IV, 7: 62; X, 10: 91; V, 4: 41를 참조하라.

신화의 개념은 근대 자연주의적 세계관이 그것을 대체할 때야 비로소 등장한다. 고대에, 그리고 오늘날 일부 전통주의자들 사이에서도 신화적 우주관은 문자 그대로 세계의 그림이었다.

내 요점은 그러한 세계관 안에서 삶을 살아온 사람들이 무지몽매하다고 말하는 것이 아니다. 고대인들은 모두 오늘날 신화적 세계관이라고 불리는 것을 가지고 있었다. 그리고 사실 오늘날에도 많은 사람, 어쩌면 대부분의 사람은 근대과학이 그려낸 지도 너머로 자신들의 세계가 확장된다고 생각한다. 필자는 고전 불교 문헌들에 세상과 마음에 대한 정교한 합리적 분석이 없다거나 특정 가르침에 실용적이고 경험적인 경향이 없다고 제안하는 것도 아니다. 필자의 요점은 불교 근대주의를 지지하는 일부 사람들이 그러듯이 불교 근대주의를 고대 핵심 교리를 되살리는 것으로 단순히 동일시할 수 없다는 것이다. (폴 카루스와 오늘날까지 다른 사람들이 제안해 온 것처럼) 불교가 과학적인 근대 세계관과 아무런 충돌이 없다고 보는 관점은 지나치게 단순화된 해석이다. 실제로는 불교 교리의 철학적 요소들을 바탕으로 근대과학적 합리주의와의 관계를 새롭게 구축하기 위한 노력이 필요했다.

그럼에도 불구하고 이러한 불교의 과학적 해석은 '미신적인' 요소들을 제거하고, 과학적 자연주의의 언어를 채택하여 불교 전통을 자국뿐만 아니라 서구에도 설명하려 했던 많은 토착 근대화 운동에서 핵심 부분이었다. 불교를 근대과학과 일치하는 것으로 해석하는 것은 매우 성공적이었다. 100년 전과 마찬가지로 요즘도 불교는 대체로 과학적 세계관과 양립할 수 있는 것으로 널리 간주된다. 불교를 세계에 대한 합리적이고 경험적이며 심지어 과학적인 접근으로 취급하는 서적은 대중서적과 학술서적을 가릴 것 없이 상당히 많다. 불교가 서양에서 미신과 비합리적인 믿음으로부터 비교적 자유롭고, 과학과 기본적으로 조화를 이루는 종교로서 긍정적인 이미지를 갖게 된 것은, 부분적으로 불교의 합리주의적 요소들이 서구의 과학적 합리주의와 공명하는 방식으로 초기부터 제시되었기 때문이다.

불교를 합리주의와 기독교 사이에 위치시키기

불교와 과학적 합리주의의 이 제휴는 검토 중인 근대성의 두 번째 담론인 개신교와의 관계를 떼어놓고는 이해할 수 없다. 실제로 이 제휴는 불교 옹호자들이 기독교 교리와 성경의 다양한 주제들을 동시에 수용하고 비판하려는 시도와 밀접하게 연관되어 있다. 우리는 이러한 역학이 형성된 예를 샤쿠 소엔에서 다시 볼 수 있다. 20세기 초 미국 청중을 대상으로 한 소엔의 강연은 요즘도 여전히 출판되고 있으며(1993[1913]), 불교와 기독교 간의 관계가 지속되는 공식을 보여준다. 소엔은 기독교에 대해 모호한 입장을 보이는데, 때로는 기독교를 불교에 동화시키려고 하고, 때로는 청중에게 불교와 기독교가 기본적인 교리적 조화를 이루고 있음을 확신시키기도 하고, 때로는 불교의 일부 측면이 기독교 측면보다 우월하다고 주장하기도 한다. 예컨대, '불교의 신神 개념'이라는 제목의 강연에서, 소엔은 청중들에게 불교는 무신론이 아니며, —당시 20세기 초 북미에서는 '무신론'이라는 용어를 받아들이는 것이 불교에 치명적인 타격이 될 수 있었기 때문이다.—

확실히 우주가 존재할 수 있게 하고, 그 속에 우주가 존재하는 최고의 실재이자 진리인 신을 가지고 있다는 점을 신중하게 확신시킨다(25). 서구의 형이상학적 언어를 차용하여 소엔은 불교를 일종의 범신론(汎神論, panentheism)으로 규정하며, 불교적 관점에서 신은 세상과 분리된 존재가 아니라고 주장한다.[5] 소엔은 비이원론적 유신론의 소지가 되는 성경 인용문을 다른 말로 바꾸어 표현하는데, 우리는 신의 모양으로 만들어졌고 "신은 우리 안에 있고 우리는 신 안에 있다."라고 주장한다(29). 소엔은 또한 헤겔의 용어를 활용하여 신 또는 궁극적 실재를 '보편적 이성' 또는 '원초적 이성'으로 보는 듯하다(Hegel 1975 참조). 소엔은 불교에서 신神 개념에 해당하는 것을 찾기 위해, 그것을 다양한 방식으로 설명한다. 그는 신을 붓다의 우주적 측면인 법신(法身, dharma-kāya), 현상에 자성이 없는 상태인 공(空, śūnyatā), 그리고 현상 세계에서 고통과 재생을 초월하는 상태인 열반에서 찾는다. 소엔은 이것들이 '신격(神格, Godhead)'에 해당한다고 보며, 특히 요한복음의 신 개념과 유사하다고 언급한다(47-48).[6]

5 샤쿠 소엔(釋宗演)은 불교를 '범신론(汎神論, panentheism)', 즉 우주는 신의 일부이지만, 신의 존재를 다 설명하지는 않는다는 사상으로 규정하면서, 이 용어를 만든 무명의 '근대 독일 학자'를 언급한다(1993[1913]: 26). 여기서 언급된 인물은 피히테(Fichte)와 셸링(Schelling)에게서 사사한 독일 낭만주의 관념론자 중 한 명인 칼 크라우스(Karl Krause)일 가능성이 있다. 그는 모든 것이 신 안에 있지만 현현한 우주가 신의 존재를 다 설명하지 않는다는 점을 암시하기 위해 '범신론'이라는 용어를 만들어냈을 가능성이 크다. 소엔의 이러한 언급은 불교 근대주의의 초기 형이상학에 결정적인 역할을 한 낭만주의 사고방식과 어느 정도 친숙함을 암시한다는 점에서 중요하다.

비록 소엔은 불교에 신이 있다고 주장하지만, 근대주의 기독교인, 초월주의자, 합리주의적 회의론자들 모두와 의심의 여지 없이 공명할 수 있도록 조정된 일종의 풍자적 사실주의를 통해 신의 의인화된 이미지를 일축한다.

> 불교도들은 신이 특별한 거주지를 가진다고 생각하지 않고, 어떤 고정된 중심지나 본부에서, 천사들과 천사장들, 그리고 은혜를 베풀어 그곳에 온 성도들과 성령들로 둘러싸인 8월 왕좌에 앉아 우주를 다스린다고 생각하지 않는다. … 우리가 신을 마주 보고 싶다면, 들판의 백합꽃에서도, 하늘을 나는 새들에서도, 졸졸 흐르는 산골짜기 개울에서도 그렇게 할 수 있을 것이다(1993〔1913〕: 48).

마찬가지로 불멸에 대한 강연에서 소엔은 불교의 핵심 교리인 재생만 넌지시 언급할 뿐, 사후에 개인의 존재가 지속하는 것을 본질적으로 부정한다. 오히려 모든 존재가 '위대한 모든 것(the Great All)의 현현顯顯'으로 지속한다고 주장한다(58). 소엔은 또한 '일이나 행위나 사상이나 정서의 불멸'이 개인의 불멸이라는 순진한 개념보다 영적으로 더 만족스럽고, 더욱이 근대과학적 조사의 결과에 더 부합한다고 주장한다(59). 또한 불교가 삶을 한결같은 인과 법칙에 의해 지배된다고 설명함으로써 자연과학과도 조화를 이루며, 이는 기적에 의존하는

---

6 이것은 소엔의 많은 주제 중 하나로, 스즈키가 선과 관련된 기독교 신비주의에 대한 논의 속에서 발전시킨 바 있다.

기독교와는 대조적이라고 강조한다(122).

소엔의 논의는 기독교와 과학적 합리주의 사이에서 불교의 전략적 위치를 정하는 중요한 움직임이며, 이 움직임은 오늘날까지도 반향을 불러일으키고 있다. 소엔은 자신의 전통을 탈신화화하고(예컨대, 그는 문자 그대로의 재생을 덜 강조한다), 이를 왕좌, 천국, 천사가 있는 확실히 탈신화화되지 않은 기독교보다 더 과학적인 것으로 제시한다. 이러한 점에서 소엔의 주장은 과학으로서 불교의 재현이, 특히 보다 정통적인 형태의 기독교와의 관계 설정과 깊이 얽혀 있었음을 보여준다. 불교가 자유주의적인 기독교의 특정 측면을 채택하기는 했지만, 불교의 합리주의적 표현은 19세기와 20세기 회의론자들이 의문시했던 기독교의 요소들을 다음과 같이 하나하나 반박하는 것이기도 했다. "불교는 인격신이 없다. 창조주의 변덕스러운 명령이 아닌 자연법칙 및 인과因果에 의해 작동하는 우주를 제시한다. 불교의 창시자는 맹목적인 믿음보다는 의심하는 질문과 실험을 장려했다. 불교는 비물질적인 영혼에 대한 지극히 단순한 이론들을 받아들이기보다는 서구의 최근 심리학적 발견을 예견했다. 불교의 업과 재생, 종 지속에 대한 생각은 진화론과 충돌하기보다는 진화론을 예견했다. 불교는 성육신成肉身이나 특별한 계시나 기적이 없다. 특별한 구세주의 죽음으로부터 기적적 부활이라는 진리의 입장에 서거나 빠지지 않고 엄격한 관찰과 실험을 통해 지금 여기 있는 모든 사람이 이용할 수 있는 통찰을 제공한다." 이러한 관점에서 불교는 사실상 과학적 발전과 성서 비평의 관점에서 회의론자들과 자유주의적 기독교인들이 정통 기독교의 해석에서 문제라고 여겼던 요소들을 반증하는 것이 된다. 따라서 더 넓은 문화적 맥락에서 불교의 '과학 친화적' 요소들을 추출함으로써 불교도와 불교 동조자들은 근대성의 두 담론인 과학적 자연주의와 기독교 사이의 긴장 속에서 특별한 기반을 확고히 다질 수 있었다.

선교, 항존주의, 대화, 그리고 혼합성

소엔이 기독교를 반쯤 포용하고 반쯤 폐기하는 태도는, 한 세기가 넘는 세월 동안 동맹과 경쟁이라는 이중적 성격이 특징인 관계의 한 장章이다. 이 이야기는 다른 곳에서 잘 기록되어 있다(예컨대, Lai and von Brück: 2001 참조). 몇 가지 일반적인 추세는 우리 논의와 관련이 있다. 두 신앙 사이에 사전 만남이 있었지만, 불교 근대주의 형성에 중요한 만남은 20세기 후반에 이르러서야 성사되었다. 그전까지 기독교인이 불교를 묘사하는 방식은 거의 전적으로 부정적이었다. 그 당시 대부분의 기독교인은 전능한 신도 불멸의 영혼도 포함하지 않는 불교에서 구원의 의미를 찾기 어려웠다. 빅토리아 중기 유럽인과 미국인은 불교를 무신론적이고 허무주의적이며 수동적이며 비관적이며 성상 숭배적이라고 자주 묘사했다. 이러한 비난을 불교 근대주의자들이 반박하는 데는 상당한 시간을 소비했을 것이다(Tweed 2000 〔1992〕: 1-17; Almond 1988). 실제로 이러한 반박은 불교 근대주의의 첫 번째 구성 요소가 되었으며, 불교는 스스로를 낙관적이고 행동주의적이며 반反의례적이고 반反성상적이며 사회적으로 유익한 것으로 천명하도록 끊임없이 강요받았다.[7]

불교와 기독교의 초기 관계도 특히 스리랑카에서 식민주의 및 선교와 필연적으로 얽혀 있었다. 기독교 선교사들은 유럽 식민주의자들의 후원 아래 아시아의 수많은 지역에 들어왔고, 불교도들은 일반적으로 (대체로 정확하게) 식민주의와 선교를 구별할 수 없는 것으로 보았다. 현지인들을 '격상'시키려는 식민주의자들의 노력 중 일부는 이들을 기독교로 개종시키는 것이었다. 유럽 측에서 보자면, 중동의 오리엔탈리즘과 관련된 에드워드 사이드의 친숙한 관점을 충분히 적용할 수 있었다. 즉, 서구 세력은 동양을 더 잘 통제하고 정복하기 위해 동양을 연구했으며, 지식은 정치적·제국적 통제의 수단이었던 것이다. 따라서 테라와다 불교에 대한 최초이자 가장 널리 읽히는 논의 중 하나인 『불교 설명서(Manual of Buddhism)』(1853)의 저자인 로버트 스펜스 하디(Robert Spense Hardy)는 고전적인 오리엔탈리즘의 방식으로 다음과 같이 썼다. "십자가의 전달자들은 … 이 책을 아마도 은혜로운 선물로 받아들일 것이다. 왜냐하면 이 책은 그들이 진리를 확립함으로써 대체하려고 애쓰는 체계를 더 쉽게 이해하는 데 도움이 될 것이기 때문이다."(xiii) 불교 문헌과 사상을 번역한 최초의 유럽인들은 수용할 수 있는 선택사항으로 불교를 제시한 것이 아니라, 불교를 기독교로 대체하려는 사람들을 위한 보조 수단으로 불교를 제시했다.

---

7 로저 폴 드로이트(Roger-Pol Droit)는 이러한 '불교적 무無'에 대한 공포를 19세기 유럽문화에 등장한 허무주의의 잠식 위협이 불교에 투영된 것으로 해석한다. 그는 다음과 같이 말한다. "아시아에 대한 언급, 붓다와 전통적인 브라만적 위계 구조와의 대립, 붓다의 가르침에서 무無의 위상, 또는 이 무신론에 대한 언급 속에서 유럽인들은 실제로 자신들에 대해, 현재 흔들리는 낡은 권력 구조에 대해, 신의 죽음에 대해, 앞으로 다가올 허무주의에 대해 말하고 있었다."(2003: 5)

불교 근대주의에 대한 아시아의 일부 표현은 기독교 선교사들에 대한 명시적인 저항으로 시작된 재활성화 운동이었다. 그러나 이러한 저항 속에서도 다수의 신흥 불교 근대주의자들은 이 투쟁에 대한 자신들의 개념적 자원을 증대시키고, 부상하는 세계적 맥락에서 불교의 권위와 생존력을 높이기 위해 개신교적 주제들을 채택하였다. 곰브리치와 오베에세케레가 지적했듯이, 스리랑카 중산층의 싱할라 불교는 승려와 재가자 구분의 모호화, 더 현세적인 지향, 더 많은 사회 참여, 전보다 의례를 덜 강조하기, 개인의 구원에 역점 두기와 같은 주제들을 채택하여 기독교 선교사들에 대한 저항으로 개신교화된 형태를 발전시켰다(1988). 이러한 발전은 호미 바바(Homi Bhabha)가 사용한 용어의 의미로 혼합이었다. 즉, 그것은 식민지 개척자의 의제를 파괴하기 위해 피식민자들이 발전시킨 모방 형태였다. 피식민자들은 압제자의 언어로 담론을 형성하고, 지배적인 기독교 질서의 개념들을 채택하면서도 그것들을 그 질서를 불안정하게 만들도록 변형하였다. 서구의 식민 통치를 받지 않는 나라들, 특히 일본에서조차 불교 근대주의는 이 모방적 패턴에 따라 발전했다. 불교 근대주의를 형성한 사람들은 세계 무대에서 불교와 일본의 위상을 높이려는 강한 동기를 지녔으며, 따라서 일본 불교를 기독교나 서구 근대성의 세속적 형태라는 패권적 담론 속에서 일본 불교를 분명하게 표현해야만 한다는 압박감을 느꼈다(Snodgrass 2003).

이러한 이미 근대화된 해석은 초기 유럽인과 미국인에게 깊은 인상을 주어 그들로 하여금 불교를 진지하게 받아들이게 만들었다. 초월주의자들이 아시아 종교를 호의적으로 수용한 것은 불교에 대한 부정적인 인식을 일부 변화시켰고, 종교 전통 간의 관계를 이해하는 데 있어 새롭고 엄청난 영향력 있는 패러다임을 제시했다. 선교적 충동에 의구심을 품은 초월주의자들과 그 동류들은 여러 종교 간의 유사성을 보는 안목을 키웠고, 여러 종교를 상호보완적인 것, 즉 동일한 궁극적 실재를 가리키는 서로 다른 길로 보았다. 이러한 관점과 얽혀서 등장한 것은, '영성'이라는 새로운 다문화적 개념이었다. 이는 개인이 궁극적 실재를 추구하거나 그것을 경험하는 과정으로 이해되었다. 따라서 영성은 물질과 대조되는 용어로 사용되는 전통적인 기독교 본고장을 떠나서 '종교', 특히 '제도적 종교(institutional religion)'와 구별되는 것으로 간주되었다. 비록 기독교적 뉘앙스를 유지하고 있음에도 불구하고, 이 새롭게 등장한 세계화된 영성은 기독교 이외의 전통들에 전례 없는 정통성을 부여했다. 이는 신성하고 표현 불가능한 동일한 실재에 대한 보편적 탐구의 일환으로 간주되었으며, 그 실재는 초월적이면서도 모든 것에 퍼져 있고 개인의 마음이 직접적으로 연결되거나 심지어 동일하기까지 한 존재로 여겨졌다. 이 접근법의 옹호자들은 이 신성한 실재에 이르기 위한 수단은 (이 역사적 맥락에서 근대적 의미를 획득할 수 있는 또 다른 용어인) 고요한 성찰과 신비적 체험이라고 믿었고, 이는 불교와 힌두교의 전문 영역이라고 보았다. 이 패러다임은 항존철학(恒存哲學, philosophia perennis)의 최초 개념을 세계화한 것이다. 이는 모든 시대와 장소의 모든 사람이 지닌 공통된 진리 집합이라는 사상으로, 16세기에 아고스티노 스테우스(Augostino Steuco)가 처음 제안하고 라이프니츠(Leibniz)에 의해 발전되었다. 이 패러다임은 19세기와 20세기에 그 형태를 갖추기 시작하면서 신플라톤주의, 독일 형이상학, 불교, 힌두교의 베단타 학파를 융합한 우주론을 채택했다. 올더스 헉슬리(Aldous Huxley)가 후대에 영향력 있게 정립한 바에 따르면, 항존철학은 "세계 모든 지역에 존재하며, 완전히 발전된 형태로 모든 고등종교에 자리 잡고 있다."(1970[1949]: vii) 따라서 신성神性은 모든 전통에 있었지만, 어떤 전통도 그것을 독점하지는 못했다.

불교를 모든 전통과 특정 종교를 초월한 형이상학적 절대에 이르는 여러 경로 중 하나로 보는 관점은 불교가 근대성의 담론으로 진입하는 데 있어서 초기이자 중요한 전환점이었다.[8] 불교를 항존철학이라는 드라마 속 주인공으로 캐스팅하는 것은 서양에서 불교에 새로운 존경심을 부여하면서, 불교를 '세계 종교'로 구축하는 데 필수적이었지만, 오늘날에도 지속되는 보편성과 특수성 사이에 긴장의 장을 설정하기도 했다. 불교 전통의 특정 측면을 버리기보다는 되살리려는 관심을 지닌 근대주의자뿐만 아니라 많은 전통주의자는 불교가 초월주의자들이 종종 '보편 종교'라고 부르는 것에 흡수되어 버릴 위험성에 대해 우려를 표해 왔다. 역설적으로, 이 보편 종교라는 것은 그 자체가 매우 특수한 역사적·문화적 상황들의 산물이었다. 항존주의(恒存主義, perennialism) 모델은 여느 전통에 특정한 것을 평가절하하고 상대적으로 취급한다. 만약 불교 문헌이나 실천의 세부 사항들이 항존철학의 교리와 일치하지 않는다면, 그것들은 지엽적이거나 편협한 지역성을

8 가장 영향력 있는 초기 형성의 사례로는 제임스 프리먼 클라크(James Freeman Clarke)의 『10대 종교(Ten Great Religions)』와 사무엘 존슨(Samuel Johnson)의 『동양 종교와 보편 종교와의 관계(Oriental Religions and Their Relationship to Universal Religion)』가 있다.

띠거나 제도화되거나 의례화되거나 타락하거나 단순히 일반 대중을 위한 것으로 간주되었다. 따라서 항존주의는 복음주의 기독교의 선교 활동에는 반대하는 입장을 취했지만, 동시에 불교에 대한 또 다른 서구 해석학 도식을 더 부드럽게 부과하는 역할을 하기도 했다.[9]

그러나 소엔의 사례가 보여주듯이, 불교도는 이 교류에서 수동적인 존재가 아니었다. 많은 경우에 아시아 근대주의자들은 항존주의적 가정을 자신들의 필요에 맞게 조정했다. 이는 종종 그 전제에 암묵적으로 깔려 있던 기독교 우월성의 가정을 뒤집고, 불교를 보편 종교의 더 우월한 표현으로 자리매김하는 방식으로 이루어졌다. 이 점에서 스즈키는 특히 주목할 만한 인물이다. 왜냐하면 그는 폭넓은 영향력을

---

9 비록 학자들 사이에서는 대체로 배척되어 왔지만, 항존주의는 20세기와 21세기에도 여전히 높은 인기를 유지하고 있다. 이는 다원주의와 세계관 간의 갈등이 점점 더 두드러지고, 개인이 문화에 의해 얼마나 조건화되는지를 인식하는 경향이 확산됨에 따른 것이다. 항존주의는 (필자가 나중에 논하겠지만) 과학과 일종의 유사점을 제시했다. 즉, 다양한 종교와 세속 철학의 상충하는 주장들 위에 존재하는, 정화된 경험 영역에서의 내면화된 '어디도 아닌 관점(view from nowhere)'의 가능성이다. 오늘날 문화적·종교적 다양성에 대한 인식이 높아지고, 제국주의적인 함의를 갖는 상황에서 항존주의 결론은 옹호하기 어렵다. 하지만 항존주의는 불교 근대주의와 끊임없이 함께 해 온 두 가지 진정하고 피할 수 없는 근대적 관심사를 강조한다. 그것은 (1) 서로 다른 문화들과 세계관들의 관계와 점점 더 위험해진다고 인식되는 세계에서 이들 사이의 공통점을 찾으려는 종종 선의를 띤 시도, 그리고 (2) 기계화되고 관료화된 세계에서 문화적 조건화의 속박으로부터 자유로워지려는 충동이다. 이 운동의 열망과 실패는 오늘날 가장 중요한 질문 중 하나를 제기한다. 그것은 바로 본질주의나 은폐된 문화 제국주의 없이 우리의 보편적 인간성(common humanity)을 구상할 방법이 있는가 하는 점이다.

지녔을 뿐만 아니라, 일종의 항존주의를 선의 우월성을 주장하는 방식으로 수용했기 때문이다. 스즈키는 선禪 사상 자체를 급진적으로 재구성했는데, 한편으로는 선을 종교로서의 불교에서 추출하려고 했고, 다른 한편으로는 선을 모든 종교의 본질로 해석하고자 했다. 스즈키가 제시한 선은 실재에 대한 순수하고 비매개적인 경험이자 그 실재와 조화롭게 살아가는 자발적 삶이었다. 그러므로 선은 불교라는 '종교' 그 자체의 고유한 속성이 아니었다. 스즈키에게 선의 본질은 신비적 체험이었고, 그는 이러한 체험이 다른 종교 전통에도 공통적으로 존재한다고 믿었다. 스즈키는 서구 작가들의 신비주의에 대한 의견을 반영하여 매우 다양한 형태의 역사적 종교들의 중심에는 공통적이고 보편적인 신비적 체험, 즉 모든 문화적 덫을 초월하는 경험이 있다고 주장했다(1957[1979]). 하지만 스즈키는 신비주의의 보편성을 옹호하면서도, 선이 신비주의의 가장 순수하고 직접적인 형태라고 주장하며, 선을 '모든 철학과 종교의 궁극적 사실'이라고 불렀다(1949: 268). 스즈키의 공식화는 어떤 의미에서는 모든 종교를 평등하게 취급하는 동시에, 베르나르 포르(Bernard Faure)가 지적한 것처럼, 모든 종교의 본질과 관련하여 선(특히 일본 선)에 특권을 부여하는 역할도 했다(1993: 53-74).

최근의 역사 비평 연구는 스즈키가 제시한 선禪이 그 문화적·역사적 맥락을 묘사하는 데 있어 지극히 선택적이고 제한적이었다고 지적했다.[10] 스즈키의 선은 근대 세계에 역사적 전통으로서 제시된 것이

10 스즈키에 대한 비평은 1993년 Faure: 53-74를 참조하라.

아니라, 의견 충돌, 도그마, 제도적 권위로부터 보호받는 실존적 확실성을 제시하는 경험인 비역사적 영성의 본질로 제시되었다. 유럽과 미국의 지적·종교적 삶의 위기 동안 나타난 이 이미지는 기독교, 더 넓게는 서구 문화의 실패한 약속에 환멸을 느낀 서구인들 사이에서 열광적으로 수용되는 데 결정적인 역할을 했다. 소엔이 기독교를 포용하면서도 대체했던 것을 요약한 스즈키의 항존주의는 이러한 환멸에 답하기 위해 형성되었다.

기독교와의 실행 가능한 관계를 수립하는 것은 불교 근대주의자들의 중요한 관심사로 남아 있다. 20세기 후반 식민주의가 종식된 이후로 많은 저명한 불교도들이 두 전통 사이의 우호적인 관계를 구축하려는 책을 저술했다. 불교와 기독교의 대화는 신학 하위 분야로서 위상을 누려 왔으며, 그렇게 서로 대화하려는 욕구는 유대교로도 확장되었다. 기독교와 불교 사이의 유사성에 대한 관심이 절정에 이른 지점은, 단순한 교리적 혼합을 넘어선 현대적 혼합형의 등장, 즉 실천 공동체의 출현이라 할 수 있다. 토마스 머튼(Thomas Merton)은 켄터키(Kentucky)에 있는 그의 트라피스트 수도원(Trappist monastery)에서 좌선 수행을 시작했으며, 일군의 가톨릭 수도사들이 그 뒤를 따랐다. 이러한 추세의 절정은 어떤 경우에는 선禪 스승이기도 한 가톨릭 수도사와 사제가 이끄는 불교·기독교 공동체의 출현이었다.

불교와 기독교 관계에 관한 많은 문헌이 존재한다. 여기서 중요한 것은 이러한 관계가 각기 다른 장소에서 어떻게 특정한 방식으로 불교 근대주의를 형성했는지이다. 예컨대, 스리랑카의 불교 근대주의는 유럽 식민주의와 선교의 쓰라린 역사로 인해 여전히 기독교에 저항하는 경향이 있다. 불교는 복음주의 기독교인들과 수 세기에 걸친 식민 억압에 의한 쇠락에 맞서 다시 한번 목소리를 높였다. 반대로 미국에서는 불교가 일부 기독교 공동체에 도입되어 두 전통 사이의 경계가 모호해졌다. 이는 부분적으로 불교 근대주의자들이 불교를 기독교와 경쟁하는 종교라기보다, 다른 종교들의 실천과 양립하거나 이를 강화할 수 있는 '존재 방식'이나 심지어 '명상 기법'으로 묘사한 방식 때문에 가능했다. 종교적 자유주의자들 사이에 널리 퍼져 있는 항존주의적 가정은 또한 종교적 전통 사이의 경계를 약화시켜 제도적 충성심을 줄이고 혼합성은 더욱 장려하는 방식으로 작용한다. 모든 종교가 같은 목적을 지향한다면 다양한 종교적 실천은 개인에게 적합한 선택을 위한 다양한 선택지가 된다. 개인의 능력에 맞춰 다양한 '방편(方便, upāya)'을 구사한다는 대승의 개념은 불교 실천뿐만 아니라 다른 전통의 실천도 선택하라는 명령으로 재구성된다.

이것은 불교와 기독교 사이의 길고 복잡한 상호작용 역사 속 몇몇 순간들을 간략하게 스케치한 데 불과하다. 필자가 강조하고 싶은 점은, 초기 근대주의 시대부터 오늘날에 이르기까지 불교가 기독교의 많은 '비근대적' 요소들로부터 자유로운 영적 길로서 기독교와 종종 명시적이든 암묵적이든 관계를 맺어 왔다는 사실이다. 불교는 대체로 근대과학과 일치하는 합리적이고 경험적인 전통으로 해석되지만, 다른 종교들과 공유하는 초월적이고 내재적인 신성한 실재를 인정하는 전통이기도 하다. 이러한 공식은 불교 근대주의가 과학적 자연주의와 기독교 담론 사이에 위치하는 중요한 방식 중 하나로 남아 있다.

불교 근대주의와 재인간화된 과학

여기에 과학적 합리주의에 대한 불교의 또 다른 중요한 측면이 있다. 그것은 바로 근대 세계에서 불교 근대주의는 보수적인 기독교뿐만 아니라 과학적 합리주의 그 자체까지도 대체하려고 시도했다는 점이다. 불교에 대한 과학적 해석을 지지하는 사람들은 전통을 단지 비이성적인 기독교에 대한 합리적인 대답으로 제시한 것이 아니라 서양의 지나치게 합리적이고 물질적인 과학 모델에 대한 인간화된 대답으로 제시했다. 그들은 불교가 과학과 조화를 이루고 있다고 주장하면서도, 빅토리아 시대에 흔했던, 과학에 대한 비인간적이고 기계적이며 도구주의적인 접근에 대해 불만을 표출하곤 했다. 폴 카루스는 붓다를 세계 '최초의 실증주의자'라고 불렀지만, 많은 서양인과 근대화된 아시아 불교도들은 종종 모든 것이 과학적인 용어들로만 설명될 수 있다고 주장하는 실증주의적 과학에 확실히 불편해했다. 빅토리아 시대의 과학적 저술은 종종 다소 승리감에 찬 어조를 띠었다. 즉, 과학은 자연계에 대한 지식을 얻는 확실한 수단일 뿐만 아니라 인류가 행복, 조화, 번영으로 나아가는 수단이기도 했다는 것이다. 과학자들을 포함한 많은 지식인은 이러한 다소 과장된 주장에 불편해했다. 특히 20세기에 대량 살육의 기계, 환경 파괴, 인간과 자연에 대한 점점 더 기계적인 시각과 같은, 과학적 지식 폭발의 어두운 적용이 나타냄에 따라 더욱 그러했다. 심지어 가장 열성적으로 과학적 전망을 지지하는 사람들조차도 그 속에서 허무주의와 아노미(anomie)의 위협을 보았다. 예컨대, 버트런드 러셀(Bertrand Russell)은 20세기 초의 과학을 철학적 기원을 저버린 것으로 보았다. 그는 고대 그리스 모델처럼 과학이 '인간과 자연 사이의 사랑 이야기'가 되어야 한다고 생각했지만, 당시의 과학은 삶의 경이로움과 의미를 고갈시킬 수 있는 단순한 기술로 전락할 위험에 처해 있다고 보았다.

> 물리학이 발전함에 따라, 우리는 물리 세계의 친밀한 본질에 대해 알고 있다고 생각했던 것을 하나씩 박탈당해 왔다. 색과 소리, 빛과 그림자, 형태와 질감은 더 이상 이오니아인들이 헌신적 신부로 보았던 그런 외적인 자연에 속하지 않는다. 이 모든 것이 사랑받는 존재(the beloved)에게서 사랑하는 존재(the lover)에게로 옮겨졌고, 사랑하는 사람은 차갑고 끔찍하지만 어쩌면 단순한 환상일 수도 있는 덜거덕거리는 해골이 되었다. 자신들의 공식이 드러낸 황량한 세계에 경악한 불쌍한 물리학자들은 신에게 위안을 달라고 빌지만, 신은 자기 창조물의 유령 같은 모습을 공유해야만 한다(Nicol 2007: 00에서 인용).

불교 근대주의자들은 또한 근대과학의 내면에 도사리고 있는 허무주의의 가능성과 그것이 신성함, 신비, 내재적 의미를 제거하려는 경향에 촉각을 곤두세워 왔다. 이들은 근대과학이 잠재적으로 허무주의적이고 파괴적인 결과를 초래할 수 있음에도 불구하고, 과학과의 동맹을 부인하지 않고 오히려 불교가 과학의 재평가 가능성을 제시한다고 보았다. 그들은, 일부 사람들이 주장하듯이 불교 자체가 일종의 과학, 즉 내면의 과학이라면, 연민, 이타심, 그리고 마음에 대한 신중한 성찰을 강조함으로써 과학이 지향하는 파괴적 목적을 완화할 수도 있다고 주장해 왔다.

타이완의 영향력 있는 개혁가 타이쉬(太虛, 1890~1947)는 근대 중국 불교에서 불교와 과학의 양립 가능성을 확립하려는 시도를 대표하며, 동시에 불교가 과학을 능가할 수 있는 역량을 지닌 종교라고 주장했다. 그는 허무주의의 병폐와 파괴적 기술이 결합된 문제를 출발점으로 삼았다. "옛 신과 종교는 과학의 바람에 흔들리는 듯하고, 종교적 교리들은 더 이상 방어력이 없으며, 세계 전체가 기계의 횡포와 과학이 낳은 온갖 괴물 같은 힘에 넘어간 듯하다."(1928: 43) 그러나 다른 전통과는 달리 "불교는 과학적 진리에 반하지 않고 오히려 그것을 확증하는 유일한 종교이다."(27) 타이쉬는 붓다가 근대 과학이 묘사하는 실재를 이해했을 뿐만 아니라, 그 너머까지 훨씬 더 깊이 보았다고 주장했다. 타이쉬는 과학이 대단히 가치가 있긴 하지만, 그것이 제공할 수 있는 이해는 부분적일 뿐이라고 주장했다. 따라서 '과학적 불교'의 발전은 과학의 불완전한 특성을 극복하는 데 도움이 될 수 있다(27). 과학적 지식이 부분적인 반면에, "지고하고 보편적인 인식의 영역에 있는 사람들만이 불교 교리의 실재를 파악할 수 있으며, 우주의 참된 본성을 볼 수 있다. 하지만 이를 위해서는 붓다 자신의 지혜에 도달해야 하며, 이러한 지혜는 과학이나 논리를 통해 얻을 수 있는 것이 아니다."(47-8) 타이쉬는 과학에 대한 포용 및 의심을 결합하여 "**과학적 방법은 불교 교리를 확증할 뿐, 결코 불교 교리를 넘어설 수 없다.**"라고 주장했다(48; 원문은 굵은 서체). 따라서 타이쉬가 과학을 수용한 것은 과학을 제어하고, 과학에 적절한 위상을 부여하며, 과학과 양립 가능하면서도 그 너머에 존재하는 더 심오한 진리에 이르는 수단 사이의 경계를 설정하려는 시도였다.

과학을 포용하면서도 이를 뛰어넘으려는 모든 불교도의 시도가 타이쉬의 경우처럼 그렇게 자신만만하고 승리감에 차 있었던 것은 아니다. 많은 근대주의자는 불교의 신화적 개념들이 과학의 부인할 수 없는 설명력에 자리를 내주어야 한다고 솔직히 말한다. 그러나 과학을 수용하면서도 동시에 비판하는 이러한 주제는 현대의 불교 담론에서 더욱 성숙했다. 그래서 학자이자 옹호자인 로버트 서먼(Robert Thurman)이 표현한 것과 같은 견해가 일반적으로 나타난다. "서양 과학은 불교에서 엄청나게 많은 것을 배울 수 있다. 내 생각에는 배워야 할 필요가 매우 크다. 불교는 인도에서 이른바 내면의 과학이라고 불리던 것의 훌륭한 전달자이다. … 물질적인 것과 관련하여 과학이 하는 모든 일이 참된 실재를 반영하고 있으며 물질만이 중요하다고 생각하도록 허용함으로써, 과학은 인간을 심리적 내면을 가진 존재로 보지 못하게 하였다."(2003) 다른 곳에서 서먼은 탄트라 스승들을 '비물질주의적 문명의 전형적인 과학자'로 부른다(1994: 110).

불교 근대주의와 낭만주의·초월주의 담론

불교 근대주의는 과학적 합리주의의 덜 받아들여지는 요소들을 비판하기 위해서 서구 낭만주의의 전통도 차용했다. 처음으로 시선을 '동양', 특히 인도로 향했던 서양인들은 낭만주의자들로서, 종종 인도가 계몽주의 시대의 증가하는 물질주의와 합리주의에 대응할 수 있는 자원을 제공할 수 있기를 바랐다. 낭만주의자들은 종종 인도 사상과 문학에 자신들의 관념론 철학을 투영하면서, 이러한 물질주의와 합리주의에 의해 손상되지 않은 영적 세계관을 갈망했다. 일부 사람은 인도 문학을 서구 언어로 번역하는 것이 15세기에 그리스 자료를 재차용하여 유럽 문화가 부흥한 것과 유사한 '동양의 르네상스(Oriental Renaissance)'를 촉발할 것이라고 예견했다(Schwab 1987). 인도를 문명과 문화의 옛 모국, 시대를 초월한 순수한 지혜, 퇴폐적인 근대 세계의 영적 재생을 위한 희망의 장소로 보는 이미지는 낭만주의자들, 특히 요한 헤르더(Johann G. Herder)와 슐레겔(Schlegel)로부터 비롯되었다. 가우따마(Gautama)의 말씀에 대한 부정확한 독해로 유명했던 쇼펜하우어를 제외하고, 많은 사람은 불교보다는 우빠니샤드(Upanishads)와 인도 서사시로 눈길을 돌렸다. 그럼에도 불구하고 낭만주의자들은 이후 불교 근대주의 형성에 (때로는 간접적으로) 영향을 미칠 특정 서구적 태도와 철학적 사상을 확립했다. 불교 근대주의 문학의 많은 주요 특징, 예컨대 자연의 찬미, 영적 체험을 자연계나 보편적 영靈과 동일시하는 관념, 내적 경험의 함양을 통한 자발성과 창의성의 강조, 직관적이고 내적인 윤리의 원천을 통한 인습적 도덕의 초월, 복잡하고 기술적인 것보다 단순하고 소박한 것에 대한 존중은 모두 불교와 낭만주의·초월주의 사상의 흐름이 얽힘에 힘입은 바가 크다. 이러한 얽힘은 또한 다르마를 필자가 방금 논의한 과학적 합리주의의 기계화된 세계관을 향한 의심의 서사 속으로 이끌었다. 낭만주의와 초월주의의 영향은 불교를 탈주술화되고 산업화되고 물질주의에 찌든 서양을 재주술화시키기 위한 희망의 궤도로 이끌었으며, 이는 더 영적이리라 생각되는 동양의 도움을 통해 이루어지기를 기대했다. 실제로 우리는 헤르더와 슐레겔과 같은 낭만주의자들로부터 '서양'을 이성적, 물질적, 남성적, 능동적, 기술적인 것으로, '동양'을 직관적, 영적, 여성적, 수동적, 자연적인 것으로 보게 된 이분법적 이미지를 물려받았다. 이러한 지나치게 일반화된 이미지는 아시아 전통들의 근대주의적 구현을 위한 발판이 되었다.

필자는 낭만주의와 그 후속 사조인 초월주의, 형이상학적 종교, 그리고 이후의 영적 절충주의(spiritual eclecticism)가 불교 근대주의에 상당한 영향을 미쳤다고 주장할 것이다. 일반적으로 18세기 후반부터 19세기 중반까지로 한정되었던 낭만주의 시대는 끝났지만, 낭만주의가 도입한 주제는 유럽과 북미의 삶에 스며들어 오늘날까지도 문화 구조의 지속적인 일부로 남아 있다. 고상한 독일의 관념론적 형이상학과 정감과 화려한 언어로 가득 찬 영국 시는 이제 유행에서 벗어났지만, 낭만주의는 영화, 음악, 문학, 절충주의적 뉴에이지 영성에서 종종 은밀하게 '사후 생명'을 누려왔다. 오늘날 우리가 창의성, 상상력, 개인, 예술에 대해 생각하는 방식은 여전히 이 운동의 깊은 영향을 받고 있다.

방대하고 다양한 낭만주의 문헌 중에서 어떤 저작이 불교 근대주의를 형성한 데 이바지한 사상가들의 직접적 자료였는지를 정확히 파악하기 어려운 경우가 많다. 그 이유는 첫째로 출처가 모호한 경우가 많고, 둘째로 2차 자료로부터 가져온 경우가 많아 보이기 때문이다.[11]

---

11 소엔은 다시 한번 그러한 본보기가 된다. 소엔은 자신이 서양에 불교를 설명하는데 '영향을 미치는' 서양 사상가들을 인정하는 경우가 거의 없지만, 다수의 낭만주의

불교 근대주의의 형성기에 많은 불교도와 불교 동조자들은 당시 유행하던 초월주의자, 스베덴보리(Swedenborg), 그리고 신지학과 신사상(New Thought) 따위의 다양한 비교철학(祕敎哲學, esoteric philosophies)에 대해 잘 알고 있었다. 그러나 이 모든 사상들을 관통하며, 결국 불교 근대주의에도 영향을 미친 가장 중요한 주제 중 일부는 유럽 낭만주의의 다양한 형태로 거슬러 올라간다.[12]

불교 근대주의에 낭만주의가 미친 중요한 영향 중 하나는 낭만주의의 우주론적 형이상학에서 비롯된다. 불교(그리고 다른 아시아 종교들)와 가장 빈번하게 혼합된 서양 형이상학은 18세기 말과 19세기 초에 생산적 활동을 벌였던 일부 독일 낭만주의자로부터 대체로 나왔다. 실러, 슐라이어마허, 피히테(Fichte), 헤르더, 헤겔(Hegel)을 포함한 독일 관념론자들의 저작은 이러한 형이상학의 개요를 대표한다. 이 형이상학의 핵심 주제는 프레드히리 셸링(Friedrich W. J. Schelling)의 관념론 철학(idealist philosophy)에 의해 잘 표현되어 있다. 셸링은

자와 초월주의자들은 소엔의 설명에 생생한 맛을 더한다. 예컨대, 소엔은 에머슨(1993[1913]: 84), 괴테(169), 슐라이어마허(176)를 언급하고, 깊은 내면적 자아와 '에고(ego)' 사이의 이분법을 포함한 낭만주의에서 파생된 비유들을 사용한다. "본질적으로 자유롭고 순수한 마음은 이기주의(egoism)의 그물에 걸리자마자 오염된다."(119)

12 어수선하고 산만한 현상들에 단 하나의 용어를 부과하여 질서를 확립하겠다고 약속하는 다른 많은 '주의들(isms)'처럼, '낭만주의(romanticism)'도 그것이 가리키는 것의 복잡성을 온전히 드러내지 못하며, 많은 학자가 지적했듯이, 그 다양성은 오히려 복수형인 '낭만주의들(romanticisms)'로 표현하는 것이 더 적절할 정도이다. 여기서 가장 중요한 점은 불교 근대주의에 영향을 미친 낭만주의들의 몇 가지 특징들을 강조하는 것이다.

자연을 필요한 법칙에 의해서만 결정되는 사물의 집합이 아니라, 무의식에서 의식으로의 진화를 지배하는 능동적이고 생산적인 힘으로 이해하려고 했다. 그는 자연을 기계로 보는 아이작 뉴턴(Isaac Newton)의 기존 관점에 맞서, 자연을 하나의 유기체에 비유하는 견해를 제시했다. 자연이라는 유기체 전체는 두 개의 상호 의존적인 극으로 구성된다. 하나는 '산물'로서 자연의 객관적인 측면이며, 시냇물 속 소용돌이처럼 끊임없이 흐르고 변화한다. 다른 하나는 '생산성' 자체로서 창조적이고 주관적인 측면이며, 결코 객체가 될 수 없다. 따라서 주체와 객체는 칸트와 르네 데카르트가 주장했던 것처럼 철저히 분리된 존재가 아니라, 존재라는 광대한 상호 연결적 전체의 서로 다른 극이다. 객체는 주체로부터 독립적이지 않으며, 자아가 객체에 몰입하는 일반적인 방식은 주체가 객체를 원초적으로 형성한다는 사실을 보지 못하게 만든다. 더욱이 주체와 객체가 존재론적으로 분리되어 있지 않기 때문에, 인간은 자연을 이러한 통합적 관점에서 인식할 수 있다. 이는 경험적 판단을 통해서 아니라 '자연의 생동감에 대한 자기 마음의 내면적 사랑과 친숙함 … 〔그리고〕 마음의 고요하고 깊이 있는 평정'을 통해 이루어진다(1856-61: 7: 62). '지적 직관'을 통해 주체는 이러한 활동과 더불어 객체와의 궁극적 동일성을 인식한다. 이 잃어버린 자아와 세계 사이의 동일성을 회복하는 것이 진정한 행복이며, 영혼의 원초적인 통일성에서 비롯되는 '추락(fall)', 즉 대립과 구별의 발생을 극복하는 것이다. 모든 인간은 궁극적으로 하나이지만, 경험적인 수준에서는 여럿으로 보인다. 하지만 절대적 무한자는 표현할 수 없고 모든 구별을 초월한다(Schelling 1800〔1978〕; Marx 1984).

셸링의 '지적 직관'과 밀접하게 관련된 것은 프리드리히 슐라이어마허(Friedrich Schleiermacher)의 종교의 본질에 대한 유명한 논의이며, 이는 불교 근대주의의 발전 배경에서도 중요한 부분이기도 하다. 종교학자들은 셸링과 동시대인의 저작, 특히 『종교론: 교양 있는 경멸자들에 대한 연설(On Religion: Speeches to Its Cultured Despisers)』을 근대적 종교 개념에 결정적인 것으로 정확하게 식별했으며, 그 영향력은 불교에 관한 근대주의적 저작을 읽는 독자들에게도 드러날 것이다. 가장 중요한 것은 종교의 본질은 일종의 느낌이나 경험이라는 슐라이어마허의 주장이다. 종교에 대한 이러한 이해는 슐라이어마허처럼 종교의 경험적 '본질'을 의례, 미신, 위계 구조, 교리와 같은 '외적 형태들'과 거리를 두고자 했던 불교 근대주의자들에 의해 채택되었다. 슐라이어마허는 종교를 무한자에 대한 직관과 감정으로 이해했다. "〔경건한 사람의 체험이란〕 모든 유한한 존재가 무한자 안에서 무한자를 통해서 모든 유한한 사물과 영원 안에서 영원을 통해서 보편적으로 존재한다는 사실에 대한 직접적 의식이다."(1988: 47) '전체' 또는 '신'에 대한 이러한 경험은 지성이나 이성을 통해 발생하는 것이 아니라, 주체와 객체의 분리가 일어나기 이전의 사전 성찰적 인식을 통해 이루어진다. 이미 우리는 이러한 설명 속에서 경험, 살아있는 우주와의 일체감, 직관, 비이원론, 상호 연결성과 같은 불교 근대주의의 핵심 요소들과의 몇 가지 근본적인 공명共鳴을 인식할 수 있다.

영국과 프랑스 낭만주의자들은 이러한 경험적 지향과 유기체적 자연철학에 대한 자신들만의 버전을 개발했다. 그들은 신 또는 활기를 불어넣고 유지하는 생명력으로 충만한 살아있는 유기적 우주에 대한 다양한 비전을 제시했다. 이는 뉴턴과 르네 데카르트가 제시한 기계론적 우주관, 즉 고정된 법칙에 따라 작동하는 거대한 기계, 위대한 시계공時計工이 만들고 태엽을 감은 시계로서의 우주에 대한 개념과는 대조적이다. 예컨대, 사무엘 테일러 콜리지(Samuel Taylor Coleridge)는 신을 시계공이 아닌 시인으로, 그리고 우주를 각 사물이 고유한 생명을 갖고 있으면서도 모든 것을 포괄하는 생명의 일부인 관계 체계로 비유했다. "하나의 전능한 마음, 그의 가장 거룩한 이름은 사랑이다."(Wu 1998: 455) 윌리엄 워즈워스(William Wordsworth)의 유명한 시 「틴턴 수도원 몇 마일 떨어진 곳에서 쓴 시(Lines Composed a Few Miles above Tintern Abbey)」는 자연을 살아있는 힘으로 보는 낭만주의적 관점의 정수를 보여준다.

그리고 나는 느꼈다.
드높은 사상의 기쁨으로 내 마음 설레게 하는
존재를, 한층 더 깊이 침투되어 있는
어떤 존재에 대한 숭고한 의식을,
그 존재의 집은 살아있는 공기며,
푸른 하늘이며, 그리고 인간의 마음속에 있다.
모든 생각하는 것들을, 모든 사고의 대상들을
추진시키고, 모든 사물 속을 흐르는
운동과 정신을(ll. 94-103).

「틴턴 수도원 몇 마일 떨어진 곳에서 쓴 시」에서 또한 중요한 것은 자연이 도덕의 원천이라는 생각이다. 워즈워스에 따르면, 우리는 다음을 알아본다고 한다.

> 자연 속에서 감각의 언어 속에서 나의 가장 순수한 생각의 돛을, 내 마음의 유모를, 인도자를, 수호자를, 내 정신적 존재의 요체를 (ll. 109-12).

자연은 인간과 연속되어 인간에게 도덕적·창조적 원동력을 제공한다.

루소는 자연 자체와 그것이 인간의 마음에서 발현되는 방식이 도덕성, 창의성, 영적 통찰의 원천이라는 생각을 명시적으로 표현한 최초의 사람일 것이다. 루소에 따르면, 자연은 개인 내면에서 양심의 소리로 나타난다. 이것은 단순히 사회 규칙의 내면화된 목소리가 아니라, 인간 영혼에 반영된 사물의 질서에 직접 접근하는 것이다. 진정한 도덕은 외부로부터 강요될 수도 없고, 이성만으로 발견될 수도 없다. 계산적인 이성은 자연의 목소리를 억누를 수 있고, 학문은 실제로 자신의 내면 자원에 접근하는 능력을 훼손할 수 있다. 요컨대, 자연은 좋으나 사회는 부패한다. 루소는 이성을 버리고 싶지는 않았지만, 계몽주의가 이성에 부여한 지배적 위치와 그 기계론적 의미에는 의구심을 품었다. 그는 이성을 '자연에 대한 느낌' 또는 '존재감(le sentiment de l'existence)'과 조화시킬 때 비로소 온전하고 충만한 인간이 된다고 보았다. 자신의 성향, 정서, 동기를 조사함으로써 전체의 설계에 대해 무언가를 식별할 수 있다. 따라서 내적 성찰은 인식론적 가치와 윤리적 가치를 모두 획득한다. 왜냐하면 그것은 광대한 창조 체계와 그 체계로부터 자신이 분리될 수 없음을 인식하게 해주며, 동시에 내면의 '자연의 소리'에 접근할 수 있게 해주기 때문이다.

자연과 자연적인 것에 대한 루소의 강조는 자기 사회에 대한 비판과 분리될 수 없다. 자연의 충동과 조화를 이루는 삶은, 시대의 증가하는 욕망과 떠오르는 소비주의, 그리고 사소한 쾌락들에 맞서 일종의 절제된 태도를 요구한다. 루소는 부와 과도한 여가가 초래하는 타락, 그리고 당시 사회가 강요하던 획일적인 사회적 순응의 위험성에 대해 경고한다. 이것들은 모두 진정한 인간관계를 침식하고 내면에서 발견되는 진정한 본성으로부터 인간을 소외시킨다. 이러한 관점은 다른 낭만주의자들이 공유했던 하나의 주제이자, 이후 아시아 종교에 대한 근대주의적 해석에서 중요한 요소로 작용하게 된다.(이에 대해서는 뒤에서 더 논의할 것이다.) 그 주제란 바로 농민이나 근대 이전의 '원초적 인간'에 대한 이상화이다. 루소에게 '자연 상태'에서 근대 사회로의 발전은 실제로 지혜와 행복에서 허영심과 불행으로의 추락을 의미한다(1967: 175). 루소는 동시대 유럽 문명의 유흥을 통렬하게 비판한다. 예컨대 극장의 인위성과 그가 젊은 시절 스위스에서 알게 된 자급자족하는 산골 사람들의 소박한 오락을 대조한다. 이들의 오락은 야외에서 열렸으며, 공동체 전체에 개방된 형태였다(1911). 따라서 루소는 문명화되고 이성적이며 근대적인 삶과, 농부와 '야만인'의 소박하고 전원적이며 근심 없는 삶 사이에 명시적 긴장 관계를 설정한다.

워즈워스 역시 자연을 근대 세계의 부조리에 대항하는 예술과 도덕의 원천으로 설정하고, 계몽주의를 특징짓는 지성과 도구적 이성의 숭상에 대한 반작용으로, 감정과 직관의 가치를 높이 평가한다. 『서정시집(Lyrical Ballads)』의 서문에서 워즈워스는 시가 근대시의 무미건조한 '인공물'과 대조되는 '자연의 순수한 발산인 감정'을 다루어야 한다고 주장한다. 시는 자연에 가깝게 다듬어지므로, '소박하고, 예의보다는 자연에 속하는' 특성들을 가진, 교육받지 못한 농부와 어린이에게 가깝다. "모든 좋은 시란 강렬한 감정의 자발적인 넘쳐남이다."라는 낭만주의의 격언 중 하나를 주장한 유명한 사람이 바로 워즈워스였다. 이것은 사회적 규범에 대한 불신뿐만 아니라, 워즈워스가 '해부하여 죽이는 간섭을 좋아하는 지성'이라고 부르는 것에 대한 불신도 의미한다(2000: 595-615).

이러한 주제들은 아시아 종교와 진지한 방식으로 관계를 맺은 최초의 서양인인 미국 초월주의자들의 저작들에서 이어진다. 랄프 왈도 에머슨(Ralph Waldo Emerson)은 자신의 중요한 저서인 『자연(Nature)』에서 풍경에 대한 고요한 성찰을 영적으로 고양할 뿐만 아니라 순수 지성이라고 반복적으로 극찬하면서, 그것이 사물의 광대한 다양성 속에서 '평온한 일체감'을 이해할 가능성을 제시한다. 눈에 보이는 자연은 영혼이 현현하는 바깥 가장자리이며, 매우 다양한 현상 모두에서 유사성과 궁극적인 통일성을 인지하는 관조를 통해서 우리는 창조주의 전체 마음에 접근할 수 있다(Albanese: 70-1). 이러한 근원적인 연결, 소속감, 그리고 통일에 대한 비전은 주로 인간 활동의 번잡함에서 벗어나 고독하게 사물을 관조함으로써 가능하다. 에머슨은 숲에서 경험하는 무육체적인 기쁨(disembodied joy)을 다음과 같이 유명하게 묘사한다. "벌거벗은 대지에 선다는 것, 즉 내 머리가 쾌활한 공기로

목욕하고 무한한 우주 속으로 들어 올려진다는 것은 이기주의가 사라진다는 뜻이다. 나는 투명한 눈동자가 된다. 나는 아무것도 아닌 무無의 존재가 된다. 나는 모든 것을 바라본다. 우주적인 존재(Universal Being)의 흐름이 나를 통해 순환한다."(Albanese: 48) 에머슨은 사물에 대한 상대적으로 수동적이고 통합적인 상상의 방식을 '경험 과학(empirical science)'과 대조한다. 그는 "경험 과학이 시야를 흐리게 하며, 기능과 과정에 대한 바로 그 지식으로 인하여 학생들은 전체를 호기롭게 관조하지 못하게 된다. 석학은 시적이지 않게 변한다."라고 말한다(Albanese: 71). 자연이 과학자를 부르는 것은 사실이지만, 많은 '인내심 많은 자연주의자'는 '이성의 냉랭한 빛 아래 자신들의 주제를 얼려버림'으로써 목표를 놓친다(Albanese: 74). 게다가 자연을 관조하는 황홀하고 자아를 초월하는 즐거움 외에도 자연계에서 구체화된 신의 생각을 읽음으로써 도덕적 교훈을 얻을 수도 있다.

비록 낭만주의와 초월주의의 시대는 지났지만, 두 사상의 주제 중 많은 부분이 서구 문화 전반에 스며들어 오늘날까지 이어지고 있다. 예컨대, 각 개인이 깊은 내면, 즉 자신의 사회적 역할과 동일하지 않은 진정한 자아를 가지고 있다는 생각은 현대 절충주의 영성에서뿐만 아니라 일부 심리학 학파, 문학, 그리고 대중문화의 다양한 측면에서도 두드러진 낭만주의적 주제이다. 창의성, 도덕성, 개인적 진정성의 원천이 개인의 내면 깊숙한 곳에 존재한다는 개념은 자아성 어휘에서 오늘날에도 여전히 중요한 위치를 차지하고 있다.

불교 근대주의에서 낭만주의 주제

낭만주의·초월주의 사상에서 파생된 이 모든 주제는 불교 근대주의에 스며들었거나, 그 발전에 영향을 준 해석적 틀을 제공했다. 그러한 주제는 자연을 살아있는 유기체이자 도덕성, 창의성, 자발성, 예술의 원천인 '내면의 목소리'로 인식하는 개념을 포함한다. 자연은 또한 인위적인 것에 저항한다. 내면의 목소리는 관습과 규칙이 있는 사회의 목소리가 아니다. 예술적 천재나 영적 거장은 이러한 관습을 정당하게 우회할 수 있다. 예술은 자발적인 감정의 솟구침, 즉 사회의 인위성을 뛰어넘는 진정성의 현시(顯示, epiphany)에서 비롯된다. 가장 깊은 도덕적·영적·창조적 현시들의 기원은 인간의 깊은 내면이기 때문에, 성찰은 고귀한 가치를 지닌다. 종교 자체의 본질은 눈에 보이는 제도, 교리, 의례가 아니라 심오한 직관적 경험이다. 더욱이 그러한 경험은 경박한 열정과 무미건조한 합리주의와 대조된다. 마지막으로, 자연에 조율된 단순하고 교육받지 못한 사람들은 세련된 근대인들보다 이러한 영적 충동과 더 많이 접촉한다. 이러한 생각은 (전적으로 그러한 것은 아니지만) 특히 서양에서 불교의 근대적 표현에 익숙한 사람들에게 친숙하게 들릴 것이다. 그리고 이것은 우연이 아니다. 왜냐하면 많은 불교 근대주의자가 낭만주의자들은 아니더라도 그들의 후계자들로부터 용어를 차용했기 때문이다. 이러한 사상은 서양에서 불교 개념이 번역된 언어에 깊은 영향을 미쳤으며, 불교도와 불교 동조자들이 서양 전통의 축적된 무게를 바탕으로 내면성을 강조하고, 기계론적이고 과학적인 인생관을 비판하며, 사고와 감정에 대한 내적 탐구와 분석에 인식론적·도덕적 가치를 부여하는 불교 해석을 구축하는 데 도움이 되었다.

다음은 근대 불교 작가들이 낭만주의 주제들을 어떻게 받아들였는지에 대한 몇 가지 예이다. 선집 『불교 바이블(A Buddhist Bible)』(1938)로 가장 유명한 미국 불교도 드와이트 고다드(1861~1939)의 저작들은 낭만주의 형이상학이 불교 근대주의에 미친 영향을 보여준다. 매사추세츠(Massachusetts)에서 태어난 고다드는 산업 분야에서 전도유망한 경력을 시작했지만, 젊은 아내가 사망한 후 갑자기 진로를 바꾸었다. 고다드는 하트포드 신학교(Hartford Theological Seminary)에 다녔고 회중교회會衆敎會 목사이자 선교사가 되었다. 고다드가 첫 번째 소임을 맡은 곳은 중국이었다. 중국에서 그는 많은 절을 방문했고, 아시아에서의 기독교 선교 노력에 서서히 환멸을 느꼈다. 귀국 후 고다드는 결국 산업계로 복귀했고, 특허 받은 발명품으로 번 돈으로 조기 은퇴했다. 말년에 고다드는 불교에 깊게 몰두하기 시작했다. 중국으로 돌아왔고 일본에서 선을 공부했으며, 스즈키와 미국의 다른 선 스승들과도 교류했다. 진정한 미국의 종교 기업가적 방식으로 고다드는 자국 방식의 교단인 '붓다의 추종자들(Followers of the Buddha)'을 설립하려 했다. 비록 그 교단은 실패했지만, 『불교 바이블』이라는 위엄 있는 제목의 책으로 여전히 영향력을 발휘했다. 이 책은 번역된 경들을 뒤섞은 모음집이며, 고다드가 붓다의 목소리로 편찬한 준俊경도 담고 있다. 이 책을 읽고 잭 케루악(Jack Kerouac)이 불교에 입문하였으며, 오늘날에도 이 책은 출판되고 있다.

고다드의 불교 해석은 과학적 합리주의에 대한 형식적인 존중을 포함하면서도, 실제로는 낭만주의 관념론적 우주론과 세기 전환기 대중 형이상학이 지배적인 탈신화화의 한 양태를 보여준다. 고다드의 (간결하지는 않더라도) 정확한 부제를 붙인 저서 『붓다의 황금 길: 선불교의 가르침과 수행에 기초를 두었지만, 근대의 조건들에 맞게 해석하고 적용한 실천 불교 지침서』는 불교의 '우주론적 개념'에 대한 논의로 시작한다. 고다드는 존재의 질서와 존재 영역이 있는 재생의 수레바퀴를 언급하지만, 곧바로 이를 일축하며 다음과 같이 주장한다. "오늘날처럼 과학이 발달한 시대에는 이러한 순진한 우주론은 설득력이 없고, 있을 법하지 않은 것으로 보인다. … 우리는 그것을 계몽된 경험과 논리로 검증할 수 있는 더 과학적인 방식으로 해석해야 한다."(2004〔1930〕: 3) 이어서 그는 불교 자체가 아니라, 앞서 논의한 바와 같이, 독일 관념론적 형이상학에서 분명히 유래된 우주론적 개요를 제시한다. 이는 아마도 초월주의와 신지학과 같은 19세기 후반의 형이상학 운동을 통해 굴절되어 나타난 것으로 보인다. 이 개요는 단일하고 통합된, 모든 것을 포함하는 우주로부터 시작한다. 그는 이를 절대자에 대한 동양과 서양의 관념론적 개념들을 서로 융합하여, 법신法身, 도道, '보편적 영(Universal Spirit)' 또는 '궁극의 원리(Ultimate Principle)'라고 부른다. 이 궁극적 실재는 만물을 통일하여 하나로 묶는 통합의 원리와 '법신의 능동적 측면'인 개별화의 원리가 종합된 것이다. 이 능동적 측면은 다시 두 가지 하위 원리의 종합으로 구성된다. 하나는 구별의 원리를 나타내는 '앎(jnāna)'이며, 다른 하나는 통합의 원리를 나타내는 사랑 또는 연민이다. 이들로부터 또 다른 원리들이 방출되며, 이들 역시 구별하거나 통합하는 성격을 지닌다.

그러한 원리들은 '영계靈界'에서 시작되어 '심령의 영역'과 '살아있는 관념의 세계'를 거쳐 나타나며, 이는 다시 주체와 객체로 나뉘고, 이어서 '물리계'의 감각과 다양한 현상들로 분화된다. 따라서 삶의 수레바퀴 속의 존재 영역은 폐기되고, 그 대신 다양한 존재의 영역이 제시된다. 이 영역들은 통일된 궁극적 실재인 법신에서 시작하여 인간, 동물, 초목, '박테리아의 미시적 세계', 원자 입자와 에테르(ether)의 세계로 이어진다. 이러한 모든 것에 스며들어 있는 것은 분화와 통합의 원리들이다. 이 원리들은 겉보기에는 서로 반대 방향으로 움직이는 듯하지만, 끊임없이 변화하는 실재의 패턴 속에서 서로 얽혀 있으며, 마침내 법신의 자성에서 출현했다가 다시 그 속으로 사라진다(4-5).

불교 원전에 익숙한 사람들이라면 이 우주론을 불교적인 것으로 인식하기 어려울 것이다. 반면에 독일 낭만주의와 19세기 형이상학 운동에 익숙한 사람들이라면 그것이 양자의 친숙한 혼합체임을 알게 될 것이다. 예컨대 셸링은 절대자가 분화(differentiation)로 내려감과 인류가 절대자와의 합일로 되돌아가 통합되는 과정이라는 매우 유사한 변증법을 제공한다. 책의 부제에서 알 수 있듯이, 고다드는 불교를 '근대 조건에 맞게' 조정해야 할 필요성을 충분히 인식했다. 따라서 이러한 재해석의 한 가지 기능은 서구 독자들에게 이미 문화적 자본을 갖고 있던 형이상학의 관점에서 불교를 정당화하는 것이었다. 그는 이 우주론을 첫 번째 장에 앞세움으로써 독자들에게 불교가 이미 친숙한 보편주의 체계의 또 다른 표현임을 확신시켰다. 불교는 먼저 우주론의 측면에서 길들어진 다음, 우주론의 틀 안에서 독특한 기여를

하도록 허용되었다.

그러나 우리가 불교 근대주의에서 낭만주의의 잔재를 분별할 수 있는 것은 우주론에서만이 아니다. 인간을 종교적·도덕적·창조적 충동들이 발현되는 내면적 깊이를 가진 존재로 묘사하는 낭만주의적 그림은 근현대 불교 저작들의 핵심 요소이다. 현대 미국 선 스승 린 젠센(Lin Jensen)이 불교 대중 잡지에 기고한 윤리에 관한 글이 좋은 예이다. 캘리포니아 치코에 있는 치코 선 승가(Chico Zen Sangha)의 창립자이자 인근 교도소의 불교 전법사인 젠센은 이라크 전쟁에 항의하기 위해 매일 보도步道에 앉아 좌선함으로써 작은 도시 치코 주변에서 유명해졌다. 따라서 그는 진지한 윤리적 성찰에 익숙하다. 젠센은 자기 에세이에서 선 윤리를 단순히 옳고 그름을 판단이나 금지된 행동과 허용된 행동을 구분하는 문제로만 해석하지 않는다. 오히려 윤리적 행위는 사물의 본래 모습, 즉 상황 그 자체에서 발견되며, 걸러지지 않은 직접적 실재인 사물이 무엇이 필요한지를 드러낸다고 말한다(2006: 34). 젠센은 선 윤리가 나쁜 행동보다 좋은 행동을 옹호하고 '지난한 귀납의 종합'을 통해 윤리적 결론에 도달할 것을 주장한다. 하지만 거기서 끝나지 않는다. 선 윤리가 특별한 이유는 그것이 '발명이 아니라 마음의 핵심을 표현한 것'이라는 점이다. 젠센은 "선 불교도는 모든 권위보다 이 고대의 마음을 신뢰한다."라고 주장한다(35-36). 젠센은 인간 존재의 깊은 곳에서 윤리를 끌어내는 것이 마치 민둥 바위에서 자라나 뿌리가 바위의 갈라진 틈을 통해 흐르는 소리가 거의 들리지 않는 지하수로 뻗어나가 영양을 공급받는 나무와도 같다는 생동감 있는 비유를 제시한다. 선 불교도는 "평생 계를 엄수하겠노라는 서원을 소중히 여기고 암송할 수 있지만, 그럼에도 불구하고 땅에 귀를 가져다 대고 자신의 살아있는 샘물에 귀를 기울이고 무엇보다도 그것을 신뢰하는 법을 배운다. … 선 불교도는 뿌리에서 솟아나는 수액처럼 물이 몸속으로 들어가게 한다. 선 불교도는 팔다리가 저절로 자라며, 때가 되면 잎사귀가 필 것이라고 믿는다."(36-37)

이러한 주제들은 현대 서양 불교 문학의 독자들에게 친숙하다. 그러한 주제들이란 진정한 윤리적 행동을 촉발하는 내면적 원천에 대한 사상, 여기서는 '가슴(heart)'이라고 불리는 이 근원이 외부 권위와 '규칙들'보다 우선한다는 사상, 상황에 완벽하게 일치하는 자연스럽고 윤리적으로 통찰력 있는 행동을 통해 옳고 그름에 대한 관습적 이해를 초월함이다. 자연계에서 끌어낸 풍부한 은유적 이미지도 자주 등장하는 표현 방식이다. 젠센은 이러한 주제들을 선 윤리의 고유한 것으로 파악하지만, 이러한 언어를 선불교 정전正典에서 찾기는 어려울 것이다. 하지만 그러한 언어는 낭만주의 문학에 익숙한 사람에게는 전혀 낯설지 않다. 낭만주의 문학은 진정한 도덕성이 사회적 세계의 도덕적 성문화가 아니라 영혼의 깊은 곳에서 끌어내는 문제라는 대담한 주장으로 가득 차 있다. 낭만주의 문학은 종종 사회적 관습과 '외부 권위'에 대한 불신을 표현하고 개인의 자율성이라는 특권을 부여한다. 또한 자연계에서 은유와 영감을 풍부하게 끌어온다. 낭만주의 문학은 명상 시스템을 제공하지는 않지만, 진정한 내면의 '목소리'를 찾고 신뢰하기 위한 자기 성찰의 필요성을 강조한다.

이러한 주제들은 미국의 초월주의와 세기 전환기의 형이상학 운동으로 이어져서, 불교에 대한 최초의 서양 해석에서 결정적인 역할을 했다. 나중에 이러한 주제들은 오늘날 불교와 종종 느슨하게 연관된 현대의 절충주의 영성(eclectic spiritualities)뿐만 아니라 불교를 흡수한 20세기 중후반의 반문화 운동—비트 작가들과 그들의 반문화적 계승자들은 북미 불교를 세우는 데 결정적인 역할을 한다—에도 스며들었다. 그들 모두는 선 문학 대가들의 파격적인 익살을 이 낭만주의적·탈낭만주의적 해석으로 끌어내는데, 이는 선 문헌 자체에는 명확하게 제시되지 않은 그러한 행동을 설명하는 틀을 제공한다. 현대 서양의 대중적인 불교 문학에서 인간의 가장 깊은 경험, 내면의 본성, 내면의 비전을 신뢰하라는 많은 권장 사항은 전통불교보다는 낭만주의의 유산과 더 관련이 있다. 전통적인 불교 문헌이나 스승으로부터 그러한 조언을 듣는 경우는 거의 없다. 왜냐하면 전통적인 불교 문헌이나 스승에게 있어 수행이 깊어지기 전까지의 내면적 경험이란 단지 또 다른 형태의 어리석음으로 간주되기 쉽기 때문이다.

이러한 낭만주의적 해석은 합리주의와 관련하여 불교 근대주의에 무엇을 제공하는가? 고다드는 우리가 불교 세계관을 '**깨달은 경험**과 논리로 검증할 수 있는 더 과학적인 방식으로' 해석해야 한다고 주장한다(굵은 서체는 필자). 젠센은 윤리가 '지난한 귀납법의 종합'을 수반한다는 점을 부인하지 않지만, 윤리의 본질은 '가슴의 핵심 표현' 또는 '내면의 생생한 샘'에 있다고 주장한다. 서먼은 '내면의 과학'으로서의 불교와 '과학이 인간을 심리적 내면을 가진 존재로 보지 못하게 하는' 전형적인 유물론적 과학 사이의 유사한 관계를 언급한다. 이러한 각각의 예는 우주론, 윤리학, 심리학 등 합리주의적 요소를 인정하면서도, 각각의 더 중요한 측면은 궁극적으로 이성을 대체하는 내면적 또는 직관적 경험에서 비롯된다는 점을 시사한다. 이것이 바로 계몽적 합리주의에 대한 낭만주의적 비판의 형태이다. 그러므로 불교 근대주의자들은 불교를 과학과 연계시키기를 열망하면서도, 낭만주의의 계몽적 합리주의에 대한 평가를 일부 수용하여 과학적 유물론을 비판해왔다.

불교 근대주의가 과학에 대해 취한 이러한 낭만주의적 입장은 낭만주의자들이 과학 사업에 가졌던 관점을 그대로 되풀이하는 것이다. 그것은 단순한 거부와는 거리가 멀었다. 18세기 후반에 과학이라고 불리던 탐구의 대부분은 "마음, 물질, 인간, 자연 등 모든 것에 생명을 불어넣는 생명력을 발견한다."라는 낭만주의와 유사한 목표를 가지고 있었다(Fulford 2005: 90). 낭만주의는 반과학적이지는 않았지만, '환원주의적(reductive)' 과학의 기계론적이고 잠재적으로 허무주의적인 의미들에 반대했다. 낭만주의 시인과 예술가들은 종종 자연 철학자들과 공동 작업을 하며, 둘 다 자연의 비밀과 생명의 원초적인 힘을 밝힌다고 보았다. 이 시기의 연구자들은 경험적 세계의 진리뿐만 아니라 우주론적·도덕적·영적 질문들과 관련된 대규모 철학적·과학적 질문들을 자주 탐구했다. 그러므로 위대한 낭만주의자 콜리지가 1833년에 더 심오한 과학적·철학적 질문들을 외면하고, 산업을 위한 새로운 발명과 같은 더 편협하고 실용적인 관심에 만족하는 수많은 새로운 연구자들을 보고 실망한 나머지, 신조어를 만들어냈다. 그것은 바로 '과학자'였다(90).

따라서 불교는 근대 서구와 근대화된 아시아에서 생태적 지위를 찾는 과정에서 과학적 합리주의, 낭만주의, 기독교 사이의 긴장 속에 스며들었으며, 각 사상의 언어를 활용하여 근대 세계에 맞게 재구성된 자기 입장을 명확히 하였다. 우리는 이러한 담론과 관련하여 불교 근대주의가 취한 형성적이고 여전히 지속되고 있는 입장을 다음과 같이 요약할 수 있다.

1. 불교 근대주의는 합리주의적·기독교적·낭만주의라는 세 가지 담론 모두에서 영향을 받아, 각각의 요소들을 수용했다.
2. 그러나 불교 근대주의는 보수적인 형태의 기독교에 맞서 과학적 합리주의와 연계하는 한편, 기독교의 더 자유롭고 신비주의적인 요소들을 차용했다.
3. 그럼에도 불구하고 불교 근대주의는 합리주의의 실증주의적이고 과학적인 방식에 대해서도 비판적이었고, 이러한 비판을 구체화하는 데 있어 낭만주의적·초월주의적 우주론과 내적 경험의 가치를 강조했다.

근대 담론과 불교 담론 사이의 모든 제휴가 단순히 불교에 서구적 개념을 부과한 것만은 아니라는 점을 주목하는 것이 중요하다. 예컨대, 주체와 객체의 비이원론 사상은 낭만주의 관념론과 대승 사상 모두에 존재하며, 따라서 이 두 전통 간의 접점을 제공한다. 혼합성은 이러한 초기 접점 때문에 낭만주의에서 비이원론과 관련된 교리와 실천이 불교사상에 유입되어 새롭게 혼합된 불교의 일부가 되었을 때 생겨났다. 예컨대, 비이원성에서 개별화로의 최초 '타락(fall)' 개념, 그리고 그 후 영적 투쟁을 거쳐 이루어지는 더 높은 차원의 구원적 재통합

(redemptive reunification) 같은 생각들이 포함된다.[13] 빅토리아 시대의 신지학자들과 일원론적 불교 해설가들은 종종 그렇게 양자를 통합하려 하였고, 항존주의는 이를 더 쉽게 만들었다. 모든 종교는 본질적으로 동일한 것을 말하는 것으로 여겨졌기 때문에, 한 종교의 감지된 공백을 다른 종교의 자료로 '채우는' 일은 드물지 않았다.

---

13 불교 근대주의의 타락에 대한 낭만주의적 해석 논의는 Payne 2006을 참조하라.

4. 근대성 그리고 과학 불교의 담론

이 장과 다음 장에서 필자는 불교 근대주의의 특징적 개념, 실천, 사상, 암묵적 가정들이 전통불교와 근대성 담론의 상호 교류에 의해 어떻게 구성되어 왔는지를 보여주는 구체적인 주제별 사례들을 제시할 것이다. 이러한 담론들은 단지 교리적인 고려 사항들뿐만 아니라 사회적·정치적·문화적 요인도 포함한다. 또한 이러한 상호 교류가 서로 다른 신앙을 가진 사람들이 모여서 각자의 최고 통찰력을 부드럽게 결합하여 새로운 종합을 만들어내는 평화로운 '융합'으로 항상 이어지지는 않는다. 불교 근대주의는 다른 근대주의 종교 운동들과 마찬가지로 갈등과 전략적 수사, 대화와 협력의 맥락에서 형성되었다. 필자는 불교 근대주의가 낭만주의와 기독교와의 관계 속에서, 그리고 근대의 과학적 합리주의에 대응하여 어떻게 자리매김해 왔는지를 개괄적으로 설명했다. 이 장에서 필자는 19세기 말과 20세기 초의 사회적·정치적·논쟁적 맥락에 더 큰 관심을 기울여 불교도와 불교 동조자들이 불교를 과학적 합리주의와 일치시키려고 시도한 방법을 더 자세히 보여줄 것이다.

인도에서 발간된 『불교 국제 백과사전(International Encyclopaedia of Buddhism)』에는 익명의 저자가 쓴 「사변 없는 종교(Religion without Speculation)」라는 제목의 에세이가 실려 있다. 이 에세이는 불교를 서양에 알려진 거의 전적으로 유일한 종교 유형인 '비과학적이거나 사변적인 종교'와 대조한다(Singh 1996: 18: 45).

> 불교는 지적인 깨달음이며 최고관이다. 바로 이것이 불교를 다른 모든 종교나 철학적 체계들과 구별되게 한다. 즉, 불교는 사변적이지 않고 과학적이다. 고따마(Gotama)가 한 일은 어떤 법칙을 고안하거나 체계를 세운 것이 아니라, 어떤 법칙을 발견하고 체계를 인식한 것이다. 그가 한 역할은 물리학에서 코페르니쿠스(Copernicus)나 갈릴레오(Galileo), 뉴턴(Newton) 또는 하비(Harvey)에 비유될 수 있다. … 불교는 자연법칙, 인과법칙을 정신계나 심령계로 확장하거나, 더 정확히 말해서 이 세계에서 그 법칙의 작용을 인식한다. 이를 통해 초자연적이거나 초월적인 인자들이 우주의 자연법칙과 독립적으로 또는 반하여 작동한다는 생각을 폐기한다(47-48).

이 인용문은 불교가 19세기에 서양에 소개되었을 때 근대과학과 독특하게 양립할 수 있는 종교로 재현되어 문화적 통용성을 얻은 가장 중요한 방법 중 하나를 보여준다. 이러한 재현은 아시아의 불교 개혁 운동, 예컨대 스리랑카와 일본의 불교 개혁 운동에서도 중요했으며, 불교와 근대성의 초기 만남에서 일시적인 국면도 아니었다. 필자가 과학 불교의 담론이라고 부르는 것은 20세기 후반에 걸쳐 더 방대해졌을 뿐만 아니라 훨씬 더 정교해졌으며, 지금은 거의 틀림없이 생산적인 정점에 이르렀다. 지난 수십 년 동안 불교와 과학의 주제를 다루는 대중 서적과 학술 서적이 꾸준히 쏟아져 나왔다(예컨대 Austin 1998, 2006; Dalai Lama 2005; Davidson and Harrington 2001; Goleman 1997, 2003a; Hayward 1987, 1990; Hayward and Varela 1992; Houshmand, Livingston, and Wallace 1999; Varela 1991, 1997; Wallace 2007; Wallace and Lutzker 2003 참조). 불교와 근대과학의 양립 가능성은 불교 대중 문학의 필수 요소일 뿐만 아니라 상당히 정교한 여러 실험 연구에서 가설이 되기도 했다. 모든 역사적 종교 전통이 근대성과 마주하며 과학의 지배, 상징적 자본, 세계에 대한 엄청난 변혁적 영향, 그리고 '사실이 무엇인가'를 확립하는 데 있어 타의 추종을 불허하는 정당성을 고려하여 교리를 재해석해야 했다. 반면에 불교보다 더 대담하게 과학적 담론과 연합하려는 주요 전통은 없었을 것이다. 따라서 과학 불교 담론의 계보를 살펴보는 것이 필요하다.

이 담론을 형성하는 데 일차로 기여한 사람들은 서로 다르지만 겹치는 의제를 가지고 있었고, 서로 다른 문화적 맥락에서 발생한 두 가지 정당성 위기가 그들을 자극하였다. 미국 기여자들의 위기란 학자들이 19세기 후반 기독교의 전통적 형태에 대한 광범위한 의문인 '빅토리아 시대 신앙의 위기'라고 명명한 것이다. 아시아인들에게 위기란 식민주의, 서구 패권, 기독교화로 불교 위상이 상실된 데에 따른 사기 저하였다. 필자는 이 담론의 초기 전개에서 결정적인 역할을 한 세 인물을 살펴볼 것이다. 두 명의 미국인 헨리 스틸 올콧과 폴 카루스는 불교와 과학을 연관시키는 서로 다른 접근 방식을 나타낸다. 즉, 한 명은 신지학과 심령술心靈術에 심취해 있고, 또 다른 한 명은 빅토리아 시대의 과학의 약속에 대한 지나친 낙관주의를 반영한다. 그리고 아나가리카 다르마팔라 또는 데이비드 헤와위타르네(David Hewavitarne)는 세기 전환기 싱할라 불교 부흥 운동에서 가장 중요한 인물이자 동남아시아 불교 근대주의 발전의 핵심 인물이었다. 이들은 각각 과학 불교의 담론이 초기에 형성되는데 중요한 기여를 했다. 이는 불교에 대한 학문적이고 대중적인 해석뿐만 아니라 불교의 역사적 발전에도 깊은 영향을 미쳤다.

다르마팔라: 불교, 과학, 식민주의

1893년 시카고에서 열린 세계종교의회는 불교 근대주의 역사에서 중추적 사건으로, 이 대회에서 아시아 불교도들은 미국 청중들에게 불교와 근대과학을 연결하는 몇 가지 주제들을 제시했다. 스리랑카에서 이미 잘 알려진 개혁가였던 아나가리카 다르마팔라는 젊고 열정적이며 언변이 뛰어난 불교도로, 모든 면에서 세계종교의회에서 매우 호의적인 환영을 받았다. 하지만 연설에서 다르마팔라는 샤쿠 소엔과 달리 붓다가 '최고의 창조주'라는 개념을 거부했다고 천명함으로써 집회를 주최한 비교적 진보적인 기독교인들마저 불편하게 만들었을 것이다. 그러나 이 연설 직후 다르마팔라는 이러한 거부의 이유는 붓다가 대신에 진화론을 원인과 결과의 법칙과 함께 유일하게 참된 교리로 받아들였기 때문이라고 주장했다. 그런 다음 불교와 과학 개념을 매끄럽게 결합하기 위해, 그렌트 앨런(Grant Allen)의 『다윈의 생애(Life of Darwin)』에서 한 구절을 인용하며, 그 구절이 "일반화된 불교 개념을 아름답게 표현한다."라고 주장한다.

> 붓다의 진화에 대한 가르침은 명확하고 포괄적이다. 〔앨런에 따르면,〕 우리는 우주를 자연법칙에 따라 규칙적인 순서로 펼쳐지는 연속적인 과정으로 바라보아야 한다. 우리는 그 모든 것을 지혜롭고 자비로운 외적 힘이 끊임없이 간섭하는 혼돈의 구렁텅이가 아니라, 본래의 요소들이 자신의 고유한 에너지에 따라 끊임없이 새로운 재분배를 이루는 거대한 집합체로 본다. 그는 〔원문 그대로〕 우주를 전체 에너지의 거의 무한한 총합에 의해 살아 움직이는 거의 무한한 물질의 집합체로 간주하며, 이를 아까사(akāsa)라고 부른다(Dharmapala 1965: 9).

이 짧은 구절에 나타난 수사적 움직임은 초기 작가들이 불교와 과학을 혼합하려고 시도한 가장 일반적인 방법을 보여준다. 첫째, 과학적 담론의 핵심 개념들은 불교의 핵심 개념들과 관련된다. 스리랑카의 영국 학교에서 교육받은 다르마팔라는 자신이 교육받은 서구 청중들에게 의미심장한 두 용어를 사용하고 있다는 사실을 분명히 인식하고 있었다. 첫 번째는 '원인과 결과'로, 이는 근대과학 세계관의 필수조건이었으며, 두 번째는 '진화'로, 아마도 당시 지적 논의에서 가장 급진적이고 논란이 많으며 최첨단 개념이었을 것이다. 다르마팔라는 이러한 개념들을 불교에 적용하면서, 모든 것이 원인과 조건(hetu-pratyaya)에 의해 발생한다는 교리인 연기(緣起, pratītyasamutpāda)와 업의 교리와 융합시켰다. 최고의 창조자를 거부함으로써, 다르마팔라는 세계종교의회에서 자유주의적 기독교 제휴자들과 소원해질 위험을 감수해야 했다. 하지만 불교 교리를 과학적인 용어로 분명히 묘사함으로써, 그는 세계종교의회 조직자들이 지니고 있던 기독교적인 가정에 도전할 만큼 서구 세계에서 가장 설득력 있는 담론인 경험 과학에 동참했다.

둘째, 서양의 과학적 기술과 설명은 불교 담론 속으로 흡수된다. 이러한 수사학적인 움직임은 특히 불교가 서양 과학을 포용하는 동시에, 이를 앞서고 능가하는 존재로 제시한 아시아 불교도들과 서구의 열광적 지지자들 사이에서 널리 퍼져 있었다. 다르마팔라는 방금 인용한 구문에서 앨런의 인용문을 마치 불교 사상의 직접적인 공식화인 양 취급하며, 그것을 불교적 우주관에 대한 논의 속에 포함시킨 다음에, 앨런이 '전체 에너지의 무한한 총합'이라고 말한 것이 불교에서 조건화되지 않은 공간을 의미하는 산스끄리뜨어 아까사(akāsa)라는 주장을 덧붙인다. 이는 분명히 서양에서 최근에야 발견된 이러한 과학적 개념들을 붓다는 이미 2천4백 년 전에 이해하고 있었다는 암묵적 함의를 담고 있다.

다르마팔라와 다른 사람들이 세계종교의회에서 불교와 과학을 제휴하려던 시도의 역사적 맥락을 이해하려면, 한 걸음 뒤로 물러나서 세계종교의회가 소속되었던 1893년 세계박람회의 중심 주제 중 일부에 주목하는 것이 도움이 된다. 컬럼비아 박람회(Columbian Exposition)라고 불리는 그해 박람회는 크리스토퍼 콜럼버스(Christopher Columbus)의 업적을 기념하는 행사였다. 로버트 라이델(Robert Rydell)과 리처드 시거(Richard Seager)는 모두 이 박람회의 전시와 활동이 19세기 후반 미국의 자유주의적인 유토피아적 비전을 나타낸다고 설득력 있게 주장했다. 이 비전 속에서 백인 미국은 '이국적'이고 '덜 문명화된' 민족들과 뚜렷하게 대조되었다(Rydell 1984; Seager 1995). 박람회의 물리적 배치와 전시물들은 두 공간으로 나뉘어 있었다. 하나는 박람회를 위해 건설된 임시 건물인 화이드 시디(White City)로, 신고전주의 건축물들이 들어서 있었으며 콜럼버스와 미국의 승리를 기념하는 장소였다. 다른 하나는 미드웨이 유원지(Midway Plaisance)로, 비서구 세계를 대표하는 전시물들로 구성되어 있었다. 미드웨이 유원지에는 상점가, 춤추는 소녀들, 낙타 타기가 있는 카이로 거리와 같은 북아프리카 마을의 재현, 그리고 유교儒教 연극과 점쟁이가 등장하는 중국 극장 따위의 먼 나라 광경들을 대규모로 복제한 것들이 있었다. 빅토리아 시대 신사 숙녀들은 시카고 중심부에서 열린 전시장을 거닐며, 행사를 위해 원주민들이 배로 실려 온 모습과 함께 세계의 '원시 문화들'의 광경들을 감상할 수 있었다.

그러한 재현의 이면에 내포된 암묵적 이념은 종교의 진화론적 모델이었다. 그 모델에 따르면, 모든 세계 종교는 가장 고도로 진화된 형태의 종교와 사회로 가는 과정의 단계였다. 박람회의 기독교 조직자들은 비서구 문화를 재현하는 것에 대해 진보적이었고 열정적이었지만, 이러한 점진적 계시(progressive revelation)〔역주: 후대에 쓰인 성경 구절에는 이전 구절보다 더 많은 하느님의 계시가 담겨 있다는 기독교 교리이다.]라는 개념은 암묵적으로 비서구 문화를 더 낮은 지위로 격하시켰다(Seager 1995: xxii-xxiii). 특히 아이러니한 것은 세계종교의회에서 가장 중요한 불교 기여자 두 명이 불교를 오늘날 가장 진보적인 미국인들이 믿었던 과학적 사고와 일치할 뿐만 아니라, 2천 년이 넘는 기간 동안 그러한 사고를 예고해 온 것으로 제시했다는 점이다. 진화론과 인과因果라는 언어의 사용은 종교 발전이라는 진화론적 모델의 승리주의와 불교와 아시아인 전반에 대해 널리 퍼진 경멸적인 재현들을 뒤엎으려는 시도를 의미했다. 불교도들이 세계종교의회에서 사용한 과학적 언어는 물론이고, 그들의 웅변과 세련미는 일부 미국인 주최자들이 보여준 거만한 언행뿐만 아니라 그 박람회의 물리적인 설계 자체에 내재한 문명 대 원시라는 분류를 무너뜨렸다. 과학적 언어를 사용하여 불교 사상을 표현하고 번역하고 변형함으로써, 이 불교도들은 새롭게 부상하는 불교 의제들에 맞도록 과학적 어휘를 확장하는 동시에, 지배적인 서구문화의 패권적 이데올로기를 그 언어로 뒤엎으려 시도했다.

물론 아시아인들이 이 담론을 개발하게 된 우려는 세계종교의회에만 국한된 것이 아니라, 유럽의 불교 '발견'으로 표면화된 불교의 재현과 아시아인에 대한 더 일반적인 재현을 협상하려는 더 광범위한 시도의 일부였다. 영어에 능통하거나 다르마팔라처럼 영국이 운영하는 학교에서 교육받은 아시아인들은 18세기와 19세기에 서양에 널리 퍼져 있던 불교에 대한 묘사에 대해 잘 알고 있었다. 이 시기의 거의 모든 서구 문학은 앵글로색슨족이 아닌 민족들을 언급할 때, 그들을 타고난 특성과 미리 결정된 성향, 기질, 지능을 통해 설명하려고 했다.

빅토리아 시대에 '동양인(Oriental mind)'은 지적 능력이 부족하고 상상력의 과잉에 시달리며 게으르고 유치하다고 천편일률적으로 묘사되었다. 존 데이비(John Davy)는 싱할라인(Sinhalese)에 대해 다음과 같이 말했다. "지적인 성취와 예술 및 과학의 숙련도에 있어서 싱할라인은 중세의 가장 어두운 시기를 넘어서지 못했다. 나는 그들의 성격이 전반적으로 하열하고, 무기력하고, 우유부단하다고 생각한다. 성격에는 강한 빛이나 그늘이 거의 없고 두드러진 선악도 거의 없다."(Almond 1988: 43에서 인용) 그러한 태도들은 아시아 국가들에 대한 식민지 통제를 정당화하는 데 사용되었다. 실제로 그러한 통치는 동양의 유일한 희망으로 여겨졌다. 다르마팔라는 이러한 묘사들, 특히 싱할라인에 대한 묘사에 격분하였고, 이와 맞서 활발한 집필을 하였다.

19세기 서양 문학에서 불교는 염세적이고 허무적이며 선善을 증진하는 힘이 전혀 없고 타락과 쇠퇴의 상태에 있는 것으로 종종 묘사되었다. 특히 불교의 성상 숭배, 미개한 미신, 기계적인 의례가 비난을 받았다. 그러한 주장을 한 사람들은 단지 무지한 사람들만이 아니었다. 불교를 서양 청중에게 소개하는 데 큰 역할을 했던 초기 오리엔탈리스트 학자들도 그러했다. 그중에는 불교를 인도 염세주의의 허무주의적 밑바닥으로 묘사한 쥘 바르텔르미 생 틸레르(Jules Barthélemy-Saint-Hilaire)도 있었다. 불교를 염세주의로 해석하는 것은 학자들과 초기의 불교 동조자들 사이에서 상당한 논쟁을 불러일으켰다. 이러한 논쟁에는 많은 것이 걸려 있었다. 토마스 트위드(Thomas Tweed)가 지적한 것처럼, 19세기 후반의 낙관주의적 분위기 속에서는 노골적인 염세주의 교리가 대중적으로 받아들여질 여지가 거의 없었으며, 그러한 해석은 아마도 미국에서 불교에 대한 첫 번째 관심의 물결이 종식됨을 의미했을 가능성이 크다(2000). 따라서 다르마팔라가 미국인과 유럽인에게 불교를 소개할 때 과학성만큼이나 낙관주의와 행동주의를 강조한 것은 결코 우연이 아니었다.

당시 유럽과 미국 문학에는 불교에 대한 그러한 비하적인 묘사들이 많았지만, 우리가 살펴본 대로 불교에 대한 평가는 일방적으로 부정적이지만은 않았다. 실제로 다르마팔라는 불교에 대한 관심이 급증하던 시기에 시카고 박람회에 도착했다. 그러나 당시에 불교에 호의적인 태도를 보인 서양인들은 살아있는 전통을 받아들이는 경우는 거의 없었다. 그들은 에드윈 아놀드(Edwin Arnold)의 낭만주의 시 『아시아의 빛(Light of Asia)』으로 대중화된 붓다의 모습과 나중에 무지한 사람들에 의해 오염되었다고 믿었던 붓다의 원래 '순수한' 가르침에만 주목했다. 붓다는 19세기 후반에 카스트 제도를 거부하고 모든 존재에 대한 무한한 연민의 감동적인 교리를 제시한 고귀한 윤리적 개혁가로 자주 묘사되었다. 헨리 스틸 올콧은 붓다를 '박애', '감사', '관용'으로 가득 차고 '모든 인류의 형제애'와 '남성적 자립에 대한 교훈'을 장려하는 이상적인 자유주의 사상가와 매우 흡사한 인물로 보았다(1883: 42, 36, 37, 45; Prothero 1996: 97에서 인용).

한동안 올콧의 가까운 조력가였던 다르마팔라는 그러한 재현을 잘 알고 있었다. 하지만 다르마팔라가 응답해야 한다고 느꼈던 것이 더 있었다. 다르마팔라가 불교를 부흥시키려는 노력의 밑바탕에는 조국 스리랑카의 식민 지배와 불교 탄압에 대한 깊은 분노가 자리하고 있었다. 그는 서양의 비판자들뿐만 아니라, 식민 지배로 사기가 꺾인 싱할라 불교도들의 시각으로도 다르마를 회복시키는 것을 목표로 삼았다. 식민 통치와 그에 따른 선교 활동으로 인해 불교는 위신과 상당한 경제적·정치적 힘을 잃어 정통성의 위기에 직면했다. 다르마팔라는 기독교 선교를 강력히 반대하고 민족주의적 문화 부흥을 촉진하여 불교의 떨어진 사기를 진작시켰다.

다르마팔라의 저서와 강연은 불교 부흥을 위한 최선의 접근 방식이 서양의 열광적 지지자들이 제시하는 불교에 대한 호의적인 재현들은 포용하고, 폄하하는 재현들에는 강력하게 대응하는 것이라고 믿었음을 보여준다. 따라서 다르마팔라는 불교가 허무적이고 비관적이고 수동적이고 의례적이고 미신적이라는 인상과 싸우고, 불교가 활동적이고 낙관적이며 과학적인 것으로 고취하면서 근대 시대의 도전들에 완벽하게 적합한 종교로 불교를 묘사했다. 다르마팔라는 서구 오리엔탈리스트 학자들이 제시한 불교에 대한 문헌학적 재구성과, 후기 빅토리아 문화에 불교가 호소력을 갖게 하려 했던 서양인들의 불교에 대한 긍정적인 묘사를 주로 받아들였다. 다르마팔라는 이타적 사회봉사뿐만 아니라 개인과 자기 구원에 초점을 맞춘 합리적 불교를 제시했다. 다르마팔라는 당대의 살아있는 불교가 붓다 자신의 순수하고 과학적이며 합리적인 가르침에서 멀어져 부패하고 타락했다는 오리엔탈리스트 학자들 사이에서 흔히 공유되던 관점을 받아들였다. 다르마팔라는 불교의 명상적·윤리적 요소들을 강조했으며, 미신적이거나 의례적인 것으로 해석될 수 있는 많은 실천들을 비판했다. 이러한 실천들에 대한 대안으로서 다르마팔라는 농민들의 일상적 행동들을 개혁하기 위해 빅토리아 시대의 도덕과 예절을 불교 교단의 행동 강령 양식으로 성문화하려고 시도했다(Gombrich and Obeyesekere 1988: 212-15). 다르마팔라는 붓다를 브라만 사제와 브라만 의식의 권위에 대항하는 반항자로 묘사하면서, 붓다는 '민주적'이라고 주장하며 개인과 진리 사이에 중개자가 없다고 보았다. 따라서 불교에 대한 다르마팔라의 재현은 기독교와 서양에 대해 극히 비판적이긴 했지만, 개신교, 계몽적 합리주의, 빅토리아 시대의 문화 형태들로부터 깊은 영향을 받았다. 이러한 영향은 다르마팔라의 저작들에서 대체로 가려져 있다. 그는 어디에서도 서양의 영향을 인정하지 않았고, 아마 그 자신도 서양의 영향이 어느 정도였는지를 알지 못했을 것이다. 이러한 주제는 항상 '순수한 불교'로 제시되었다.

다르마팔라의 불교는 빅토리아 시대의 자유주의적 감성과 너무나 잘 공명했기 때문에, 그는 불교를 적들에 대항하는 무기뿐만 아니라 자연적 우군들(natural allies)〔역주: 다르마팔라와 유사한 사상을 지닌 사람들을 의미한다.〕과 조화를 이루기 위한 강력한 수사적 도구로도 사용할 수 있었다. 다르마팔라가 서구 청중들에게 합리적이고 과학적인 불교를 제시한 것은 역방향 오리엔탈리즘이었다. 시거는 제임스 케텔라르(James E. Ketelaar)를 따라 이를 '전략적 옥시덴탈리즘(strategic occidentalism)'이라고 부르는데, 이는 '서양의 주장들을 약화하고, 아시아의 독립을 주장하고, 부상하는 세계 사회에서의 역할을 협상하는 데 사용하기 위해 서구의 사상, 기술, 비판을 선택적으로 그리고 종종 정치적으로 활용하는 것'이었다(Ketelaar 1991; Seager 1995: 96). 특히 서양 청중을 대상으로 할 때 다르마팔라의 불교 표현은 청중과 독자의 정서를 반영하여 세심하게 조정되는 경우가 많았다. 예컨대, 세계종교의회 참석차 미국에 있을 동안 뉴욕에서 행한 강연에서는 자유주의적인 중산층 개신교인들이 가톨릭, 의례, 미신, 어쩌면 유대인과 아랍인에까지 지녔을 편견을 이용하면서 그들의 진보적인 빅토리아 시대 감수성에 강하게 호소했다.

> 기독교 국가에서는 과학자들이 과학적 방법으로 대중을 향상하기 위해 노력하고 있는데도, 아시아로 파견되는 선교사들은 과학 지식이 전혀 부족하며, 아라비아 시골에 기원을 둔 가나안과 갈릴리의 신화만을 전할 뿐이다. … 내가 여러분에게 전하는 붓다의 메시지는 신학, 사제, 의례, 의식, 교리, 천국, 지옥, 기타 신학적 암호문으로부터 자유롭다. 붓다는 2,500년 전 인도의 문명화된 아리아인들에게 최고의 개인주의적 이타 윤리, 심리적 신비주의에 기초한 삶의 철학, 그리고 지질학, 천문학, 방사능, 실재와 조화를 이루는 우주론을 포함하는 과학적 종교를 가르쳤다(1965: 25, 27).

싱할라 불교에 대해 조금만 알아도, 불교가 의례, 사제, 제식, 천국과 지옥으로부터 자유롭다는 묘사가 사실과 다르다는 것을 쉽게 알 수 있다. 그럼에도 불구하고 초기 옹호자들은 이러한 주장을 자주 반복했으며, 그 여운은 오늘날까지도 이어지고 있다. 놀랍게도 다르마팔라는 미국 사회의 균열을 분명히 인식하고, 진보주의적인 이상을 구현하는 교육받은 자유주의자들과 협력하여, 서구 정부의 정치적 도구로 여겨지는 복음주의적이고 선교 지향적인 기독교인들과 대립했다. 다르마팔라는 이러한 선교사들과 그들이 스리랑카에서 벌이는 활동을 격렬히 비판했다. 다르마팔라는 이들의 행동이 자신들의 기독교가 '정치, 무역 그리고 제국주의적 팽창'이라는 세 가지 동기와 '성경, 위스키와 총알'이라는 무기를 가진 '정치적 위장'임을 드러냈다고 주장했다(1965: 439). 다르마팔라는 놀라울 정도로 선견지명이 담긴 한 구절에서, 미국은 아시아에 선교사 대신 과학자들을 보내야 한다고 제안하기도 했다.

> 비과학적인 근본주의 교리를 설교하는 선교사를 인도와 불교 국가들에 보내는 대신, 나는 방사능에 필요한 지식을 제공하고 젊은이들에게 기술 산업을 가르칠 수 있는 과학적인 선교사를 보낼 것을 제안하고 싶다. 과학에서 나온 순수한 지식을 전하는 것이 중세 시대의 얼빠진 성직자들 머릿속에서 나온 낡은 신학적 교리를 전하는 것보다 더 가치 있는 일이다(29).

다른 곳에서 그는 기독교가 유럽 국가들의 발전에 해로웠으며, 이들 국가가 "물리학의 빛이 밝아오기 시작할 때까지 어둠 속에서 웅크리고 있었다."라고 주장했다(440). 따라서 '문명'의 진화에 대한 서구의 서사는 완전히 뒤집어졌다. 고대 인도인들은 과학적인 종교를 가진 반면, 유럽은 계몽주의 시대까지 무지에 빠져 있었다. 분명히 다르마팔라는 19세기 후반 미국의 근대주의 기독교인들과 회의론자들의 수사학에 호소하고 이를 수용했다. 그들은 복음주의 기독교, 선교 활동, 그리고 과학적 조사를 견딜 수 없다고 믿었던 신학과 갈등을 겪고 있었다.

다르마팔라가 과학 불교의 담론에 기여한 바는 그의 모국과 해외에서 불교가 겪고 있던 정당성의 위기와 밀접한 관련이 있다. 비록 다르마팔라의 프로젝트가 과학, 민주주의, 개인주의, 계몽주의라는 서구적 개념들에 크게 영향을 받았지만, 그는 여전히 독특한 불교적 세계관에 충실했다. 다르마팔라에게 있어 불교는 이러한 서구 사상들을 포괄하는 것이었다. 즉, 이 사상들은 이미 수 세기 전부터 그러한 사상들을 예견했던 다르마 속에 자연스럽게 자리 잡고 있었다.

올콧의 신지학 불교와 오컬트학

아시아 개혁가들이 과학 불교의 담론을 발전시킨 것은 식민주의, 인종차별의 재현, 선교 활동이 초래한 사기 저하에 대한 대응이었다. 하지만 그런 수사학을 구사하는 중요한 서구 해석가 중에는 다소 다른 이해관계를 가진 사람들도 있었다. 각 진영은 각자의 문화적 맥락에서 발생한 위기에 대응하기 위해 과학적·합리주의적 용어로 불교를 해석했다. 하지만 이러한 대응들은 서로 떨어져 있지 않았다. 다르마팔라와 헨리 스틸 올콧, 신지학 운동과의 관계는 다르마팔라가 과학과 이성을 강조하는 데 깊은 영향을 미쳤으며, 폴 카루스는 다르마팔라를 여러 차례 미국으로 초청했다. 불교와 과학의 관계에 대한 올콧과 카루스의 접근 방식은 매우 유사했지만, 그들의 일반 철학은 판이했다. 즉, 올콧의 접근 방식은 비교祕敎적이었고, 카루스의 접근 방식은 더 합리주의적이고 실증주의적이었다.

헬레나 블라바츠키(Helena P. Blavatsky)와 함께 신지학 운동의 창시자인 올콧은 모든 면에서 공식적으로 불교도가 된 최초의 미국인이었다. 올콧과 다르마팔라는 스리랑카에서 불교를 개혁하고 세계적인 불교 네트워크를 구축하기 위해 한동안 힘을 합쳤다. 신지학은 초자연적 현상들을 조사하고, 영매靈媒를 통해 죽은 자와 접촉하고, 인간과 영계 사이의 간격을 좁히려는 심령술 운동에서 발전했다. 심령술사들은 비록 '오컬트학(occult science)'이기는 하지만 심령술 운동을 자신들의 가설을 증명하기 위해 실증적 연구와 합리적 논거를 사용하는 근본적인 과학적 노력이라고 생각했다. 올콧과 블라바츠키는 마법과 신비에 대한 독일 낭만주의자들의 동경과 영적인 모든 것이 인도에서 기원했다는 슐레겔과 헤르더의 생각을 활용하였다. 블라바츠키는 고대 지혜 전통을 여전히 간직한 티베트의 영적 스승 그룹인 '마하트마(mahātmā)'와 텔레파시로 소통하고 있다고 주장하면서, 신비로운 동양에 대한 낭만주의적 이미지와 당시 유행하던 심령술을 과학적 혹은 준과학적 개념들을 가미하여 결합했다. 다르마팔라처럼 신지학자들도 영적 진화론을 장려하기 위해 다윈 이론을 자유롭게 사용했으며, 아시아 전통들이 이러한 진화론을 장려하기 위한 내면의 경험 과학을 발전시켰다고 제안한 최초의 사람 중 하나였다.

신지학회(Theosophical Society)는 모든 종교의 이면에 숨겨진 진리를 찾으려는 항존주의적 태도를 명백히 취했다. 이 운동의 기본 전제 중 하나는 세계 종교의 다양성 아래에는 눈에 보이는 종교들의 원천인 원시 비교祕教 전통이 존재한다는 것이다. 올콧과 블라바츠키는 불교가 그러한 가장 대표적인 종교라고 믿었다. 블라바츠키는 불교가 "다른 어떤 교회나 종교의 가르침보다 비교할 수 없을 정도로 높고 고상하고 철학적이고 과학적이다."라고 말했다(Batchelor 1994: 269에서 인용). 이 견해는 오리엔탈리스트 학문, 특히 리스 데이비스와 그의 빨리 텍스트 번역이라는 선구적인 업적으로부터 깊은 영향을 받았다. 오리엔탈리스트들과 마찬가지로 올콧과 블라바츠키는 살아 있는 불교 전통들에 거의 관심을 기울이지 않았으며, 오히려 그 전통들의 타락을 선언하고 개혁을 시도하였다. 올콧은 자신의 저술에서 '참된 불교'와 타락한 것으로 추정되는 대중들의 불교를 구분하려고 주의를 기울였다.

올콧은 스리랑카에서 오래 머물면서 불교의 재현을 주도하였다. 또한 다르마에 대한 자신의 비전을 서양뿐만 아니라 싱할라인들, 전 세계 불교도들에게 널리 알리기 위해 많은 노력을 기울였다. 이 시도의 가장 영향력 있고 지속적인 유산은 올콧의 『불교 교리문답(Buddhist Catechism)』(1881)인데, 이는 질문과 답변 형식으로 근본적인 불교 신앙을 집대성하려 한 책이다. 이 책은 다섯 부분으로 구성되어 있다. 처음 세 부분은 붓다, 다르마, 승가에 관한 것이다. 마지막 두 부분에는 '불교의 확산'과 '불교와 과학'이라는 제목이 붙었다. 가톨릭과 개신교 교리문답의 모델에 따라 올콧은 불교 전통의 가장 중요한 교리들을 추출하여 명확하고 간단하게 설명하려고 했다. 올콧의 목표는 '참된' 가르침(정의상 신지학을 통해 매개된 근대의 '과학적' 세계관과 일치한다고 그가 간주한 가르침)을 축적된 문화적 짐이라고 생각하는 것의 무게로부터 분리해 내는 것이었다. 『불교 교리문답』은 엄청난 인기를 얻었고, 다르마팔라가 활력을 일으킨 스리랑카 불교를 정의하는 데 도움이 되었다. 이 책은 오늘날에도 여전히 스리랑카의 여러 학교에서 사용된다.

『불교 교리문답』의 불교와 과학에 관한 장章은 아마도 둘 사이의 명확한 상관관계를 밝히려는 최초의 시도였을 것이다. 『불교 교리문답』의 불교와 과학에 대한 견해는 매우 독특하다. 19세기 후반에 점점 두드러지던 실증주의와는 달리, 올콧의 이론은 '오컬트학'이었다. 이 장의 초반부에서 올콧은 "우리(불교도들)는 기적을 믿지 않는다."라고 천명한다. 그런 다음 꽤 많은 페이지에 걸쳐 붓다에게서 발산되는 광배(光背, buddharansi)(1881〔1947〕: 115)와 불교 문학에서 표준적으로 등장하는 기타 초자연적 현상들에 대한 예술적 묘사와 문헌적 설명을 논한다. 올콧은 붓다의 광배가 인간의 아우라(aura)로, 사진으로 촬영되었고 '신중하게 수행된 실험을 통해' 과학적으로 그 존재가 입증되었다고 주장했다(114). 올콧은 이 아우라는 기적이 아닌 자연현상이며, 모든 인간뿐만 아니라 동물, 나무, 식물, 돌까지도 가지고 있다는 것이 증명되었다고 주장했다(115). 올콧은 인간의 아우라를, 불교 문헌 전반에 걸쳐 명상을 통해 개발되거나 명상의 부산물로 여겨지는 초자연적인 현상들을 가리키는 용어인 신통(iddhi, Skt. ṛddhi)의 한 예로 소개한다. 불교와 다른 고대 남아시아 문헌에서 흔히 등장하는 신통 중 하나는 자신이나 타인, 또는 어떤 사물의 복제인 의생신(意生身, mano-māya-kāya)을 만드는 능력이다.[1] 올콧은 출라판타까(Chullapanthaka)〔역주: 빨리어 이름은 Cūlapanthaka이다.〕의 이야기를 언급하며, 그것이 최면술에 익숙한 사람들에게 잘 알려진 '과학

---

1 고전 문헌에서 그러한 현상에 대한 가장 광범위한 설명은 붓다고사(Buddhaghosa)의 『위숫디막가(Visuddhimagga)』(2003)에서 찾을 수 있다.

분파'의 한 요소인 최면 암시의 예라고 주장한다. 자기 몸을 3백 개의 동일한 몸으로 보이게 하는 이야기 속의 비구는 자기 정신력을 사용하여 보는 사람의 마음에 이미지를 각인시켰을 뿐 실제로 자신을 위해 다른 육체를 만든 것이 아니라고 그는 주장한다(115-18). 또 다른 구절에서 올콧은 질문자에게 인간이 실제로 '기적'이라고 일반적으로 불리는 현상들을 만들 수 있는 잠재된 능력을 지니지만, 이러한 능력은 '초자연적이지 않고 자연적'이라고 말한다(1881〔1947〕: 119-20). 그런 다음 올콧은 다양한 종류의 '오컬트적인 힘(occult powers)'과 그것을 개발할 방법을 설명한다(120-21). 그는 시종일관 조심스럽게 과학적 수사를 유지한다.

> 문: 우리 경들 속에는 아라한이 일으킨〔기적〕 현상들의 수많은 사례가 나와 있다. 이 기능 또는 힘의 이름을 그대는 무엇이라고 말했는가?
>
> 답: 이디 위다(iddhi-vidha)라고 말했다. 이것을 소유한 사람은 자연의 힘을 조작함으로써 많은 놀라운 현상들을 만들어낼 수 있다. 즉, 자신이 선택한 어떤 과학적 실험도 할 수 있다(123-24).

그러므로 기적에 관한 『불교 교리문답』에는 이중적인 수사법이 존재한다.

올콧의 불교 해석은 그의 신지학적 세계관뿐만 아니라, 투시, 신앙치료, 그리고 신비로운 마하트마(mahātmā) 및 죽은 자들과의 소통의 존재와 가치를 긍정하는 미국의 대안 영성(alternative spiritualities)의 오랜 전통으로부터도 큰 영향을 받았다. 스리랑카에서 가톨릭의 인기가 높아지고, 특히 수많은 치유가 이루어졌다는 한 가톨릭 성지가 인기를 끌자, 올콧은 섬 전역을 순회하는 불교 신앙 치유 여행을 직접 진행하기까지 했다. 올콧은 일찍이 수련한 최면술을 활용하여 붓다의 가피加被라고 자신이 공표한 수많은 치유를 수행한 것으로 알려져 있다. 이는 물론 스리랑카의 가톨릭 치유 성지만이 마을에서 유일한 치유의 장소가 아니라는 점을 보여주고, 싱할라인들의 개종을 막기 위함이었을 것이다. 하지만 올콧은 사적인 자리에서 자신의 치유 행위가 '기적의' 특성을 가진다는 점을 거부했다. 그는 철저히 생리학적 설명을 고수하면서, 그러한 치유 행위가 자신과 환자 사이를 오가는 '신경 아우라(nerve-aura)'에 의해 가능하다고 설명했는데, 이는 환자의 '최면 유체'가 자신의 '최면 유체'와 '교감'하는 현상이라는 것이다(Prothero 1996: 108).

비록 『불교 교리문답』이 오컬트학에 광범위하게 의존하고 있지만, 올콧은 또한 불교를 옹호하기 위해 주류 과학의 핵심 내용 중 일부를 활용한다. 그는 기독교에 반대하는 과학적 합리주의 편에 서서 '무로부터의 창조'를 부정하면서, 이것이 아마도 앞서 인용한 구절에서 '자연 힘의 조작'이라기보다는 자연법칙의 폐기라는 의미에서 기적일 것이라고 주장한다. 불교는 또한 과학과 마찬가지로 '힘의 불멸성'과 인과관계의 일관된 작동을 긍정한다(1881[1947]: 119). 다르마팔라와 마찬가지로 올콧도 자기 봉사에 진화론을 적용했다. 그는 "불교에 따르면, 모든 것은 유동적이며 변화와 혁신을 거치며 진화의 법칙에 따라 연속성을 유지한다."라고 주장한다(110). 올콧은 또한 붓다가 "인류의 조상이 많았다."라고 가르쳤고, 진화론이 불교 업의 교리를 입증한다고 주장한다. "근대과학자들은 모든 세대의 인간이 이전 세대의 선과 악의 결과를 집단적이 아니라 개별적으로 물려받는다고 가르친다. 우리는 모두 … 이전 생에서 자신이 만들어낸 원인에 따라 그에 상응하는 탄생을 한다. 이것이 업의 개념이다."(118) 과학과 불교 사이의 이러한 유사점에 기초하여 올콧은 불교가 '계시 종교'가 아니라 '과학적 종교'라고 주장하며, 분명히 후자에 더 신뢰를 부여한다(109).

올콧은 '자기 수양', '보편적 사랑', '정의'라는 용어로 불교의 본질을 요약한다. 왜냐하면 업을 통해 모든 사람은 자기 행동이 좋든 나쁘든 그에 대한 보상을 틀림없이 받게 되기 때문이다(1881[1947]: 53-54). 올콧은 또한 불교가 '성상 숭배'와 '의례와 기타 외부적 관행들'의 준수를 반대한다고 주장하는 데 열성을 다했다(55-8). 게다가 부적, 주문, 길吉한 시간의 준수, 악마의 춤은 모두 불교의 기본 원칙들에 분명히 부합되지 않으며(58), 당대 불교도들 사이에서 발견되는 그러한 관습들은 다르마의 쇠퇴와 부패 때문이라고 주장한다. 올콧은 또한 불교가 자유주의적 근대주의자들 사이에서 높이 평가되는 사회적 미덕을 완벽하게 구현한다고 주장한다. 즉, 여성은 '남성과 완전히 평등한 기반'에 있으며, 붓다는 카스트 불평등을 철저히 거부한 사회 개혁가였다는 것이다(71-72). 게다가 불교는 실험적이고 실용적인 태도를 보이며, 경험적 증거와 자율적 이성을 기반으로 한다. 이는 올콧이 종종 경멸했던 전통 기독교와 암묵적이지만 분명한 대조를 이룬다. "책에 기록된 것이든, 조상에게서 전해진 것이든, 현자들이 가르친 것이든,

어떤 것도 믿음으로 받아들이지 말라고 간절히 명한다."(62) 그는 아마도 「깔라마 숫따」를 언급하면서, 불교도는 글이나 교리나 말이 우리 자신의 이성과 마음에 의해 입증될 때만 믿어야 한다고 주장한다(63).

올콧의 불교 근대주의 계열은 3장에서 논의한 근대성의 세 가지 담론과 관련하여 불교의 위상을 잘 보여준다. 올콧은 정통 기독교에 대한 암묵적인 비판에서 불교와 과학적 합리주의를 서로 제휴시켰지만, 19세기 낭만주의와 초월주의의 영향을 받은 '오컬트학'에 기초하여 추론함으로써 기존 과학의 교리를 훨씬 넘어섰다.

카루스: 불교와 과학의 종교

아마도 과학을 통해 불교를 해석하려고 시도한 가장 중요한 서양인은 폴 카루스(Paul Carus)일 것이다. 미국에 정착한 독일계 이민자인 카루스는 『공개 법정(Open Court)』과 『일원론자(Monist)』라는 정기 간행물을 편집했으며 칸트(Kant), 스펜서(Spencer), 괴테(Goethe), 기독교, 과학, 수학을 포함한 다양한 주제에 대해 70권 이상의 책과 수많은 기사를 저술했다. 올콧은 세계종교의회의 참가자였다. 본래 불교학자는 아닌 카루스는 올콧처럼 오리엔탈리스트 학자 덕택에 불교를 이해할 수 있었다. 카루스가 여기서 중요한 이유는 대중들을 향해 불교가 확실히 합리적이고 과학적이라는 그의 설명이 올콧의 불교처럼 자유주의적인 개신교와 계몽주의 철학의 광범위한 주제들을 반영했지만, 과학에 대해서만큼은 오컬트적인 이해보다는 주류적인 이해에 훨씬 더 집중했기 때문이었다.

카루스의 종교적 배경은 불교에 대한 그의 태도를 이해하는 데 중요한 역할을 한다. 카루스는 독실한 보수 기독교인으로 성장했지만, 신앙의 위기를 겪으며 초기 세계관이 산산이 무너졌다. 세계종교의회에서 카루스가 행한 연설은 기독교에 대한 의심이 점점 커지면서 자신이 저주받았다고 믿었던 트라우마를 통렬하게 드러낸다. 그는 청중들에게 자신이 "종교적 보수주의의 오용으로 고통을 겪었다. … 독실한 신자로서 마음속으로 모든 무신앙의 저주를 경험했고, 타오르는 저주의 불꽃을 느꼈다."라고 선언하였다(1916: 34). 카루스의 강연 후반부에 나오는 복음주의 기독교에 대한 비판은 그가 신앙을 상실한 원인을 암시한다.

> 그러한 종교를 설파하는 당신은 독실하고 신을 사랑하는 영혼이 자신의 종교적 신념이 거짓이라는 풍부한 과학적 증거들에 직면했을 때 겪는 고통을 헤아릴 수 있는가? … 신앙과 과학적 통찰 사이의 갈등으로 영혼이 왜곡될 때마다, 결국에는 과학적 통찰력이 항상 승리할 것이다. 그리고 우리의 가장 고귀한 희망들이 얼마나 처참히 무너지는지! 최고의 이상은 환상이 되어 버리고, 삶의 목적은 사라지며, 황량함이 지배하게 된다(34-35).

하지만 카루스는 이러한 황량함 속에서도 새로운 '정화된' 기독교가 세워질 수 있다고 믿게 되었다. 실제로 카루스는 상실한 신앙의 파편들로부터 새로운 신앙을 세웠는데, 그 초석은 바로 낡은 신앙을 파괴한 과학이었다. 카루스는 자신의 경험이 종교 자체의 진화를 반영하며, 이성과 과학의 빛으로 종교의 '불순물'을 제거하여 오직 금만을 남겨야 한다고 믿었다. 이러한 제련 과정에서 수반되는 절망은, 종교적 진화의 더 높은 단계의 영광과 웅장함을 이해하고 감상하는 법을 배우기 위해 반드시 필요했다(1916: 36). 이 더 높은 단계는 과학적 세계관의 부상으로 예고되며, 카루스의 새로운 신앙은 과학을 새로운 계시와 다름없는 것으로 신성화하였다. "무릇 미래의 종교란 과학의 원칙과 양립할 수 없어서 과학자가 등을 돌려야 하는 신조일 수 없다. 종교는 과학과 완벽하게 조화를 이루어야 한다. … 과학은 신성하며, 과학의 진리는 신의 계시이다. 신은 과학을 통해 우리에게 말씀하시고, 과학을 통해 자신 업적의 영광을 보여주시며, 과학을 통해 자신의 의지를 우리에게 가르치신다."(20) 카루스는 과학이 종교적 계시라고 주장하며 종교인들이 과학에 반감을 갖는 것을 '심각한 잘못', '도덕적 오류'이며, 사실은 그 자체가 '비종교적'이라고 비판했다(34).

카루스는 기독교를 완전히 떠나는 것에 만족하지 않았고, 그 대신 독단적이고 신화적인 요소를 제거하면서도 기독교의 본질적인 진리들을 유지할 수 있다고 믿게 되었다. 카루스는 자신의 새로운 신앙이 아직 완전히 형성되지는 않은 종교에 있으며, 그 종교는 과학의 부상과 세계 종교들 간의 접촉 증가를 통해서 점차 모습을 드러내고 있다고 생각했다. 이러한 역사적 상황에서 발전하고 있는 것은 '단순하고 입증할 수 있는 진리에 기초한 과학과 결코 충돌할 수 없는 종교'이며 '모든 종교의 목표이자 목적'이라고 그는 주장했다(1892: vi-vii). 카루스는 그러한 종교를 과학의 종교라고 불렀다.

카루스는 세계종교의회에서 불교를 처음 만났으며, 특히 다르마팔라와 소엔의 강연에 깊은 감명을 받았다. 앞서 말한 대로, 이들의 강연은 이미 근대화된 불교를 반영하고 있었다. 진화, 원인과 결과, 자연법칙, 경험적 지식을 불교의 본질로 제시하는 이들의 강연을 듣고서, 카루스는 모든 전통적이고 역사적인 종교 중에서 불교가 과학의 종교를 가장 잘 대표함을 발견하였다고 확신했다. 카루스는 이후 몇 년 동안 아시아 종교들을 열심히 공부했고 곧 미국에서 가장 열렬한 불교의 지시사가 되었다. 두 개의 저널과 오픈 코트 출판사(Open Court Publishing Company)의 편집자 역할을 통해 카루스는 불교에 관한 책과 기사를 다양한 청중들에게 배포할 수 있었다. 비록 카루스의 저작에는 과학과 불교 사이의 명시적인 연관성은 부족했지만, 그는 계몽적 합리주의와 19세기 후반 과학의 많은 필수 요소를 담고 있는 종교로 불교의 넓은 윤곽을 제시했다. 업(業, karma)은 윤리적 영역으로 번역된 자연법칙이었다. 재생은 종種이 스스로 다른 종들로 변형되는 다윈의 이해를 예상했다. 불교 텍스트의 마음에 대한 상세한 분석은 근대 심리학과 근본적으로 일치했다. "자신에게 등불이 되어라.", "맹목적으로 믿지 말고 붓다의 말씀을 체험적으로 검증해 보라."라는 붓다의 당부들 속에는 과학 정신의 정수가 담겨 있었다.

카루스의 가장 영향력 있는 저서인 『불교의 복음(The Gospel of Buddhism)』은 불교 성전에서 발췌한 내용을 기독교 복음서의 장과 절의 배열과 유사하게 편집한 것이다. 일부 학자들의 혹평에도 불구하고, 책은 상당한 인기를 끌었고 많은 언어로 번역되었다. 올콧의 『불교 교리문답』처럼, 카루스의 『불교의 복음』은 아시아 불교도들에게 불교를 다시 소개하는 데 사용되었다. 소엔은 그 책이 도쿄 제국대학帝國大學에서 사용되었다고 보고했고, 다르마팔라는 스리랑카에서 그 책을 널리 홍보했으며, 일본 정토종의 어떤 종파는 승려 교육에 사용했다(Sharf 1995b: 12). 카루스의 『불교의 복음』은 당시 구할 수 있었던 불교 텍스트의 번역본을 사용했지만, 그는 때때로 내용을 '근대화'하였음을 인정했으며, 「(불교의) 주요 원리들에 대한 해설」이라고 이름 지은 6개의 장을 임의로 추가했다. 이 6개의 장은 과학 종교와 조화를 이루는 것처럼 보이는 한 '주요'한 것으로 여겨졌다(1915: vi).

카루스는 자신이 불교의 특정 측면들을 부각하고 다른 측면들은 무시하고 있다는 사실을 거의 숨기려고 하지 않았다. 근대 세계에 의미가 있는 불교의 본질은 기독교의 본질과 마찬가지로, 오늘날 과학적 세계관에 부합하는 것으로 해석될 수 있는 모든 것이었다. 카루스는 일부 초자연적인 요소들이 도덕적으로 중요하거나 초기 제자들의 숭고한 경외심을 증언하고 그들의 종교적 열정을 반영한다고 생각하여 텍스트의 초자연적인 요소들을 모두 삭제하지는 않았다. 그럼에도 불구하고 그는 다음과 같이 말했다. "가장 불가사의한 일을 즐겨 늘어놓는 경이로움의 과잉을 다듬어냈다. 이는 겉보기에는 감명을 주기 위해 꾸며졌으나 실제로는 피로만 줄 뿐이다."(1915: viii) 카루스가 포함하기로 선택한 텍스트, 요약문, 발췌문은 붓다의 삶에서 나온 비유와 이야기뿐만 아니라 빨리 성전의 많은 윤리적·교리적 가르침들이었다. 카루스는 불교의 정수가 기독교의 정수와 기본적으로 같다는 점을 보여주기 위해 자신의 불교 복음과 기독교 복음의 구절을 서로 비교하는 부록도 삽입하였다. 이러한 유사점은 불교와 기독교 모두의 본질적인 진리가 아직 세상에 나타나지 않은 보편적 종교로 향하고 있음을 입증하는 또 다른 목적을 수행했다. 그의 프로그램은 서론의 다음 구절에서 분명히 드러난다.

> 기독교의 모든 본질적인 도덕적 진리들, 특히 보편적 사랑과 증오의 제거라는 원리는, 우리가 보기에 사물의 본성에 깊이 뿌리를 두고 있으며, 흔히 생각하듯이 세계의 우주적 질서와 모순되지 않는다. 더 나아가, 존재 구성에 관한 몇몇 교리들은 교회에 의해 특정 상징들로 공식화되었는데, 이러한 상징들이 모순을 내포하고 과학과 충돌하기 때문에 식자층은 종교로부터 멀어지게 되었다. 한편, 불교는 초자연적 계시를 알지 못하는 종교이며, '와서 보라.'는 것 외에 다른 주장이 필요하지 않은 교리를 선포한다. 붓다는 자신의 종교를 사물의 본질에 대한 인간의 지식과 증명할 수 있는 진리에만 기초를 두고 있다. 따라서 우리는 기독교와 불교를 비교하는 것이 두 종교 모두에서 본질적인 것과 우연적인 것, 영원한 형태와 일시적 형태, 그리고 진리와 그것이 상징적으로 표현된 우화 사이를 구별해 내는 데 큰 도움이 될 것이라고 믿는다. 우리는 상징과 그 의미, 독단적 교리와 종교, 형이상학적 이론과 사실의 진술, 인간이 만든 공식과 영원한 진리를 구별할 필요성을 강조하고 싶다. 바로 이러한 정신으로 우리는 이 책을 대중에게 바치며, 이것이 기독교뿐만 아니라 불교에서도 진리라는 우주적 종교가 발전하는 데 도움이 되기를 간절히 바란다(1915: xiii).

이 구절에는 카루스가 불교를 과학적 근대주의의 종교로 번역하는 데 필요한 많은 기본 요소가 포함되어 있다. 그 구절은 사물의 기본 질서, 즉 카루스의 표현대로 '세계의 우주 질서' 또는 '존재의 구성'에 대한 과학적 개념에 대한 언급으로 시작된다. 오늘날 과학이 이러한 기본 질서를 밝혀냈으며, 발견할 수 있고 증명할 수 있으며 부인할 수 없는 진실인 과학적으로 인식 가능한 사실들의 기반이 존재한다는 것은 당연하게 받아들여지고 있다. 카루스는 다른 곳에서 과학적 진실은 부정할 수 없는 증거나 실험으로 입증되고, 정확하고 분명한 용어로 공식화된 진술이라고 주장한다(1916: 28). 그에게 있어 "과학은 엄격하고 불변하는 것이며, 발명될 수 있는 것이 아니라 발견되어야 하는 계시이다."(46-7) 카루스는 과학적 진리와 종교적 진리가 본질적으로 동일하다고 종종 주장한다. 이는 진리는 관념과 실재의 일치이며, 과학적이든 종교적이든 진리는 하나라는 의미이다. 종교가 진리를 주장한다면 그 진리도 과학적이어야 한다. 카루스에게 진리에 대한 다른 정의는 있을 수 없었다. 게다가 19세기 후반에 흔히 그랬듯이, 그는 과학을 인류 전체의 진보와 불가분하게 연결된 것으로 이해했다. 카루스의 표현을 빌리자면, 과학은 '우리 문명을 더 높은 수준으로 끌어올릴 것'이었다(79).

카루스는 또한 『불교의 복음』의 앞서 말한 구절에서 지식인의 영적 위기(그리고 의심할 여지 없이 그 자신의 영적 위기)와 과학이 드러낸 사물들의 질서와 세계 종교들의 시대에 뒤떨어진 교리와 이야기 사이의 괴리 문제를 언급한다. 카루스는 상징주의, 우화, 신화의 개념들을 사용하여 이러한 괴리를 해결한다. 이러한 개념들은 그의 어휘에서 문자 그대로가 아닌 이야기나 개념에 불과하지만, 윤리적 의미를 담고 있거나 문자적 진리들을 간접적으로 암시하는 것으로 사용된다. 과학적 세계관과 양립할 수 없는 개념들을 문자대로가 아닌 상징적인 의미로 재구성하는 것은 근대화하는 종교 개혁자들의 아주 일반적인 도구였으며, 지금도 그렇다. 지배적 담론(이 경우에는 과학적 담론)에 명백히 반대되는 어떤 전통의 모든 담론은 문자대로가 아니고 우화적이며 상징적인 것으로 해석된다. 불교의 경우, 기적 이야기와 과학 이전의 우주론은 실제 사건이나 세상에 대한 존재론적 사실을 설명하는 인지적 진술의 영역에서 지워지고, 과학적 세계관 내에서 존재할 수 있는 윤리적·우화적 이야기의 영역으로 번역되거나, 아예 '감동을 주기 위해 꾸며진 … 경이로움의 과잉'으로 간주되어 폐기된다. 반세기 뒤에 불트만이 기독교를 탈신화화한 것처럼, 카루스도 과학적으로 받아들일 수 없는 불교의 내용을 신화적이고 상징적인 것으로 해석함으로써, 불교가 근대 시기에 자리 잡을 수 있도록 시도했다. 사실 카루스는 그러한 것들을 문자 그대로 이해하는 것은 비종교적이며 일종의 '이교주의(異教主義, paganism)'라고 주장했다. "상징적으로 표현된 종교적 진리를 신화라고 하는데, 자기 종교의 신화를 의미가 담긴 비유가 아닌 진리 그 자체로 받아들이는 사람은 이교도이다. 이제 우리는 진정한 과학과 진정한 종교 사이에는 어떠한 충돌도 있을 수 없다고 감히 말한다. 충돌되게 보이는 것은 과학과 이교주의 간의 갈등이다."(1916: 38)

일단 과학이 받아들일 수 없는 것으로 간주되는 자료가 상징의 영역으로 옮겨져서 효과적으로 무력화되면, 한 전통의 '본질'은 '우연으로부터 … 영원한 것은 일시적인 것으로부터, 진실은 우화로부터' 추출될 수 있다. 불교의 근원적인 진리와 미신적인 문화적 추가 요소들을 구별할 수 있다는 자신감 속에서, 카루스는 불교가 초자연적인 계시를 알지 못하며, '와서 보라' 이외에 다른 논증이 필요 없는 교리를 선포한다고 공표할 수 있었다. 따라서 모든 종교는 상징과 의미, 독단적 교리와 종교, 형이상학적 이론과 사실의 진술, 인간이 만든 공식과 영원한 진리라는 두 개의 별개의 영역으로 나뉜다.

마지막으로 이 구절은 카루스가 『불교의 복음』을 발표할 때의 궁극적인 목적이라고 생각한 것을 드러낸다. 그것은 바로 보편적이고 우주적인 종교의 발전을 촉진하려는 목적이었다. 카루스는 과학과 가장 잘 조화를 이루는 종교적 관점들이 진화적으로 살아남아, 궁극적으로 과학과 종교가 융합하게 될 것이라고 제안했다. "인류는 하나의 도덕적 이상과 하나의 보편적 언어를 갖게 될 것이기 때문에 하나의 종교를 갖게 되어 있으며, 어떤 종교가 결국 보편적으로 받아들여질 것인가에 대한 결정은 우연히 이루어질 수 없다. 과학은 아마도 느리지만 틀림없이 확산될 것이며, 과학적 세계관의 보편적 수용은 신화나 우화가 섞이지 않은 사실의 명백한 진술에 기초한 종교인 진리 종교의 여명을 예고한다."(1897: 10) 당시의 많은 사람들과 마찬가지로 카루스도 다윈 진화론의 개념을 문화 현상들에 다소 무분별하게 적용했으며, 종교도 생물 종처럼 진화한다고 가정했다. 그는 종교가 계속 발전하여 궁극적으로 과학의 종교에 이르거나 시대에 뒤떨어져 사라질 것이라고 보았다. 종교도 동식물처럼 적자생존을 위한 투쟁 속에 있으며, 과학을 거부하는 종교는 "어쩔 수 없이 파멸할 것이며, 그러한 종교는 생존할 수 없어 문명의 진보와 함께 사라질 운명이다."라고 말했다(1916: 39). 결국 카루스는 불교가 과학의 종교로 발전할 가능성이 가장 높은 종교라고 믿게 되었는데, 그의 주장대로 불교는 과학으로 증명될 수 있는 진리 외에 다른 어떤 계시도 인정하지 않는 종교였기 때문이다(1897: 114).

비록 올콧과 카루스의 활동 범위는 서로 겹쳤지만—두 사람 모두 각각 다르마팔라와 샤쿠 소엔의 동료였다— 과학에 대해서만큼은 서로 다른 견해를 갖고 있었다. 비록 불교에 대한 관점은 유사했을지 몰라도 말이다. 사실 카루스는 '비교 불교(esoteric Buddhism)'에 대해 다소 적대적이었다(Tweed 2000[1992]: 60). 그러나 두 사람 모두 사회적 위기에 대해 다양한 방식으로 대응하고 있었다.

과학과 사회적 위기

이들 인물로 대변되는 과학 불교의 담론은 그들의 종교적 맥락뿐만 아니라 각각의 개인적·문화적·정치적 맥락에서도 정당성 위기에 대한 대응의 일부였다. 유럽인과 미국인에게 더 큰 맥락은 당시 널리 퍼진 두 가지 사회 현상, 즉 빅토리아 시대 신앙의 위기와 과학적 담론이라는 거대한 상징 자본의 출현이었다. 카루스가 불교를 받아들이고 과학을 신성화한 것은 자신이 전통적인 기독교 신앙을 잃으면서 경험한 급진적인 아노미(anomie)와 허무주의에 대한 반작용이었다. 카루스의 시대에 불교에 매료된 많은 서양인처럼 그도 정통 기독교 형태가 결점이 많고 무기력하며 과학 이전의 것이라고 보기 시작했다.

카루스는 세계에 대한 과학적 설명이 거부하지 못할 만큼 매력적이라고 생각했지만, 여전히 인류와 우주에 대한 영적인 관점을 갈망했다. 카루스의 신앙의 상실 및 재건 시도는 유별난 게 아니었다. 왜냐하면 많은 문헌이 빅토리아 시대 사람들 사이에서 유사한 신앙의 위기와 종교적 방향감각 상실, 불안정, 의심뿐만 아니라 이에 대응하여 발생한 세속적·종교적·준종교적 삶의 새롭고 회의적인 방식을 반영하기 때문이다. 이러한 현상이 나타난 데에는 여러 가지 이유가 있다(Helmstadter and Lightman 1991 참조). 여기에서 가장 중요한 것은 과거에는 종교를 통해 설명되었던 사안들에 대한 과학적 설명이 점점 더 우세해지고, 대중 언론에서 과학적 사상과 비기독교 전통 사상이 점점 더 널리 퍼지고 있었다는 점이다. 이 위기는 또한 영국과 미국의 종교 부흥 운동과 복음주의 열정의 물결, 그리고 그에 따른 선교 활동의 증가에 대한 반작용이기도 했다(Turner 1991: 9-38).

자신의 신앙 위기에 대한 카루스의 해결책은 이전에 자기 세계에서 의미를 빼앗아 간 바로 그 과학에 가치를 부여하는 것이었다. 카루스가 과학을 절대적 확실성뿐 아니라 인간 문명의 진보로 가는 길로 받아들인 것은 그의 저술 전반에 걸쳐 분명하다.

> 과학의 본질은 증거와 입증의 견고한 토대 위에 의심할 여지 없는 정통성을 확립하려는 노력이라는 점을 명심하라?〔원문 그대로〕(1916: 80).

> 과학은 우리의 삶을 변화시켰고 지금도 변화시키고 있다. 과학은

> 우리의 문명을 더 높은 차원으로 끌어올리고, 발명의 위대한 가능성을 우리에게 깨닫게 해준다. 그 가능성은 마법의 환상이 주는 가장 대담한 약속을 훨씬 능가한다(79).

> 종교의 도덕적 타락에서 벗어나기 위해 우리는 더 이상 과학의 빛을 차단할 수 없다. 우리는 신이 진화의 신이라는 것을 이해해야 하며, 진화는 진보를 의미하고, 진보는 삶의 본질이다(89).

그러한 선언들은 과학의 역할과 가능성에 대한 요즘 이해와 비교하면 극단적으로 보일 수 있지만, 빅토리아 시대 후기에 과학에 대한 광범위한 신뢰를 반영한다. 이 시대의 과학지상주의는 과학이 합리적으로 제기될 수 있는 모든 질문에 대한 확실성을 확립할 수 있는 능력을 갖추었다고 주장했을 뿐만 아니라, 인류의 물질적·윤리적, 그리고 어떤 경우에는 영적 진보까지도 이끌 능력을 지녔다고 주장했다. 과학에 종교적 틀을 부여한 사람은 카루스 혼자만이 아니었다. 진화에 대한 종교적 해석이 필연적인 진보에 대한 낙관적 관점과 결합되고, 종교적 혹은 준종교적 사회 형태와 함께 나타나는 경우가 드물지 않았다. 실증주의 아버지인 아우구스트 콩트(August Compte)는 형이상학이 배제된 실증주의 교회를 세우려 했다. 헨리 워드 비처(Henry Ward Beecher)는 지질학 연구를 통해서 '물질계에서 오랫동안 숨겨진 신의 계시 기록'을 밝혀냈다고 주장했다(Barbour 1997: 67에서 인용). 라이언 애벗(Lyman Abbot)은 과학적인 노력이 '모든 것이 비롯되는 무한하고 영원한 에너지'의 외부적 징후의 역사를 기술한다고 말했다(Barbour 1997: 67에서 인용).

근대주의 개신교에서 비롯된 영성화된 낙관주의와 그 당시의 과학적 확신을 결합한 새로운 과학적 종교성이 출현하고 있었다. 종교를 완전히 거부한 회의론자들의 이야기조차도, 그들의 불신앙이 자신들이 거부한 종교적 삶을 중요한 면에서 반영했음을 시사한다. 여기에는 종종 '반反개종' 서사, 새롭게 다져진 도덕적 의무, 인류 복지에 대한 헌신, 그리고 자신들의 새로운 관점을 전파하려는 일종의 복음적 열망이 포함된다(Turner 1991: 16-17). 토마스 헉슬리(Thomas Huxley)는 과학계를 '교회 과학(Church Scientific)'이라고 묘사했으며, 자칭 '평신도 설교'라는 강연을 통해 과학을 대중화하고, 조직화된 종교를 비판했다(Knight 1986: 3-4). 따라서 카루스가 과학을 신성화한 것은 후기 빅토리아 시대에 깊이 자리 잡고 있던 사상적 경향들을 급진적으로 밀어붙인 결과였다. 불교와 과학을 융합하려는 카루스의 시도는, 이례적이었지만, 빅토리아 시대 신앙의 위기를 경험하고 있던 많은 사람들에게는 더 광범위한 종교 실험의 한 사례였다.

보편구원론

대중 언론을 통해 문화적·종교적 다양성을 점점 더 인식하게 된 영미인들 사이에서, 빅토리아 시대 신앙의 위기에서 중요한 측면 중 하나는 종교적 다원주의와 세계 종교들 간의 상충하는 진리 주장이라는 도전이었다. 비록 당시에 선교 활동이 절정에 달하고 기독교의 전통적 형태들이 번창하고 있었음에도 불구하고, 많은 사람은 세계관의 다양성에 대한 전례 없는 인식으로 발생한 상대화(relativization)라는 커다란 도전에 직면했다. 카루스와 올콧을 포함한 일부 사람들에게, 이 문제에 대한 해결책은 다양한 철학과 종교의 상충하는 주장들이 자기초월(自己超越, self-transcendence)에 의해 조화될 수 있다는 보편주의적 종교 해석에 있었다. '진리보다 높은 종교는 없다.'라는 신지학의 모토는 공통된 항존주의적 주제를 표현했다. 즉, 개별 종교 전통은 어느 역사적 종교도 독점적으로 주장할 수 없는 숨겨진 초월적 진리의 부분적이고 불완전한 반영이라는 것이다. 필자가 제안한 바와 같이, 이러한 사상은 불교와 다른 비서구 전통들이 점차 수용되게 된 데 있어 결정적인 요소였다. 올콧과 카루스는 비록 수정된 형태일지라도 불교가 보편적 진리를 보여주는 최고의 창이라고 믿게 되었지만, 어느 전통도 보편적 진리를 독점적으로 소유하고 있다고 보지는 않았다. 올콧에게 불교는 모든 종교에 영향을 준 원시 비교祕敎 전통을 가장 잘 표현한 것이었다. 비록 올콧은 자신이 불교 신자라고 생각하고 삼보三寶에 귀의했지만,[2] 이 정체성은 신지학이라는 더 보편적인 비전에 대한 그의 충성심 아래에 있었다. 올콧의 불교는 단순히 여러 전통 가운데 한 전통이 아니라, 원초적이고 영원한 전통을 가장 잘 대표하는 전통이었다. "우리의 불교는 대성자 가우따마 붓다(Gautama Buddha)의 불교였으며, 이는 아리안 우빠니샤드(Upanishads)의 지혜 종교(Wisdom Religion)이자 모든 고대 신앙의 영혼이었다."(Olcott 1895-1935〔1974-75〕: 2: 168-69)

---

2 붓다, 다르마, 승가라는 삼보三寶에 귀의하는 것은 자신을 불교도라고 밝히는 가장 일반적인 방법이다.

카루스에게 불교는 과학 종교를 향한 가장 유망한 지표였다. 그것은 올콧의 고대 원시 전통이 아니라, 자연이 더 이상 생존할 수 없는 종種을 도태시키듯이 역사적 종교들에서 진실한 것만 유지하고 나머지는 폐기하는, 새로운 보편적 종교·과학이었다. 카루스의 일차적인 실존적 헌신은 불교 그 자체보다는 과학적 종교라는 이 거대한 서사에 분명히 집중되어 있었다. 불교에 대한 카루스의 열정은 붓다를 '과학 종교의 첫 번째 선지자'로 해석하는 데 있었다(1897: 309). 탈신화화된 기독교와 마찬가지로 불교가 종교적 과학주의라는 총체적 담론에 통합될 수 있다면, 그의 신앙의 위기를 초래했던 차갑고 가혹한 파괴자로서의 과학을 종교적 계시로 재창조하는 데 도움이 될 수 있었다.

역사적 종교를 초월하는 종교적 진리라는 개념에 대한 이러한 헌신은 서구에서 비서구 전통들을 해석하는 데 있어 핵심 주제였다. 빅토리아 시대에 불교를 전적으로 받아들인 유럽인들과 미국인들은 거의 없었다. 불교에 관심을 가진 사람들 대부분은 불교를 더 큰 그림의 매력적인 한 부분으로 보았을 따름이다. 그 당시에도, 그리고 지금도, 많은 서양 불교도와 불교 동조자들의 충성은 불교 그 자체에 있는 것이 아니라, 많은 길 중 하나로서 불교가 도달할 수 있는 진리에 있었다. 예컨대 뗏목의 비유와 방편(方便, upāya)과 같은 불경의 특정 주제들은 그러한 관점에서 쉽게 해석된다. 하지만 불교 사상을 다원주의 문제에 대한 해결책으로 삼는 과정에서, 서구인들은 단순히 불교를 적응시킨 것이 아니라, 유럽 계몽주의의 핵심이자 근대과학적 담론의 탄생에 얽힌 문제들을 심도 있게 탐구한 것에 불과했다. 스티븐 툴민(Stephen Toulmin)은 계몽주의의 초기 시작, 즉 르네 데카르트(René

Descartes)가 진리에 대한 보편적 담론을 세우고 종파적 차이를 넘어서는 확실성을 보장할 방법을 마련하려 했던 시도 자체가 종교적 다원주의의 초기 위기인 30년 전쟁에 뿌리를 두고 있음을 설득력 있게 보여준다. 툴민은 근대성 프로젝트 자체가 르네상스 작가들, 예컨대 몽테뉴(Montaigne)가 모호성과 불확실성을 용인했던 것에 대한 반발, 그리고 이러한 전쟁들을 야기한 것으로 여겨지는 교리적 차이와 다원주의를 극복해야 한다는 절실한 필요성에서 비롯되었다고 주장한다(1990). 이러한 모델에서 진리는 특정한 문화적 맥락, 종교적 입장, 정치적 의제를 초월해야 하며, 보편적 법칙과 윤리적 규범을 확립해야 한다. 카루스의 말을 빌리자면, 보편적 법칙과 윤리적 규범이란 '증거와 입증의 견고한 토대 위에 세워진 의심할 여지 없는 정통성'이다(1916: 80).

그러나 초월적 확실성과 보편적 진리에 대한 열망은 필연적으로 특정한 전통과 문화적 조건에 의해 형성되며, 이러한 겉보기에 보편구원론적인 입장은 처음부터 다원주의적 혼합의 일부였다. 게다가 서구의 사고와 실천에 대한 불만을 드러내고, 자주 이국적인 전통의 지혜에 호소했음에도 불구하고, 그것은 서구 근대성에 뿌리를 둔 입장이었다. 프로테로가 보여주듯이, 올콧이 전통적인 기독교와 아무리 거리를 두었다 해도, 그의 불교는 그 깊은 구조에서 여전히 개신교적 성격을 내포하고 있었다(Prothero 1996: 7-9, 176-77). 올콧과 카루스는 이성, 과학적·사회적 진보, 낙관주의, 행동주의를 주제로 한 19세기 말과 20세기 초 근대성의 메타 서사에 불교를 끼워 맞추기를 열망했다. 하지만 마치 의심할 수 없는 철학적·과학적 담론의 토대를 세우려는 르네 데카르트의 꿈이 모호성과 다원성을 없애지 못한 것처럼, 카루스와 올콧의 보편구원론도 다른 입장들 사이에서 하나의 입장이 되는 것을 피할 수 없었다. 또한 다소 다른 이해관계를 가진 근대주의자들, 특히 다르마팔라와의 충돌을 피할 수 없었다.

토착 근대성과 기독교 비판

카루스와 올콧의 과학적 불교의 담론에 대한 기여가 그들이 살았던 시대와 장소의 과학적 승리주의와 불가분하게 얽혀 있었던 반면, 다르마팔라는 소엔과 같은 다른 근대화 아시아인과 마찬가지로 과학적 수사를 사용하여 승리감에 찬 불교 민족주의 담론을 정당화했다. 올콧과 개신교가 다르마팔라에 상당한 영향을 미쳤음에도 불구하고, 다르마팔라의 올콧 및 신지학 운동과의 동반자적 관계는 결국 서로 간의 근본적인 차이점 때문에 더 이상 유지될 수 없었다. 다르마팔라가 신지학을 거부한 중요한 요인 중 하나는 이 보편구원론의 문제에 집중되었다. 불교가 비불교적 진리의 모델 속으로 흡수되는 대가는 그에게 있어 결국 너무 큰 희생이었다. 신지학의 주요 모토는 '진리보다 높은 종교는 없다.'라는 것이며, 이는 살아있는 종교 전통들을 불완전하고 단편적인 반영물로 간주하면서, 그 위에 존재하는 추상적이고 보편적인 종교 아래로 포섭하는 결과를 낳았다. 올콧은 이미 이러한 사상을 가지고 살아있는 전통의 신봉자들에게 접근하는 데 따른 실제적인 문제들을 뼈저리게 경험했다. 한때 신지학회와 통합된 적이 있는 아르야 사마지(Arya Samaj)라는 조직을 세운 다야난다 사라스와티

(Dayananda Saraswati)는 결국 신지학회와의 관계를 단절했다. 왜냐하면 그는 올콧이 너무 불교적이고 베다(Veda)의 더 높은 계시를 받아들이지 않는다고 보았기 때문이다. 그 다음에는 다르마팔라가 신지학은 '크리슈나(Krishna) 숭배를 강화할 뿐'이며 '신지학은 위대한 생명의 수여자, 모든 영혼과 우주적 영혼 간의 근원적 동일성, 중앙 로고스(Central Logos)로부터 영혼들의 방사放射 등을 선언하기' 때문에 불교가 아니라고 주장하면서 올콧과 결별하였다(Prothero 1996: 167에서 인용). "모든 종교가 공통된 기반을 지닌다고 말하는 사람은 자신의 무지를 드러낼 뿐이다. … 다르마만이 불교도에게 최고이다."(172) 더욱이 다르마팔라는 캔디(Kandy)에 있는 유명한 붓다의 치아 사리가 실제로는 동물 뼈라는 올콧의 견해에 격노했다. 반면에 올콧은 다르마팔라가 싱할라 불교도들에게 성지 순례를 하고 축제에 참석하도록 격려하는 것에 심기가 불편했다(Obeyesekere 1976: 239).

특히 신지학과 결별한 후 다르마팔라는 다른 종교들에 대한 논의에서 기독교, 유대교, 이슬람교를 비난하며 종종 독설을 퍼부었다. 다르마팔라의 비평은 당시 유럽과 미국 문학에서 흔히 사용되던 대립적 용어들(문명 대 원시, 아리아인 대 셈족)을 자주 사용했다. 이러한 대립 구도는 기독교든 유대교든 이슬람교이든 '셈족 종교'가 구식이고 과학 이전의 것이며 문명화된 아리안 공동체에 적합하지 않다는 주장을 강화하는 데 사용되었다(Dharmapala 1965: 400). 다르마팔라는 셈족 종교가 불교와 달리 심리학도 과학적 배경도 없다고 주장했다(439). 따라서 그가 처음 다른 종교들과의 조화를 이루기 위해 사용한 과학적 수사법은 나중에 불교의 우월성과 다른 종교들의 후진성을 주장하는 도구로 변모했다. 다르마팔라는 더 이상 세계종교의회에서처럼 자유주의 기독교인들과 연대하려는 관심을 두지 않았고, 예수를 짜증 잘 내는 성격의 인물로 묘사했다. 예수는 성전聖殿에서 부린 난동이 … 군중의 격노를 일으켰고, 사람들을 영원한 불 속으로 보낸 신에 대해 설교했고, 2천 마리 돼지를 바다에 빠뜨려 죽임으로써 연민이 없음을 드러냈고, 불결한 습관을 지녔고, 사회적·도덕적으로 낮은 계층들과 어울렸으며, 마지막에는 자기 어머니에게 무례하게 굴었다는 것이다(439-40). 다르마팔라는 히브리 성서의 유대인들과 유럽 기독교인들이 부와 권력을 노골적으로 탐하여 세상을 약탈한 폭력적 본성을 언급하며, 과학과 관련하여 기독교와 불교 사이의 대립각을 끊임없이 세웠다.

> 과학 지식의 확산으로 창조주, 지옥, 영혼, 속죄라는 비과학적 교리들을 가진 기독교는 완전히 잊혀질 것이다. 지식이 확장됨에 따라 유럽인들은 진화, 인과법칙, 모든 현상의 변화하는 성질, 물질의 가분성加分性, 동물과 인간 마음의 진보성에 대해 더 많이 알게 될 것이다. 그러면 불교는 호의적인 환영을 받게 될 것이다(465).

과학 불교의 수사학을 통해 다르마팔라는 당시 유럽 문화에서 널리 받아들여졌던 인종주의적 주제들을 수용하면서도 이를 우회할 수 있었다. 다르마팔라는 고대의 문명적이고 진보한, 그러나 이제는 사라진 인도·유럽 문명이라는 낭만주의 이미지에 호소하면서, 셈족 요소라는 그늘에 의해 가려졌던 '아리안' 요소를 유럽 문명에서 가장 고귀한 것으로 제시할 수 있었을 뿐만 아니라, 불교를 근대 서양의 가장 인상적인 성취, 즉 과학 부상의 진정한 선구자로서 제시할 수 있었다. '동양'을 원시적이고 신비로운 것으로 규정하는 사람들과 달리, 다르마팔라는 고대부터 불교는 본질적으로 근대적이고 합리적인 종교였다고 주장했다. 반면 유럽은 셈족 종교에 의해 원시성과 야만성에 빠져들었다가 이제야 비로소 근대적이고 과학적으로 변모하고 있는 아리안의 잃어버린 부족이었다.

다르마팔라는 다른 종교들을 격렬히 비판하고 싱할라 불교문화의 많은 전통적 측면에 대한 지속적인 존경심을 보이며, 올콧과 카루스의 보편구원론을 완전히 뒤엎고 불교만이 과학적이라고 주장했다. 그는 종교적 보편주의의 동화 경향을 거부하고, 스리랑카의 사회적·종교적 세계에 깊이 뿌리 내리면서도 그 전통 안에 근대주의적 주제들을 통합함으로써, 서구와는 다른 유형의 근대성에 대한 열망을 표명했다. 다르마팔라는 자신이 다르마의 불가침적 진리라고 여긴 것들을 강화하기 위해 전략적으로 서양 과학에 호소했다. 이러한 의미에서 그의 불교 근대주의는 비록 카루스와 올콧이 했던 것과 동일한 과학 불교 담론을 사용했지만, **토착적 근대성**이 되었다. 즉, 독특한 근대 서구의 담론들을 토착 담론에 선택적으로 통합하여, 서구의 철학적·사회적·실행학적 형성체들과의 완전한 동화를 거부하는 독특한 혼합을 이룬 것이다. 따라서 한 세기 전에도 다양한 근대성이 존재했다.

과학 불교 담론의 초기 발전은 서로 다른 문화적 맥락들에서 발생한 두 가지 얽히고설킨 위기로부터 비롯되었다. 하나는 영미 빅토리아 시대 신앙의 위기였고, 다른 하나는 아시아에서 식민주의 및 서구 패권주의의 위기였다. 비록 다르마팔라, 올콧, 카루스가 주도한 불교의 '과학적' 측면에 관한 담론은 비교적 동질적인 성격을 띠었지만, 그들의 동기와 충성의 방향이 서로 달랐기 때문에, 그 담론 안에는 보편주의적 접근 방식과 토착적 근대성의 접근 방식 사이의 균열이 존재했다. 이러한 균열은 오늘날까지 계속되고 있다.

오늘날 과학 불교의 담론에 대한 주注

다소 불길한 시작에도 불구하고 과학 불교의 담론은 100년 전 못지않게 강력하다. 과학의 절대적 선에 대한 19세기 낙관주의는 이제 아득한 과거의 꿈이 되었지만, 과학의 설명력과 진리에 대한 경험적 주장의 영역에서 과학의 지배력은 사실상 도전받지 않고 지속되고 있다. 동시에 이 담론은 최근 수십 년 동안 크게 변화하고 성숙했다. 그 이유 중 하나는 담론에 참여하는 사람들이 종종 불교에 대해 훨씬 더 많은 지식을 갖게 되었고, 경험적 요소가 등장했기 때문이다. 조세 카베존(José Cabezón)이 지적했듯이, '불교', '과학', '보편법칙' 등의 광범위한 일반론들에서 시작된 대화는 이 두 영역의 복잡한 내부 구조를 더 잘 인식하고 이해하는 더 구체적인 대화로 전환되었다(2003: 57). 이 대화에서는 두 가지 큰 주제가 부각된다. 첫째, 방법이나 내용 면에서 과학과 불교의 상보성을 더 정확하게 확립하려는 노력이다. 둘째, 종종 마음(불교)과 물질세계(과학)로 구성되는 각각의 영역을 더 명확하게 구획하려는 시도이다. 불교는 일반적으로 인지, 감정, 개인 경험을 집중적으로 분석하기 위한 특별한 기술을 제공하는 '마음의 과학'으로 해석된다. 불교는 경험적이고 분석적으로 작동하지만, 직관적이고 내관적內觀的으로도 작동한다. 이에 비해 전통적인 과학은 물질의 세계를 양적·합리적·분석적으로 연구한다. 과학은 물질세계에 대한 더 최신의 관점을 불교에 제공하고, 불교는 마음에 접근하고 분석하기 위한 정교한 기술뿐만 아니라 잠재적으로 허무주의적이고 윤리적으로 문제가 될 과학의 측면들에 새로운 의미와 가치를 주입할 수 있는 인간화된 윤리적 교정을 가할 수 있다. 이 관계에 대한 일부 이론가들은 이 간략한 일반화보다 훨씬 더 정교한 설명을 제시하지만, 대부분의 경우 어떤 형태로는 이 상보성 논리가 작용하고 있다.

과학 불교 담론의 새로운 최전선인 불교와 과학 사이의 상호작용에 대한 가장 최근의 장은 이제 실험실이다. 연구원들은 명상하는 승려들을 기능적 자기공명영상(fMRI) 장치에 연결하여 그들의 뇌 상태와 생리학적 기능을 측정하고, 불교 마음챙김 수행이 심장병 환자들에게 미치는 건강상의 이점을 장기적으로 연구하고 있다. 비록 이 연구의 저자들은 과학 불교에 대해 과거 전임자들과 같은 모호한 주장을 종종 반복하지만, 건강과 심리학과 관련된 더 구체적인 질문들을 탐구하는 경향이 있으며, 최상의 경우에는 과학과 불교 모두에 대해 훨씬 더 광범위하고 성숙한 이해를 지닌다고 정당하게 주장할 수 있다.[3]

---

3 이러한 연구의 선두에는 마음과 생명 연구소(Mind and Life Institute)가 있다. 이 연구소는 불교 명상과 선정 수행이 과학적으로 식별 가능한 효과를 지닌다는

불교 자체의 발전에 대한 담론의 이 새로운 양상이 가질 역사적 중요성은 무엇일까? 불교와 과학이 양립할 수 있는지 묻는 것은 종교사가宗教史家에게 다루기 힘든 질문을 제기하는 것이다. 이 질문은 '불교'와 '과학'을 각각 단일하고 획일적인 실체로 가정하며, 불교를 어떤 살아있는 맥락에서도 분리된 고도로 철학적인 요소들로 환원시키고, 나아가 이러한 요소들을 이미 과학적 원칙과 양립 가능하도록 재해석된 '일반적 원리들'로 다시 축소시키는 것이다. 불교와 과학은 너무 복잡하고 내부적으로 다양해서 그렇게 축소하는 것은 유용하지 않다. 그러한 축소는 이미 근대주의적 전제에 영향을 받은 추상적인 불교를 창조할 것이다. 지난 수십 년 동안 이루어진 불교에 대한 학문적 깊이는 불교가 너무 복잡하고 다양해서 축소할 수 없음을 분명히 보여주었다. 그렇다고 해서 불교의 관점과 실천에서 비롯된 질문들을 가지고 과학에서 생산적인 연구가 이루어질 수 없다는 뜻은 아니다. 왜냐하면 어쨌든 서양 과학의 많은 부분이 기독교 세계관의 틀 속에서 발전해 왔기 때문이다. 그러나 이는 과학 불교의 담론이 역사가에게 불교를 역사적·문화적 현상으로 알리기에 가장 적합한 담론이 아니라는 뜻이기도 하다. 왜냐하면 이 담론에서 다뤄지는 불교는 이미 근대적·과학적 사유로 재구성된 것이기 때문이다. 동시에, 과학 불교

점에 대한 학술 대회를 주최하고 실증적 연구를 후원하고 있다. 참가자들은 달라이 라마와 함께한 연구소 학술대회와 실증적 연구 결과에 대한 많은 책을 출판했다. Davidson and Harrington 2001; Goleman 1997, 2003a; Hayward and Varela 1992; Houshmand, Livingston, and Wallace 1999; and Varela 1997을 참조하라.

담론을 단지 오리엔탈리스트적 또는 '옥시덴탈리스트적(occidentalist)' 재현으로 성급하게 일축하는 역사가들과 문화 비평가들은 이 담론이 단순한 재현을 넘어, 실제로 불교 전통 자체의 구체적이고 매우 중요한 변형이라는 사실을 간과할 수 있다. '과학 불교'는 양자와 모두 관련되긴 하지만, 동양의 타자他者에 대한 서구의 오리엔탈리스트적 재현이 아니며 아시아 불교도를 위한 고유한 합법화 전략도 아니다. 대신에 과학 불교는 특정 형태들의 불교와 뚜렷하게 근대적인 문화 형성과 지적 실천들과의 지속적인 혼합의 일부이다. 그렇다면 현대 불교에 대한 역사적 물음은 "불교는 과학적인가?"가 아니라 "불교는 과학과의 관계를 통해 어떻게 변모하고 있는가?"이다. 과학적 불교의 담론 자체는 불교가 무엇 '인지(is)'를 우리에게 말해 준다기보다는 권위 및 정당성에 대한 인식론적 구조와 기준이 바뀌는 새로운 형태의 불교를 구성한다.

불교 명상의 실천과 관련된 연구를 대중화한 선도적 인물인 다니엘 골먼(Daniel Goleman)의 즉흥적 논평은 이러한 변화를 잘 보여준다. 골먼은 유명한 불교 잡지 『트리사이클(Tricycle)』과의 인터뷰에서 자애 명상(mettā-bhāvanā)을 하는 숙련된 명상가들에 대한 실증적 연구를 논의하면서, MRI 장치가 그들의 기쁨과 관련된 뇌의 영역이 매우 활발하게 작동하고 있었으며, 이는 지금까지 측정된 다른 어떤 경우보다도 더 높은 수준이었음을 보여주었다고 보고했다(Davidson and Harrington 2001; Goleman 2003b). 이 사실의 중요성에 대해 질문을 받았을 때, 골먼은 부정적인 심리 상태인 번뇌(煩惱, kleśa)를 극복하기 위한 전통적인 불교적 접근법에 대해 다음과 같이 말한다. "붓다가 옳았을지 모른다는 생각이 들기 시작했다."(Goleman 2003b: 78) 연구 자체도 흥미롭지만, 불교 역사의 관점에서 볼 때 설득력이 있는 것이 바로 이 진술이다. 이는 사실상 모든 불교도에게 권위를 행사해 온 경(經, sūtra) 또는 불설(佛說, buddha-vacana)의 인식론적 권위가 이제 어느 정도 과학자의 인식론적 권위 아래로 편입되고 있음을 시사한다.[4] 왜냐하면 우리는 정직한 과학적 조사를 통해 어떤 면에서는 붓다가, 말하자면, 틀렸다고 가정할 수도 있기 때문이다. 이것은 과학 불교 담론의 초기 발전에 존재했던 긴장들의 일부가 오늘날에도 여전히 작용하고 있음을 시사한다. 어떤 불교도들은 단순히 과학을 통해

---

4 불교에서 인식론적 권위의 문제는 복잡하고 다양하다. 「깔라마 숫따(Kālāma-sutta)」는 불교 근대주의자들이 불교와 근대 과학적·합리주의적 탐구 방식의 양립성을 주장하는 핵심 텍스트로, 붓다가 제자들에게 자신의 가르침을 개인적으로 확인한 경우에만 받아들이라고 말씀하신 내용을 담고 있다. 하지만 일부 학파는 붓다의 '신뢰할 수 있는 증언(śabda)'을 유효한 지식(pramāṇa)의 수단으로 받아들여서, 보편적으로 받아들여진 두 쁘라마나(pramāna)인 지각(pratyakṣa)과 추론(anumāna)만큼 붓다의 말씀을 권위 있게 만들었다. 신뢰할 수 있는 증언을 거부하는 사람들 사이에서도 붓다의 말씀이 텍스트에서나 현장에서나 최고의 권위를 갖고 있지 않다는 증거를 찾기가 어렵다. 6세기 불교 인식론의 대가인 디그나가(Dignāga)는 신뢰할 수 있는 증언을 쁘라마나로 거부했다. 이는 디그나가가 붓다의 말씀이 권위가 없다고 주장했기 때문이 아니라 그 말씀 자체가 붓다의 인식과 추론에 기초를 두고 있기 때문이었다. 그러므로 불교도들이 받아들일 수 있는 쁘라마나 목록에 신뢰할 수 있는 증언을 추가하는 것은 불필요했다. 필자는 경의 말씀을 최고의 권위로 여기지 않는, 현존하거나 고대 텍스트에 존재하는 '비근대적(non-modern)' 아시아 불교도는 아마도 찾아보기 힘들 것이라고 본다. 불교의 쁘라마나에 대한 추가 논의는 Mohanty 1992; Hattori 1968; McMahan 2002a: 47-51을 참조하라.

다르마의 정당성을 입증받기를 원할 수도 있으며, 과학이 그 기대를 충족시키지 못할 경우 그러한 연구에 대한 관심을 잃을 수도 있다. 또 다른 불교도들은 의심할 여지 없이 과학적 실험을 '무엇이 사실인가'를 판단하는 궁극적인 기준으로 여기며, 카루스와 올콧처럼 불교의 주장들을 불교 외적인 진리의 기준에 따라 검증하려 할 것이다. 예컨대, 참스(C. de Charms)는 불교의 내부 문제들을 완화하기 위해 과학을 사용할 가능성에 대해 솔직하게 열광적인 반응을 보인다. "과학적 방법, 즉 일반적으로 검증 가능한 관찰에 기초한 방법을 사용함으로써 불교 내의 논쟁점들 또는 전통들 내의 논쟁점들에 관한 유사한 종류의 합의점을 찾기 시작할 수도 있으리라."(1998: 48)

서양 과학자들이 준俊과학자들로서 불교의 진리 주장을 외부 기준에 따라 평가하려는 것은 놀라운 일이 아니다. 그러나 놀라운 점은 다르마팔라와 같은 토착 근대주의자들과 보편주의 담론(이 경우 현대 과학)을 유지하는 사람들 사이의 간극이 최근 저명한 불교도, 특히 세계에서 가장 저명하고, 앞서 언급한 많은 연구를 장려한 14대 달라이 라마(Dalai Lama)에 의해 메워졌다는 사실이다. 달라이 라마는 확립된 과학적 결론들과 결정적으로 모순되는 불교 교리들이 있다면 이러한 교리들을 폐기해야 한다고 여러 차례 말해 왔다. 실제로 달라이 라마는 전통적인 불교 우주론의 일부 측면들이 잘못되었다고 선언했지만, 업과 재생과 같은 많은 전통적 믿음을 여전히 고수하고 있다. 액면 그대로 받아들일 때, 만약 다르마 자체가 과학적·인식론적 권위에 종속된다면 이것은 불교의 권위 주장 구조에 심오한 변화를 알리는 신호로 보일 것이다. 그러나 불교 교리를 대대적으로 폐기하려는 움직임은 없었다. 불교도들은 과학 이전의 우주론과 기적 이야기들을 성전聖典에서 제거하자고 제안하지 않았다. 모든 종교와 마찬가지로 불교도 폐기할 수 없는 특정 교리들을 가지고 있다. 세 번째 진리인 멸성제滅聖諦가 과학적 근거가 충분하지 않기 때문에 사성제(四聖諦, catvāry āryasatyāni)가 세 가지 진리로 축소되어야 한다고 주장하는 사람은 아무도 없을 것이다. 대신, 근대주의자들은 과학의 관점에서 유지하기 어려운 교리들을 무시하거나, 근대 세계관 내에서 타당한 의미를 새롭게 부여하려는 경향이 있다. 예컨대, 언급한 바와 같이, 많은 근대주의 불교 스승들은 존재가 재생하는 다양한 영역들의 전통적 교리인 윤회를 시대에 뒤떨어지거나 문자 그대로의 우주론으로 보지 않고, 각 영역이 마음의 상태를 나타내는 심리적 실재로서 제시한다.

따라서 과학 불교의 담론은 근대 세계의 종교 사상을 관통하는 질문, 즉 어떤 것을 문자 그대로 이해해, 어떤 것을 신화와 상징과 우화로 재해석해야 하는가에 대해 불교도들이 접근하는 중요한 방식이 되었다. 어떤 면에서 이는 문자적 또는 비유적 의미에 관한 전통적인 불교 해석학 문제의 근대적 변형이다. 사실 이러한 구별은 근대 서양인이 발명한 것이 아니다(Lamotte 1988 참조). 하지만 오늘날의 해석학적 상황은 처음으로 이 문제를 해결하기 위해 비불교적 담론이 점점 더 많이 사용되고 있다는 점에서 독특하다.

불교가 실제로 과학과 양립할 수 있는지에 대한 지나치게 단순한 질문으로 돌아가려면 필자가 제안한 것처럼 종교사가는 질문을 다르게 해야 한다. 이렇게 시도해 보자. 근대과학의 맥락에서 받아들이고 과학적 사고방식에 따라 발전하고 적응할 때 과학과 양립할 수 있게 되는 불교의 요소들이 있을까? 분명히 있다. 한 전통의 선택된 요소를 다른 전통의 맥락에서 '수용'하는 방식이 종교가 발전하고, 적응하고, 변화하며, 자신들이 진화한 이념적 틈새와 다른 이념적 틈새를 차지하게 되는 방식이다. 앞서 언급한 근대성의 세 가지 담론인 과학적 합리주의, 낭만주의, 기독교의 맥락에서 불교의 수용과 발전은 세 담론 모두에 적응하고 보완하고 비판할 수 있는 혼합체, 즉 새로운 불교를 탄생시켰다.

5. 불교 낭만주의: 예술, 자발성, 자연의 원천

여기에 극명한 장면들이 나란히 대비된다. 첫 번째 장면에서는 검정 가사를 입은 삭발한 승려들이 완벽하게 직선으로 줄을 맞춰, 똑같은 자세로 꼼짝 않고 앉아 있다. 등은 곧게 펴고, 두 손은 무릎 위에 정확히 타원형으로 모아 놓았으며, 눈은 아래로 향한 채 입은 굳게 다물어져 있다. 또 다른 승려가 끝이 납작한 긴 죽비竹篦를 똑바로 들고 천천히 그들을 지나간다. 그의 시선이 한 앉아 있는 승려에게 머물자, 그는 그 앞에 멈춰 선다. 그는 그 승려를 향해 몸을 돌리고, 두 승려는 서로에게 고개 숙여 합장한다. 그런 다음 그는 죽비를 들어 올려 앉아 있는 승려의 오른쪽 어깨를 빠르게 네 번 연속으로 내리친다. 명상 홀의 고요함은 짧고 날카로운 소리의 파열로 산산이 깨진다. 그는 왼쪽 어깨에도 같은 방식으로 죽비를 내리친다. 두 승려는 다시 서로에게 정중하게 고개 숙여 합장하는데, 앉아 있는 승려는 죽비를 든 승려보다 조금 더 고개를 숙인다. 그런 다음 죽비를 휘두르던 승려는 다시 천천히 신중한 걸음걸이로 석상石像처럼 조용한 승려들 사이를 지나간다.

두 번째 장면은 빌트인 책장과 소형 그랜드 피아노가 있는 넓은 빅토리아 시대의 방이다. 네댓 명의 사람들이 둘러서서 이야기를 나누고, 술을 마시고, 담배를 피워대고 있다. 또 다른 한 사람은 긴 머리에 수염을 기르고 정장에 넥타이를 맨 남자로 방 한가운데에서 춤을 추고 있다. 그는 공중으로 뛰어올라 빙그르르 도는데, 넥타이가 얼굴로 휘날린다. 팔은 엉덩이에서 빠르게 미끄러져 공중에 둥근 활모양을 그리다가 머리 위까지 올라간 뒤, 부드러운 패턴으로 다시 몸통 쪽으로 내려온다. 그런 다음 다른 팔도 동일한 패턴을 따라 움직이고, 양손은 빠르게 번갈아 가며 같은 동작을 반복한다. 그의 얼굴은 행복하게 빛나고, 그의 손짓은 마치 자신이 예식의 주인인 것처럼 방안의 모든 것을 가상의 관객들에게 소개하는 듯하다. 그는 잠시 균형을 잃지만, 곧 다시 중심을 잡고서 즉흥적이며 자의식이 없는 태도를 회복한다. 그의 움직임은 유연한 우아함과 어릿광대 같은 바보스러움 사이의 미세한 경계를 넘나드는데, 다소 후자 쪽으로 기울어져 있다.

두 장면이 서로 연관되어 있을 것이라고 상상하기는 어렵고, 그렇게나 다른 방식으로 움직이는 신체들이 같은 맥락에 있다고 생각하기도 쉽지 않다. 이러한 장면들이 동일한 종교적 전통과 많은 관련이 있을 수 있다고 생각하기도 어렵다. 첫 번째 장면은 선사禪寺에서 일어나는 몇 가지 활동을 묘사하는데, 그 대부분은 엄격하게 의례화된 신체 통제를 수반한다. 예를 들어 좌선, 감독하는 승려의 의도적인 걸음걸이, 그리고 수마睡魔와 싸우거나 경직된 자세로 힘들어하는 명상가에게 사용하는 '격려의 몽둥이' 등이 있다. 이는 일본 전역의 절에서 매일 반복되는 광경이다.[1] 두 번째 장면은 마틴 스코세이지(Martin Scorsese) 감독의 밥 딜런(Bob Dylan)에 대한 2005년 전기 다큐멘터리인 '노 디렉션 홈(No Direction Home)'의 한 장면이다. 춤추는 사내는 비트족으로 유명한 앨런 긴즈버그(Allen Ginsberg)이며, 정통은 아니지만 독실한 불교도이다.

이 두 장면 사이의 불일치를 설명하는 것은 수월해 보일 수 있다. 우리는 이를 미국 불교와 일본 불교의 차이, 미국에서 불교가 어떻게 왜곡되고 천박해졌는지, 불교를 받아들인 비트족들과 히피족들이 불교에 대해 상당히 무지했고, 불교를 그들의 반문화적 생활 방식에 맞추기 위해 개탄스러울 정도로 잘못 해석했는지에 대한 익숙한 논거들에 기대어 설명할 수 있다. 우리는 긴즈버그가 선불교가 아니라 논란이 많은 티베트 스승인 초감 트룽파의 추종자였다는 점을 지적할 수도 있다. 그리고 긴즈버그의 춤은 그가 진지한 불교 신자가 되기 몇 년 전에 촬영되었다. 그러나 이러한 이야기 중 어느 것도 적합하지 않다. 진지한 불교 수행자가 된 후에도, 긴즈버그는 불교 승려들이 하지 않는, 비트 작가들이 했던 다른 많은 일들이나 춤추는 일을

1 영화 속의 재현을 보려면, 『선불교의 원리와 실천(Principles and Practices of Zen Buddhism)』(1992), '인문학을 위한 영화(Films for the Humanities)', Princeton, N. J., 그리고 피터 몬태논(Peter Montagnon) 감독의 '오랜 탐색: 사라진 붓다의 땅(The Long Search: Land of the Disappearing Buddha)', 2001 (1970), Ambrose Video, New York을 참조하라.

멈추지 않았다. 트룽파는 미국화된 선에 깊은 영향을 받았기 때문에 긴즈버그가 배운 불교는 미국화된 티베트 전통과 선 전통의 조합이었다. 게다가 일부 비트 세대와 다른 반문화적 불교도들은 그 전통에 대해 세밀하게 이해하지는 못했지만, 긴즈버그를 비롯한 여러 비트 불교도들은 그 전통을 공부하고 실천하는 데 많은 시간을 들였으며, 적어도 많은 진지한 미국 불교 수행자들보다 못하지 않은 이해를 지녔다. 그리고 긴즈버그는 죽을 때까지 불교를 시, 예술, 루피 춤(loopy dancing)과 밀접한 관련이 있다고 생각했다. 물론, 1950년대와 1960년대에 긴즈버그와 다른 사람들이 불교를 반문화적으로 차용借用한 것은 종종 매우 선별적이었고 오해에 기초했으며, 이는 미국 불교의 더 자유분방한 형태에서 나타난 여러 과도함을 설명해 주는 요소가 될 수 있다. 그러나 이러한 오해가 전체 이야기를 말해 주는 것은 아니다. 반문화적 불교도와 불교 열광자들은 당시의 가장 영향력 있는 일부 불교 서적들, 즉 스즈키와 그의 지적 후계자들이 저술한 책들에 제시된 특정 사상에 사로잡혔다. 비록 스즈키 자신은 빙그르르 도는 춤을 추는 사람은 아니었지만, 북미에서 독자적인 삶을 영위하고 있는 불교, 특히 선에 대한 아이디어를 제안했다. 그 아이디어란 선은 자발성과 관련이 있으며, 이 자발성은 창의성, 예술, 억압적인 문화 규범들을 초월하는 해방의 원천이라는 것이다. 따라서 우리는 현대 문학에서 종종 "불교는 근본적으로 자신의 가장 깊은 본성과 접촉하고, 그것이 아무런 방해 없이 자연스럽게 흘러가도록 하는 것"이라는 문구를 자주 읽을 수 있다(Kabat-Zinn 1994: 6).

이러한 아이디어는 주로 근대적인 선의 해석을 통해 나오며, 불교 전반에 적용된다. 선이 자발성과 직접적인 창의성의 요소를 포함한다는 점은 전적으로 근대적 발명이라고 할 수 없지만, 앞서 묘사한 선사의 장면이 암시하듯이, 그것이 현장에서 전형적으로 선이 실천되는 방식을 반영하지는 않는다. 하지만 고전 선 문학에는 선 스승들이 기괴하고 파격적이며 이해하기 어려운 말과 행동을 하는 장면이 가득하다. 선 스승들은 역설을 외치며, 신발을 벗어 머리에 이고, 제자들을 때리고, 고양이를 베는 등의 행동을 통해 제자들이 습관적인 사고에서 벗어나 사물을 더 깊이 이해하도록 한다. 동아시아에서는 이러한 행동이 전통적인 불교 사상과 실천을 배경으로 해석된다. 반면 북미와 유럽에서는 주로 낭만주의에서 파생된 언어로 해석되었다. 이 장에서 필자는 예술과 불교 사이의 특별한 연관성을 설명하고, 특히 스즈키에 의해 이러한 사상이 자연, 예술, 창의성, 자발성에 대한 낭만주의적 개념의 관점에서 어떻게 구성되었는지 제시할 것이다. 이러한 접근은 선과 자발적인 창의성 사이의 독특한 관계라는 혼합된 개념을 만들어 냈다. 그리고 이는 불교 근대주의의 중요하고 영향력 있는 요소가 되었을 뿐만 아니라 불교 공동체를 넘어 불교계 밖의 예술가와 문화 형태에도 영향을 미쳤다.

낭만주의와 초월주의의 자연과 예술

필자가 3장에서 주장했던 낭만주의와 초월주의의 모든 요소는 불교 근대주의의 혼합 담론의 중요한 측면들을 형성하였다. 여기서 우리에게 중요한 것은 예술과 창의성에 대한 이해에 있어서 낭만주의 혁명이다. 낭만주의 역사가 마이어 에이브럼스(Meyer Abrams)는 『거울과 등불(The Mirror and the Lamp)』에서 낭만주의 이전에 예술가의 임무는 세상을 비추고 모방하는 거울 역할을 하는 것이었다고 주장한다. 이 개념은 플라톤(Plato)에서 르네상스를 거쳐 계몽주의까지 이어져 왔다. 낭만주의자들은 예술가를 거울로 보는 은유를 거부하고, 예술가를 예술가의 독특한 비전과 상상력을 통해 새로운 것을 밝혀주는 등불에 비유하는 은유로 대체하였다. 이 견해에 따르면, 예술 작품은 '본질적으로 내면이 외면화된 것으로, 감정의 충동에 따라 작동하는 창작 과정을 통해 탄생한 결과물'이다(Abrams 1953: 22). 이러한 예술의 '표현론(expressive theory)'에서 개인의 내적 깊이(창의적 영감과 상상력의 원천인 자연이나 영혼이 있는 곳)와 자신의 독특한 비전의 외적 표현 사이에 관계가 설정된다. 나중에 정신분석 이론은 이 생각을 확장하여 예술의 원천을 무의식으로 규정하고, 억압된 공포(repressed horrors)나 보편적 원형(universal archetype)을 표현한다고 보았다.

모방에서 표현의 이러한 전환 이전에는 고대와 중세 예술은 종종 종교적 테마를 주제로 삼았지만, 표현주의적 예술 개념은 창작 행위 자체에 영적인 차원을 부여했다. 예술가나 시인은 존재의 숨겨진 차원을 끌어낼 수 있는 독특한 통찰력을 가진 사람으로 여겨지게 되었다. 독일 낭만주의자들은 창의성의 고상한 역할과 그것의 종교적 의미를 분명히 했다. 셸링에게 예술은 '절대자(the absolute)의 발현'이자, 과학이나 철학으로는 재현될 수 없는 것을 이해하는 방법이었다(1989: 31). 예술은 말로 표현할 수 없는 것을 드러내며, 의식과 무의식의 합일을 보여주고, 예술 작품 자체의 알 수 있는 조건, 예를 들어 그것을 만든 재료나 상태 등을 넘어선 절대적인 것을 드러냈다. 그러므로 예술은 철학보다도 더 높은 수준에 있다. 예술은 조건화되지 않은 절대적 실재를 파악하기 위한 수단이다(Schelling 1978[1800]). 슐레겔 역시 예술을 상징들을 통해 무한자(the infinite)를 표면으로 끌어내는 것으로 보았다. 슐라이어마허는 예술가를 신을 대중에게 더 가까이 오도록 하는 사람으로 생각한 반면, 헤르더는 예술가를 창조신 그 자체에 비유하기까지 했다(Taylor 1989: 377-78). 프리드리히 폰 실러(1759~1805)에게 아름다움의 경험을 통한 미적 교육은 개인과 사회 변혁 모두에게 있어 가장 중요했다. 예술 활동은 개인이 타인 및 세계와 단절되는 것을 극복하고, 생각과 감정, 사색과 감각, 이성과 직관, 적극성과 수동성, 형태와 물질 등 자아의 다양한 구성 요소들을 통합하는 창조 행위들로 구성된 일종의 자유로운 '유희(play)'였다. 이러한 합일과 진정한 자유의 가능성을 가능하게 한 것은 바로 미학적 충동, 즉 '유희 충동(spieltrieb)'이었다(Schiller 1967). 근대 유럽과 북미 문화에서 예술가에 대한 존경, 예술가는 어느 정도 사회의 관습을 벗어나는 것을 허용하는 것, 예술가를 다른 사람들보다 사물을 더 깊이 느끼는 사람으로 보는 것, 예술가에 대한 낭만화(물론!)는 이 시기에 나타나서 오늘날에도 근대성의 강력한 문화적 요소로 남아 있다. 예술가는 숨겨진 미학적·영적 실재들을 불러내고, 창의적인 상상력의 자유를 통해 평범한 것을 숭고한 것으로 바꾸고, 실재의 깊은 층들을 파헤쳐 그것들을 독창적으로 표현하는 거의 성직자나 샤먼과 같은 능력을 부여받게 되었다.

낭만주의 문학의 관련 주제는 영국 낭만주의 저작들에서 자주 발견되는 일련의 개념들을 포함한다. 그것은 바로 천재성, 독창성, 자발성이다. 위대한 예술가나 시인은 자신들의 작품이 완전히 독창적이고 영혼 깊은 곳에서 우러나오는 천재이다. 따라서 블레이크는 『밀턴(Milton)』을 '계획 없이 즉흥적인 받아쓰기'로 썼다고 주장했다(Blake 1965: 697). 마찬가지로 셸리도 시가 마음이나 의지와 필연적인 연결이 없다고 주장했다(Wu 1998: 1042). 콜리지는 천재성이란 단순히 개인적인 의지를 초월한 '무의식적 활동'의 산물이라고 주장했다. 많은 낭만주의자는 시인들이 종종 자기들 작품의 근원을 알지 못하며, 때로는 자기들의 자발적 창작물에 스스로 놀랄 수도 있다고 주장하였다. 천재의 작품은 영감에서 나오며, 그 영감은 지식의 축적에서 나오는 것이 아니라 창의성의 자발적 분출에서 나온다. 이 말은 매우 개인주의적인 것처럼 들리지만, 키츠(Keats)는 천재는 자아를 초월해야 하며, 시인은 사실 자아가 없다고 주장했다. 알렉산더 제라드(Alexander Gerard)는 "천재성의 불꽃은 신의 충동처럼 마음을 그 자체보다 더 높은 곳으로 끌어올리고, 상상력의 자연적인 영향으로 마치 초자연적인 영감을 받은 것처럼 마음을 작동하게 한다."라고 주장했다(Bennett 2005: 660에서 인용).

이러한 생각은 현시(顯示, epiphany)라는 근대적 개념과 불가분의 관계에 있다. 낭만주의 시대부터 예술과 문학의 원천으로서 갑작스러운 통찰, 영감 또는 계시가 특별한 위상을 차지했다. 테일러는 이 개념이 낭만주의에서 근대주의로 발전하는 과정을 다음과 같은 관점에서 정의한다. "예술 작품을 우리가 다른 방법으로는 접근할 수 없고, 최고의 도덕적 또는 영적인 의미를 지닌 무언가 앞으로 우리를 데려다

주는 현현의 장소로 보는 개념이며, 더욱이 그러한 현현은 무언가를 드러내는 동시에 정의하거나 완성하기도 한다."(1989: 419) 테일러는 이러한 현시의 개념이 낭만주의로부터 시작되어 근대주의 예술과 문학을 거쳐 오늘날까지 여전히 살아 숨 쉬고 있다고 주장한다. 확실히 이것은 낭만주의 시대 이전의 사람들에게 현시가 없었다는 것을 의미하는 것이 아니라, 오히려 그러한 경험이 예술과 예술가에 대한 개념에서 중심적인 역할을 하기 시작했음을 의미한다. 현시는 인습적인 틀을 넘어선 무언가를 드러내고 특정한 도덕적 힘을 지닌다고 간주된다. 하지만 그것은 관습적 도덕을 초월하는 방향으로 나아갈 수도 있다. 낭만주의자들과 초월주의자들은 종종 현시를 영혼, 자연, 만물을 관통하는 생명력에 대한 통합적 이해로 생각하거나, 자연이나 신과의 일체감으로 받아들였다. 이러한 주제들은 나중에 낭만주의가 쇠퇴한 뒤에 주로 아시아 종교들에서 기인하는 것으로 여겨졌다. 그러나 현시는 명시적으로 종교적 공식들에 국한되지 않으며 특정 사회적·정치적 상황과도 분리되어 있지 않다. 근대적 의미의 현시라는 개념 자체에는 근대 시대의 각 10년이 경과할 때마다 더욱 강력해지는 도구적·산업적·기계적 힘에 대한 비판이 내재한다. 그것은 산업 자본주의적 가치들의 타자他者를 필요로 하며, 그것이 조장하는 사회적 환상의 베일을 뚫는 힘으로 인식된다.

이 모든 주제는 불교가 근대 대화에 도입될 수 있는 기반이 잘 갖추어져 있음을 시사한다. 불교는 이러한 대화에 자신의 현시, 내면 탐구의 수행, 지성에 대한 의심, 우주론적 비전을 가져왔으며, 동시에 이러한 서구의 사상과 실천에 의해 형성되기도 했다. 이러한 사상과 실천의 뒤엉킴에서 중요한 인물 중 한 명은 스즈키였다.

선과 예술: 스즈키와 선 낭만주의

우리는 불교 근대주의의 발전에서 스즈키(1870~1966)보다 영향력 있는 인물을 찾기란 어려울 것이다. 이는 문명에 끼친 스즈키의 영향에 대한 다소 과장된 평가보다는, 그의 선과 불교에 대한 해석을 채택한 많은 중요한 사상가들의 숫자에 의해 증명된다.[2] 선, 불교, 신비주의를 대중화시킨 저자들뿐만 아니라 많은 종교, 심리학, 철학의 학자들도 스즈키의 저작을 통해서 선의 개념을 구축했다. 올더스 헉슬리, 로버트 블라이스(Robert Blyth), 드와이트 고다드, 에리히 프롬(Erich Fromm), 칼 융, 그리고 토마스 머튼(Thomas Merton)과 같은 인물들을 통해, 선에 대한 스즈키의 비전은 북미와 유럽 전역에 널리 퍼졌다. 일본에서 스즈키는 불교와 대륙 철학(大陸哲學, continental philosophy)을 모두 활용한 일본 철학의 교토 학파(京都學派, Kyoto School)와 선의 지속적인 재활성화에 영향을 주었다. 비록 승려는 아니었지만, 스즈키는 샤쿠 소엔과 함께 공부했고, 세계종교의회와 미국에서의 강연 투어에서 소엔의 통역가로 일했다. 따라서 스즈키는 집필 활동을 하기 전부터 동아시아를 넘어 선을 전파하고, 이를 서구의 사상과 실천과 조화를 이루려는 초기 시도에서 중요한 인물이었다.

---

2 열광자들은 스즈키의 업적이 플라톤(Plato)의 라틴어 번역, 페리(Perri) 제독의 미국과 일본 간 무역 개방, 아인슈타인과 간디의 업적, 그리고 핵에너지의 발견과 맞먹는 영향을 끼쳤다고 선언했다(Faure 1993: 53).

스즈키의 선에 관한 저술 대부분은 낭만주의, 초월주의, 그리고 그 후속 사조들로부터 유래했지만, 정작 그는 그러한 사상들이 자기 사상에 영향을 미쳤다는 점을 거의 인정하지 않았다. 스즈키가 실제로 낭만주의자의 글을 얼마나 많이 읽었는지는 알기 어렵다. 다만 초월주의자의 글을 통해서 필자가 방금 논의한 몇 가지 주제들에 익숙해지게 되었다는 점은 분명하다.[3] 스즈키는 불교와 독일의 관념주의적·미국의 초월주의적 우주론 개념들을 불교 개념들과 융합시켰으며, 일본 시인들을 자연에 대해 깊고 종교적인 감수성을 지닌 존재로 묘사했다. 이는 영국의 낭만주의자들과 초월주의자들과 유사하지만, 그는 일본

3 스즈키 사상의 정확한 서양 출처는 다양하고 종종 추적하기 어렵다. 스즈키는 여러 저서에서 에머슨(Emerson), 소로(Thoreau), 쇼펜하우어(Schopenhauer) 등을 언급하는데, 이들로부터 낭만주의와 관념론적 철학 용어를 차용했을 가능성이 높다. 또한 괴테(Goethe), 워즈워스(Wordsworth), 알프레드 로드 테니슨(Alfred Lord Tennyson)을 포함한 낭만주의 철학자들을 언급하는데, 그는 이들로부터 낭만주의 운동의 시적 감수성을 얻었다. 그의 사상, 특히 형이상학에 영향을 준 다른 중요한 요소로는 스베덴보그(Swedenborg), 신지학, 윌리엄 제임스(William James)가 있다. 생애 후반에는 실존주의에도 어느 정도 관여했다. 그러나 인간과 자연의 화해에 대한 스즈키의 본질적인 관심은 독일 낭만주의 철학자들, 예컨대 셸링(Schelling)의 관심과 가장 유사하다. 스즈키가 실제로 그것들을 읽었는지는 불확실하지만, 그것을 입증할 필요는 없다. 그들의 사상은 스즈키가 분명히 읽은 저서들 속에 이미 담겨 있었으며, 그는 이를 간접적으로 흡수했을 가능성도 있다. 스즈키와 깊은 관계를 맺었던 교토 학파(京都學派, Kyoto School)의 학자들이 독일 관념론자들과 교류했다는 점은 주목할 만하다. 니시다 기타로(西田幾多郎)는 수업에서 독일 관념론자들을 가르쳤고, 그의 저작에서도 그들에 대한 깊은 이해가 드러난다. 니시타니 게이지(西谷啓治)는 경력 초기에 셸링에 대해 썼다. Hanaoka 2005를 참조하라.

시인들이 그들보다 우월하다고 주장했다. 스즈키는 상업주의, 사치품에 대한 탐욕, 만연한 산업주의, 도구적 이성의 지배 등 낭만주의자들과 초월주의자들을 종종 괴롭혔던 근대성의 측면들에 대해 비판적이다. 스즈키는 또한 영적 자유를 합리적 지성과 사회적 관습을 초월하는 자발적이고 해방적인 의식으로 이해했다.

여기서 필자가 주로 초점을 맞출 부분은 스즈키가 불교·낭만주의의 혼합된 창의성과 자발성 개념을 발전시킨 과정이다. 이 개념의 다원적 계보는 스즈키가 충분히 인용한 선 스승과 시인들뿐만 아니라, 독일 낭만주의자들과 미국 초월주의자들에게도 거슬러 올라가며, 이후 미국의 비트 작가들이 이 계보를 이어간다.[4] 이 혼합 개념은 또한 시중에 나와 있는 수많은 '선과 …의 예술'과 같은 책들은 말할 것도 없고, 많은 저명한 근대 예술가들, 불교 스승들, 교육 프로그램들의 작품에서도 표현된다. 스즈키의 저작은 낭만주의적·초월주의적 사고의 의미들을 예술과 창의성에 적용함으로써, 서양에서 선을 정의하는 데 기여했을 뿐만 아니라, 선을 삶의 거의 모든 측면에 적용 가능한 독특한 창의성의 '방법'으로도 해석되게 만들었다.

인간과 자연

스즈키는 이 생각을 어떻게 표현했을까? 언급한 바와 같이, 낭만주의와 초월주의의 주요 관심사는 자연과 인간과의 관계였다. 계몽주의가 우주를 기계론으로 설명하고 인간과 자연의 본질적 분리를 설명한

4 비트족들에 영향을 준 몇몇 종교적 요소들에 대해서는 Lardas 2001을 참조하라.

이후, 이 운동은 자연을 다시 신성화하고 인간과 자연계 사이의 친밀한 유대를 회복하려는 시도였다. 불교 언어에는 근대에 갖는 모든 함축적 의미를 지닌 '자연(nature)'이라는 단어와 정확하게 일치하는 용어가 없다. 하지만 스즈키는 유럽어인 '인간(man)'과 '자연'을 흔쾌히 받아들여 서구적 용어로 대화에 참여하고, 선禪을 근대성의 근본적인 문제, 즉 인류가 자연과 대결하고 소외하는 문제에 대한 해결책으로 제시한다. 스즈키는 이 문제가 서양에서 어떻게 인식되었는지를 개관한다. 즉, 인간이 자연으로부터 분리되어 있으며, 자연을 외부적인 것으로 느끼고, 자연과 싸우고 지배하려는 욕망을 가진다는 점이다. 스즈키는 서양인의 마음속에서 자연은 인간에게 적대적이며 인간의 영적 열망과는 상반된다고 주장한다. 성경 전통에서 자연은 유혹의 원천이고 영혼을 가두는 감옥이며 인류가 지배하는 영역인 반면, 근대 세속 전통에서 자연은 착취되고 지배되어야 할 무언의 물질, 즉 종종 위협적인 '무자비한 사실'이다. 인간과 자연은 분리되어 있고 서로 적대적이다. 인간이 아무리 노력하더라도 진정으로 자연을 제압할 수 없다. 인간이 만든 모든 것은 결국 무너지고 시간의 파괴적인 힘 앞에 굴복하게 된다. 따라서 이 힘을 정복하려는 열망을 지닌 '근대인'은 특히 불안, 좌절, 두려움, 불안에 취약하다(1956: 229-33).

스즈키는 이 관계를 이해하는 또 다른 방법을 제시하는데, 이는 선禪과 낭만주의 전일론(全一論, holism)을 결합하는 것이다. 낭만주의 전일론이란 인간은 실제로 자연과 전혀 분리되어 있지 않고 자연의 일부라는 것이다. "인간은 자연에서 나와서, 자연을 자기 안에서 보기 위해 존재하게 되었다. 다시 말해서, 자연은 인간 안에서 자신을 보기 위해 스스로에게로 돌아온 것이다."(1956: 236) 게다가 선은 인간과 자연 사이의 원초적 동일성을 인식할 수 있는 가능성을 제시한다. 이 동일성은 인간과 자연 사이의 이분법을 초월하지만, 개인성을 부정하지 않는다. 선은 무시간성(timelessness)이 자신을 부정하지 않아 주체와 객체, 인간과 자연, 창조신과 세계의 이분법이 존재하지 않는 영역으로 나아가도록 이끈다(240). 여기서 "순수한 주관성은 순수한 객관성이다. 즉자(卽自, en-soi)는 대자(對自, pour-soi)이다. 인간과 자연, 창조신과 자연, 하나와 다수 사이에는 완전한 동일성이 있다. 하지만 그러한 동일성은 다른 하나를 희생하여 하나를 소멸시키는 것을 의미하지 않는다."(241)

이러한 서구 형이상학의 언어에 스즈키는 선禪 고유의 언어인 공안公案을 추가한다. 스즈키는 절대자와의 합일은 '합리'와 '논리'의 초월을 포함한다고 자주 언급하는데, 이는 예컨대 피히테(Fichte)와 셸링에서도 찾아볼 수 있다. 그러나 스즈키는 선 스승들이 이 초이성적 결합을 가장 완벽한 방식으로 실현했다고 제시하기 위해, 선 문학의 독특한 형태인 문답과 공안을 강조한다. 이는 선에 약간이라도 친숙한 사람이라면 누구나 알 수 있는, 선 스승과 제자의 만남을 다룬 이야기이다.[5] 문답과 공안의 일반적인 형식은 서로 명확한 관계가 없는 질문과 답변으로 구성된다. '한 손바닥이 내는 손뼉 소리' 공안처럼 유명한

5 스즈키는 특히 공안公案 모음집인 『경덕전등록景德傳燈錄』에 의존하고 있다. 스즈키의 연구 이후로 공안에 대한 연구가 많이 이루어졌는데, 그러한 연구 중 많은 부분이 스즈키의 해석에 의문을 제기하고 있다. Heine and Wright 2000; Heine 2004; Hori 2003을 참조하라.

공안들은 서양에서 친숙해졌다. 인간과 자연의 결합을 설명하기 위해 스즈키는 스승이 막대기로 기둥을 치자 승려가 갑작스런 고통을 느끼는 공안을 제시한다. 스즈키는 이것이 깨달은 자가 '자연과 완전히 동화되는' 정도를 보여주며, 공안이 이해할 수 없고 비합리적으로 보이는 이유는 논리가 사물의 표면, 즉 '상대성의 영역'에만 존재하기 때문이라고 주장한다. 인간과 자연이 하나인 절대자에 대한 통찰은 동시에 '구체적 사실들'(기둥, 개, 코)을 다루는 동시에 합리적 설명을 완전히 거부하는 언어를 만든다. 왜냐하면 그러한 언어는 사물의 이성 이전 통일성(prerational unity of things)에서 나오기 때문이다. 그러므로 선 스승들은 "자연이 스스로를 의식할 수 있도록 하는 의사소통의 도구이다. 순수한 존재(pure being)는 절대적인 정체성의 자리에서 내려와 이원화되어 스스로에게 말을 건다."(1956: 250) 그러므로 선 스승들은 모든 것이 하나로 통합된 자연, 즉 '순수한 존재'의 깊은 곳에서 말하지만, 동시에 상대성의 영역에서 여전히 개별적인 진리를 말함으로써 절대자와 이원적이고 차별화된 세계를 조화시킨다. 이러한 발언은 이성적으로 이해되지 않을 수 있지만, 바로 그 합리성의 붕괴 속에서 듣는 이의 마음이 그 자체를 초월하도록 촉진할 수 있다.

스즈키는 서양의 사상가, 신비주의자, 성자는 모두 인간과 자연의 이러한 통합을 어느 정도 관찰했다는 점을 인정하며, 이는 모든 종교적·신비적 전통들에 공통된다고 주장한다. 스즈키가 선의 독특한 공헌 중 하나로 보는 것은 인간과 자연의 비이원적 통합을 표현하고 지향하는 이 초합리적인 발언이다. 스즈키는 이러한 발언이 철학적 사색과 논쟁을 넘어선다고 주장한다. 그것은 상대적인 것과 절대적인 것의 교차점에서 직접 말하고, 그 둘을 조화시키는 독특한 담론 형식이다. 스즈키에게 선 공안의 '비합리성'은 서양이 달성하지 못한 인간과 자연의 완전한 조화를 선이 달성했다는 사실을 나타낸다. "〔자연의〕 '비합리성'은 인간의 의심이나 모호함을 초월하며, 우리가 비합리성에 복종하거나 오히려 이를 받아들임으로써 우리는 우리 자신을 초월하게 된다."(1956: 234)

스즈키는 인간과 자연에 대한 논의에서 선 문학을 사회적·의례적·윤리적 맥락에서 벗어나, 독일 낭만적 관념론, 영국 낭만주의, 미국 초월주의에서 파생된 형이상학의 언어로 재구성한다. 순수한 주관성, 순수한 객관성, 자연에 대한 그의 어휘와 철학적 개념들의 정교화(인간과 자연 사이의 궁극적 조화, 자연에서 주체의 출현, 개인의 자의식에 이르는 자연, 그리고 개인도 자연과 하나 됨을 깨닫는 것)는 분명히 이러한 원천들에서 비롯되었다. 이 사상가들과 마찬가지로, 스즈키는 인간이 일부인 살아있는 자연의 그림을 제시한다. 이는 기독교 신학적 관점과 합리주의적 기계론적 관점과는 대조된다. 셸링과 콜리지가 타락을 자연과의 분리로, 구원을 '자연과의 적대로부터 화해'로 보았던 것처럼, 스즈키도 자연과의 합일을 최고의 영적 목표로 제시한다(Abrams 1984: 124에서 인용). 스즈키는 또한 공안을 사용하여 낭만주의의 합리주의에 대한 비판을 더욱 발전시키고, 표현론적 관점의 변형을 제시한다. 즉, 선 스승은 비이원적 존재의 심층부에서 자신만의 독특하고 초월적인 발언을 표명한다는 것이다.

이러한 개념적 차용은 스즈키가 단순히 서구 자료를 차용하여 이를 선禪으로 포장하려 했다는 의미일까? 그렇게 해석하는 것은 지나치게 단순한 접근일 것이다. 스즈키는 선 문학의 요소들을 다양한 서구 철학 사상으로 구성된 구조 위에 배치함으로써, 선택된 선의 개념들을 그 담론으로 번역하고자 했다. 스즈키는 선과 서양 형이상학의 낭만주의적·초월주의적 맥락 사이의 친화성을 감지하고, 인간과 자연의 문제를 정의하기 위해 서양 형이상학의 용어를 사용했다. 그는 선이 형이상학의 광범위한 개요를 주장할 수 있도록 한 다음에 선의 주제를 제시함으로써 그것을 자신이 생각하는 가장 완전한 표현에 이르게 했다. 이러한 방식을 통해 스즈키는 일본과 서구에서 선을 근대성의 대화로 끌어들일 수 있었지만, 동시에 선이 낭만주의·초월주의 형이상학을 아무런 문제 없이 자기 것으로 주장할 수 있다는 점을 암묵적으로 과장하는 결과를 낳기도 했다. 그러나 역사적으로 가장 중요한 것은 선에 대한 이러한 개념적 어휘를 주장하면서, 선을 합리주의와 낭만주의 사이 근대성의 구성적 긴장 속에 확고히 위치시켰다는 점이다. 그는 선을 낭만주의와 조율시키는 동시에, 그것을 암묵적으로 대체한다고 주장했다. 이것이 스즈키가 서구 사상과 관계를 맺는 데 있어 반복적으로 나타나는 패턴이다.

개념과 실재·서양과 동양

자연의 '선 낭만주의' 형이상학이라고 부를 수 있는 이 개념은 스즈키가 창의성과 예술에 대해 논의하는 데 있어 중요한 요소이며, 그가 선과 이들 사이의 독특한 관계라고 주장하는 바를 설명하는 데 핵심적인 역할을 한다. 이러한 개념은 그가 『선과 일본 문화(Zen and Japanese Culture)』(1959)에서 제시한 것이다. 선에 대한 스즈키의 해석에 필수적

인 것은 '개념'과 '언어주의'에 대한 비난인데, 이들이 있는 그대로의 사물의 본질을 모호하게 한다고 주장한다. 스즈키는 선禪을 추상적인 철학이나 추론에 반대되는 것으로 제시하며, 사물에 대한 직접적인 이해를 가능하게 하는 단순한 삶의 방식을 지지한다. 그리고 이러한 직접성(immediacy)을 통해 전체에 대한 통찰에 이르게 된다고 본다. 스즈키는 선 문헌에서 승려들이 스승으로부터 코를 맞거나 비틀리는 사례를 인용하면서, 이것이 개념화와 추론에서 벗어나 현재의 직접 경험으로 이끌기 위한 시도라고 설명한다. 그는 '지성화의 교착 상태'를 깨는 것이 사토리(悟り)에 도달하는 데 필수적이라고 주장하며, 사토리는 우리의 일상적이고 구체적인 특정한 경험 속에서 숨겨져 있던 의미를 발견하고, 모든 지적 침전물이 제거된 사물의 '존재(isness)'를 드러낸다고 말한다. 스즈키는 '사토리'를 해방적·도덕적·영적·지적인 것으로 정의하며(15-17), 삶이 더 신선하고 더 깊고 더 만족스러운 측면을 띠는 새로운 관점을 얻는 급진적인 행위로 설명한다(1949: 229).

그런 다음 스즈키는 개념과 실재에 대한 직접적인 이해 사이의 이러한 대립을 활용하여, 서양의 본질적인 특징이라고 여기는 합리적 지성에 대한 과도한 의존을 비판한다. 그는 서양 오리엔탈리즘의 맥락에서 형성된 동양과 서양의 이분법을 끌어와 이를 재구성함으로써, 일반적으로 종속적 위치에 놓였던 '동양'이라는 개념에 더 높은 지위를 부여한다. 그 예로 단순하고 소박한 우아함을 나타내는 일본의 미학 용어인 와비(侘び)에 대한 스즈키의 논의를 들 수 있다(와비는 현재 북미 지역의 실내 장식 언어에도 적용되었다). 스즈키에게 와비는

일종의 가난을 의미하는데, 이는 부, 권력, 명예 등 세속적인 것들에 의존하지 않지만, 시간과 사회적 지위를 초월하여 가장 높은 가치의 존재를 느끼는 상태이다(1959: 23). 스즈키는 그러한 단순함을 보여주는 미국의 사례로 헨리 데이비드 소로(Henry David Thoreau)의 통나무 오두막을 인용하면서, 서구의 물질주의적 과잉에 맞서 이러한 가난을 찬양한다. "근대 서구의 사치와 삶의 안락함이 우리를 침범했음에도 불구하고, 우리는 여전히 와비 숭배에 대한 지울 수 없는 열망을 품고 있다. … 아무리 '문명화'되어 있고, 아무리 인위적으로 고안된 환경에서 자랐더라도, 우리는 모두 삶의 자연스러운 상태에 가까운 원시적 단순성에 대한 본능적 열망을 가진 듯하다."(23) 스즈키가 소로를 언급한 것은 단순함과 고독에 대한 낭만주의·초월주의자들의 사랑, 자연에 대한 평가, 자연과 인위의 구별, 근대의 사치와 기술 진보의 이익에 품는 의구심에 대한 스즈키의 공감을 나타낸다. "모든 과학의 장비를 사용해도 우리는 아직 삶의 신비를 파악하지 못했다."라는 그의 말은 물론 선이 삶의 신비를 지니고 있음을 암시한다. 그리고 서양 과학의 제한된 이해와는 대조적으로, "동양인들의 기질에서 가장 특징적인 것은 외부가 아닌 내부에서 삶을 파악하는 능력이다."라고 말한다(23-24). 따라서 스즈키는 서양이 '논리적'이고 동양은 '직관적'이라는 낭만주의에서 파생된 오리엔탈리스트 사상을 긍정한다. 그래서 동양이 삶에서 가장 근본적인 문제들, 특히 종교, 예술, 형이상학을 다루는 데 훨씬 더 적합하다고 주장한다(219).

이러한 특징 묘사를 통해 스즈키는 필자가 논의해 온 근대성의 긴장, 즉 이성과 직관, 문명과 원시, 과학과 예술, 외면과 내면 사이에서 선禪의 자리를 확보한다. 그는 지성, 사치, 기술에 대한 과잉 의존을 서양에, 실재에 대한 단순하고 직관적이며 예술적이며 비개념적인 이해를 동양에 각각 귀속시킨다. 비록 일본이 지난 100년 동안 그가 서양과 전적으로 결부시킨 것들을 공격적으로 추구해 왔음에도 불구하고 말이다. 하지만 이러한 지나치게 일반화된 동일화는 스즈키에만 국한되지는 않는다. 앞서 언급한 바와 같이, 이는 오리엔탈리스트, 선교사, 아시아의 식민지 개척자들이 오래전부터 사용해 온 서구적 개념들을 요약한 것이다. 인도 문학을 영어로 번역한 최초의 위대한 번역가인 윌리엄 존스 경(Sir William Jones)은 18세기 후반에 다음과 같이 선언했다. "이성과 취향은 유럽인들의 위대한 특권인 반면, 아시아인들은 상상력의 영역에서 더 높은 경지로 비상해 왔다."(1799: 1: 11) 스즈키는 아시아의 '단순함'을 높이 평가하면서, 낭만주의의 '동양' 재현을 차용했다. 그러나 이는 동양 문화에 대한 적절한 이해라기보다 서구 문화에 대한 내적 비판에 가까웠다. 특히 셸링, 헤르더, 슐레겔과 같은 특정 독일 낭만주의자들은 이성, 분석, 산업의 우세에 대한 해독제를 찾으면서, '동양'에서는 직관, 자연, 감정이 우위에 있다고 추측했다(Clarke 1997: 54-70; King 1999).[6]

---

6 많은 낭만주의자가 아시아(특히 인도)의 철학과 신화에 매료되어 있었기 때문에, 우리는 여기서 이중차용(二重借用, double appropriation), 즉 스즈키가 셸링(Schelling), 헤르더(Herder), 슐레겔(Schlegel) 등과 같은 낭만주의자들이 인도 문학을 읽고 얻은 개념들을 재사용하고 있다고 주장하고 싶을 수 있다. 이들과 다른 낭만주의 사상가들이 아시아 사상의 다양한 요소를 자기 사상에 흡수했지만, 이 문제를 심도 있게 연구한 사람들은 일반적으로 아시아의 영향이 그들의 사상 형성에 결정적인 역할을 했다기보다는, 이미 발전시킨 사상을 확인하는 데 더

스즈키가 묘사하는 숲에서 자연과 하나가 된 은둔 선 수행자의 모습은 단지 소로를 연상시키는 것에 그치지 않고, 농부, 어린이, '야만인'을 찬미하던 낭만주의 전통 전체와, 도구적 이성이 지배하는 점점 더 복잡해지는 세계 속에서 원시에 대한 향수까지 불러일으킨다. 스즈키는 낭만적 원시주의(romantic primitivism)를 활용하여, 동양인을 어린애 같고, 순진하고, 직관적이고, 신비롭고, 비이성적인 존재로 묘사해 온 서구의 종종 경멸적인 이미지를 긍정적으로 재구성한다. 서구에서 이러한 특성들을 물욕物欲, 합리성, 근면성이라는 경쟁적 특성들에 반하는 미덕으로 보는 것을 처음으로 가능하게 한 것은 낭만주의자였다. 스즈키는 서구가 그려온 동양의 이미지를 수용하고 재활성화하여, 낭만주의 설화 속의 순박한 농부를 불교·도교의 '선자(禪者, Zen-man)'로 변형시킨다. 이 선자는 마음의 인위성과 근대 문명의 복잡성을 우회하고, 사물의 단순함 속에서 있는 그대로의 심오함에 더 직접적으로 접근할 수 있는 존재로 제시된다. 따라서 스즈키 주장의 근거는 수많은 문화적 산물, 특히 낭만주의·초월주의 시, 에세이, 예술과 도시 생활에 대한 진보주의 운동의 불안에 의해 마련되었다. 스즈키는 또한 근대성에 대한 광범위한 불만, 산업주의에 대한 불안, 근대주의, 초현실주의, 기타 형태의 20세기 예술과 문학의 원시주의 성향을 활용하였다. 특히 20세기가 진행되고 기술 발전의 어두운 면이 드러나자, 산업화된 서양과 '신비로운 동양' 사이의 이분법이 근대인의 의식 속에 확고히 자리 잡게 되었고, 결핍감, 향수, 불안이라

가까웠다고 결론짓는다. Halbfass 1988, Clarke 1997을 참조하라.

는 감정에 의해 더욱 강화되었다. 스즈키의 글은 프랑스 혁명 이후 공포정치의 고통 속에서 문명 자체가 우리를 자유롭게 하기는커녕 자연과 미적 아름다움으로부터 우리를 떨어뜨렸다는 쉴러의 불안을 반영하고 있다. 전쟁, 소외, 그리고 점점 더 정신없이 바쁘게 돌아가는 활동의 세기에 스즈키는 선禪을 자연에 대한 신비로운 관조 속에서 조용히 만족하고, 세상과 하나되어 편안함을 느낄 수 있는 길로 제시했다(1959: 23).

따라서 스즈키는 아마도 자신이 갖고 있었을 단순성, 비합리성, 원시성으로 동양의 타자를 근대성의 병폐에 대한 해독제로 바꾸는 것을 도왔다. 이는 동아시아의 삶과 문학의 특정 계통에 자연 사랑과 소박한 단순함이 없었다는 뜻은 아니다. 분명히 이러한 것들은 선과 도교 사상의 중요한 요소이지 단순히 근대적인 발명품이 아니다. 필자가 말하고자 하는 요점은, 스즈키가 이러한 요소들을 주제화하고 재구성함으로써 그것들이 근대성의 지배적인 문제들을 다룰 수 있도록 만들었다는 것이다.

자발성과 검

스즈키는 자연과 하나이고 과도한 지성화에 방해받지 않고 근대의 사치적 욕망의 노예 상태에서 자유로운 낭만주의적 농부의 동아시아 버전을 구축한 뒤, 예술과 이 인물(동아시아 버전의 낭만주의적 농부)의 개념화되지 않은 현실 인식 사이에 밀접한 관계가 있다고 상정한다. 이러한 공식의 핵심 개념은 자발성(spontaneity)이며, 이는 앞서 언급했듯이 낭만주의자들에게 익숙한 개념이다. 지루함이나 무기력함이 아니라 주의 깊고 세심한 훈련을 통해 어수선한 개념적 사고가 마음에서 제거될 때, 사람은 세상과 자신 사이의 매개되지 않은 만남에서 자발적으로 행동할 자유를 얻게 된다. 삶의 일상적인 활동뿐만 아니라 모든 형태의 예술에서 창의성의 원천은 바로 이러한 만남과 그와 관련된 자발성이다. 스즈키에 따르면, 바로 이 지점에서 모든 예술이 선禪으로 합쳐진다(1959: 94). 불교가 아마도 세계 종교 중에서 가장 전투적이지 않은 종교로 널리 인식되고 있다는 점에서 아이러니하게도, 스즈키가 이러한 자발적인 창의성의 핵심 예시로 제시한 것은 바로 사무라이 무사로 대표되는 검술이다. 다른 학자들이 지적했듯이, 스즈키가 선을 설명하면서 사용한 수많은 무술 삽화는 우연이 아니다. 그러한 무술 삽화들은 선의 가르침을 서양과 조화시키려는 그의 시도에서 비롯된 것일 뿐만 아니라, 일본 무사 윤리를 중시하고 일본 군국주의와 민족주의를 지지하는 그의 본성에 더 가까운 것에서도 비롯되었다. 이는 최근까지 스즈키의 작업과 삶의 한 측면으로, 이에 대한 비평적 연구는 거의 이루어지지 않았다(Faure 1993; Sharf 1995c; Victoria 2006). 현대의 선은 설거지, 자동차 운전 따위의 일상적인 활동 속에 선을 실천할 수 있다고 강조하지만, 스즈키에게 더 가까운 것은 검劍이었다. 그가 '선 검술'의 본보기로 삼은 인물은 16세기 검술의 대가이자 사무라이 무사이며 임제선臨濟禪 스승이었던 다쿠안 소호(澤庵宗彭)였다.

스즈키는 다쿠안이 학생에게 보낸 편지를 사용하여 일상 속의 선 명상을 설명한다. 이러한 검술과 선의 융합에서 필수적 요소는 앞서 언급한 인지 활동의 포기이며, 이는 마음이 어떤 대상이나 생각에 멈추거나 고정되지 않도록 하는 것이다. 다쿠안은 말한다. "검투劍鬪에는 숙고나 계산의 여지가 없다. 언제든 죽음에 이를 수 있는 끊임없이 전개되고 빠르게 변화하는 상황에 대한 즉각적인 반응만 있을 뿐이다. 마음이 어떤 것에 고정되면 마음은 다른 것의 통제하에 놓이게 된다."(1959: 102) 계속해서 "마음은 자신이 하는 모든 움직임에 제약을 느끼며, 어떤 것도 자발성의 감각으로 이루어지지 않는다."라고 말한다(114). 잘 훈련된 마음은 번개가 번쩍이거나 강철이 부싯돌에 부딪쳐 튀어 오르는 불꽃처럼, 지적인 숙고가 아니라 내면적 본성에서 자발적으로 분출되는 에너지에 의해 작동한다. 스즈키의 다쿠안 번역에 따르면, 그러한 마음은

> 움직이면서도 움직이지 않고, 긴장하면서도 여유로우며, 일어나고 있는 모든 것을 보면서도 그것이 어떻게 변할지 전혀 걱정하지 않고, 의도적으로 계획한 것도 없고, 의식적으로 계산한 것도 없고, 기대도 없고 예측도 없다. 간단히 말해서, 순진한 아기처럼서 있으면서도 완전히 성숙한 마음의 가장 예리한 지성이 지닌 모든 교활함과 기만술을 갖추고 있다(109).

다쿠안은 다음과 같이 주장한다. "이 '무심한 마음'은 검술에서처럼 춤과 같은 우리가 할 수 있는 모든 활동에 적용된다. … 만약 그가 자신의 예술을 잘 보여주려는 생각을 조금이라도 품는다면, 그는 더 이상 좋은 춤꾼이 되지 못한다. 왜냐하면 그가 지나치는 매 순간마다 그의 마음은 '멈추기' 때문이다. 매사에 '마음'을 잊고 눈앞의 일과

하나가 되는 것이 중요하다."(Suzuki 1959: 114에서 인용) 이 무심한 상태에서는 "인공적인 고안의 흔적이 없으며 모든 것이 자연 자체에 맡겨져 있다."(116)

스즈키의 다쿠안에 대한 해석은 예술과 일상 속 창의성과 자발성이라는 근대 불교 개념의 핵심을 짚어낸다. 이 개념의 본질적인 구분, 즉 의도적인 것과 자발적인 것, 지적인 것과 직관적인 것의 구분은 필자가 앞서 제시한 예술에 대한 낭만주의적 논의와 공명한다. 지적 성찰, 계산, 예상, 그리고 수많은 인지 활동은 훈련되고 민첩한 마음에서 발생하는 직관적이고 자발적이며 창의적인 행동과 대조를 이룬다. 자연적인 것과 인위적인 것 사이의 이러한 본질적인 구별은 앞서 논의한 다른 이분법적 대립과 동질화를 초래한다. 스즈키는 이를 동양과 서양의 기본적인 구분에 적용한다. 다시 말하지만, 동양은 자연스럽고 단순하며 창의적인 데 반해 서양은 합리적이고 기계적이고 인위적이라는 것이다. 스즈키는 서구의 합리주의와 낭만주의 사이의 긴장을 개괄하고, 다시 선을 낭만주의와 확고하게 연관 짓는다. 다쿠안이 언급한 춤에서 앨런 긴즈버그의 빙그르르 도는 동작으로 바로 이어지는 연결 고리는 없지만, 우리는 긴즈버그가 자발성에 대한 찬미와 사회적 규범에 대한 무시를 불교에 대한 그의 이해와 어떻게 결합하였는지를 점차 이해하게 된다. 우리는 불교와 선이 어떻게 전위 예술과 실험적이고 즉흥적인 음악 및 연극과 밀접하게 연관되게 되었는지도 희미하게 엿볼 수 있다.

스즈키가 자발적인 것과 인위적인 것 사이의 이러한 긴장을 표현하는 또 다른 매우 영향력 있는 방법은 그의 반개념주의와 루소·선

원시주의를 '무의식' 개념과 연결하는 것이다.[7] 스즈키는 사고가 여러 면에서 유용하지만 종종 작업에 방해가 되므로, 사고를 내려놓고 무의식이 전면에 나오도록 해야 하며, 그러한 경우에 사람은 더 이상 자신의 의식적인 주인이 아니라 미지의 손에 의해 움직이는 도구가 된다고 주장한다(1959: 133). 스즈키는 모든 것을 프로크루스테스(Procrustean)의 침대 논리에 맞추는 것은 큰 실수라는 점을 역설하며, 원 창의성의 모든 작품은 합리주의적 도식화를 넘어서는 무의식의 산물이라고 주장한다(140). 그리고 스즈키는 덧붙인다. "'관점'이나 '사고'는 지성의 결과이며, 관점이나 지성이 존재하는 곳에서는 불생不生 또는 무의식의 이 창의성은 온갖 장애물에 부딪힌다. … 지성은 공리주의를 위한 것이며, 지성이 가진 창의성이 무엇이든 이 한계 내에서 작동하고 결코 그 너머로 나아가지 않는다."(141) 모든 생각, 두려움, 욕망이 없는 검객劍客에게 "칼과 사람은 말하자면 무의식의 손에 들린 도구가 되며, 창의성의 경이로움을 성취하는 것은 바로 무의식이다. 이 지점에서 검술은 예술이 된다."라고 말한다(146). 또한 이것은 시, 그림, 다도茶道를 포함한 다른 모든 예술에 적용된다. 스즈키는 낭만주의 및 후기 낭만주의에서 제시된 예술가를 사제 혹은 샤먼으로 보는 관점을 반영하며, 예술가를 우주의 가장 깊은 신비를 탐구하고 그것을 독창적이고 유일무이한 방식으로 표현하는 존재로

7 여기서 스즈키는 종종 '마음 없음(no-mind)' 또는 '생각 없음(no-thought)'으로 번역되는 무심無心이라는 용어를 무의식이라고 번역한다. 이는 아마도 정신분석학 이론을 선에 동화시키려는 지나친 열정을 보여주는, 문제가 있고 오해 소지가 있는 번역이다.

찬미한다. 위대한 예술가는 무의식적인 창조 에너지의 신비로운 깊이까지 파고들어 그러한 에너지를 세상에 내놓는 거의 신과 같은 능력을 지닌다는 것이다.

스즈키가 불교의 '불생不生' 또는 공을 정신분석학적 **무의식**과 낭만주의적 **자연** 모두와 자유롭게 융합시키는 방법은 주목할 만하다. 자연은 '주심(主心, master mind)'에 비유되며, 인간 의식의 최고 기능은 그 근원인 무의식을 점점 더 깊이 파고드는 것이라고 한다(1959: 143). 스즈키는 셸링과 융과 마찬가지로 무의식이 창의성의 자리라고 선언하면서, 분명히 정신분석학 이론과 (아마도) 낭만주의 이론에서 영향을 받고 있다. 하지만 스즈키는 정신분석가들이 발견한 무의식보다 더 심오한 수준의 무의식이 있다고 주장한다. '예술적 삶의 비밀'은 융의 집단 무의식보다 더 깊은 곳, 즉 '창의성의 원리' 그 자체인 '우주적 무의식' 속에 깃들어 있다는 것이다. "모든 창의적인 예술 작품, 종교인들의 삶과 열망, 철학자들을 움직이는 탐구 정신, 이 모든 것은 실로 가능성의 창고(ālaya)인 우주 무의식이라는 원천에서 비롯된다."(243) 여기에서 스즈키는 이 무의식을 낭만주의자와 초월주의자들이 말하는 '자연'이라는 포괄적인 생명력과 결합하고, 이를 다시 또 다른 불교 개념인 유가행파(瑜伽行派, Yogācāra)의 아뢰야식(阿賴耶識, ālaya-vijñāna), 그리고 보다 일반적으로는 불성, 공(空, śūnyatā) 또는 법신(法身, dharma-kāya)과 같은 대승불교의 궁극적 실재 개념들과 융합한다. 이러한 서구적 개념들과 공 및 아뢰야식의 동일화는 공의 개념이 근대적으로 전환되었음을 나타낸다(298). 이는 사물의 자성 부재로부터, 인도 불교의 자료들로 거슬러 올라가는 **용기**로서의 공이나 아뢰야

(阿賴耶, ālaya)로, 또는 스즈키의 표현대로 '무한한 가능성의 저장소(ālaya)'로 이동한 것이다. 전통적인 불교의 공 개념과는 상당히 다른 이 재해석은 무한한 깊이와 창조적 가능성을 담고 있는 용기로서 깊은 내면에 대한 낭만주의적이고 정신분석적인 개념들과 더 조화롭게 어우러질 수 있다.

요약하면, 이러한 창의성 개념은 낭만주의자들과 마찬가지로 자연이 존재의 원천이자 유지자인 통합된 살아있는 힘이라고 주장한다. 스즈키는 이를 절대, 자연, 불성, 불생, 무의식, 공 등 다양한 용어로 표현한다. 인간의 마음은 이 더 크고 모든 것을 아우르는 생명의 한 현현이지만, 그 마음을 특징짓는 지성, 욕망, 감정 등의 다양한 형태는 제한된 의미에서는 유용할지라도, 이 더 큰 생명과의 연결을 단절시킨다. 절대자에게 접근하는 방법은 내면을 향하는 것이며, 보통의 의식에서는 무의식이라 불리는 것을 통과해야 한다. 이것이 바로 창의성의 원천이다. 무의식으로 행동하는 것은 절대자 자체의 영감에 따라 행동하는 것이며, 심지어 자아를 (완전히 없애지는 않지만) 지우고, 자아가 자신을 통해 행동하도록 하는 것이다. 창의성은 이성적으로 사고하는 마음이 물러날 때, 존재의 깊은 곳에서 자연스럽게 흘러나온다. 마지막으로 스즈키는 선이 서양에서는 아직 실현되지 않은 방식으로 이러한 창의적 깊이에 직접 접근할 방법을 제공한다고 주장한다.

선의 거울과 낭만주의의 등불

요즘 학자들은 스즈키의 선禪 재현에 대해 비판적이었다. 특히 선을 개인적인 경험으로 축소하고, 일본 문화의 국수주의적 측면으로 해석하고, 승가 제도, 의례 체계, 사회적 윤리적 책임의 네트워크에서 선의 실제적 맥락을 무시한 방식에 대해 그러했다. 최근의 민족지학적·역사적 연구는 학자들이 선을 보는 방식을 크게 변화시켰지만, 전통에 대한 이러한 재구상再構想은 일반적으로 학계 밖으로까지 확대되지는 않았다(Faure 1991, 1993; Sharf 1995c; Snodgrass 2003; Williams 2005 참조). 스즈키는 선 문학을 맥락에서 분리하여, 그것을 근대적이고, 주로 서구적인 사상의 틀로 통합하려 했다. 그는 이데올로기적·민족주의적인 목적뿐만 아니라 지적 열정과 영적 이상에 동기를 부여받았으며, 선을 점점 더 세계화되는 근대 담론 속으로 끌어들이는 데 대체로 성공했다. 근대화된 선에 대한 스즈키의 제시는 선에 대한 서양의 이해와 재창조뿐만 아니라 일본의 선에 대한 개혁, 재고찰, 재구성에도 필수적이었다.

스즈키가 자신의 사상적 틀을 낭만주의자들로부터 얻었는지, 아니면 에머슨, 융, 또는 다른 사람들을 통해 간접적으로 얻었는지는 불분명하다. 그러나 스즈키가 그들의 언어뿐만 아니라 형이상학을 자기 수단으로 채택한 것은 분명하다. 그리고 그는 자연의 생동력과 통일성을 '모든 것이 진행되고 모든 것이 돌아오는 신성한 심연'으로 묘사한 셸링의 표현과, 예술을 조건화된 세계와 무한자, 의식과 무의식을 연결하는 것으로 본 셸링의 관점에 편안함을 느꼈을 것이다. 셸링에게 예술은 경험적 인과관계로 설명할 수 없는 무한한 차원을 지니며, 우리를 주관과 객관의 원초적 조화로 되돌려 놓는다(1978[1800]). 셸링을 따라서 실러는 괴테에게 보낸 편지에서 동료 독일 관념론자들이 경험을 너무 무시한다고 불평한다. 그는 "경험 속에서 시인은 전적으로 무의식에서 시작한다. … 그리고 내가 보기에 시는 바로 그 무의식을 표현하고 전달할 수 있는 능력에 있다."라고 말한다. 괴테는 "천재가 천재로서 하는 모든 일은 무의식적으로 이루어진다. 천재는 또한 신중한 숙고와 확신을 바탕으로 합리적으로 행동할 수 있지만, 그 모든 것은 어디까지나 부차적으로만 발생한다."라고 대답했다(Abrams 1953: 210-11에서 인용). 물론 이 낭만주의자들은 근대 정신분석 이론의 선구자이다. 근대의 정신분석 이론은 창의성과 무의식 사이의 관계에 대한 이해를 더욱 발전시키며, 무의식을 창조적 에너지와 상징주의의 깊은 저장소로 이해한다. 필자가 말하고자 하는 요점은 고전 문학에 나오는 선 스승들의 일부 익살스러운 행동들에서 자발성, 창의성, 자연에 대한 사랑을 찾아볼 수 없다는 것이 아니며, 따라서 이 모든 것이 서구 사상이 선에 강요한 결과라는 것도 아니다. 오히려 스즈키가 자발성, 창의성, 자연에 대한 사랑을 주제화하는 방식은 명백히 근대적이다. 스즈키의 손에서 이 개념들은 합리주의와 낭만주의 사이의 긴장 속에서 자리를 잡는다. 선의 공안 문학에 자발성을 지닌 선 스승들이 등장할지라도, 그들은 자발성을 주제화하거나 명시적 담론의 대상으로 삼지 않았다. 바로 이 지점에서 스즈키의 선은 혼합체라는 실체가 된다.

스즈키는 또한 영국 낭만주의 및 미국 초월주의 세계관을 선禪 문학과 승가 생활의 소박한 정신, 자연계에 대한 경외심과 조화시키려고 시도했다. 그는 깨달은 사람이 사회적 관습과 규정된 도덕성을 초월하여 자연의 매개체로서의 직관적 행동을 실현한다고 주장함으로써 루소의 원시주의(原始主義, primitivism)를 재구성하고 더욱 급진적으로 만들었다. 스즈키의 선 창의성 개념의 많은 주제는 낭만주의와 그 후속 사조들에게도 존재하지만, 그는 종종 논쟁적인 방식으로 선의 독자성과 우월성을 강조함으로써 이러한 개념의 혼합성을 간과했다. 독특했던 점은 스즈키가 종종 불가해한 선 문학을 해석하기 위한 틀로 이러한 주제들을 사용하는 방식이었다. 그가 서양의 자료를 통합하는 전형적인 방식은 독일 낭만주의의 **절대성**, 정신분석학의 **무의식**, 그리고 **창의성**과 같은 서구의 기본 범주들을 차용하면서, 선禪이 이러한 개념들을 포용하되 그것들을 대체한다고 주장하는 것이었다. 따라서 스즈키에 따르면, 워즈워스는 시에서 제비꽃에 대한 감상을 표현하지만, 제비꽃 자체에는 관심이 없다고 한다(1959: 266). 마찬가지로 테니슨은 갈라진 벽 틈새에 핀 꽃을 '단지 철학적이고 개념적인 방식'으로 제시한다(354). 테니슨은 "꽃을 그대로 두지 않고 갈라진 벽 틈새에서 '뿌리째' 뽑아내야 한다. 이는 식물이 죽어야 한다는 것을 의미한다. … 그의 호기심은 충족되어야 한다." 그리고 "일부 의학자들이 하듯이, 그는 꽃을 생체 해부할 것이다."라고 말한다(1960: 3). 이에 반해 스즈키는 위대한 하이쿠(俳句)〔역주: 자연이 불러일으키는 감정적 반응을 포착한 일본의 전통 시이다.〕 시인 바쇼가 자연의 아름다움에 단순히 자연의 '진여眞如', 즉 고유한 특수성이면서 동시에 모든 것을 포괄하는 절대성과 하나인 것을 반영하는 방식으로 접근한다고 주장한다. 즉, 바쇼는 각 대상에 비이원적으로 접근하며, 자기 본위적 관점을 지워 그 대상이 그 자체로 나타나도록 하며, 영감을 표현하기 위한 수동적 도구가 된다고 주장한다(225). 스즈키는 서구 사상이 선과 같이 궁극적 실재는 인정하지만, 선 특유의 비매개적 방식으로 이러한 실재를 관통하는 능력에는 결함이 있다고 주장한다.

스즈키는 근대 서양이 이러한 직접성(immediacy)에서 실패한다고 주장한다. 왜냐하면 특히 낭만주의와 그 후속 사조들의 지도 하에서의 서양 예술에서는 실재에 대한 모든 이해와 표현이 '개인적 비전에 귀속'되어야 한다고 테일러가 지적하듯이, 사물의 모든 표현은 작가의 개인적 관점을 통해 매개되기 때문이다(1989: 428). 따라서 워즈워스는 『틴턴 수도원(Tintern Abbey)』에서 감각과 마음은 세상을 수동적으로 받아들이는 것이 아니라, 세상을 이해하는 데 기여한다고 제안한다. "모든 거대한 눈과 귀의 세계를, 그리고 눈과 귀가 반쯤은 창조하고 지각하는 것을."(ll. 105-107)

스즈키가 근대 서양 예술의 뚜렷한 개인적 특징을 지적한 것은 매우 옳았다. 에이브럼스(Abrams)에 따르면, 이는 낭만주의 혁명의 전형이다. 예술은 모사(模寫, mimesis)를 통해 사물을 반사하는 거울 역할을 하는 것이 아니라 실재에 자신의 비전을 투사하여 실재를 '반만 만드는' 등불과 같은 시적 마음의 창조물로 간주된다. 스즈키는 선이 실재 자체에 직접 접근함으로써 이러한 개인적인 관점과 등불과 같은 투영을 초월한다고 주장한다. 이것은 아마도 이 문제에 대한 스즈키의 생각에서 가장 철학적으로 문제가 되는 측면일 것이다. 그는 선 예술, 더 나아가 선 생활을 지적 활동과 이러한 개인적 관점에 전혀 매개되지 않는 것으로 규정한다. 예컨대 엄격한 형식적 요건을 지닌 하이쿠가 인지 활동 없이 완성된 형태로 갑자기 떠오른다고 상상하기란 쉽지 않다. 스즈키는 예술과 창의성에 대한 서구적 사고에 대한 기존의 사유를 바탕으로 이를 한 단계 높인다. 사람들, 특히 선 불교인은 전혀 중재되지 않은 방식으로 이 신성한 충동을 자발적으로 나타낼 수 있다.[8]

칸트 이후의 분석적·현상학적 탈근대의 인식론적 비판에 비추어 볼 때 철학적으로 문제가 될 수 있지만, 이 영향력 있는 그림은 불교, 특히 선을 서양의 상상력 속에 자발적인 창의력을 불러일으키는 특별한 능력을 지닌 전통으로 자리매김하게 한다. 낭만주의가 예술을 거울로 보는 관념을 폐기했다면, 스즈키는 선의 거울이라는 또 다른 거울을 논의에 도입한다. 이 거울은 실재를 있는 그대로 반영하는 맑은 마음의 보편적 상징이다. 스즈키에 따르면, 일본 선이 예술에 기여한 독특함이란 바로 사물의 '존재(isness)' 또는 '진여眞如'를 순수하게 드러내는 데 있다. 이는 사물이 지닌 철저한 개별적 특수성이면서 동시에 모든 것을 포괄하는 절대성과의 하나 됨 속에서 나타난다. 그는 이렇게 말한다. "마치 두 개의 티 없는 거울이 서로를 비추듯이, 사실과 우리 영혼도 어떠한 중개자도 없이 서로 마주 서야 한다."(1956: 13) 어떤 의미에서, 스즈키는 양쪽 모두를 원한다. 즉, 스즈키는 독창성과 창의적 특수성의 가치를 주장하면서도, 그것이 낭만주의자가 주장한 것처럼 개인적이거나, 많은 현대 사상가가 주장하는 것처럼 사회적이어서는 안 되며, 개인적·사회적 경계를 초월하는 실재의 재현과 그러한 실재에 대한 직접 접근에 기반해야 한다고 주장한다.[9] 진정한

---

8 전통에서 오랜 역사를 지닌 선의 '직접성 수사학(rhetoric of immediacy)'에 대한 관련 논의는 Faure 1991을 참조하고, 선 문학, 특히 공안公案에 대한 반개념주의적 해석에 대한 비판은 Hori 2003을 참조하라.

예술가는 실재를 독창적으로 표현하는 일종의 영적 천재이지만, 그 표현은 낭만주의자들이 그토록 좋아했던 변덕스러운 상상력이나 격정에 의해 여과되지 않은 것이다. 또한 스즈키의 거울은 근대 이전 서양에서 예술이 이해된 것처럼, 실재를 단순히 모사하는 것도 아니다. 스즈키는 선 거울이 개인적인 생각이나 열정에 물들지 않은 달(月)을 비춘다고 주장하지만, 선 예술은 여전히 모든 사물이 담긴 거대한 용기에서 직접 쏟아져 나온 예술가의 독특한 표현이다.

다른 불교·낭만적 예술관

스즈키만이 불교와 예술을 다루는 데 있어 낭만주의적 주제를 활용한 불교 근대주의자는 아니었다. 하지만 스즈키의 사상은 그의 낭만주의적·초월주의적 선禪 경향에 대해 자세히 설명한 로버트 블라이스(Robert Blyth)를 포함한 다수의 서구 후계자에 의해 가장 널리 전파되었다. 로버트 블라이스는 수많은 다른 서양 문학 인물 중에서 스즈키가 선 사상과 어떤 식으로든 접점이 있다고 믿었던 워즈워스, 요한 볼프강 폰 괴테(Johann Wolfgang von Goethe), 콜리지, 에머슨의 선 인용문들을 난삽하게 배열했다(Blyth 1942). 다른 영향력 있는 인물들도 일부는 독자적으로, 일부는 스즈키의 영향을 받아서 비슷한 주제들을 발전시켰다. 아나가리카 고빈다(Anagārika Govinda)는 1936년 에세이 「예술과 명상(Art and Meditation)」에서 예술과 관련하여 자신만의 낭만주의

9 하지만 우리는 종종 간과되는 낭만주의적 예술과 표현 개념들 속의 자기 초월적 요소들도 염두에 두어야 한다.

적 불교관을 발전시켰다.[10] 아나가리카 고빈다는 1898년에 독일 발트하임(Waldheim)에서 에른스트 로타르 호프만(Ernst Lothar Hoffman)이라는 이름으로 태어났으며, 스리랑카에서 불교를 공부하고 테라와다 전통에서 승려가 되었지만 결국에는 티베트 불교의 카규(Kagyu) 학파로 승적을 옮겼다. 고빈다는 서양에 불교를 설명하는 많은 대중서적을 저술했으며, 오늘날까지 이 교단의 독일 지부가 존재하는 아르야 마이트레야 만달라 오더(Ārya Maitreya Maṇḍala Order)를 설립했다. 하인리히 짐머(Heinrich Zimmer), 마틴 부버(Martin Buber), 앨런 왓츠, 스즈키 및 다양한 낭만주의자와 신지학자를 포함한 많은 비非티베트인 작가들의 사상을 참고하여 자신의 불교 재현을 구현한 고빈다의 혼합된 종교철학적 브리콜라주(bricolage)는 서구에서 티베트 불교의 가장 두드러진 초기 설명 중 하나였다.

「예술과 명상」에서 고빈다는 예술이 순전히 내면 상태의 표현이라고 주장한다. 명상과 마찬가지로 예술은 자연을 모방하는 것이 아니라, '모든 우연적 요소를 생략하여 더 높은 실재를 드러내는 것'이라는 것이다. 고빈다는 명상이 예술가의 직관적인 경험의 표현이며, 자신의 내면 비전을 가시적인 형태로 결정화한다고 주장한다(1999〔1936〕: 4-5). 명상은 마음을 정화하여 이러한 직관적 경험을 얻고, 우리 존재의 가장 깊은 곳, 깊고 숨겨진 샘에 접근하게 하는 수단이다. 그 속에서 삶의 강들이 하나로 합쳐진다(2). 예술가들은 이러한 내면의 존재 속으로 뛰어들어 깊은 영적 경험에 접근하며, 이를 시각 예술, 시,

10 이 에세이는 나중에 고빈다(Govinda)의 『창조적 명상과 다차원적 마음(Creative Meditation and Multi-Dimensional Consciousness)』(1976)에 포함되었다.

음악의 형태로 구체화한다.

예술과 그 근원에 대한 고빈다의 설명은 낭만주의뿐만 아니라 신플라톤주의와 신지학으로부터도 영감을 받았다. 고빈다는 내면 깊숙한 곳으로 뛰어드는 것을 플라톤적인 방식으로 '미에 대한 성찰'이라고 부르고, 예술 자체를 '미의 현현'이라고 정의한다(1999[1936]: 8). 고빈다는 독일 낭만주의자 노발리스(Novalis)의 "외부 세계는 신비한 상태의 내부 세계에 불과하다."라는 말을 인용하고, 괴테가 예술의 객관적 실재로부터의 독립성을 강조한 점을 들어, 중국 산수화山水畵가 형상으로 응축된 순수한 주관성, '순수한 자아실현'의 산물이라는 자신의 주장을 뒷받침한다(10-15). 이러한 그림은 불상과 함께, 서양 예술이 결코 이룬 적이 없는, '신성神性 그 자체의 가시적 재현'을 달성한다(15). 고빈다는 스즈키와 마찬가지로 동아시아 미술이 이성적 기원에 기반하지 않는다는 점에서 우월하다고 주장한다. 반면에 서양을 대표하는 레오나르도 다빈치(Leonardo da Vinci)나 알브레히트 뒤러(Albrecht Dürer)는 객관적 규칙들의 발견으로 필연적으로 이어지는 이성의 집중의 산물인 예술을 탄생시켰다고 주장한다(15).

동양은 직관적이고 서양은 이성적이라는 이분법이 이제 너무나 익숙해졌지만, 고빈다는 여기에 근대주의 예술(Modernist art)과 연결되는 새로운 차원을 추가한다. 그는 추상 예술이 내면의 깊이를 드러내어 '표면 아래에 숨겨진 삶'을 더 현실적이고 강렬하게 만든다는 함의를 제시한다(1999[1936]: 19).[11] 고빈다는 분석적이고 연역적인 방법에

11 필자는 대문자로 된 '근대주의자 또는 근대주의적(Modernist)'과 '근대주의(Modernism)'를 일반적인 의미의 근대주의(modernism)가 아니라 문학, 음악, 시각

따르는 논리적인 연산을 통하여 달성되는 추상 개념으로부터 추상 예술을 신중하게 구별하면서, 추상 미술은 음악과 마찬가지로 자연 형태를 모방하는 것이 아니라 특정한 마음 상태를 재현하는 것이라고 주장한다(19). 이 점에서 고빈다는 분명히 바실리 칸딘스키(Wassily Kandinsky)와 다른 20세기 초 추상주의자들뿐만 아니라 비표상적 예술을 눈에 보이는 형태에 내재한 영적 본질을 표현하는 것으로 본 신지학 운동의 일부 인물들로부터 영감을 얻고 있다. 또한 쇼펜하우어에게서도 영감을 빋았을 것이다. 쇼펜하우어는 음악의 비지시적 특성이 음악을 예술의 최고 형태로 만들고 평화로운 성찰과 의지의 고요함에 가장 도움이 된다고 보았다(Kandinsky 1977[1914]; Schopenhauer 1969; Tuchman 1986). 칸딘스키만큼은 아니었지만, 고빈다는 다양한 명상 상태의 표현이라고 주장하는 추상화를 직접 제작하고 전시했다.

상가락시타(Sangharakshita)는 산스끄리뜨 이름을 가진 또 다른 저명한 서양 불교도이며, 예술에 대한 열렬한 관심을 가진 인물로서, 추상 미술에 대한 애정은 없었을지라도 표현론적 접근 방식에서는 고빈다의 뒤를 따랐다. 1925년 런던에서 데니스 링우드(Dennis Lingwood)로 태어난 상가락시타는 웨스턴 부디스트 오더(Western Buddhist Order)와 서방불교교우회(FWBO: Friends of the Western Buddhist Order)를 창시했으며, 가장 왕성한 저작 활동을 하는 서양 불교도 중 한 명이 되었다. 상가락시타는 『예술 종교(The Religion of Art)』라는 제목의 수필집에서 불교와 예술의 기능이 같다고 선언한다. "이해의 한계를

예술의 다양한 20세기 초 운동을 가리키는 데 사용할 것이다. [역주: 본문에서는 우리말 번역어 옆에 괄호로 해당 원어를 병기하였다.]

넘어서 마음을 확장하거나, 자아의 경계를 넘어 마음을 확장하는 것이 바로 무아의 체험이다."(1973: 34, 81) "예술은 마음을 자기 이성의 한계를 뛰어넘어 아름다움의 저편까지, 그리고 초이성적인 평면으로 확장한다."(111-12) 하지만 이러한 기능은 '진정한 예술'이나 '종교 예술'에만 해당한다. 어마어마한 양의 대중 예술과 현대 예술, 즉 '유사 예술 쓰레기(pseudo-artistic trash)'는 우리 정신적 본성의 가장 추악한 깊이에서 생겨난 것이며, 섹스와 범죄에 대한 우리의 욕망에 영합함으로써 마음을 확장하기는커녕 오히려 좁게 만든다(36). 반면에 종교적 장면, 성자, 경건한 인물을 묘사하는 '형식적 종교 예술'은 마음의 확장을 일으키기보다는 '경건한 반사 작용'을 유발하는 경우가 많다(36). 이는 '형식적 종교 예술'이 대체로 기독교 예술이라는 것을 암시한다. 왜냐하면 붓다의 보편적인 형상들, 특히 그것들의 고요한 미소는 조형 예술에서 가능한 가장 큰 마음의 확장을 표현하기 때문이다(37). 하지만 형식적으로 종교적이진 않더라도, 자연스럽게 또는 본질적으로 종교적이며 무아의 경험을 유도하는 예술도 있다. 중국의 풍경화, 셸리(P. B. Shelley)의 최고 시, 베토벤(Beethoven)의 음악－상가락시타가 긍정적으로 언급한 대부분의 서양 예술가는 낭만주의자이거나 릴케와 같은 낭만주의 후계자들이다.－이 그러한 예이다. 마지막으로, 종교적인 주제와 마음을 확장하고 무아의 경험을 가져올 수 있는 능력을 지닌 형식적·자연적인 종교 예술이 있다.

상가락시타는 진정한 종교 예술과의 만남이 형식적으로든 자연스럽게든 아니면 양쪽 모두이든 간에, 경험을 심화하고 공감을 넓혀 지혜와 연민을 확장한다고 주장한다. 더 나아가, 그러한 예술은 바로 이러한 상태로부터 나온다고 말한다. 불교와 진정한 예술은 그러한 상태를 만들어내는 면에서 일치하기 때문에, 상가락시타는 제도화된 종교에 의심의 눈초리를 거두지 못하는 근대 세계에서 '예술 종교'가 등장할 수 있다고 제안한다.[12] 예술 종교는 불교와 마찬가지로 의식과 연민의 확장을 유도하는 능력으로 주로 정의되며, 자연스럽게 종교 예술을 중심으로 전개될 것이다. 플라톤주의에 대한 또 다른 경의의 표현인 예술 종교는 시, 음악, 시각 예술에서 특히 드러나는 아름다움에 대한 의식적 순종으로 구성된다. 이는 확립된 자기중심적 행동 패턴을 해체하고 무아의 노선을 따라 자기 경험을 실재의 별이 빛나는 심연으로 확장하는 수단이다(1973: 93). 그러한 예술은 마음을 확장하고 아름다움의 숭고한 경험으로 이어질 뿐만 아니라, 우리가 선善의 요구에 순종함으로써 삶을 변화시키도록 요구하기 때문에 자연스럽게 도덕적 행동으로 이어진다(98). 만약 예술가들이 그러한 순종으로 명성을 얻는 대신에 종종 부도덕한 행동에 빠진다는 평판을 얻는다면, 그러한 평가는 부당하다. 상가락시타는 그러한 예술가들은 단지 저급한 형태의 예술을 제공하는 사람일 뿐이며, 사회적으로 용납될 수 없는 방식으로 행동하는 진정한 예술가는, 그가 로렌스(D. H. Lawrence)로부터 차용한 말로 하면, 더 저급한 도덕성을 더 고상한 도덕성으로 대체하는 존재라고 주장한다(99-100). "참으로 사람은 가끔 자신의 영적 삶의

12 상가락시타(Sangharakshita)는 아마도 이러한 아이디어를 어니스트 페넬로사(Ernest Fenellosa, 1853~1908)로부터 얻었을 것이다. 페넬로사는 낭만주의와 초월주의의 영향을 버젓이 받은 초창기 불교도로, 새로운 시대에 예술이 종교를 대체할 것이라고 선언한 바 있다(Harris 2002: 374-75).

강렬함 때문에 도덕을 깨뜨릴 수밖에 없는 일이 생기기도 한다. 하지만 이는 그가 부도덕하다는 것을 의미하지 않는다."(100) 상가락시타는 많은 계몽주의 사상가와 낭만주의 사상가처럼, 그리고 대부분의 고전 불교 저술과는 아주 달리, 도덕규범이 실용적인 목적에 아무리 유용할지라도 윤리의 기준은 근본적으로 외부적인 것이 아니라 내면적인 것'이라고 주장한다(99).

하지만 상가락시타의 예술 종교는 때때로 형식적인 종교만큼이나 도덕적으로 경직된 것처럼 보인다. 그는 (예술 종교의) 신봉자가 특히 위험하고 치명적인 질병에 걸리지 않도록 예방 조치를 취하는 것만큼, 나쁜 예술로부터 자신을 철저하게 보호해야 한다고 말한다(1973: 104). 그래서 상가락시타는 다음과 같이 말한다. "대부분의 신문, 잡지, 10류 소설, 허접한 시, 싸구려 종교 석판화, 대중적 회화의 조잡한 복제품, 그리고 천박하고 흉물스러운 인쇄 달력들은 〔신자의〕 집에서 일말의 미련도 없이 치워야 한다. … 예술성이 없는 가구, 카펫, 커튼, 그릇, 공장에서 대량 생산된 꽃병도 죄다 내다 버려야 한다."(104-5) 단순히 나쁜 미적 취향에 대한 한탄이나 과장과 유머가 섞였을 푸념을 넘어서, 대중 예술, 문학, 가정용 가구에 대한 상가락시타의 격렬한 비난은 스즈키의 견해를 반영하는 근대 문화에 대한 더 넓은 비판의 일부이다. 상가락시타는 공장 매연 냄새와 교통 소음이 가득한, 똑같은 거리에 늘어선 서로 구분조차 어려운 도시의 벽돌 상자 주택들의 추악함은 도덕적 범죄와 마찬가지로 아름다움에 대한 범죄이며, 처벌받아야 마땅할 것이라고 비난하였다(105-6). 상가락시타는 그러한 범죄의 만연과 산업 범죄를 과일나무와 연꽃이 가득한 연못 한가운데 아름답게 장식된 문지방과 진흙 회반죽 벽을 갖춘 인도 농민의 단순한 초가집과 대조한다. 근대의 미학적 감각에 대한 상가락시타의 거부감은 분명히 산업, 도시, 기술의 측면에서 근대 생활에 대한 더 큰 혐오감의 일부이며, 반대로 농가 생활의 이상화이기도 하다.

스즈키와 고빈다처럼 상가락시타도 불교 및 예술과 불교와의 관계에 대한 자신의 설명을 낭만주의와 그 후속 사조들로부터 부분적으로 유래한 담론 속에 담아낸다. 이는 키츠, 셸리, 워즈워스, 베토벤과 같은 낭만주의자들을 '자연적인 종교 예술'의 최고 본보기로서 명시적으로 평가하는 것에서뿐만 아니라, 내면적·경험적 요소를 종교의 본질적인 요소로 고립시키려는 방식에서도 분명하게 나타난다. (다른 모든 요소는 내면적·경험적 요소에 종속되거나 그것의 타락한 형태로 간주된다.) 낭만주의의 영향은 그가 산업주의와 그 미적 감성을 비판하고 농가의 단순한 아름다움을 인정한 데에서도 확인된다. 더욱이 상가락시타는 예술을 숭고하고 내면적이며 초이성적인 상태를 표현하는 것으로 재현하는 점에서 낭만주의자들과 의견이 같다. 또한 진정한 예술은 도덕성에 도움이 되지만, 주류 도덕 규범을 초월할 수 있다고 주장한다.

이 모든 인물은 에이브럼스(Abrams)가 예술의 표현론이라고 부르는 것, 즉 예술을 내면 상태가 넘쳐흘러 구체적인 형태로 드러나는 표현으로 보는 관점을 각기 다른 방식으로 받아들였다. 불교 근대주의자들에게는 이것이 전통적인 형태의 불교적 입장처럼 자명하게 보일 수 있다. 결국 불교의 본질이 명상이라면 불교 미술은 명상적 경험의 표현이어야 한다. 그러나 아시아의 대부분의 불교 예술 관습은 상당히 다른 가정하에 행해진다. 아시아 사원 어디에서나 발견되는 불상은 고빈다와 상가락시타에 의해 신성한 의식 상태의 가장 높은 표현으로 간주되었지만, 그것은 마음을 확장하거나 명상 상태를 표현하고 유도하기 위한 도구가 아니라 주로 도상학적이고 의례적으로 기능한다. 다시 말하면, 사원의 상은 봉헌되어 붓다와 보살의 화신으로 여겨지며, 신앙과 의례의 초점 역할을 한다. 마찬가지로, 오늘날 서양에서 유명해진 멋진 티베트 만다라는 단순히 정교한 장식물도 아니며, 명상의 중심점으로 주로 사용되는 것도 아니다. 오히려 그것은 공덕 짓기와 예배 의식을 위해 초청되는 특정 붓다와 보살을 위한 물리적 거주지 역할을 한다. 이러한 거주지는 그러한 목적을 달성할 수 있도록 규격에 맞게 제작되어야 한다. 따라서 개인의 창의성과 자기표현은 상당히 제한된다. 낭만주의의 상상력 찬미와 만다라에 기반한 고차원의 탄트라 시각화 수행에서 상상력을 발휘하는 것 사이에서 연관성을 찾을 수도 있겠지만, 이러한 수행은 자발적인 창의성과는 전혀 다른 기능을 갖는다. 탄트라 수행에서 창조적 상상력은 수행자가 숭배하고 인식하는 신의 내면화된 이미지를 역시나 미리 정해진 사양에 맞춰 생성한다는 점에서 여전히 상징적이다. 요컨대 내면의 깊이, 자발성, 그리고 개인의 독창성을 강조하는 불교 미술의 낭만주의적 해석은 불교에 새로운 것이었다. 이는 엄선된 불교 주제와 문화 상품을 근대적 맥락에 배치하고, 낭만주의 선율과 조화를 이루도록 변형한 결과였다.

낭만주의와 근대주의 사이

낭만주의의 메아리는 오늘날의 문화에서도 여전히 울려 퍼지고 있다. 대중오락, 환경주의, 새로운 영성, 기술에 대한 의구심, 그리고 사랑, 예술, 명예, 자발성, 개인 정체성에 대한 어휘 속에서 말이다. 마찬가지로, 낭만주의의 메아리는 20세기와 21세기의 불교와 예술의 관계에 대한 개념에서도 울려 퍼진다. 하지만 20세기의 발전하는 예술 문화는 낭만주의적 해석이 여전히 남아 있음에도 불구하고, 낭만주의적 해석을 넘어 불교와 예술 모두에 대한 이해를 확장할 수밖에 없었다. 실제로 20세기의 많은 예술은 예술을 고독한 개인의 자기표현으로 보는 관념과 낭만주의에 대한 반발이었다. 그러나 많은 학자가 관찰한 바와 같이, 20세기 근대주의(twentieth-century Modernism)는 종종 낭만주의 주제들을 그대로 유지했으며, 그 주제들은 종종 감춰진 형태로 있었다(Bayley 1957). 근대주의자들(Modernists)은 자기표현, 내면의 깊이, 정서적 극단이라는 낭만주의적 언어로부터 물러났을지 모르지만, 여전히 평범하고 일상적인 삶에서 더 충만하고 활기찬 삶의 현시를 추구했다. 그들은 앞선 낭만주의자들과 마찬가지로 삶에 대한 합리적·과학적 접근 방식의 헤게모니, 노동의 폭정, 기계화된 노동, 소외, 소비주의, 물질주의에 의해 그러한 현시가 빠르게 침식되고 있다고 두려워했다. 근대주의 예술과 문학(Modernist art and literature)의 다양한 인물들은 이러한 근대성 요소들이 사람들을 진정한 삶의 경험으로부터 멀어지게 했다고 주장했다. 따라서 예술은 현실을 회복하는 수단이었다. 에즈라 파운드(Ezra Pound), 엘리엇(T. S. Eliot), 제임스 조이스(James Joyce)와 같은 작가들은 경험의 회복과 사물의 은폐된 모습을 강조하며, 독자들이 습관과 일상의 제약이 차단한 생동감과 신선함으로 사물을 바라보도록 하고자 했다. 훨씬 더 일찍 에두아르 마네(Édouard Manet)나 귀스타프 플로베르(Gustave Flaubert)와 같은 사실주의 예술가와 작가의 작품은 우리가 삶의 평범한 요소들의 실재조차 제대로 분별하지 못한다는 점을 보여준다. 아르튀르 랭보(Arthur Rimbaud), 그리고 이후의 조이스의 경우, 무언가가 온전하게 드러나기 위해서는 우리의 감성에 급진적인 충격이 필요할지도 모른다. 근대주의 작품(Modernist works)이 종종 제시한 것은 더 깊은 의미의 계시가 아니라, 사물을 바라보는 우리의 일상적인 방식의 무의미성과 환상이었다. 예술 작품은 바로 이러한 무의미성과 환상을 깨뜨리고자 존재했다. 샤를 보들레르(Charles Baudelaire)와 플로베르의 작품은 종종 작품 속 인물들이 자기 삶에 대해 품고 있는 환상이 무의미함을 드러낸다. 그러나 이러한 의미의 벗겨냄은 환상으로부터의 자유의 가능성을 열어준다. 현시가 무의미함의 계시일지라도, 그 안에는 자유의 움직임이 존재한다. 윌리엄 서머셋 몸(W. Somerset Maugham)의 소설 『인간의 굴레(Of Human Bondage)』(1915)에서 필립(Philip)은 인간의 삶이 페르시아 카펫의 복잡한 무늬처럼, 그저 살아가는 것 자체와 자신만의 무늬를 만드는 것 외에는 궁극적인 의미나 목적이 없다는 사실을 깨닫는다. 필립은 궁극적인 의미와 행복을 찾으려 했던 것이 오히려 불만족의 원인이었음을 자각하고서, 단순하게 살아간다는 전망 속에서 행복을 느끼게 된다. 이처럼 현실을 냉정하게 인식하는 깨달음 속에서도, 낭만주의의 현시적 이상은 근대주의자들(Modernists) 사이에서도 계속 이어진다. 비록 그것이 형이상학적이거나 개인주의적인 의미의 '깊이'를 거부하더라도 그러하다(Abrams 1953; Bayley 1957).

서양에서 불교가 부상하면서 불교에는 이러한 주제를 다루는 하나의 측면이 나타났다. 불교의 창의성에 대한 근대적 사상은 어느 정도 근대주의 담론과 낭만주의 담론(Modernist and Romantic discourses)이 교차하는 지점에서 발전했다. 그 지점은 인간이 창의성과 예술이 자연스럽게 발현되는 '내면의 깊이'를 가진다는 낭만주의적 사상과, 사물의 '표면'을 재차용하여 근대 세계의 기계화된 단조로움을 드러내면서도 그 너머로 나아가려는 근대주의 예술가들(Modernist artists)의 시도가 만나는 곳이다. 선 근대주의는 특히 이 두 담론이 공유하는 현시적 요소를 활용했다. 공안과 하이쿠의 선명한 이미지를 통해, 선은 형이상학적 추상 미술에서 사물의 표면을 회복하고, 그로써 평범함 속에 억눌린 비범함을 더 직접적으로 방출하려는 근대주의자들의 노력과 놀랍도록 유사하게 보일 수 있다. 게다가 인지적 투명성을 거부하고 역설과 부조리를 특징으로 하는 선 문학은 로렌스가 서구 문명을 괴롭힌다고 표현한 '의미의 무의미성', 즉 사물에 내재한 의미의 결여와 허무주의의 위협과 맞닿아 있는 듯하다(Taylor 1989: 466에서 인용). 선은 욕망, 물질주의, 진보, 사회적 관습, 심지어 종교 자체에 대한 근대주의적 회의론과 공명하는 듯 보였다. 선의 성상파괴주의, 불가해성, 담론적 폐쇄(discursive closure)의 거부는 대부분의 근대 미술과 마찬가지로 역설적인 초연함과 허무주의에 빠져드는 듯했다. 하지만 선은 언어의 가장자리, 의식의 경계, 무의미성의 심연에서 모든 것이 새롭게 되는 급진적인 현시를 통해 근대의 불안을 극복하고 모든 것의 신성함을 재확인할 수 있다고 당당히 주장했다. 따라서 윌리엄 바렛(William Barrett)은 스즈키의 『선불교(Zen Buddhism)』의 서문에서 이렇게 주장했다. "우리 역사의 행진 속에서 중세 종교 이미지의 세계가 물러나면서 … 점점 더 세속화되는 사회는 우리를 휩쓸고 있으며, 서양인은 발가벗겨졌고, 기댈 바위 같은 확실성은 어디에도 남지 않았다. 겁에 질린 서양인의 눈앞에 불교가 말하는 거대한 공空이 어렴풋이 보인다. 하지만 서양인이 두려움에 떨며 도망치지 않는다면, 이 거대한 공은 온갖 종류의 기적들로 피어나리라. …"(1956: xix) 바렛이 불교의 '거대한 공'을 틸리히(Tillich)의 근대인의 본질적인 경험을 '무의미함'과의 만남과 관련된 것으로 오해했다는 사실(x)은 선禪이 서구의 근대성 담론에 어떻게 통합되었는지를 더욱 분명하게 보여준다. 근대적으로 재구성된 선은 일부 근대주의 예술가들(Modernist artists), 실존주의자들, 그리고 나중에는 탈근대주의자들이 표현했던 허무주의와 탈신성화(desacralization)라는 어두운 위협과 공명할 수 있었다. 하지만 결국에는 그 위협을 뒤집고, 존재의 다시 신성화된 낭만주의적 통일성, 인간 내면의 깊이, 그리고 예술적 창작과 일상생활의 즉각성 속에서 드러나는 자아의 진정한 본성을 자발적으로 표현하는 것을 긍정할 수 있었다. 그러므로 스즈키가 서구에 소개한 선 문학은 두 가지 현시적 담론 사이에 위치하게 되었다. 하나는 사물의 깊이에 관한 것이고, 다른 하나는 표면에 관한 것이다. 이 문학은 단순함과 평범함을 강조하며, 세속적 실재들에 대한 '직접 경험(immediate experience)'을 강조하는 동시에, 무의미성과 소외로부터 구원을 약속하는 더 깊은 인간 본성도 주장했다.

일부 20세기 시각 예술가들은 이러한 주제들을 바탕으로 자신들의 작품 형성에 선이 영향을 준 것으로 인식하게 되었다. 그리고 이러한 방식으로 스즈키의 선에 대한 설명은 마르셀 듀샹(Marcel Duchamp), 마크 토비(Mark Tobey), 로버트 비어(Robert Beer), 아그네스 마틴(Agnes Martin), 이사무 노구치(野口勇)와 같은 예술가들을 포함한 서양의 예술 운동과 결부되었다. 존 케이지(John Cage)는 스즈키의 책을 읽었고, 1950년 컬럼비아 대학에서 그의 강의를 들었으며, 자기 작품이 선의 영향을 크게 받았다고 생각했다. 스즈키가 강조한 평범함과 인지적으로 혼란을 주는 공안에 반응하여, 케이지는 이러한 요소들을 20세기의 가장 급진적인 예술과 음악 일부로 해석했다. 케이지는 예술, 시, 음악의 목적이 '마음을 차분하고 고요하게 만들어, 마음이 일어나는 것과 일치하도록 하는 것'이라고 선언했다(Baas and Jacob 2004: 166). 예컨대, 케이지는 평범한 사물들의 '존재(isness)'에 대한 스즈키의 탐구를 이어받아, 악명 높도록 유명한 '4분 33초'를 작곡했다. 이 곡에서 피아니스트는 4분 33초 동안 피아노 앞에 앉아 아무것도 연주하지 않았다. 이러한 소리의 공백 속에서 공연장과 관객들의 주변 소음 자체가 곡이 되었다. 이 작품은 종종 농담처럼 여겨졌지만, 케이지의 의도는 무슨 일이 일어나든 자아 지향적이지 않고 주의 깊은 감수성을 위한 공간, 즉 시간에 따라 일어나고 사라지는 소리의 단순한 진여眞如를 경험하는 프레임을 만들려는 것이었다. 마찬가지로 변화의 음악(Music of Changes)과 같은 그의 '우연성 음악(chance music)' 실험에서는 『역경易經』의 점괘로 음표를 결정함으로써, 작곡 과정에서 자신의 호불호를 제거하고 자연 그 자체의 불확정성에 문을 열고자 했다(168). 게다가 케이지가 접한 선불교 공안은 인지적 의미에 얽매이지 않는 발언과 연출의 모델을 제공했다. 케이지와 다른 20세기 예술가들이 이해했듯이, 공안은 마음을 관습적인 틀에서 벗어나게 하는 일종의 초현실적 공연 예술의 일종으로 해석될 수 있다. 초현실주의 및 다른 전위 예술과 마찬가지로 공안은 합리적인 분석을 거부하고 사회적 관습을 무시했으며, 성상 파괴적이었고 자발적이며 불경스럽고 심지어 가혹하기도 했다. 자아의 개입 없이 사건이 일어날 수 있는 시간과 공간의 틀을 설정하는 관심을 가졌던 케이지는 동료들과 함께 '해프닝(happenings)'이라는 공연을 기획했다. 이는 최소한의 대본으로만 구성된 연극적 이벤트로, 공연자와 관객 사이의 자발적이고 예측 불가능한 상호작용을 특징으로 한다. 예술과 삶, 연기자와 관객 사이의 경계를 해소하기 위한 시도에서, 공연의 이벤트들은 우연성과 자발적인 충동에 대한 반응이었다. '해프닝'은 그 당시 가장 실험적인 예술 중 하나로 여겨졌고, 그것이 스즈키의 선 표현과 연결된 예상치 못한 계통을 이해한 사람은 거의 없었다. 케이지의 작품은 예술과 삶의 경계를 허물거나 그 경계가 환상에 불과하다는 인식을 촉진하는 낭만주의적 예술 사상의 영향을 받은 근대주의적이고 전위 예술적 감성을 보여준다. 자전거 바퀴, 리놀륨, 신문과 같은 흔한 재료의 사용은 예술과 삶의 경계를 허물기 위함이었다. 이러한 감성에 불교적 관점을 접목한 사람들은 그것을 비이원론으로 규정할 수 있었다. 즉, 자아와 타자, 신과 인간 사이뿐만 아니라 예술과 삶, 고급 예술과 대중 예술 사이의 비이원론 말이다(Baas and Jacobs 2004).

비트 작가들은 또한 후기 낭만주의의 성상파괴주의와 자발성의 전통 속에서 작업했다. 잘 알려진 바와 같이, 비트족 중 일부는 불교를 명시적으로 수용하고 저작에 통합한 최초의 미국 문학가 중 하나였다. 앨런 긴즈버그, 잭 케루악, 필립 웨일런(Philip Whalen), 게리 스나이더(Gary Snyder)는 낭만주의, 특히 블레이크와 초월주의의 영향을 이미 받았다.[13] 그들은 아마도 낭만주의, 초월주의, 근대주의, 불교의 혼합 계통의 가장 분명한 예일 뿐만 아니라 20세기 중반 반문화 운동의 일부로서 불교가 출현한 원천이기도 할 것이다. 비트족들은 불교를 '핵 시대(nuclear age)'의 영적 쇄신뿐만 아니라 사회적 항의의 원천으로도 제시했으며, 미국의 승리주의, 소비주의, 군국주의를 단순한 구조적 문제로 보지 않고 불교가 치유할 수 있는 영혼의 병으로 인식했다.

비트 작가들은 자신들의 저작에서 가장 거친 사실주의를 낭만주의의 섬광 및 다르마의 스케치와 결합한다. 이러한 요소들이 어떻게 결합하였는지를 보여주는 한 예가 있다. 긴즈버그는 나로파 인스티튜트(Naropa Institute)의 잭 케루악 비체화 시 학교(Jack Kerouac School of Disembodied Poetics)에서 한 강연에서 초감 트룽파와의 토론을 회상했다. 이 토론에서 트룽파는 예술과 삶의 창의성에 대해 자신이 자주 반복하는 공식이 될 말을 명확히 표현했다. 그것은 바로 "첫 생각은 가장 좋은 생각이다."라는 문구였다(Tonkinson 1995: 106). 그것은 분명히 트룽파가 그의 토착 티베트 종교 예술 전통에서 얻은 격언은 확실히 아니다. 왜냐하면 필자가 지적한 것처럼, 그러한 전통에서는 개인의 자발성과 혁신이 거의 허용되지 않기 때문이다. 하지만 트룽파는

13 Tonkinson(1995)은 이들 및 비슷한 생각을 가진 작가들이 자신들의 작품에 다르마를 접목한 방법을 자세히 설명한다.

'다르마의 예술'이 '불교의 상징이나 사상을 묘사한 예술'이라기보다는 '명상의 상태 …에서 솟아나는 예술'이라고 선언한다(Trungpa 2003-4: 7: 13). 우리가 티베트어나 산스끄리뜨어 불교 문헌에서 그러한 진술을 찾는다면 헛수고일 것이다. 하지만 만약 우리가 옥스포드에서 교육받고 콜로라도의 볼더(Boulder)에서 인생의 대부분을 보낸 티베트인 트룽파와 진정한 동류를 찾고자 한다면, 그것은 루소와 같은 낭만주의자들일 것이다. 루소는 "자연에서 오는 본능적 충동은 항상 바르다는 것을 이론의 여지가 없는 준칙으로 세워두자."라고 선언했다(1911: 56). 트룽파는 자연의 자발적인 충동을 따르는 것에 대한 루소의 강조를 개념의 정교화에 대한 불교적 의구심과 결합한다. "첫 생각은 개념적이고 신경증적인 정교화에 선행하는 신선하고 자발적이며 검열되지 않고 조작되지 않는 생각이다."(2003-4, 7: 137-38: 168)

여기서 두 가지 점에 주목할 만하다. 첫째, "첫 생각은 가장 좋은 생각이다."라는 트룽파의 설명은 다르마—또는 스즈키의 언어로 선禪—가 역사적 전통이 아니라 '마음의 상태'와 관련이 있으며, 어쩌면 그 상태의 산물일 수도 있음을 암시한다. 이는 개념적 정교화와 상징의 부과에 선행하는 일종의 자유롭게 떠도는 종교의 '본질'과도 같은 것으로, 스즈키가 선禪을 불교뿐만 아니라 모든 종교의 '본질' 자체라고 주장한 것과 유사하다. 둘째, 불교는 일상적인 것에 대한 근대주의적 주의 깊은 관심(Modernist attentiveness)과 조화를 이루는 방식으로 예술 창작에도 활용된다. 긴즈버그는 시를 검열되지 않은 마음의 일상적인 움직임을 표현하는 것으로 보았으며, 이는 모든 세부적인 사고의 '자발적 전사轉寫'였다(Tonkinson 1995: 103-10). 불교 명상은 그러한 움직임에 접근하는 하나의 방법이었다. 긴즈버그는 명상가가 거리를 두고 모든 생각과 감정을 관찰하는 마음챙김 명상을 시 창작에 적용하여 시의 내면적 원천에 접근하는 기법을 제시한다. 그러한 명상은 마음의 모든 활동이 판단이나 검열 없이 일어나고 사라지는 대로 관찰하는 것을 강조하기 때문에, 긴즈버그에게는 시 창작에서 '검열 경향'을 극복하기 위한 도구가 된다. 겸손, 수줍음, 사회적 관습, 자아상 유지는 모두 이러한 창작에 장애물이다. 시인은 시의 견지에서 모든 생각을 받아들여야 한다. 그것이 '너무 생생하고, 너무 적나라하고, 너무 부적절하고, 너무 엉뚱하고, 너무 개인적이고, 너무 노출되고, 자신의 자아상에 너무 해로운 것'일지라도 말이다(105). 따라서 불교는 이 점에서 이중적인 기능을 수행한다. 첫째는 마음에 일반적으로 숨겨져 있는 것에 접근하는 수단으로서 기능이고, 둘째는 종교의 탈육체적 본질이자 창조적 영감 그 자체로서 기능이다. 따라서 우리는 긴즈버그의 시에서 낭만주의, 근대주의, 심리학, 불교의 실타래가 얽혀 있는 모습을 볼 수 있다. 또한 그의 즉흥적 춤과 여타 자가 검열되지 않은 행동(unself-censored behavior)에서도 그러하다.

현대의 충동

불교 낭만주의적 자발성과 창의성에 대한 이러한 표현, 그리고 보다 일반적으로는 창의성에 도움이 되는 명상 수행에 영감을 받은 현대 예술가와 작가의 사례는 셀 수 없이 많다.[14] 불교 명상, 자발성, 예술 사이의 밀접한 연관성은 사실상 불교 근대주의에서 거의 공리公理처럼 받아들여진다. 수많은 대중 서적이 프레데릭 프랑크(Frederick Franck)의 말처럼, 불교에서 영감을 받은 예술을 '자기 존재의 심연에서 솟아오르는' 예술로 제시한다(1993: 9). 불교 낭만주의적 창의성 개념이 가장 멀리 확장된 형태는 『선과 …의 예술(Zen and the Art of…)』과 『…의 선(The Zen of…)』이라는 제목을 가진 수백 권 책이다. 이 책들은 골프, 금융, 기저귀 갈기 등에 대해 느긋하면서도 깨어있는 마음을 갖고 접근하라고 조언하는 일종의 가내 산업을 형성하였다. 종종 스즈키 사상의 얼빠진 변질인 이러한 저작들에서, 때때로 다쿠안의 칼 휘두르는 소리가 메아리치고, 스즈키의 합리주의 비판의 소심한 그림자가 감지되기도 한다. 그러나 그것들은 스즈키가 비판한 바로 자본주의 소비문화에 봉사하거나, 그로부터의 일시적으로 도피하는 데 사용된다.

그러나 선과 불교 명상이 창의성의 용광로라는 생각을 더 진지하게 드러내는 사례들이 있다. 다작의 소설가이자 수필가인 찰스 존슨(Charles Johnson)은 복잡하고 철학적으로 기민한 소설 작품을 구성하는 과정에서 불교 명상이 필수적인 요소라고 주장한다. 마리나 아브라모비치(Marina Abramovic), 백남준, 빌 비올라(Bill Viola), 쉬빙(徐冰)을 포함한 상당수 현대 시각 예술가들은 불교의 근대적 표현, 특히 스즈키의 표현에 영향을 받았다. 로리 앤더슨(Laurie Anderson), 필립 글래스(Philip Glass), 메러디스 몽크(Meredith Monk)를 비롯한 많은 현대 불교 음악가나 불교 영향을 받은 음악가들도 불교를 자신들의 작업 및

14 더 많은 사례(일부는 불교의 영향을 확실히 받았고, 다른 일부는 경향상으로만 관련되어 있음)는 Baas and Jacob 2004; Baas 2005를 참조하라.

창작 과정에 엮어내고 있다.

명상과 예술의 근대적 결합은 마침내 (주로 서양에서) 절과 명상 센터뿐만 아니라 명문 대학에서도 다양한 예술 교육 프로그램의 개발로 이어졌다. 북미에서 가장 큰 선 사찰 중 하나인 뉴욕 트렘퍼(Tremper) 산에 있는 젠 마운틴 사원(Zen Mountain Monastery)은 창의성과 비주류 예술(독학 예술), 자연화自然畵, 일본식 꽃꽂이, 조각, 시에 대한 수업을 정기적으로 제공한다. 이 모든 활동은 '예술 수행(art practice)'의 일부로 여겨지며, 이는 대선원장 존 다이도 루리(John Daido Loori) 로시가 미국에 맞게 특별히 개발한 선불교의 가르침인 '선의 여덟 문' 중 하나이다. 젠 마운틴 사원 카탈로그(2005년 겨울과 봄)에 따르면, 예술 활동은 "우리의 창의성과 영성이 공통된 원천을 공유한다."라는 주장을 구현한다(4). 루리 자신도 뛰어난 사진작가였으며, 이 사찰을 명상과 예술의 중심지로 처음 세웠다. 루리는 선과 창의성에 관한 한 책에서 학생들에게 '억제되지 않는 표현의 흐름'과 함께 명상의 고요함과 비판단적인 주의를 활용하여 예술을 창작할 것을 권장한다(90). 루리는 인습, 선례, 규칙에 얽매이지 말고 자신의 창조적 에너지를 자유롭고 자발적으로 표현해야 할 필요성을 강조한다(135). 이와 유사한 접근 방식은 불교의 영향을 받은 일부 학술 기관들의 예술 프로그램에도 적용된다. 예를 들어, 트룽파가 설립한 나로파 대학(이전 이름은 나로파 인스티튜트)은 불교에서 주로 유래한 명상 수행에 많은 영향을 받은 예술 학위 과정을 제공한다.

미시간 대학은 '재즈 및 명상학 학사 프로그램'을 운영하며, 학생들은 명상 수행 및 창의성 개발과 관련된 다양한 분야의 수업을 수강한다.

학생들은 음악이론, 재즈 작곡, 즉흥 연주 등의 수업 외에도, '창의성과 마음'이라는 과정과 4학기의 '명상 실습 세미나'를 수강하며, 선택과목으로 불교학 과목도 이수한다.[15] 브라운 대학은 최근에 불교 근대주의자들이 도입한 개념들을 상당 부분 활용한 '명상학' 프로그램을 개발했다. 이 프로젝트의 목표는 독송, 기도, 의례 수행, 명상과 같은 다양한 관조적 상태(contemplative states)뿐만 아니라 음악, 춤, 드라마, 시나 산문 쓰기, 그림, 조각, 심지어 자연계에 대한 의도적 관찰과 관련된 상태를 연구하는 것이다. 이 프로젝트는 다양한 전통의 '전통 신비주의 사상가들'부터 윌리엄 제임스(William James), 에드문트 후설(Edmund Husserl), 불교도인 엘런 윌리스(B. Alan Wallace), 프란시스코 바렐라(Francisco Varela), 미하이 칙센트미하이(Mihalyi Csikszentmihalyi)와 같은 현대 사상가들에 이르기까지 다양한 명상가와 이론가들의 자료로 삼는다. 특히 미하이 칙센트미하이의 '몰입 조건(flow condition)'의 개념은 스즈키의 선의 자발성에 대한 설명과 다시금 공명共鳴한다. 이 프로그램은 마음과 명상에 대한 급성장하는 과학적 연구를 통합하여, 관조적 상태를 예술과 명시적으로 연결하고, 명상 연구뿐만 아니라 '이러한 기술에 직접 참여하는' 과정도 포함한다. 웹사이트에 따르면, 제안된 집중은 3인칭 연구로서 명상적 경험의 철학, 심리학, 신경과학에 기초하고 있을 뿐만 아니라, 음악, 드라마, 시각 예술에서 종종 발견되는 '비판적인 1인칭(critical first-person)' 연구도 강조할 것이

---

15 이 프로그램의 다음 웹사이트를 참조하라.
www.music.umich.edu/departments/jazz_improv/bfa_jazz_contemplative.htm.

다.[16] 이러한 프로그램은 이례적이지만, 창의성과 명상의 관계라는 불교 근대주의의 주제가 강력한 문화적 중요성을 갖고 있으며, 점점 더 주류에서 수용되고 있음을 보여준다.

낭만주의자들은 우리 시대에 예술가들이 드러내는 것이 도덕적·영적으로 큰 의미를 지니며, 그 속에 삶의 어떤 깊이, 혹은 충만함, 진지함, 강렬함, 또는 어떤 전체성에 이르는 열쇠가 있다는 인식을 유산으로 남겼다(Taylor 1989: 422). 이는 예술을 '다른 방법으로는 접근할 수 없는 어떤 것의 존재로 우리를 인도하는 현현의 장소이자 가장 높은 도덕적·영적인 의미를 지닌 것'이라는 '현시적' 방식의 이해를 수반한다(419). 개별 예술가나 작가가 독창적인 아이디어를 자발적으로 생성한다는 개념 자체가 낭만주의로부터 물려받은 주제이다. 현대 문화에 여전히 살아있는 이 유산은, 특히 예술과 자연의 관계에 대한 개념에서 서양이 불교를 이해하는 데 핵심적인 부분을 이룬다. 불교가 서양에 처음 소개될 당시, 불교는 이러한 근대성의 담론과 공명共鳴하는 음조로 조율되는 경우가 있었다. 서양 문화는 이미 예술가에게 사물의 숨겨진 측면에 접근하는 존재로서 준종교적 지위를 부여했다. 상가락시타가 불교의 목표와 일치하는 '예술 종교'가 나타날 수 있다고 제안했을 때, 이는 불교가 창조적 현시의 원천에 대한 특별한 접근 권한을 주장하며 서구 문화에 참여하려는 시도의 일환이었다.

스즈키는 그러한 주장을 더욱 과감하게 밀고 나갔다. 낭만주의와

---

16 이 프로그램의 다음 웹사이트를 참조하라.

www.brown.edu/Faculty/Contemplative_Studies_Initiative/rationale.html.

탈낭만주의는 예술적 비전을 매개된 개인 질서에 연결했고, 칸트와 후기 칸트주의는 지식을 이해의 범주를 통해 매개하는 것으로 주장함으로써 지식을 사물 자체로부터 분리했고, 이후의 사회 이론은 문화, 언어, 사회의 인식론적 매개를 강조했다. 이에 반해 스즈키의 선은 실재를 향한 비매개적 접근 가능성을 대담하게 제시했다. 따라서 스즈키의 선은 내면의 심연에 대한 낭만주의적인 매력뿐만 아니라 자연스럽고 인위적이지 않은 근대 이전의 것에 대한 낭만적인 갈망도 재확인했다. 스즈키는 또한 동양을 상상력, 꿈, 초합리적 영성, 원시적 진정성, 예술적 비전의 장소로 신비화했던 낭만주의적 관점도 끌어들였다. 하지만 이러한 근대화된 선은 근대주의(Modernism), 실존주의, 기타 20세기 예술 및 사상의 다른 흐름인 탈낭만주의 주제들과도 연관되어 있으며, 언제나 수사적으로는 그것들을 수용하면서도 그 한계를 초월한다고 주장한다. 이처럼 근대 서구적 주제들을 수용하고 이를 초월한다고 주장하는 시도는 분명 이념적 주장, 수사적 기법, '우월적 태도의 전략'을 수반한다. 하지만 동시에 그것은 근대성에 내재한 지속적인 감정인, 근대 세계의 불만, 결핍, 소외감의 표현이기도 했고, 불교를 발견한 20세기의 많은 지식인과 예술가가 불교에서 베버의 '철장'으로부터 벗어날 수 있는 길을 찾을 수 있다는 희망을 품게 하였다. 결국 우리는 이 예술가들을 통해서 불교적 창의성이라는 개념이 근대 시기의 혼합되고 새로운 구성이라고 해서 그것이 반드시 생산적이지 않다는 뜻은 아님을 알 수 있다. 사실 이러한 개념은 20세기의 더 흥미로운 예술가들의 작업에 필수적인 예술에 대한 새로운 사고와 실천 방식을 도입했다.

6. 상호의존성(연기)의 간략한 역사

"내가 보기엔 모두가 하나의 큰 영혼일지도 모른다."

-「분노의 포도(Tom Joad)」, 우디 거스리(Woody Guthrie).

필자는 학계 동료들에게 그것이 어떤 것이든 단일체임을 증명하는 것이 내 다음 연구 프로젝트가 될 것이라고 공언한 적이 있다. 이는 학계 내부자의 농담이다. 아마도 오늘날 역사가, 사회학자, 인류학자에게 가해지는 가장 신랄하고 유행하는 비판은 이들이 문화, 사회, 종교, 관행 등을 단일체로 제시한다는 것이다. 이제까지와는 달리, 지금은 이 모든 것이 내부적으로 다양할 뿐만 아니라 그 어떤 것도 독립적으로 존재할 수 없다는 사실이 널리 인식되고 있다. 모든 사상, 사회적 관행, 제도, 문화적 현상들은 점점 더 넓어지는 인과적 연결망으로 확장되는 복잡하고 다양한 요인들의 결과이다. 자연 시스템, 국가, 경제, 문화에 관한 오늘날 연구는 이것들을 다면적이고 상호 의존적인 과정으로 본다. 다시 말하면, 각 부분이 더 크고 역동적인 시스템을 구성하면서 동시에 그 시스템에 의해 구성되는 네트워크로 이해되는 것이다. 우리가 근본적으로 상호 연결된 세상에 살고 있다는 것은 이제 자명한 사실이 되었다. 실제로, 이 국제주의와 인터넷의 시대를 상호의 시대(age of inter)라고 불릴 만하다. 상호 연결되어 있지 않거나, 상호 의존적이지 않거나, 서로 얽혀 있지 않거나, 교차하지 않거나, 상호 작용하지 않거나, 다른 것과 접촉하여 그 자체가 되지 않는 것은 없다. 따라서 상호의존성을 중심 교리로 내세울 수 있는 모든 종교 전통은 시기적절한 문화적 공감과 상당한 문화적 위신을 획득할 수 있다.

그러므로 이 용어가 현대 불교 문학에서 점점 더 자주 등장하고, 상호의존성에 대한 다른 근대 담론과 점점 더 조화를 이루고 있다는 것은 놀라운 일이 아니다. '의존적 일어남' 또는 '의존적 함께 일어남'이라고 더 정확히 번역되는 연기(緣起, pratītya-samutpāda)를 번역하기 위해 때때로 사용되는 상호의존성이라는 용어는 이제 그 의미 영역이 확장되어, 오늘날 많은 사람이 불교의 근원적 관점으로 간주하는 것을 대표하게 되었다. 이는 개인적·사회적·세계적 규모에 광범위한 함의를 갖는 교리적인 필수 요소로 여겨지며, 세계에 대한 철학적 설명일 뿐만 아니라 강력한 윤리적이고 정치적인 함의를 가진 개념이기도 하다. 왜냐하면 만약 우리가 모두 거대하고 상호 의존적인 존재 네트워크의 일부라면, 우리의 행동이 그러한 네트워크 속에서 반향을 일으키면서 우리의 행동은 다른 사람들에게 지대한 영향을 미칠 수 있기 때문이다.

현대 불교 문학에서 표현된 바와 같이, 상호의존성의 개념은 경험적 설명, 세계 긍정의 경이로움, 그리고 윤리적 의무를 결합한다. 경험적 설명은 세계를 내부적으로 관련된 존재들의 광대하고 상호 연결된 그물로 나타낸다. 즉, 존재들의 정체성은 그들이 속한 체계들과 선험적으로 독립된 것이 아니라, 그러한 체계들과 분리할 수 없는 것이다. 이 그물의 설명은 때때로 통신망이나 생물학적 체계와 같은 다른 상호 관련된 과정들의 설명과 구별할 수 없을 정도로 혼합된다. 현대 베트남의 선 스승 틱낫한은 만물의 상호의존성 개념을 포착하기 위해 '상즉(相卽, interbeing)'이라는 용어를 만들어 이해하기 쉽고 재미있는 스타일로 표현하였다.

> 만일 당신이 시인이라면 이 한 장의 종이 안에서 구름이 흐르고 있음을 분명히 볼 것이다. 구름이 없다면 비는 내릴 수 없고 비가 내리지 않는다면 나무는 자랄 수 없다. 그리고 나무가 자라지 않는다면 종이를 얻을 수 없다. 종이가 존재하기 위해서는 구름이 필수이다. … 그러므로 구름과 종이는 서로 공존한다고 말할 수 있다.
>
> 우리가 이 종이 안을 더욱더 깊이 들여다보면 햇빛을 볼 수 있다. 햇빛이 없다면 숲이 성장할 수 없다. … 우리는 또한 이 한 장의 종이 안에서 나무를 베어 종이가 되도록 제재소로 운반해 간 나무꾼을 본다. 나무꾼이 매일 빵을 먹지 않고는 살 수 없음을 보고서 밀을 본다. 그러므로 빵을 만드는 밀도 이 종이 안에 있다. … 이처럼 이 종이는 종이가 아닌 요소들로 이루어져 있다. … 이렇게

얇은 종이 안에 우주의 삼라만상이 공존한다(1988: 3-4).

공(空, śūnyatā)의 교리는 만물에 자성自性이 없다는 선언이다. 그러므로 모든 존재는 다른 존재와의 상호작용에 의해 구성되며, 그 자체로는 독립적이고 지속적인 본성을 지니지 않는다. 상호의존성 또는 상즉은 자아에도 적용된다. "우리가 자아라고 부르는 것은 비자아적 요소로만 구성된다."(2000: 87) 개별적 자아를 이루는 사물은 공하기 때문에 다른 모든 사물과 상호 의존하며 살아간다. 일부 저자는 틱낫한의 종이에 우주가 포함된 것처럼, 모든 개별 존재가 소우주를 포함하고 있음을 암시하기 위해 홀로그램을 은유로 사용한다. 월트 휘트먼(Walt Whitman)의 "나는 크다, 나는 다양함을 담아낸다."라는 명언과 윌리엄 블레이크(William Blake)의 "한 알의 모래에서 세상을 보려면"이라는 말은 현대 불교에서 이 소우주와 대우주의 관계를 설명하는데 자주 인용된다.

상호의존성에 대한 설명은 종종 서로 얽힌 이 세계에 대한 찬미, 위대하고 상호 연결되어 있으며 삶의 살아있는 구조와의 친밀감과 일체감, 그리고 그 속으로 자의식을 확장하는 감각을 전달한다. 조안 할리팩스(Joan Halifax)는 바위, 바다, 꽃을 포함한 전 세계가 감각을 지닌 존재라고 선언하는 중국 불교도를 인용하며, 불교를 살아있는 '창조의 그물'과 깊이 연결되는 문제로 제시한다.

어떤 존재도 고립되어서는 살 수 없다. 오히려 존재성(beingness)의 조건 자체가 … 생명력이 있고 변화를 일으키는 상호 연결성과 상호의존성을 의미한다. 따라서 겉으로 보기에 분리된 하나의 존재도 다른 모든 존재 없이 존재할 수 없으며, 따라서 분리된 자아가 아니라 더 큰 자아, 즉 더 큰 자아 속에서 살아있고 자각하는 생태적 자아의 일부이다(1990: 23).

분리된 자아와 더 큰 자아 사이의 이러한 역동성은 불교의 무아 사상에 대한 특별한 해석을 암시한다. 일단 우리가 고정되고 제한된 자아가 없다는 것을 깨닫는 순간, 자의식은 상호의존성의 그물망 속에 있는 타인들을 포함하는 방향으로 확장된다. 제레미 헤이워드(Jeremy Hayward)에 따르면, 인간의 성숙은 점점 넓어지는 자의식으로 경험된다. 이는 개인 심신과의 동일시에서 시작하여, 가족으로서의 자아, 교우 관계로서 자아, 국가로서의 자아, 민족으로서의 자아, 인간으로서의 자아, 모든 생명체로서의 자아, 그리고 어쩌면 궁극적으로 존재 전체로서의 자아에 이르기까지 확장된다(1990: 65).

이러한 상호의존성의 사상은 일부 전통과의 자연스러운 연대와 다른 전통에 대한 비판을 시사한다. 불교는 종종 데카르트적·기계적·인간 중심적 세계관에 반대되는 개념으로 설정되며, 상호의존성을 중심 특징으로 삼아서 세계를 서로 얽히고 상호 인과적인 우주로 이해한다. 이는 "아메리카 원주민의 지혜와 … 양자 물리학에 묘사된 세계와 유사하다."라고 앨런 헌트 바디네(Allan Hunt Badiner)는 말한다(1993: xvi). 할리팩스는 "불교, 샤머니즘, 심층생태학은 참여의 신비와 관계의 경험에 기반을 두고 있다."라고 주장한다(xxx).

그러나 상호의존성에 대한 현대의 설명은 그 경이로움을 찬양하는 것에 그치지 않고 상호 연결된 존재 네트워크의 취약성도 강조한다. 모든 것이 다른 모든 것에 의존하기 때문에, 생명 그물의 균형을 변화시키는 것은 재앙이 될 수 있고, 실제로 그렇게 되어 왔다. 따라서 상호의존성의 개념은 강력한 생태학적 의무를 수반한다. 환경 운동에 참여하는 많은 불교 집단과 불교에서 영감을 받은 집단들은 다르마와 환경주의 사이의 연관성을 설명하는 사상적 근거로 상호의존성 또는 상호연관성을 일상적으로 인용한다. 현대의 상호의존성 담론은 사회적·경제적 정의에 관한 윤리적·정치적인 의무도 수반한다. 이러한 담론은 근대 세계의 상호의존성이 종종 고통의 원천이라는 것을 인식한다. 상호연관성을 인식하는 것은, 지역 쇼핑몰에서 판매되는 운동화를 지구 온난화와 연결시키는 과정을 추적하는 것을 포함할 수 있다. 이는 운동화가 중국에서 배송되는 데 사용되는 연료가 지구 온난화를 유발하기 때문이며, 그곳에서 다시 경제적 불의와 연결된다. 왜냐하면 그 운동화는 겨우 먹고 살 만큼의 임금만 받는 여성 노동자들이 열악한 노동 환경에서 생산한 것이고, 운동화 판매로 얻는 수익의 대부분은 기업 임원들에게 돌아가기 때문이다. 상호연관성의 인식은 근본 원인을 찾고 사회 문제의 숨겨진 근원을 해결할 것을 강조한다. 그러므로 상호의존성의 개념은 참여불교의 핵심적인 사상적 도구이다. 참여불교는 인권, 전쟁, 빈곤, 불의, 환경 파괴를 다루면서 고통을 완화하기 위해 노력하는 현대의 행동주의적 운동이다. 그러므로 상호의존성의 개념은 단순히 세상을 자신의 일부로서 경험하는 문제를 넘어서, 윤리적·정치적 의무의 문제이기도 하다.

이러한 의미의 상호의존성은 힌두교, 도교, 신이교 전통들을 불교와 자유롭게 혼합하는 절충적인 영적 지향의 미국인들과 유럽인들에 의해 자주 언급된다. 그러나 그것은 단순히 서양의 차용借用은 아니다. 시인이자 수필가인 게리 스나이더는 불교의 상호의존성에 대한 생태학적인 해석을 제공하는 가장 잘 알려진 미국인일 수 있다. 하지만 달라이 라마, 틱낫한, 이케다 다이사쿠(池田大作), 술락 시와락사(Sulak Sivaraksa), 붓다다사(Buddhadāsa) 등 현대 불교의 가장 저명한 아시아 지도자들도 상호의존성을 자신들 가르침의 중심으로 삼고, 이를 근대의 사회적·정치적·생태학적 현실과 명백하게 연관시켰다. 예컨대, 유명한 태국의 개혁가 붓다다사(1906~1993)는 자연의 근본적인 진리와 다르마의 중심 교리는 만물의 상호의존성이라고 주장했다. 천체, 자연계의 요소들, 신체 부위들의 이 '보편적인 협력'을 알게 되면, 우리는 자연과 타인을 돌보게 된다는 것이다. 붓다다사는 우리가 이러한 상호의존성을 보지 못해서 무분별한 탐욕과 이기심, 그리고 파국적인 사회적·환경적인 병폐를 불러왔다고 주장했다. 그는 만일 우리가 세상을 상호 의존적이고 협력적인 기업으로 보지 못한다면, 우리는 모두 파멸할 것이라고 단호하게 말했다(Swearer 1997: 29에서 인용).

상호의존성의 근대적 표현들은 전통불교의 연기 사상에 뿌리를 두고 있지만, 지난 수십 년 동안 그러한 표현들은 현시대에 고유한, 의미와 함의와 연관성을 띠게 되었다. 그러므로 종교사가宗教史家에게 현대 불교의 상호의존성 사상은 개념적·실천학적 변화와 변화하는 세계적 상황에 대한 적응 과정을 분석할 수 있는 풍부한 연구의 장場이 된다. 이 장章에서 필자는 이 사상이 불교 계통뿐만 아니라 낭만주의와 과학적 사유의 담론을 포함한 비불교 계통에서도 어떻게 발전했는지 밝히고자 한다. 이는 혼합 개념의 패러다임 역할을 할 수 있다. 간단히 말해서, 상호의존성의 현재 일부 형태는 고유의 불교 개념들(연기, 화엄 학파의 현상의 상호 침투, 동아시아 불교의 자연계에 대한 다양한 태도)과 독일 낭만주의와 미국 초월주의에서 유래한 자연 개념들, 근대과학 사상에 대한 대중적 설명, 시스템 이론, 그리고 최근의 생태학적 사상이 뒤섞인 혼합체이다.

이러한 현상은 단순한 추상적 관념 그 이상이라는 점에 유의해야 한다. 그것은 현재의 사회, 정치 세계에 깊이 얽혀 있는 복잡한 사회적 실천, 태도, 성향, 신념의 복합체 중 가장 눈에 띄는(따라서 가장 분석 가능한) 측면이다. 달리 말하면, 그것은 단일하지 않다! 특히 복잡한 점은 초기 고전적 형식이 상호의존성의 중요성에 대해 현대 후속 사조들의 관점과 거의 반대되는 관점을 취했다는 사실이다. 연기의 개념과 그 함의들을 발전시킨 승려와 수행자들은 현상계를 경이로움의 그물이 아니라 속박의 사슬, 즉 얽힘의 그물로 보았다. 세속적 삶을 다소 어둡게 바라보던 이러한 입장이 어떻게 오늘날 세속적 삶을 찬양하고 활동가적 참여를 촉진하는 것으로 발전하게 되었을까? 미셸 푸코(Michel Foucault)는 "모든 역사는 현재의 역사이다."라고 말했는데, 이는 우리가 과거를 바라보는 방식은 현재에서 작용하는 관심, 범주, 가정에 의해 크게 좌우된다는 뜻이다(1977: 31). 이러한 맥락에서 필자는 이 장에서 상호의존성 개념을 현재의 변형이라는 관점에서 의도적으로 다루고자 한다.

고전적이고 중세적인 불교의 자연관

고전 빨리 문헌의 연기

종종 반복되지만, 붓다는 단지 고통과 고통의 종식 이 두 가지만을 가르쳤다고 말했다. 의심할 여지없이, 불교도와 불교 기구들은 역사를 통틀어 고통을 줄이기 위한 노력을 지지해 왔다. 모든 중생에 대한 연민이라는 도덕적 이상은 배고픈 사람들에게 먹거리를 제공하고, 병든 사람들을 치료하고, 사람과 동물의 경제적·환경적인 지속가능성을 증진하려는 다양한 근대적 노력과 조화를 이루지 않을 수 없다. 이러한 노력에 적극적인 전 세계의 많은 불교도들은 의심할 여지없이 보편적인 연민과 고통의 구제라는 불교의 기본 원칙에 따라 행동하고 있다. 하지만 빨리 경들은 고통의 일시적인 경감을 다르마의 궁극적인 목표로 제시하지 않는다. 불교는 항상 자연적이든 초자연적이든 다양한 방식의 고통 완화 수단을 사용해 왔지만, 붓다가 선언한 '고통의 소멸'은 영구적인 것이었다. 개인 존재의 집합체인 5온五蘊이 완전히 소멸한 사후 상태인 열반(涅槃, nirvāṇa) 또는 반열반(般涅槃, parinirvāṇa)은 고통을 초월한 상태였다. 그것은 시공을 초월했고, 생성(becoming)을 초월했고, 개인 존재를 초월했고, 모든 조건화된 법을 초월한 것이었다. 그것은 정의상 거의 상상할 수 없는 상태였으며, 무상과 재생의 현상 세계가 아닌 모든 것이었다. 의심할 여지 없이 역사상 대다수의 불교도는 그렇게 먼 목표를 열망하지 않았던 재가자들이었다. 대부분의 승려마저, 우리가 살고 있는 말법末法 시대를 고려할 때 그러한 목표가 현세의 현실적인 열망이라고 생각해 오지 않았던 것으로 드러난다. 하지만 그러한 이상은 불교의 상징 세계의 한가운데에 있다.

빨리 경들은 가족, 생식生殖, 육체적 쾌락, 물질적 성공, 세속적 삶을 궁극적으로 무익하고 실망스럽고 구속하는 것으로 보는 금욕적 환경에서 생겨났다. 초기 불교 문헌에서 연기는 무상, 탄생, 죽음, 윤회(輪迴, saṃsāra)의 세계에서 모든 현상적 존재를 일으키는 원인과 조건의 사슬을 가리킨다. 연기는 서로 연결된 경이로운 생명의 그물망으로 찬양되기는커녕 '고통 덩어리(duḥkha)'라고 반복해서 일컬어진다. 실제로 붓다가 깨달음을 얻었다고 전해지는 것은 이 상호 의존적 인과의 사슬과 동일시함으로써가 아니라, 그 사슬을 역전시킨 결과였다. '세계(loka)' 자체는 감각과 감각 대상, 마음과 마음 대상 사이의 접촉에 의존하는 현상적 사건의 흐름으로 이해된다. 세계는 그 자체로 존재하는 것이 아니라 허구적으로 구체화된 주체와 객체의 얽힘으로 발생한다. 많은 빨리 경들이 다양한 종류의 식과 그 대상(눈의 식과 형상, 귀의 식과 소리 등) 사이의 관계를 설명하는 목적은, 승려가 탐욕, 성냄, 어리석음에 기초한 식과 그 대상들의 이러한 얽힘으로 구성되는 현상계와 자신을 동일시하지 않는 방법을 배우도록 하기 위함이다(SN 12.44). 근대 불교도들과 학자들은 가끔 연기의 사슬을 일종의 경험적 인과설로 제시하기도 한다. 하지만 그것은 자연 현상의 발생보다는 윤회에서 불만족스러운 삶의 조건들을 밝히기 위함이었다. 이를 통해 우리가 그 조건들을 제거하고 모든 원인과 조건을 초월한 해방된 상태에 이를 수 있도록 하기 위함이었다(예컨대, DN 15 참조). 빨리 문헌은 상호 연결된 '생명의 그물(web of life)'에서 '참여의 신비와 관계의 경험'을 찬양하기보다는(Halifax 1993: xxx), 오히려 정반대, 즉 이러한 그물 속의 모든 얽힘으로부터 이탈(disengagement)을 장려한다.

많은 빨리 경들은 육체적 삶의 더러움과 바람직하지 않음을 강조함으로써 이러한 이탈을 촉진하려고 한다. "감각적 욕망은 달콤함이 적고 많은 고통과 많은 절망을 주고 거기에는 재난이 도사리고 있다."(MN 22) 세상과 세속적인 삶을 조사하면 '역겨움(nibbidā)'이 생긴다. 그러한 역겨움을 배양하고 욕망을 물리치기 위해 일부 경들은 신체의 매력 없는 측면을 자세히 설명한다. "신체는 다양한 구멍에서 분비물이 흘러나오고, 더러운 체액, 끈적끈적한 장기, 뼈, 힘줄로 가득 차 있다. 신체는 곧 부패하여 자칼, 벌레, 새들의 먹이가 될 것이다. 어리석음에 빠진 자들은 신체가 아름답다고 생각한다. 하지만 승려는 신체의 더러움과 무상을 숙고하고 그러한 어리석음에 환멸을 느껴야 한다."(예: AN 9.15; SN 1.11)

하지만 많은 19세기 유럽 작가들이 그랬던 것처럼 불교 전체를 '비관적' 또는 '삶을 부정하는' 것으로 규정하는 것은 오해라는 점에 유의하라. 빨리 불교[역주: 테라와다 불교가 빨리어를 성전어로 사용한다는 점에서 유래한 별칭이다.]는 결코 세상을 철저하게 부정하지 않는다. 빨리 불교는 붓다가 세속적 문제들에 대해 조언하고 세상의 일상적 행복에 가치를 부여한 것에 대해 자주 이야기한다. 이 전통은 가정생활, 일, 통치 및 기타 세속적 문제에 대한 입장을 발전시켜 왔다. 아주 이른 시기부터 빨리 불교는 일상적 삶에 깊은 관심을 두었는데, 그러한 관심 중 많은 것은 암묵적으로 삶을 긍정한다. 하지만 재생과 무상 자체를 넘어서 열반에 도달하고, 윤회 속에서 구체화하는 삶을 초월하는 더 먼 목표는 적어도 전통과 수행자들의 여러 생애에 걸친 장기적 목표의 상징적 중심을 형성해 왔다.[1] 초기 불교 문헌에는 현대에서와 같이 상호의존성을 찬양하는 내용이 거의 없다.

빨리 성전의 자연계와 야생에 대한 태도에도 오늘날과 같은 자연에 대한 경외심은 거의 없다. 빨리 성전은 이 점에서 다소 양가적이다. 일부 구절은 조용한 자연 환경이 다르마를 실천하기에 가장 좋은 장소라고 제안하며, 또 다른 구절은 자연계의 아름다움을 찬미하기도 한다. 예컨대 『테라가타(Theragāthā)』에서 깟사빠(Kassapa)는 '바위투성이 암벽이 자기를 기쁘게 하는' 야생에서 생활하고 수행하는 기쁨을 찬양한다(Thag 1062-71). 이러한 초기 불교 수행자들은 당시 급성장하던 도시를 떠나 비교적 고적한 숲을 찾았지만, 그들의 주요 목표는 일반적으로 자연의 아름다움을 감상하거나 자연과 가까이 지내는 보람을 누리는 것으로 표현되지 않는다. 일부 인도 불교 문헌은 숲이 동물, 벌레, 산적 등이 득실거리는 두려움과 위험의 장소로 여겨졌었음을 시사한다(Lancaster 1997: 10). 더 중요한 것은 빨리 문헌에는 자연이 신성하다거나 자연계와 합쳐지는 느낌이 깨달음을 얻는 것과 동일하다

---

1 필자가 제시한 열반에 대한 해석, 즉 열반을 현상계의 초월로 보는 해석은, 열반이란 단순히 번뇌(煩惱, kleśa)를 극복하고 이 세상에서 평화와 내적 자유의 상태를 성취하는 것이라고 주장하는 일부 사람들에 의해 논박된다. 예컨대 Kalupahana 1992를 참조하라. 필자는 이러한 해석 자체가 일종의 탈신화화라고 본다. 이는 근대 수행자들에게는 실행 가능한 재해석일 수는 있지만 역사적 설명으로는 받아들일 수 없다고 생각한다. 칼루파하나의 인도 불교 문헌에 대한 일반적인 해석 방식에 대한 비판은 McMahan 2004a를 참조하라.

거나 그것을 돕는다는 의미가 없다는 것이다.

그러나 현대의 상호의존성 개념과 그 윤리적 함의들에 영향을 미치는, 더 일반적인 가치들은 빨리 문헌에서 찾을 수 있다. 빨리 성전은 모든 중생의 생명과 안녕을 보존하고, 동물과 곤충을 포함한 가능한 한 넓은 범위의 생명체를 위해 이타적인 행동을 실천해야 한다는 보편적인 도덕적 의무를 강조한다. 많은 초기 경들과 주석서들에 나오는 자애 명상은 모든 중생에 대한 연민과 자애를 기를 수 있게 마음을 훈련하도록 고안되었다. 이 보편적 윤리는 존재들이 서로 밀접하게 연결되어 있어 한 존재의 행동이 우주 전체에 반향을 일으켜 모두에게 영향을 미친다는 생각에 근거하지 않는다. 오히려 업의 도덕적 법칙, 연민에 부여한 높은 가치, 다양한 층위 존재로의 재생은 인간과 동물 사이의 연속성을 제공한다는 사실(사실 인간과 동물은 과거에 친척이자 친구였을 수도 있다)에 근거한다. 이 도덕적 의무는 모든 중생과의 공감적 동일시를 장려하지만, 이것이 다른 존재를 포함하도록 주관적인 자아 감각을 확장하는 것을 의미하지는 않는다. 자아 관념은 제한적이든 포괄적인 간에 초기 문헌에서 궁극적으로 거부된다.

따라서 연기의 초기 개념은 불교의 상호의존성과 그 함의들에 대한 현대적 개념을 완벽히 설명할 수 없다. 어떤 면에서 초기 관점은 현대 관점과 상당히 상반되는 것처럼 보인다.

대승불교의 상호의존성과 상호 침투

공과 연기. 하지만 다수의 남아시아 대승 문헌은 현상계에 대한 더 긍정적인 관점을 가능하게 하는 연기에 대한 사고방식을 도입했다. 이러한 사고방식은 근대적 상호의존성 사상의 중요한 원천임이 입증되었다. 그러한 문헌들에는 모든 중생을 구제할 때까지 윤회에 머무는 보살의 이상뿐만 아니라, 완전히 초월적인 열반이 아닌 세상 속에서 붓다가 되는 것을 길의 목표로 삼는 새로운 개념들이 포함된다. 예컨대, 이러한 주제들은 영향력이 큰 『법화경(法華經, Saddharmapuṇdarika-sūtra)』과 『반야경(般若經, Prajñāpāramitā-sūtra)』 문헌에서 두드러지게 나타난다.

연기의 가치 평가를 재고하는 또 다른 중요한 자료는 대승불교의 가장 영향력 있는 문헌 중 하나인 나가르주나(Nāgārjuna)의 『중론(中論, Mūlamadhyamaka-kārikā)』이다. 『중론』의 기본 취지는 모든 사물은 고정적이고 실체적이며 독립적이고 영구적인 본성인 자성을 결여하고 있거나 공空하다는 사상의 전개이다. 반면 만물은 다양한 원인과 조건들로 이루어져 있다. 나가르주나는 윤회와 열반 모두 자성이 비어 있다고 주장하며, "둘 사이에는 아무런 차이가 없다."라고 천명한다(MMK 25: 19-20). 만물은 자성이 없으므로 윤회와 열반의 차이를 포함한 모든 개념적 구성은 단지 세속제(世俗諦, saṃvṛtti-sātya)일 뿐이다. 나가르주나는 또한 만물의 자성 결여에 대한 궁극적 진리인 공(空, śūnyatā)을 연기와 동일시한다. "우리는 연기를 공이라 설한다. 그것은 임시로 설정된 것이다. 그것은 사실 중도(中道, madhyamā-pratipada)이다."(MMK 24: 18) 이는 윤회를 본질적으로 속박하는 것으로 보아서는 안 된다는 점을 시사한다. 윤회는 자성이 없으므로 본질적으로 아무것도 될 수 없다. 오히려 윤회는 그 자체가 공이기 때문에 가장 높은 수준의 이해에는 열반과 다르지 않다. 한 『반야경』이 말하듯이, 모든 다르마는 '무한(ananta)'하고 '경계가 없는(aparyanta)' 것이다(Conze 1973; 207; Aṣṭa 103). 이는 연기를 구성하는 존재의 모든 요소(다르마)를 올바르게 '본다면' 우리는 그것들을 공한 것으로, 따라서 깨달음 자체의 본질로 본다는 뜻이다. 필자는 다른 곳에서 이것이 빨리 문헌에 제시된 무위(無爲, asaṅkhata)인 열반과 유위(有爲, saṅkhata)인 윤회 사이의 관계를 재구성한다고 주장했다(2002a: 25-33). 나가르주나와 『반야경』 문헌은 윤회를 소극하고 열반을 성취하려는 시도보다는, 모든 다르마의 개념적 구체화를 멈추어 모든 다르마를 공한 것으로 보는 것이 중요하다고 제안한다. 그래서 연기를 이루는 다르마들의 참된 공성을 깨닫는 것이 해탈을 이루는 기회가 될 수 있다. 왜냐하면 다르마들의 성품은 궁극적으로 열반 자체와 같기 때문이다.

그러므로 연기를 보는 것은 깨달음이다. 이것은 새로운 생각이 아니다. 빨리 경들은 석가모니 붓다가 깨달은 날 밤에 고통과 고통의 소멸을 초래하는 원인과 조건을 관찰함으로써 연기를 '보았다.'라고 주장한다. 모든 원인과 조건에 대한 이러한 포괄적인 비전을 통해 붓다는 해탈을 성취할 수 있었다(Ud 1.3). 하지만 연기를 '본다.'라는 빨리 전통의 이해와 신흥 대승의 이해 사이에는 미묘한 차이가 있다. 붓다의 전기들에 따르면, 붓다는 자기 업의 궤적이 무한한 과거로 거슬러 올라가는 특정한 사례에서 처음으로 연기를 보았고, 이를 통해 붓다는 깨달음의 문턱까지 이르게 한 모든 원인과 조건을 파악했다. 이러한 통찰은 이후 모든 중생의 원인과 조건, 그리고 그들이 존재하게 된 업의 궤적을 포괄하는 방향으로 확장된다. 따라서 연기를 보는 것 자체가 곧바로 해탈을 의미하는 것은 아니다. 그것은 세상과 하나가 되어 무한한 존재의 그물과 합쳐지는 것도 아니다. 오히려 붓다는 세상으로부터 '분리'된다(Iti 112). 이로써 붓다는 연기의 전체 과정, 즉 불만족을 일으키는 요소들에 대해 철저히 이해하게 되었다. 붓다의 통찰은 그러한 요소들을 제거하고 해탈로 이끄는 길을 보여주는 일종의 지도地圖나 지침서였다(예: Ud 1.3 참조).

하지만 나가르주나는 '연기를 하나의 지도처럼 보는' 해석을 버리고, 모든 다르마의 공을 보는 것만으로도 최고의 진리를 이해하는 데 충분하다고 주장한 것으로 해석할 수도 있다. 모든 다르마의 공을 보면 이 세상에서 해탈하게 된다. 연기에 대한 염오는 연기에 집착하는 것보다 나을 것이 없다. 중요한 것은 연기를 완전히 초월하는 것이 아니라 연기의 진정한 본성을 들여다보는 것이다.

환상의 우주. 이러한 나가르주나의 해석 방식은 불교의 궁극적인 목표를 재해석하여 윤회를 초월하는 것에서 세상살이 속에서 깨달은 삶의 다양한 개념들로 초점을 옮기는 상당수 대승 경전들의 지지를 받는다. 그 후 이렇게 연기를 '보는 것'을 우주에 대한 일종의 시각으로 보는 경향이 나타나는데, 그 자체가 해탈이다. 속박과 해방의 원인과 조건을 보여주는 '교훈적' 요소를 별개로 하고 말이다.

이러한 시각 전통의 전형을 보여주는 『화엄경(華嚴經, Avataṃsaka-sūtra)』은 현대의 상호의존성 개념을 해석하는 데 있어 가장 중요한 원천 중 하나이다. 특히 「입법계품(入法界品, Gaṇḍavyūha)」에서 공의 개념은 시각적 이미지로 전환되는데, 우주의 개별 사물과 만물이 상호 침투하면서도 각자의 고유성을 유지하는 방식으로 표현된다.[2] 모든 개별 사물이 어떤 의미에서 다른 모든 사물을 포함하거나 반영한다는 사실은 나가르주나의 '승의제(勝義諦, paramārtha-sātya)' 즉, 모든 사물은 다른 사물들로 이루어져 있다는 자성의 공에 해당한다. 그럼에도 불구하고 사물이 개별적 특성을 유지한다는 사실은 세속제(世俗諦, saṃvṛtti-sātya)에 해당한다. 『화엄경』을 소의경전所依經典으로 삼는 중국 화엄불교에서 이러한 상호 침투는 인드라의 보석 그물로 상징된다. 그 거대한 그물은 그물코마다 보석 구슬이 박혀 있고, 하나하나의 보석 구슬은 빛을 내며 다른 모든 보석 구슬의 영상이 비친다. 이 강렬한 이미지는 현대적 의미에서 상호의존성의 표준 상징이 되었고, 『반야경』 문헌과 화엄華嚴은 틱낫한의 '상즉(相卽, interbeing)' 개념의 원천이다.

『화엄경』에는 선재동자(善財童子, Sudhana)라는 주인공이 비로자나불(毗盧遮那佛, Mahāvairocana Buddha)의 몸속에서 우주 전체를 보는 환상적 장면으로 절정에 이르는, 수많은 시각적 에피소드가 담겨 있다. 선재동자가 비로자나불과 하나가 되어, 보살로서 모든 겁(劫, kalpa)의 불가사의한 행위를 한순간에 행하는 이 환상은 세상이 시간과 공간의 일반적인 범주가 붕괴된, 찬란하고 근본적으로 상호 침투하는 우주임을 보여준다. 여기서 우리는 근대의 상호의존성 표현에 중요한 모티프의 한 예를 볼 수 있다. 즉, 한 개인이 우주 자체인 존재 또는

---

2 『화엄경(華嚴經, Avataṃsaka-sūtra)』 전체는 경들의 모음집인데, 그중 일부는 중앙아시아나 중국에서 편찬되었을 가능성이 있다. 「입법계품(入法界品, Gaṇḍavyūha)」은 마지막 부분이며, 서기 2세기경 인도에서 산스끄리뜨어로 편찬되었다.

사물의 근원적 실재와 동일시되는 것이다. 게다가 선재동자가 합일하는 세계는 더러움과 고통으로 가득 차 있지 않고, 수많은 붓다와 보살들로 가득 차 있다. 어떤 붓다와 보살은 휘황찬란한 옷을 입고 있고, 어떤 붓다와 보살은 어부 모습을 하고 있고, 어떤 붓다와 보살은 아이 모습을 하고 있고, 어떤 붓다와 보살은 모든 면에서 평범한 사람의 모습을 하고 있고, 어떤 붓다와 보살은 한 붓다의 털구멍과 불국토 자체에 있기도 하다. 이는 요술과 기적으로 변형된 세계로서, 빨리 문헌에 나오는 연기라는 속박의 사슬과는 상당히 거리가 먼 것처럼 보인다. 그러므로 우리는 현대 상호의존성 개념의 세 가지 요소를 더 발견할 수 있다. 첫째, 개인을 우주 또는 우주적 존재와 동일시하는 것, 둘째, 모든 사물의 급진적인 상호 침투성과 상호 반영성, 셋째, 현상 세계에 대해 더 긍정적이고 경이로움을 불러일으키는 관점이다.

하지만 대승의 시각적 경향을 전적으로 세계를 긍정하는 것으로 해석할 수는 없다. 예컨대, 『정토경』들은 처음에는 현상에 대한 완전히 긍정적인 견해의 가능성을 묘사하는 것처럼 보일 수 있다. 『화엄경』처럼 『정토경』들도 정토(淨土, sukhāvatī)를 보석으로 장식된 나무, 향기로운 황금빛 흙과 공기, 티 없이 맑은 물, 다르마를 노래하는 새들로 가득 차 있다고 묘사한다. 정토에는 장신구와 보석이 곳곳에 흩어져 있고, 죽음이나 질병이 없고 가시덤불이나 거친 땅도 없다. 그러한 묘사들은 분명히 **또 다른** 세계에 대한 긍정적인 견해를 제공하지만, 거기에 사는 것이 완전한 해탈은 아니기 때문에 '평범한' 세계의 불만을 강화한다(Eckel 1997). 정토 개념은 자연을 찬미하기보다는 자연을 개량한다. 이러한 호화로운 묘사는 훼손되지 않은 자연이 아니라 정원과 화려한 건물이 있는, 인공적으로 개발된 땅에 대한 이상을 암시한다. 정토는 '우리' 세계의 중생들이 경험한 자연의 '결함들'을 역으로 반영한 것이다. 그래서 대체로 윤회의 삶에 대한 초기 문헌 평가의 연장선 위에 있다.

따라서 일부 남아시아 대승 문헌들은 기존의 해석을 재고하며, 연기를 보는 것, 즉 모든 사물의 무자성(無自性, niḥsvabhāva)을 보는 것 자체가 곧 깨달음이라고 주장한다. 이것은 이후 전체성과 세계를 우주적 실재의 현현으로 보는 해방적 비전의 개념으로 발전한다. 우주적 실재란 바로 비로자나(毘盧遮那, Vairocana), 법신(法身, dharma-kāya) 또는 모든 사물에 숨어 있는 '붓다가 될 잠재력'인 불성이다.

동아시아의 자연과 불성

모든 현상의 공, 세계 속에서의 해탈, 모든 현상의 상호 침투, 그리고 우주적 실재와 개인의 동일시에 대한 생각들은 모두 상호의존성에 대한 현대적인 개념에 중요한 자원들을 제공한다. 하지만 이러한 사상들이 자연계에 대한 경외심과 연결되기 시작한 것은 동아시아에서 변형된 이후의 일이다.

불교도들이 중국에 오자, 그들은 남아시아의 자연계와는 상당히 이질적인 자연계에 대한 관점을 접했다. 중국 문학은 인도의 금욕적인 전통에서 발견되는 육체와 일상에 대한 혐오를 거의 보여주지 않는다. 불교가 중국에서 확립되고 있을 때, 중국은 이미 인간과 자연계를 관통하는 근원적인 힘인 도道의 개념뿐만 아니라 산, 강, 개간되지 않은 숲을 숭배하는 토착 문학도 가지고 있었다.[3] 중국 현자들의 자연에 대한 관점은 불교 전통 내에서 현상계의 재평가를 위한 조건이 되었다. 언급한 바와 같이, 인도의 일부 대승 전통은 깨달음을 불성이라는 더 큰 실재, 또는 붓다의 '자궁'이나 '모태'라는 뜻의 여래장(如來藏, tathāgata-gārbha)이라고 종종 불리던 것과 동일한 것으로 규정했다. 무아에 대한 이전의 강조와 대조적으로, 대승의 『대반열반경大般涅槃經』과 같은 문헌은 모든 사람에게 내장된 '위대한 자아'를 긍정했다. 붓다는 개인과 궁극적으로 동일한 것으로 여겨지는 초월적이고 영원한 우주적인 존재가 되었다.

중국에서는 이 불성이 자연계에 더욱 명확하게 투영되었다. 그리고 자연계는 초월해야 할 불만족의 지속적인 회전이 아니라 이 우주적 실재의 상징이자 표현으로 재구상再構想되었다. 일부 중국 불교사상가들은 모든 존재, 심지어 풀, 바위, 강에도 불성이 담겨 있다고 주장했다. 그러한 생각들은 불교 전통 내에서 인간과 자연 사이에 양가감정이나 의구심보다는 상호성과 조화라는 새로운 관계가 형성되고 있음을 시사한다.

동아시아 불교 학파의 많은 철학적 저작은 조건지어진 연기적 세계

---

3 루이스 랭커스터(Lewis Lancaster)는 이러한 상이한 지향의 한 요인이 인도가 도시 중심지를 섬처럼 품은 거대한 숲이었다는 점을 들고, 반면 중국은 대부분 벌목된 상태였으며 산림이 산악 지역에만 군데군데 남아 있었다고 지적한다. 따라서 중국인들이 개간되지 않은 야생에 대해 한결같이 긍정적인 평가를 내린 것은 아니다. 오히려 일부 지식인과 성현들은 야생의 잔재를 점차 소중히 여기기 시작했는데, 그 이유 중 하나는 야생이 사라지며 도시와 경작지로 대체되고 있었기 때문이다(Lancaster 1997).

에 대한 더 긍정적인 관점과, 더 큰 이 우주와의 동일시로서 깨달음이라는 개념을 모두 지지한다. 화엄 학파의 가장 뛰어난 사상가인 법장法藏은 빨리(Pāli)의 연기 개념과 유위와 무위와의 구별을 근원적으로 뒤집는 방식으로 『화엄경』의 의미를 발전시켰다. 법장의 경우 모든 실재가 상호 침투하기 때문에 윤회와 열반의 구별은 궁극적으로 나가르주나보다 더 급진적인 방식으로 허물어진다. 우주는 만물에 공평하게 스며들어 본질적으로 만물을 신성화하는 우주적 붓다 비로자나불의 몸과 마음이다. 따라서 연기의 과정에서 벗어날 필요는 없으며, 단지 그것을 우주적 붓다의 놀라운 현현顯現으로 바로보기만 하면 된다. 대부분의 중국 불교 사상가와 마찬가지로, 법장은 조건화된 영역을 초월한다는 생각을 거부하고, 대신 세계와 조화를 이루며 그것을 있는 그대로의 경이로움으로 볼 것을 제안한다. 불교의 상호의존성에 대한 일부 근대적 사상들이 이 학파로부터 크게 영향을 받았다는 것은 놀라운 일이 아니다.[4]

중국의 한산寒山, 일본의 마쓰오 바쇼(松尾芭蕉)와 같은 유명한 동아시아 불교 시인들의 작품은 불교의 가르침과 자연계의 사물과 과정에 대한 예리한 감상을 전례 없는 방식으로 결합한다. 한산의 시에서 은둔처이자 자신이 지은 이름인 한산은 깨달음의 상징이며, 구름,

---

4 일부 과정 철학자들과 신학자들은 알프레드 노스 화이트헤드(Alfred North Whitehead)의 사상을 바탕으로 화엄 사상에 체계적인 관심을 가져왔다. 이는 화엄 사상이 매우 미묘한 상호의존성의 우주론과 유사하다는 이유에서였다. 과정 사상(process thought)은 학계 밖에서는 널리 읽히지는 않지만, 현대 불교의 상호의존성 사상에 영향을 미쳤을 가능성이 크다(Odin 1982).

우뚝 솟은 산, 바람에 날리는 나무 등의 풍부한 이미지는 모두 깨달음을 향한 길을 은유한다. 그러나 한산은 단순히 은유적 차원에서 자연에 관심을 가진 것이 아니라, 주변 자연환경의 아름다움을 분명히 만끽한다. 현대 미국의 불교 시인이자 자연계에 대한 깊은 존경심을 지닌 게리 스나이더가 한산의 시를 많이 번역한 것은 놀라운 일이 아니다. 그러한 시들에는 야생에서 자유롭게 떠돌며, 바위와 냇가에서 불성의 흔적을 발견하고, 부와 명성을 거부하는 내용이 담겨 있다(1999: 524).

절벽이 뒤엉킨 곳에서 나는 자리를 잡았네.
새들만 다니는 길, 사람의 길은 없지.
뜰 너머에는 무엇이 있을까?
흰 구름이 희미한 바위에 매달려 있네.
이곳에 살아온 지 몇 해가 되었던가.
봄과 겨울이 거듭 지나가네.
은식기와 자동차를 가진 가족에게 전해주게나.
"그따위 소음과 돈이 다 무슨 소용이 있는가?"

마지막 시행詩行은 스나이더가 한산의 정신을 근대 세계로 명백히 밀수입한 것이다. 보다 정확하게는 "나는 이 메시지를 부유한 가족에게 보낸다. 헛된 명성은 당신에게 아무 소용이 없다."(Henricks 1990: 32)라는 표현을 익살맞게 재현한 것이다. 두 버전의 의도는 분명하다. 돈과 명성을 요구하는 문명과 야생의 방해받지 않는 신성함 사이의 대조적 그림을 그려내는 것이다. 이러한 대조적 그림은 19세기와

20세기 미국적 감성으로 쉽게 해석된다. 이러한 대조적인 중국 버전과 미국 버전의 혼합은 근대 불교에 매우 생산적이었다.

자연계에 대한 불교적 관심은 일본에서도 계속 발전했다. 12세기 일본의 불교사상가이자 시인인 사이교(西行)는 식물이 불성을 지닌 것으로 생각되었다는 점을 부분적으로 고려하여 자연계를 깨달음의 장소로 성찰했다. 매우 다양한 유정물有情物, 심지어 무정물無情物과의 만남은 모든 것 안에 숨겨진 신성한 실재를 인식할 기회가 될 수 있다는 것이다(LaFleur 1998). 마찬가지로 13세기 조동종曹洞宗의 창시자이자 다작多作의 도겐도 여러 저작에서 인간과 자연의 비이원성을 논의했다. 스나이더가 생태학적으로 해석한 「산수경山水經」에서 도겐은 이 문제를 생생하게 표현한다.

> 지금 눈앞에 있는 산과 강은 옛 붓다의 도道가 현실 속에서 구현된 것이다. 산은 산, 물은 물로서 각기 처한 상황에 맞춰 온전함을 드러낸다. 산과 물은 공겁空劫 이전부터 약동해 왔기에 지금도 살아 움직인다. 형태가 생성되기 전부터 자아였기 때문에 해탈하고 실현된다(Snyder 1990: 97에서 인용).

도겐의 짧은 구절은 또한 모든 존재를 포괄하는 자아의 확장된 개념을 표현하는 근대 불교의 대표적 인용문이 되었다. "우리는 자아를 잊기 위해 자아를 공부한다. 자아를 잊을 때, 당신은 만물과 하나가 된다."(Snyder 2006: 17)[5] 이 구절은 많은 불교도들에게 지금 시대의 '마라(Māra)'로 여겨지는 것들, 즉 외떨어진 데카르트적 자아에 대한 잘못된 믿음, 자연계에 대한 기계론적 관점, 물질주의, 과소비, 환경 파괴를 수반하는 세계의 탈주술화와 탈신성화 등을 단숨에 지워버린다. 하지만 도겐과 같은 사상가들이 그러한 문제를 이야기하기 위해 지금 시대로 호출되기 위해서는 다양한 서구의 사상과 실천이 토대를 구축해야 했다. 남아시아와 동아시아의 성전聖典에 나타나는 연기, 윤회, 자연계에 대한 다양한 그림들은 그 자체로는 최근 수십 년 동안 상호의존성이라는 불교적 개념이 발전해 온 방식을 충분히 설명해주지 못한다. 서양에서는 이 개념과 유사한 계통이 존재했는데, 이는 20세기가 되어서야 방금 논의한 계통에 합류하였다.

불교적 상호의존성의 서구적 기원

다시 합리주의와 낭만주의 사이…

상호의존성이라는 불교적 개념이 오늘날 갖는 중요성을 얻기 위해서는 다양한 출처로부터 성분을 확보하고, 이미 설명한 바와 같이 합리주의적 지향과 낭만주의적 지향 사이의 광범위한 긴장 속에 자리매김해야 했다. 현대적 개념을 형성하게 된 서구의 영향은 18세기까지 거슬

---

5 이는 서양에서 인기 있는 느슨한 번역으로, 의미심장하게도 자아가 만물로 확장되는 것으로 해석되기 쉽다. 전체 구절을 좀 더 정확하게 해석하면 다음과 같다. "불도佛道를 배우는 것은 자아를 배우는 것이다. 자아를 배우는 것은 자아를 잊는 것이다. 자아를 잊는 것은 우주 만물에 의해 깨닫는 것이다. 우주 만물에 의해 깨닫는다는 것은 자아의 몸·마음과 타인의 몸·마음을 탈락하는 것이다. 깨달음의 모든 흔적도 놓아버리며, 흔적이 없는 깨달음의 삶은 끝없이 계속된다."(Kim 2004: 125)

러 올라간다. 유럽의 근대 시대는 자연신론자까지 거슬러 올라가며, 테일러의 표현을 빌리자면, 우주를 거대한 '상호연동 질서(interlocking order)'로 묘사하는 많은 철학을 낳았다. 이러한 철학들은 다양한 성격과 목적을 가진 존재들이 유기적으로 연결되어 전체 시스템을 이루고 있음을 보여준다(Taylor 1989: 266-84). 이는 우주의 모든 개별 존재가 다양한 기능과 목적을 가지고 궁극적인 선善을 위해 조화롭게 작동하는 질서 속에 있다는 관점이다. 또한 자연의 선함을 긍정하고 인간은 그에 따라 행동해야 한다고 주장하는 견해다. 우리는 알렉산더 포프(Alexander Pope)의 『인간론(Essay on Man)』(3, ll. 7-26.)에서 자연을 하나의 영혼으로 스며든 상호 연결된 전체로 묘사하는 초기 표현을 발견한다.

우리 세상을 둘러보라. 사랑의 연쇄를 보라.
아래 모든 것과 위 모든 것을 결합하라.
이를 위해 노력하는 가소성의 자연을 보라.
단일 원자는 서로 경향이 있다.
끌어당김, 끌림, 다음 위치에 있는 것,
이웃한 원자를 포용하도록 형성하고 강제한다.
다양한 생명이 부여되는 다음 문제를 보라.
여전히 한 센터로 이동하라. 일반 상품이다.
죽어가는 식물의 생명을 지켜라,
생명이 꺼지는 식물을 다시 보라.
소멸하는 모든 생명체는 다른 생명체를 유지시킨다.

(차례로 우리는 생명의 숨결을 멈추고, 죽는다.)
물질의 바다에서 태어난 물거품처럼,
그것들은 떠올라, 부서지고, 바다로 돌아간다.
아무것도 무관하지 않다. 부분은 전체와 연결되고,
모든 것을 감싸고, 모든 것을 보호하는, 하나의 영혼이
각 존재를 보정한다. 가장 작은 것으로부터 가장 큰 것을,
짐승은 인간을 돕게 하고, 인간은 짐승을 돕게 하고,
모든 것이 도움받고, 도움준다! 아무것도 홀로 서지 못한다.
연쇄는 계속되고, 어디에서 끝나는지 알 수 없다.

낭만주의 전통에서, 우리가 이미 살펴본 바와 같이 독일의 관념론자들도 자연의 유기적인 전체성과 인간이 그것과 분리될 수 없다는 개념의 다양한 변형을 발전시켰으며, 절대자를 자연 자체로 이해하고, 그것이 주관성을 지니며 인간 존재 속에서 개별적인 마음으로 나타난다는 개념을 제시하였다. 그들은 자연과 분리된 인간 자아를 묘사했으며, 그 자아가 모든 사람과 모든 사물을 연결하는 더 큰 전체와의 원초적 통합으로 돌아가기를 열망한다고 보았다. 셸링에 따르면, 이 자아는 겉보기에 별개의 주체로서 존재하게 되었을 때 '떨어졌던' 절대자와 적어도 부분적으로는 재결합할 수 있었다. 셸링과 실러는 이러한 조화에 이르는 방법은 미학적인 감상과 고요한 성찰을 통해서라고 주장했다.

영국 낭만주의자들은 감정과 내적 충동이 이성적 분석의 해부용 메스보다 자연에 더 깊게 접근할 수 있다고 주장했다. 앞서 언급했듯이,

이는 뉴턴의 우주론과 르네 데카르트의 이원론에 대한 반기계주의적 비판뿐만 아니라 도구적 이성에 대한 배타적인 인식론적 의존과도 연결된다. 낭만주의자들은 그러한 의존이 자연의 전체성을 조각내서 자연의 역동적 힘으로부터 우리를 단절시킨다고 주장했다. 예컨대 콜리지는 우리가 전체와 하나가 되어 우리 자신을 소유할 때 발생하는 사물의 직관을 찬양하는 반면, 우리가 자신을 분리된 존재로 생각하고, 자연을 마음과 대립하는 것으로 삼을 때, 즉 객체는 주체에, 사물은 사고에, 죽음은 삶에 대립하는 것으로 삼을 때 발생하는 지각을 '단순한 이해'로 규정했다(2004[1818], 261-62). 삶의 전체성, 유기적 통일성과 상호연관성에 대한 이러한 감각은 낭만주의자들에게 숭고함, 즉 경외와 존경의 강력한 원천이기도 했다.

이 모든 주제는 불교 근대주의에 스며들었다. 분리된 자아가 경계를 확장하여 거대하고 상호 연관된 우주와 그 안의 모든 존재와 자신을 동일시함으로써, 분리된 자기중심적 존재를 포기하고 온전함으로 되돌아간다는 개념은 특히 서양에서 현대 불교를 이해하는 데 핵심 개념이다. 게다가, 만물에 흐르는 생명력과 그것이 전체의 영적 본질에 대한 내면적 접근을 가능하게 하는 살아있는 우주에 대한 감각은 근대 및 현대 불교에서 다양한 방식으로 나타난다. 분명히 필자가 방금 확인한 유사한 생각들에 대한 불교 고유의 원천들이 있다. 여래장, 개인을 우주적 붓다와 동일시하기, 연기, 현상들의 상호 침투가 바로 그러한 원천들이다. 하지만 그러한 원천들이 근대 서구적 맥락에서 차용되는 방식은 자연신론자와 낭만주의자까지 거슬러 올라가는 서구적 계통을 함께 참조한 혼합 과정이었다.

불교 사상은 계몽적 합리주의와 그 후속 사조들에 대한 낭만주의적 비판을 강화하는 데 사용되었다. 르네 데카르트와 프란시스 베이컨(Francis Bacon)은 종종 탈신성화된 자연관의 출발점으로 지목되며, 오늘날 불교의 상호의존성을 논하는 저자들은 이 개념이 반박하는 본질적인 지향점으로 르네 데카르트의 이원론을 자주 거론한다. 르네 데카르트가 확장된 실체(res extensa)와 구별되는 '확장되지 않은 실체(res cognitans)'로서 자아를 재구상再構想한 주요 결과 중 하나는 세계를 하나의 메커니즘이나 기계로 보는 시각의 등장과 그에 수반한 '나 아님(not-I)'에 대한 거리두기와 객관화 태도의 출현이었다. 세계를 하나의 기계로 이해하는 방식은 더 이상 고대인들처럼 영적이고 도덕적인 함의를 지닌 의미 있는 질서의 구현으로 이해될 수 없었다. 이제 모든 의미는 마음 자체와 외부 대상에 대한 개인적인 재현 속에 자리 잡게 되었다. 이는 세계의 '탈주술화'의 중요한 단계를 나타낸다. 이제 모든 의미가 마음 '속'에 존재하게 되면서, 마음 '밖'에 있는 것은 본질적인 의미나 가치를 잃게 되었다. 자연은 중립화되었다. 이러한 관점은 사물들이 그 자체로 의미와 가치를 지닌다는, 즉 존재론적으로 사물 안에 의미와 가치가 내재한다고 보는 관점(Taylor 1989: 187-88)과는 매우 다르다. 이러한 관점에서 볼 때, 세계를 향한 마음의 주된 지향은 도구적 통제이다. 르네 데카르트는 물리적인 세계에 대한 지식이 인생에 매우 유용하며, 자연이 작동하는 다양한 원리들을 알면 우리는 자연의 대상들을 그것들이 적합한 모든 용도에 활용할 수 있고, 따라서 우리 자신을 자연의 주인이자 소유자로 만들 수 있다고 말했다(1982: 1: 119). 자연에 대한 이성적인 이해, 즉 자연의 다양한 측면들에 대한 명확하고 뚜렷한 사상을 개발하는 것은 우리의 목적에 맞게 사용할 수 있는 대상들의 집합체로서 자연을 지배하는 것과 분리할 수 없었다.

공정하게 말해서, 이 도구주의적 지향의 창시자들은 그것이 쾌락과 권력을 향한 향락주의적 추구 속에서 자연계가 약탈당하는 결과를 가져오리라고는 생각하지 않았다. 또한 자연의 개념적인 중립화가 나중에 수많은 다른 사회적·경제적 요인들과 결합하여 오늘날의 생태학적 위기를 불러올 것이라는 파급 효과를 상상할 수도 없었을 것이다. 일부 사람들이 르네 데카르트 이원론에 엄청난 인과적 힘을 부여하고, 그의 『성찰(Meditations)』에서 체르노빌(Chernobyl)까지를 거의 일직선으로 긋는 것은 지나치게 단순화된 해석이다. 르네 데카르트와 베이컨의 자연계에 대한 태도는 이미 작용하고 있는 더 큰 문화적 힘의 일부였다. 게다가 베이컨이 과학을 마치 판사가 마녀를 심문하듯 자연을 고문대에 올려놓고 '자연의' 비밀을 파헤치는 것으로 묘사한 일은 유명하지만, 그가 강조한 자연에 대한 이성적이고 분리된 통제는 순전히 물질주의적이고 도구주의적이지 않았다. 그러한 통제에 대한 베이컨의 해석은 인류에게 창조의 관리인이 되라는 성경 명령에 대한 비전의 일부였다. 그는 이를 인류의 이익을 위해 사물의 유용성을 키우고 고통을 완화하기 위해 노력하는 것으로 해석했다(Taylor 1991: 104-5). 그럼에도 불구하고, 마음과 자연계에 대한 이러한 경향은—비록 유일한 원인은 아니었지만— 세계 사물들을 객관화하고 상품화하는 길고 복잡한 과정의 일부였으며, 이는 자연 자원의 무제한적인 착취를 정당화하는 근거가 되었다.

이러한 착취를 근절하기 위해 오늘날 전 세계의 사회는 자연을 재구상再構想하고 영적으로 재조명하기 위한 개념적·종교적인 자원들뿐만 아니라 실용적인 해결책도 모색해 왔다. 이러한 노력은 부분적으로 후기 근대주의 불교도들과 다른 역사적 종교와 신흥 종교 운동의 추종자들이 자연의 내재적인 가치와 영적인 의미에 대한 감각을 되살리고, 자연을 다시 신성화하고 재평가하며, 정신과 물질 사이의 데카르트적 분열을 해소하려는 시도를 낳은 계기가 되었다.

초월주의와 세계의 재주술화

언급한 바와 같이, 아시아 불교의 일부 요소들, 특히 동아시아 전통의 특정 종파는 일찍부터 자연계의 본질적인 종교적 가치에 대한 이론적 근거들을 발전시켰다. 불교 근대주의의 많은 중요한 발전과 마찬가지로, 초월주의자들과 그 동류들은 이러한 자연에 대한 경외심이 서양에서 받아들여지는 특별한 방식을 만들었다. 필자는 에머슨이 낭만적 형이상학을 미국적 틀에 도입하여 스즈키가 선禪을 서양 범주로 번역하기 위한 어휘를 제공한 몇 가지 방식을 이미 논했다. 19세기와 20세기 초 미국은 또한 자연계를 평가하는 새로운 방식을 도입했는데, 이는 나중에 불교적 상호의존성에 대한 현대적 개념의 발전에 기여했으며, 특히 환경적 평가와 보호에 대한 의미와 관련하여 더욱 그러하였다.

초월주의자들의 시대에는 자연을 이해하는 방식에 혁명이 일어났다. 초기 청교도들이 자연을 위험, 악, 시험, 정화의 장소로 여겼던 것과는 달리, 초월주의자들은 자연계의 신성함을 힘차게 긍정했다. 이러한 긍정은 철학적 관념론의 색채를 지녔다. 선배 독일 관념론자처럼, 일부 미국 초월주의자들은 자연계를 신이 만든 창조물의 일부일 뿐만 아니라 신의 일부로도 보았다. 이것은 개발되지 않은 야생이 공리주의적 가치뿐만 아니라 내재적인 가치도 지닌다는 미국적 사고의 한 원천이었다. 때로는 미국 민족주의 이념과 연결되기도 하고, 때로는 그러한 이념에 대해 의구심을 품기도 했지만, 야생에 대한 낭만적 시각은 이 시기 미국 문학의 두드러진 특징이었다. 영적 휴식과 회복, 경외심과 경이로움의 장소로서의 자연의 감각이 널리 퍼져, 낭만주의자들이 말하던 숭고함 속의 기괴하고 섬뜩한 측면들을 걷어내고 순수한 경이와 감탄을 남기게 되었다(Albanese 1991).

미국의 야생 개념과 그 영적 가치, 그리고 보존 윤리의 발전에 중추적인 인물인 유명한 박물학자 존 뮤어(John Muir)는 이러한 새로운 자연 인식을 구현했다. 뮤어의 저술은 경이로움과 신성함의 장소이자 근대성의 가혹한 조건들로부터의 회복과 피난처로서의 야생에 대한 초월주의적 경외심을 정점으로 끌어 올렸다. 자연의 중요성에 대한 뮤어의 표현은 미국인의 의식 속에 자리 잡았고, 오늘날에도 꽤 뚜렷하게 남아 있다. 에머슨과 소로를 연구한 뮤어는 그들이 낭만주의자들로부터 받아들인 생기론적이고 전체론적인 경향을 흡수했다. 뮤어는 자연은 하나의 영혼이고 야생은 살아있고 친숙한 상호관계의 통일성이라고 선언했다(Albanese 1991: 99에서 인용). "우리가 어떤 것을 그 자체로 골라내려고 할 때마다, 그것이 우주의 모든 것과 연결되어 있음을 발견한다."(1988[1911]: 95). 뮤어는 기독교적 언어를 산, 숲, 호수라는 지상 낙원의 핵심으로 되살리면서, 자연 자체를 신성神性의 화신으로, 자연의 개별 사물은 신의 일부라고 썼다

(Albanese 1991: 99-100). 그는 자연과의 교감은 일종의 지상 성찬聖餐으로서, 그 안에서 "자신이 분리되어 존재한다는 의식을 상실하고, 풍경과 어우러져 자연의 일부가 된다."라고 말했다(Muir 1988[1991]: 120). 뮤어의 음미에는 관조적 요소도 있었다. 뮤어와 소로는 자연에 적절하게 접근하고 자연의 거룩함을 드러내기 위해서는 신체와 감각을 수련으로 정화할 필요가 있다고 제안했다. 자연계를 존경하면서도 자연에 대한 인간의 지배는 인간의 신성하고 영예로운 자질의 일부라고 주장했던 에머슨과는 달리, 뮤어는 자연에 대한 황홀한 성찰을 행동주의적 보존주의 윤리의 발전으로 보완했다. 그는 이러한 윤리를 통해 요세미티 국립공원의 발전에 영감을 주었고, 시에라 클럽(Sierra Club)도 설립했다(Albanese 1991: 82-87). 뮤어는 무분별한 상업주의가 자연계뿐만 아니라 영혼에도 위험하다고 강하게 비난했다. "이 성전聖殿을 파괴하는 자들, 파괴적인 상업주의를 신봉하는 자들은 자연을 완전히 경멸하는 듯하며, 산신山神을 우러러보는 대신, 전능한 달러를 우러러본다."(1912: 261-62) 뮤어는 불교에 대해 아는 바가 거의 없었지만, 20세기 후반 불교의 생태학적 해석을 가장 중요하게 설명하는 사람들은 확실히 뮤어의 감각을 자신들의 관점에 반영했다. 불교의 상호의존성을 가장 명확하게 설명하는 현대 해설자들은 뮤어가 자연에 대한 직접적인 경험과 경외심을 강조하는 점, 그리고 세상을 깊이 상호 연결된 것으로 보는 생태 중심적 견해, 기계론적 개념에 대한 거부, 근대 상업주의와 물질주의에 대한 경멸을 꾸준히 언급한다.

자연에 대한 이러한 미국적 경외심은 숲속에서의 고독, 그리고 그 고독이 불러일으키는 자연과의 연결감에 대한 새로운 가치 평가와 맞물려 발전했다. 소로는 물론 전형적 예이다. 단지 자연에 대한 고독한 사색에 높은 영적 가치를 둔 사람 중 가장 주목되는 사람일 뿐이긴 해도 말이다. 덜 알려진 초월주의자 윌리엄 라운스빌 앨저(William Rounseville Alger)의 저작은 이러한 관점이 점점 증가하는 도시의 혼잡과 근대 관료주의와 산업 노동의 스트레스에 대한 반응이었음을 보여준다. 앨저는 19세기 진보주의자들이 도시 생활—도시 생활의 해악과 물질주의, 소외와 고립을 동반한 과밀화, 그리고 수많은 위협적인 이민자들—에 품고 있던 더 넓은 불안을 반영하여, 야생을 건전한 영적 피난처로 보았다. 고독을 찬양하면서, 앨저는 사회가 "다양성과 변화로 가득 차 있고 끊임없는 고통 속에서 힘을 낭비하고 있으며 모든 면에서 유한하며 변함없는 통합인 고독은 무한자와 관련이 있다."라고 천명했다(2003[1867]: 170-71). 앨저에게 근대 사회는 나르시시즘, 불안, 탐욕의 가마솥이던 반면, 고독은 과도한 세금 … 지치고 불안하고 야심으로 가득 찬 상태, 그리고 경쟁과 자기주장이 난무하는 시장주도 세계에 대한 해독제였다(168).

탈주술화, 고독에 대한 사랑, 자연에 대한 경외심이 결합한 이러한 19세기의 정서가 불교 해석에 처음 반영된 것은 당시 통용되던 동양과 서양의 이분법적 재현을 통해서였다. 앨저가 물질주의적이고 경쟁적이며 돈 중심적인 '서양'에 대한 균형으로서, 영적이고 명상적인 '동양'을 묘사하는 익숙한 재현을 다시 강조한 『동방의 시(The Poetry of the East)』를 출간한 것은, 『자연과 인간의 고독(The Solitudes of Nature and of Man)』(이 책에서 그는 고독한 삶의 예로 붓다를 언급함)을 출간한 것과 함께 결코 우연이 아니다. 여기서 우리는 아시아가 서구의 근대성의 불안 요소와 대조되는 타자로 묘사되는 것을 다시 보게 된다. 이 타자는 고독, 금욕, 내면성, (여기서 가장 중요한) 자연과 연관된다. '동양'은 여전히 주술적 매혹이 살아있는 곳으로, 자연계가 제공하는 영적 지혜를 찾아 숲으로 은둔한 현자들이 살고 있는 곳으로 묘사되었다. 실제로 소로는 자신이 월든 호수(Walden Pond)로 은둔한 경험을 '힌두(Hindoos)' 금욕주의와 유사한 것으로 보았다(1997〔1845〕: 184).

종교의 내면화, 자연계에 종교적 의미 부여, 자연에 대한 고독한 관조의 강조, 그리고 이러한 관조를 근대 세계의 지나친 물질주의에 대한 치유법으로 보는 관점은 모두 서양, 특히 북미에서 불교를 해석하는 데 핵심 요소로 작용했다. 초월주의 시대에 많은 사람이 보편적 신비적 체험으로 여긴 것과 자연 사이에 이루어진 명확한 연결은, 이후 한산, 바쇼, 도겐 등의 사상이 이해되는 데 있어서 해석학적 맥락을 제공하였다. 우리는 스즈키가 자연을 사랑하는 신비주의자의 초월주의적 이미지를 사용하여 선의 은자隱者를 어떻게 묘사했는지 살펴보았다. '보편 종교'라는 초월주의적 범주는 시간과 장소의 경계를 초월하고 도그마, 의례, 문화의 특수성보다는 개인적인 경험으로 구성된다고 여겨졌으며, 불교 옹호자들이 불교의 금욕적·은둔적·명상적인 전통과 동아시아의 자연에 대한 경외심을 쉽게 도입할 수 있는 광대한 무대를 제공했다. 이러한 요인들은 서양인들이 불교를 이해하는 방식과 근대 세계에서 불교가 취하게 될 형태에 영향을 미쳤다. 이러한 영향 덕분에 자연계에 대한 불교의 태도가 당시의 사회적·정치적 관심뿐만 아니라 야생에 대한 미국적 경외심과도 교차될 수 있었다.

상호의존성과 생태불교

낭만주의적·초월주의적 사고방식은 연기에 대한 불교 개념, 비이원론 주장, 보편주의 윤리, 동아시아의 자연 친화적 감수성을 근대 담론의 핵심으로 혼합하고 전환하는 데 유용한 일련의 모티프를 제공했다. 하지만 이러한 주제들만으로는 오늘날의 상호의존성 개념에서 나타난 통합을 이루어 내기에는 충분하지 않았다. 최종적으로 이 개념이 완성되기 위해서는 사회과학과 자연과학에 대한 최근의 이론적 접근 방식과 현대 생태학적 사상이 융합되어야 했다. 사실 이 모든 요소의 통합은 최근에 이르러서야 체계적으로 이루어졌다.

이러한 발전의 배경에 포괄적인 이론적 패러다임이 숨어 있다면, 그것은 아마도 시스템 이론(systems theory)일 것이다. 이 이론은 경제학, 생물학, 생리학, 심리학, 사회학 등 다양한 종류의 시스템을 다루는 광범위하고 다학제적인 이론적 패러다임으로, 각 구성 요소와는 다른 특성을 가진 전체를 형성하는 방식에 초점을 맞춘다. 광범위하게 적용될 수 있는 시스템 이론은 원칙적으로 구성 요소들이 전체로서 작용하고, 각 부분을 따로 분석해서는 설명할 수 없는 창발적 특성을 생성하는 모든 관계망을 다룰 수 있다. 현대 불교의 상호의존성 개념에 큰 영향을 미친 사람은 그레고리 베이트슨(Gregory Bateson, 1904~1980)이다. 베이트슨은 마음이 여러 측면에서 세포, 열대 우림, 공동체와 같은 살아있고 역동적인 시스템들과 유사하다고 주장했다. 그는 마음이 생리학적 기반과 분리되거나 다른 마음들과 분리된 것으로 여겨져서는 안 된다고 주장했다. 베이트슨에게 있어 기본 단위는 개별 개체가 아니라, 그 개체들이 속한 시스템이다. 그는 개인이 환경과 공생관계에 있는 유기체로 이해되어야 한다고 말한다(1979).

노르웨이의 철학자이자 산악인 아르네 네스(Arne Naess)는 시스템 이론의 관점에서 불교 연기를 명시적으로 해석한 최초의 인물이다. 네스는 1970년대에 스피노자와 대승불교를 결합하기 시작했으며, 명상의 불교적 함의를 스피노자의 자유 개념의 관점에서 깊이 성찰했다(Naess 1978). 스피노자는 낭만주의자들에게 중요한 영향을 미쳤다. 그는 독일 관념론자들이 채택한 범신론적(또는 범재신론적) 형이상학을 내놓았을 뿐만 아니라, 르네 데카르트 이원론에 대해서도 가장 포괄적인 초기 도전 중 하나를 제시했다. 스피노자와 불교 형이상학을 기반으로 한 시스템 이론을 이론적 틀로 삼아, 네스는 심층생태학 운동을 창시했다. 이 운동은 인간 중심적 환경 이미지를 거부하고, 대신 '관계적이고 총체적인 장의 이미지를 지지하며, 모든 유기체는 생명의 연결망 또는 본래적 관계의 장場에서 서로 연결되어 있다'고 본다(1973: 95). 심층생태학(deep ecology)은 개인과 환경 사이에서 각자가 서로를 상호 구성하는 공생적인 관계를 주장한다. 개인은 고정된 경계를 가진 원자론적인 실체가 아니라 더 큰 활동 네트워크 속의 개방형 접속점으로 간주된다. 인간, 동식물과 자아 간의 더 넓은 네트워크 사이의 관계에 대한 이 개념은 제임스 러브록(James Lovelock)의 유명한 가이아 가설(Gaia hypothesis)과도 깊은 관련이 있다. 심층생태학자들과 생태학적인 사고를 지닌 불교도들에 의해 자주 인용되는 이 가설은 생물권(生物圈, biosphere)이 자율적인 유기체라는 것을 제안한다. 네스와 러브록의 접근법들은 또한 과정철학과 과정신학(process philosophy/theology)과 어느 정도 관련이 있는데, 이것은 알프레드 노스 화이트헤드(Alfred North Whitehead)에서 시작되어 불교의 연기와 공에 대한 현대적인 해석에 중요한 영향을 미쳤다(Inada 1984; Odin 1982).

최근 과학 이론들에 대한 대중적인 설명도 상당한 기여를 했다. 앞서 언급한 바와 같이, 과학 불교에 대한 담론은 1970년대까지 주로 수사적 수준에 머물렀다. 그러나 1970년대에 들어서면서 당시 많은 대중서적에서는 최근 과학 발전과 불교 및 기타 아시아 종교들 사이의 명백한 유사점을 찾으려고 시도했다. 프리초프 카프라(Fritjof Capra)는 베스트셀러 『물리학의 도(The Tao of Physics)』(1975)에서 양자물리학의 최근 발견과 불교와 다른 형태의 '동양 신비주의'에서 말하는 자아와 타자의 '우주적 상호 연결성(universal interwovenness)'이라는 개념 사이의 상관관계를 주장했다. 카프라는 이러한 개념이 '우주는 전체에 대한 연결을 통해서만 부분이 정의되는 물리적·정신적 관계의 상호 연결된 웹'이라는 양자물리학의 사상과 유사하다고 주장했다(1975: 129). 카프라의 후기 저작들, 특히 『생명의 그물(The Web of Life)』이라는 상징적인 제목의 책은 르네 데카르트의 기계론과 직선적 사고를 비판하면서 그것을 현대의 다양한 병폐와 연관 짓는다. 그는 양자역학뿐만 아니라 복잡도 이론(complexity theory)과 시스템 이론도 생물학적·심리학적·사회적·생태학적 시스템 사이의 근본적인 연결을 드러내는, 더 통합적이고 총체적인 이해로 가는 길을 제시한다고 주장한다. 앞서 언급한 바와 같이, 『물리학의 도』에 이어 불교와 다양한 과학 사이의 가정된 유사점을 탐구하는 방대한 문헌들이 쏟아져 나왔다. 최근 수십 년간 과학자들과 불교도들은 불교를 이해하기 위한 그러한 연구의 가치에 대해 논쟁해 왔다. 그러한 연구의 한계가 무엇이든 간에, 여기서 중요한 것은 그러한 연구들이 연기에 과학 이론의 향기를 불어넣었을 뿐만 아니라, 그 개념 자체를 근대과학 용어로 재구성하는 데에도 영향을 미쳤다는 점이다.

조안나 메이시(Joanna Macy)는 필자가 논의해 온 모든 구성 요소를 조합하여 현대의 상호의존성 개념으로 만들어내는 데 있어 어떤 현대 작가 못지않게 중요한 역할을 했다. 그녀는 현대 서양 불교계의 박식하고 카리스마적이며 인기 있는 작가이다. 메이시는 시스템 이론과 심층생태학의 측면에서 연기를 명확하게 설명하고, 이를 다양한 사회적·생태학적 문제들에 적용한다. 그녀는 이러한 문제들을 근대적 삶의 지배적인 특징인 '만연하고 병리적인 개인주의'의 발현으로 보고, 분리되고 고립된 자아가 환상임을 보여주는 것이 시급한 과제라고 생각한다(1991b: 185). 메이시는 자아를 '살가죽에 둘러싸인 자아(skin-encapsulated ego)'로 보는 전통적인 방식이 더 넓은 자기 정체성과 자기 이익의 구성체, 즉 우리가 다른 존재들과 지구 생명 전체와 함께 확장되는 생태적 자아(ecological self/eco-self)로 대체되기를 희망한다(183). 우리는 메이시의 사상에 이르러 현대 불교의 상호의존성 개념이 완전하고 명료하게 표현된 형태를 만나게 된다.

> 현대 과학, 특히 시스템 이론은 경험된 세계의 한 부분을 '자아'로, 나머지 부분을 '타자'로 해석할 논리적 또는 과학적 근거가 없음을 보여줌으로써, 독립적이고 분리된 연속적 자아에 관한 오래된 가정에 더욱 강력하게 도전한다. 왜냐하면 개방적이고 자기 조직화하는 시스템인 우리의 호흡, 행동, 사고가 물질, 에너지, 정보의

흐름을 통해 우리가 공유하는 세계와 상호 작용하며 우리를 관통하고 지탱하기 때문이다. 이러한 활동을 유지하는 관계망 속에는 분리되고 연속적인 자아를 명확히 구분할 수 있는 경계선이 없다(187-88).

그런 다음 메이시는 이러한 주장을 무아와 연기의 교리에 통합한다.

시스템 이론과 마찬가지로 불교도 자아와 타자 사이의 범주적 구분을 해체하며, 연속적이고 독립적으로 존재하는 실체라는 개념을 부정한다. 불교는 여기서 더 나아가, 자아를 실체화하려는 모든 시도가 병리적 성격을 지닌다는 점을 보여준다. 붓다가 보리수 아래에서 깨달은 것은 현상의 의존적 상호 발생인 연기였다. 연기에서는 개별적이고 지속하는 자아를 분리할 수 없다(189).

연기는 결국 세상에 온전히 참여하는 적극적이고, 실제로는 행동가적인 삶에 대한 명령으로 전환된다. "불교의 도에 종종 전가되는 허무주의와 도피주의와는 거리가 먼 이러한 해방, 이러한 깨달음은 우리가 더욱 활기차고 배려 깊은 사회적 참여 감각을 지니고 세상 속으로 뛰어들게 한다."(190) 메이시는 자아에 대한 그러한 관점이 우리가 자연에 내재하고 있음을 인식하도록 돕고, 나머지 창조물과의 거리감을 극복하도록 하며, 점점 더 넓어지는 동일화 과정을 통해서 자아를 경험하는 방식을 변화시킨다고 주장한다. 그리고 네스를 인용하며, "자아가 확장되고 심화되어 자연 보호가 우리 자신의 보호로 느껴지고 인식된다."라고 말한다(191).

메이시는 '에고적 자아(ego-self)'를 단순히 근대 시대의 허상적 산물로 보는 데 그치지 않고, 불교도들에게는 다소 놀랍게 들릴 수 있는 서사인 '인간의 타락'을 재해석하여, 이를 우주적 과정의 관점에서 이해한다. 메이시는 인류의 초기 단계에서 사람이 나무, 바위, 식물과 함께 자궁과 같은 '원초적 친밀감' 속에서 살았다고 말한다. 하지만 이후 '에덴동산에서의 추방', 즉 자의식, 개별성, 그리고 자유의지가 생겨났다. 그리하여 외롭고도 영웅적인 자아의 여정이 시작되었다. '거리를 두고 관찰하는 눈'은 개인의 권리에 기초한 과학과 통치 시스템을 가져왔다. 이처럼 풍요로워진 우리는 다음과 같이 자각할 수 있다. "이제 돌아서서 우리가 지금까지 항상 무엇이었는지 인식할 수 있다. … 우리는 스스로를 인식하는 우리의 세계이다. … 우리는 다시 집으로 돌아갈 수 있다. 그리고 유아기 때보다 더 풍요롭고, 더 책임감 있고, 더 가슴 뭉클하게 아름다운 방식으로 우리 세계에 참여할 수 있다."(1991b: 13-14) 불교 근대주의의 역사적 계보에서 중요한 것은 메이시가 자신이 거부한 전통에서 이야기를 끄집어내 활용했다는 사실이 아니라, 창세기 서사를 이렇게 재해석한 것이 바로 낭만주의자들로부터 직접 나온 것이라는 점이다. 셸링은 인간의 타락을 절대자와의 원초적 통일성에서 개별화된 자의식으로의 분리로, 그리고 영적인 여정을 절대자와의 더 높은 재통합으로 설명했다(1978[1800]). 블레이크도 타락에 대해 비슷한 견해를 제시한다. 인간은 원죄가 생기기 전까지 완전한 화합과 형제애 속에서 살았다. 원죄는 다름 아닌 개인적 자아로의 하강이며, 이는 다른 사람과 자연으로부터의 분열과 소외를 수반한다. 구원은 인간이 고독하고 불만스러운 상태에서 통합으로 부활하는 것이며, 이는 단순히 인류 초창기의 하나됨으로의 복귀가 아니라, 개별성을 유지하면서 전체와 조화를 이루는 복귀이다.

메이시의 이 서사를 재구성한 것은, 서구의 현대 불교에서 베버가 말한 세계의 탈주술화와 재주술화의 역동성이 얼마나 중요한지를 보여준다. 이러한 역동성은 여기서 보편화된 서사로 재구성된다. 자연, 공동체, 순수함으로 회귀를 갈망하는 루소의 열망 외에도, 이것이 함축하는 바는 탈주술화된 근대성의 합리화, 시장 중심, 차별화 과정이 인류의 개별화와 자의식의 한 단계인 외적 경계라는 것이다. 서사가 암시하듯이, 우리는 이제 이러한 개별화가 지나치게 자기 파괴적이고 분열적이어서 자멸적 성격을 띠게 되었으며, 이제 우리는 세계와의 더 원초적이고 통합적인 관계를 재발견하고 재통합해야 한다. 따라서 이 불교 상호의존성의 공식화는 단지 탈주술화라는 근대 서사뿐만 아니라 인간 타락이라는 성경 서사를 재구성한 자의식의 출현과 초월에 대한 더 넓은 낭만주의 서사에서도 포함되어 있다.

낭만주의와 마찬가지로, 후기 근대 불교의 상호의존성 표현은 과학이 던지는 대규모 질문에 초점을 맞추면서도, '환원주의적' 과학과 군사적 또는 상업적으로 주도되는 과학에 대해서는 의심의 눈초리를 거두지 않는다. 그것은 만물에 생명을 불어넣는 '생명력'을 발견하려는 낭만주의자들의 과학적 열정과 도구적 이성에 대한 비판을 이어간다. 또한 르네 데카르트의 이원론과 그것이 세계에서 내재적 의미를 박탈하는 것에 저항하고, 세계를 인간 마음과 함께 공존하거나 보편적 마음에 의해 활력을 얻는 것으로 상상함으로써 세계를 다시 신성화하려고 시도한다. 그러나 그것은 또한 고대와 근대의 자원을 브리콜라주처럼 조합하여 현재의 사회적·생태적 문제를 해결하려는 후기 근대 세계의 산물이기도 하다. 그리고 이 모든 문제에 대한 해결책은 세상을 중립적인 환경 속에서 고립된 자아들의 집합이 아니라 상호 연결된 생명의 그물로 재인식하고 재포용하는 것이다. 따라서 이러한 변형에서 상호의존성은 초기 빨리(Pāli) 설명의 의미와 거의 반대되는 의미를 지닌다. 고통의 세계에서 존재를 재생하도록 묶는 원인과 결과의 사슬과는 거리가 먼, 오늘날의 상호의존성은 상호 공동체와 공동 참여의 신성한 연결망, 즉 모든 존재의 확장된 몸체를 의미한다. 그리고 여기서 가장 중요한 것은 이러한 의미 및 가치의 변화가 대승 전통의 불성에 대한 재고와 동아시아 감성의 불교 유입에서 비롯되었을 뿐만 아니라 근대성의 일부 근원적인 역학에서도 비롯되었다는 점이다.

상호의존성의 함의

업과 재생의 재구상再構想

현대 불교의 상호의존성 표현이 갖는 함의는 때때로 매우 인상적일 수 있다. 그것은 근대 세계에서 새로운 정치적·윤리적 함의를 지닐 뿐만 아니라 관련된 불교 교리, 예컨대 두 가지 근본 교리인 업과 재생의 의미를 바꿀 수도 있다.

고전적인 업의 묘사에서 자연은 개인의 행동에 반응하여 그 행동에서 비롯된 상황을 만들어낸다. 질병, 홍수, 신체 부상—또는 이와 대조적으로 그러한 사건들로부터의 간신히 벗어나는 것—은 모두 개인적 행위

(karma)의 결과(phala)로 해석될 수 있다. 자연이 인간의 행동에 직접적으로 반응한다는 이러한 관점의 변형은 고대와 중세 세계에 널리 퍼져 있다. 넓게 해석하면, 인간과 자연 사이의 변증법에 대한 이러한 이해는 아시아에만 국한되지 않고 문학의 수많은 사례에서도 나타난다. 예컨대 붓다의 깨달음이나 예수의 죽음과 같은 중대한 사건에 반응하여 발생한 자진이 그 대표적 예이다. 오늘날 우리는 그러한 것들을 상징적인 것으로 치부할 수 있지만, 많은 사람이 자신의 삶을 이해하는 방식에서 그것들이 차지했던 중요한 역할까지 무시할 수는 없다. 무작위적 우연의 개념은 비록 근대 시기에만 국한된 것은 아니지만, 비근대 사회에서는 드문 것이다. 일식, 천둥번개, 질병, 우연의 일치는 개인적 또는 공동체적 수준에서 의미를 지녀왔지만, 과학적 세계관을 가진 사람들에게는 일반적으로 그러한 의미를 갖지 않았다. 그러한 현상들은 경고나 신호나 결과로 받아들여졌다.

업에 대한 고전적 개념은 흔히 '자연법칙(natural law)'이라고 불리지만, 실제로는 인간 행동에 대한 자연의 가정된 반응을 체계적으로 규정한 것에 더 가깝다. 이 개념의 핵심은 도덕적 반응이 자연적 과정과 얽혀 있으며, 도덕적으로 중요한 행동에 직접적으로 반응하여 개인의 상황을 형성한다는 것이다. 사람의 삶에 특별한 행운이나 불행한 상황을 가져오는 원인과 조건들은 실제로 여러 가지가 있다. 모든 경험이 이전 업의 결과인 것은 아니다. 어떤 경험은 이전 행위의 과보가 아닌 특정 생리적 조건들의 결과일 수 있다(SN 36.21). 하지만 업의 결과는 삶의 많은 부분을 직접적으로 형성한다. 업의 결과는 개인이 어떤 삶의 영역에 다시 태어날지를 결정한다. 즉, 높은 사회적 위치에 태어날지, 낮은 사회적 지위로 태어날지, 그리고 동물이나 인간이나 다른 층위의 존재로 태어날지를 결정한다. 그리고 특정한 행위와 그 결과로 개인이 얻게 되는 성격 사이에는 더 구체적인 대응 관계가 있다. 다른 생명체를 해치는 사람은 현생이나 내생에 병약한 경향이 있으며, 그렇지 않은 사람은 건강한 경향이 있다. 화를 잘 내는 사람은 못생긴 외모를 가지는 경향이 있고, 그렇지 않은 사람은 잘생긴 외모를 가지는 경향이 있다. 질투하는 사람은 세력이 없는 경향이 있으며, 질투하지 않는 사람은 세력이 있는 경향이 있다(MN 135).〔역주: 원문에는 해당 설명이 MN 35에 나오는 것으로 되어 있으나, 실제로는 MN 135에 등장한다. 이에 대해 저자의 확인과 동의를 거쳐 해당 내용을 정정하였다.〕 연기에 대한 초기 이해는 이러한 업의 교리와 밀접하게 연결되어 있었으며, 세상의 자연 현상이 어떻게 발생하는지보다는, 오히려 존재가 자신의 업을 통해 다양한 상황들 속에서 태어나고 재생하는 과정을 설명하는 데 초점을 맞추었다.

삶의 상황이 주로 과거 행위에 의해 결정된다는 생각은 오늘날에는 확실히 받아들이기가 더 어렵다. 인과관계에 대한 근대적 견해는 어떤 사건이든 개인의 도덕적으로 중요한 행동에 의해 주로 지배된다고 보기보다는, 다양한 인과적 경로를 통해 발생한다고 가정한다. 과도한 음주로 인해 자동차 사고가 발생할 수도 있으며, 근대 불교도는 이를 업이라는 용어를 사용하여 설명할 수 있다. 하지만 과도한 음주와, 예컨대 15년 동안 술을 끊은 후에 버스에 치이는 사고 사이에 인과적 연결을 만드는 것은 훨씬 더 어렵다. 전통적인 업의 관점에서는 이러한 연결을 만드는 데 어려움이 없지만, 근대 과학적 관점에서는 버스의 인과 경로가 충돌 순간까지 그 사람의 인과 경로와는 무관하다고 본다. 그 사람은 우연히 잘못된 시간에 잘못된 장소에 있었을 뿐이다. 이 두 관점 사이의 간극을 메우기 위해 여러 불교 근대주의자들은 종종 업을 근대적 인과 관계 개념들과 양립할 수 있는 방식으로 설명해 왔다. 예컨대, 어떤 여성은 거칠어서 사람들이 그녀를 좋아하지 않는 경향이 있다든지, 어떤 남성은 고기를 너무 많이 먹어서 심장 마비가 그의 업이었다는 식이다. 하지만 전형적인 불교 근대주의자는 사람의 신체적 추함이 과거 불같은 성미의 직접적인 결과라고 생각하지 않을 것이다.

일부 근대 불교 사상가들은 상호의존성 개념의 현대적 변용에 비추어 업과 재생에 대한 전통적인 견해를 대체로 버린 것으로 보인다. 틱낫한은 '상즉'과 관련하여 도덕적 책임과 재생에 대한 놀라운 관점을 제시한다. "어떠한 X도 전적으로 X가 아닌 요소들로 이루어져 있다."라는 상호작용에 대한 틱낫한의 공식을 떠올려 보자. 『반야심경(般若心經, Prajñā-pāramitā-hṛdaya-sūtra)』과 상즉에 대한 논의에서 틱낫한은 마닐라(Manila)의 한 매매춘 여성을 예로 든다. 그녀는 나이 어리고 가난하며 많은 사람에게 이용당하고 있다. 그 결과, 그녀는 수치심과 비참함을 느낀다. 그러나 그녀가 자신의 '전체 상황'을 바라본다면, 자신이 지금의 모습이 된 것은 그녀를 가난하게 만든 사람들, 그녀를 홍등가에 팔아넘긴 사람들, 그녀를 고용하는 사람들, 그리고 그 문제를 외면하는 우리 모두가 그녀를 그렇게 만든 데 기여했기 때문임을 알게 될 것이다. "우리 중에 손이 깨끗한 사람이 없다. 누구도 그것이 우리의 책임이 아니라고 주장할 수 없다. 마닐라의 소녀는 우리의 방식 때문에 그렇다. 그 나이 어린 매매춘 여성의 삶을 들여다보면 우리는 매매춘 여성이 아닌 사람들을 본다."(1988: 33) 이제 매매춘 여성을 비난하기보다는 연민의 반응을 보이는 것이 전통불교의 윤리적 틀 안에서 전적으로 정당화될 것이다. 더욱이 우리는 그녀의 상황이 자기 개인적인 책임을 넘어서는 여러 원인과 조건에 의해 형성되었다는 틱낫한의 주장이 경험적으로 진실임을 분명히 알 수 있다. 사실상 틱낫한은 그녀가 처한 상황의 체계적인 원인을 지적한다. 분명히 틱낫한의 의도는 상즉의 교리를 사용하여 사회가 소외된 사람들의 곤경에 대한 책임을 지도록 장려하기 위함이지, 업의 교리를 재구성하려는 것이 아니다. (아무튼 틱낫한은 참여불교의 창시자 중 한 사람이자 세계에서 가장 저명한 불교 활동가 중 한 명이다.) 하지만 더 전통적인 불교 분석은 결국 궁극적인 책임을 매매춘 여성 자신에게 돌려야만 할 것이다. 왜냐하면 업의 교리는 사람들의 처지가 궁극적으로는 그들의 과거 행위의 결과임을 반드시 인정해야 하기 때문이다. 설령 그러한 처지를 가져오는 매개가 타인의 불선한 행동일지라도 말이다. 상즉의 교리를 통해 도덕적 책임은 고립된 개인에게서 벗어나 사회 전체 시스템으로 확장된다. 이것은 참여불교의 중요한 요소로, 고통이 단순한 개인적 원인이 아닌 체계적 원인임을 다시 강조한다.

틱낫한은 상즉의 관점에서 또 다른 핵심 교리를 재구상再構想한다. "우리의 전생은 바위와 구름, 한 그루 나무였다. … 이것은 불교적인 것이 아니라 과학적이다. 우리 인간은 어린 종이다. 우리는 식물이었고, 나무였고, 이제 인간이 되었다. … 우리는 계속해서 어머니 지구에서 생겨나 어머니 지구로부터 양육을 받고 어머니 지구로 돌아가고 있다."(2000: 85-6) 이 기록에는 전통적인 불교 의미의 재생에 대한 언급이 없으며, 여기에서 '전생'은 은유적인 의미를 지닌다. 틱낫한은 『반야심경』의 '태어남도 죽음도 없음〔不生不滅〕'이라는 교리를 논하면서 다음과 같이 말했다.

> 우리는 어떤 것의 태어남을 생각할 수 없다. 단지 지속만이 있을 뿐이다. … 더 자세히 살펴보면 당신을 이루는 요소가 조부모와 증조부모에게 있었고 더 거슬러 올라가서 그들의 부모와 조부모들에게도 있었음을 알 수 있다. … 지금 이 순간 나는 구름이고, 강이며 공기이기에 과거에도 내가 구름이고 강이며 공기였다는 사실을 알고 있다. … 이것은 지구상 생명의 역사이다. 우리는 가스, 햇빛, 물, 곰팡이, 그리고 식물이었다. … 아무것도 태어나지 않고 죽지도 않는다(1988: 21).

상즉이란 인간, 바위, 물을 포함한 모든 것이 인간이 아닌, 바위가 아닌, 물이 아닌 요소들에 의존하고 있다는 뜻이다. 이 모든 요소는 끊임없이 변화하는 형태로 결합되었다가 흩어지고, 또 다른 존재로 변모한다. 모든 존재는 마치 물 위의 파도처럼, 우주가 끝없이 펼치는 무수한 형태 중 하나일 뿐이다. 하지만 우리의 진정한 생명은 파도와 같은 덧없는 형태가 아니라, 물 자체인 살아있는 우주 전체의 생명이다. 그러므로 죽음을 두려워할 필요가 없다. 왜냐하면 우리를 구성하는 모든 요소는 우리가 죽은 뒤에도 나무, 꽃, 바위, 다른 사람 등 다른 형태로 계속 존재할 것이기 때문이다. 다시 '나'는 모든 것을 포함하도록 확장된다. 비록 우리가 죽은 뒤 먼지로 변한다 해도, 그 작은 먼지 하나하나는 우주 전체를 반영하고, 우주 역시 그 먼지 속에 반영된다. 여기에서는 업業에 의해 구성된 삶의 궤적, 즉 탄생에서 죽음, 그리고 재생으로 이어지는 전통적인 연속성의 관념이, 죽음 이후 존재가 광대하고 상호 연결된 우주 속으로 흩어져 다른 모든 형태로 '재생'되면서 동시에 전체와 하나가 된다는 새로운 관념으로 대체된다.

업의 책임이 사회 체계로 분산되고, 사망 후 개인이 우주 전체로 분산된다는 이러한 생각은 가장 영향력 있는 현대 불교도 중 한 사람이 불교 사상에 도입한 중요한 혁신이다. 이러한 업의 탈신화화는 근대 사회 분석의 관점에서 충분히 이해할 수 있으며, 이러한 '재생'에 대한 관점은 과학적 우주관과도 조화를 이룬다. 이러한 관점은 19세기 낭만주의도 연상시킨다. 과학 지식으로 유명한 매사추세츠의 변호사이자 시인인 윌리엄 컬렌 브라이언트(William Cullen Bryant, 1794~1878)는 종종 '원형 초월주의자(proto-transcendentalist)'로 여겨진다. 그는 「새너토프시스(Thanatopsis)」라는 시를 썼는데, 이 시는 신흥 19세기 자연관을 상징하는 것으로 평가받는다. 이 시에서 그는 죽음을 자연 세계의 요소들과의 융합으로 생생하게 묘사하며, 인간, 동물, 식물, 암석이 하나로 어우러진 존재로서, 앞서 세상을 떠난 모든 존재와 다시 합쳐지는 모습을 그려낸다(ll. 22-33).

그대를 먹여 살려온 흙은 요구할 것이다.
그대의 성장한 몸을 … 다시 흙으로 돌아가라고.
그리고 인간으로서의 흔적은 사라지고, 내려놓은 채,

개별 존재자로서의 그대는 사라질 것이다.
원소들로 영원히 섞이어
무감각한 바위의 형제가 되어,
찐득한 찰흙이 되어, (그 위로) 무례하게도, 젊은 농부가
쟁기를 휘두르고, (그대가 묻힌 무덤 위를) 걸어갈 것이다.
참나무는 뿌리를 밖으로 뻗어,
그대의 형체를 관통할 것이다.

아직 영원한 안식처에
혼자 물러나 있는 것도 아니고, 바랄 수도 없을 것이다.
침상이 이보다 더 장엄하기를…

이 시는 개인의 내세에 대한 개념이 아니라, 오히려 사후에 모든 자연과 앞서 살았던 존재들과의 친밀감을 제시한다. 그러므로 그는 "네 무덤으로 다가가라. 침상의 수놓은 이불로 몸을 감싸고, 즐거운 꿈을 꾸러 가는 사람처럼 누우라."(ll. 79-1)라고 조언한다. 이는 틱낫한이 말한 모든 존재가 하나의 포괄적인 생명 속에서 뒤섞여 있으며, 죽음이란 단지 생명의 한 형태가 다른 형태로 변화하는 것일 뿐이라는 사상과 뚜렷하게 닮아있다.

많은 불교 근대주의자는 여전히 업과 재생에 대한 전통적인 견해를 유지한다. 그럼에도 불구하고 근대성은 핵심 교리들에 관한 급진적인 재해석과, 보다 폭넓은 해석적 선택지의 가능성을 열어준다. 틱낫한의 업과 재생에 대한 재고찰은 상호의존성이라는 하나의 개념을 정교하게

발전시키는 과정이 다른 개념들까지 자석처럼 끌어당기면서, 여러 사상과 실천의 의미를 재구성할 수 있음을 보여준다.

불교적인가?

오늘날 우리가 직면한 수많은 사회적·환경적 문제들을 해결할 수 있는 비전을 개발하는 일은, 그 비전의 역사를 추적하는 것보다 훨씬 더 시급하고 중요한 과제임은 분명하다. 그러나 역사가들은 여전히 다음과 같은 질문을 제기해야 한다. "서양의 사상과 실천이 유입되고, 때로는 전통 교리에 대한 급진적 재해석이 이루어진 현대적 형태의 불교 상호의존성 표현이 과연 진정한 불교적 표현인가?" 실제로 일부 학자들은 현대 불교의 환경주의적 경향이 전통 교리와 궁극적으로 양립할 수 없다고 주장해 왔다(Blum 2005; Harris 1991, 1997).

이와 관련하여 필자는 두 가지 문제를 간략히 살펴보고자 한다. 하나는 윤리와 관련된 문제이며, 다른 하나는 자연계의 신성함과 관련된 문제이다. 첫째, 명상과 연민의 함양을 통해 경계를 확장하여, 윤리적 범위뿐만 아니라 자아감의 차원에서도 점점 더 넓은 존재들을 포괄하게 되는 인위적으로 경계 지어진 자아라는 개념은, 과연 불교에만 특유한 사상일까? 불교 윤리는 연기의 사슬로 함께 묶인 모든 중생에 대한 연민을 분명히 의무화한다. 그러나 자신과 타인의 경계가 궁극적으로 인위적이기 때문에 윤리적 행동을 해야 한다는, 예컨대 누군가를 해치는 것은 본질적으로 자기 자신(과 다른 모든 것)을 해치는 것이라는 근대 사상의 기초가 근대 이전 전통들의 연기인지는 전혀 명확하지 않다. 빨리 성전이나 남아시아 대승 문헌은 윤리에 대해 자주 논하지만, 필자가 확인한 바로는 결코 이러한 방식으로 상호의존성을 윤리의 근거로 삼는 경우가 없다. 8세기 철학자 샨띠데바(Śāntideva)의 타인과의 감정적 동일시를 통한 이타성의 표현이 아마도 우리가 발견하는 가장 가까운 예일 것이다. "팔 등으로 나뉘어져 여러 부위로 이루어진 몸이 전체적으로 보호되어야 하듯이, 분화되어 있으면서도 동일한 고통과 행복의 본질을 지닌 이 세계 전체도 보호되어야 한다."(1997: 100) 하지만 요점은 다른 사람의 고통을 자신의 고통인 것처럼 동일시해야 한다는 점인 것 같다. 여기서 몸의 은유는 타인이나 우주와의 존재론적 통일성을 주장하는 데 기반하지 않는다.

하지만 동아시아 사상, 특히 화엄 및 화엄의 영향을 받은 불교에서는 한국 승려 기화(己和, 1376~1433)가 쓴 다음과 같은 구절이 심심치 않게 발견된다. "인간다움은 천지天地와 무수한 것들이 한 몸에 스며드는 것을 의미하며, 그 틈은 전혀 없다. 이 원리를 깊이 체현한다면, 가장 보잘것없는 생물에게도 해를 가할 정당성은 존재할 수 없다."[6] 여기에는 하나의 몸 안에 있는 사물의 근본적인 통일성에 기초한 윤리적 의무에 대한 명시적인 주장이 담겨 있다. 상호의존성(또는 상호 침투)의 존재론과 윤리 사이의 그러한 명시적인 연결은 필자가 발견한 바로는 드물며, 이 구절조차도 아직 출판되지 않았다. 그러나 이 감정은 19세기 미국 사상에서 발견되는 몇몇 표현들과 놀라울 정도로 유사하다. 다음과 같은 표현이 그러한 예이다. "우리는 우리가 모두 하나의 위대한 몸의 구성원이며, 그렇기에 몸의 어느 부분이

6 기화己和의 정확한 문헌 날짜는 확실치 않다. 이 문헌을 알려준 찰스 뮐러(Charles Muller) 교수님께 감사드린다.

해를 입으면 다른 모든 부분도 고통받는다." 이 구절은 현대 선禪이나 참여불교 저술에서도 자연스럽게 어울릴 수 있을 정도이며, 랄프 왈도 트라인(Ralph Waldo Trine, 1995: 169-70)이 쓴 1897년 베스트셀러 『무한자와의 조화(In Tune with the Infinite)』에서 나온 것이다. 그는 주로 좌파, 심령술, 초월주의의 영향을 받았다. 그는 에머슨의 범신론적 경향, 신사상, 기독교 사회복음, 당시의 절충적 영성 등을 혼합하여 단지 내면의 평화를 추구하는 데 그치지 않고, 동료 인간은 물론 인간이 아닌 생명들에게 봉사하는 데에도 적용했다. 그는 동물학대방지협회에서 활발히 활동하기도 했다. 윤리에 대한 그의 이론적 근거의 구체적인 주장은 앞서 논의한 낭만주의적·초월주의적 우주론에 분명히 뿌리를 두고 있으며, 이는 신베단타 비이원론과 결합된 형태이다.[7] 주목할 만한 점은 이 사상이 당시 미국 사상가들이 널리 이해하지 못했던 화엄이나 기타 대승 사상의 영향을 받은 것이 거의 확실히 아니라는 점이다. 반대로 영향을 주었다. 현대 불교의 상호의존성 윤리는 비록 근대 이전 아시아 불교에서 가끔 선례가 있었지만, 낭만주의적·초월주의적 사조의 흔적을 통해 화엄 사상과 선 사상의 유사한 사상과 공명했다. 다시 말해서, 이 윤리는 주로 전통적인 불교 교리인 상호의존성의 잠재적 함의였으며, 그것은 낭만주의·초월주의와 시스템 이론의 근대 담론들과 결합하여 완전히 명확한 윤리로 발전된

7 신베단타(Neo Vedanta)는 고대 힌두교 베단타 학파의 근대적 표현이다. 여러 면에서 불교 근대주의에 필적하는데, 스와미 비베카난다(Swami Vivekananda, 1863~1902)와 같은 인물들의 지도하에 19세기와 20세기 서구 진보주의자들 사이에서 인기를 얻은 힌두교 사상의 한 흐름을 재구성한 것이다.

것이다.

둘째, 성전聖典 문헌이 자신과 타인에 대한 이러한 광범위한 동일시를 지구 또는 자연계 자체와의 동일시로 언급하는지에 대한 논쟁이 있다. 마크 블럼(Mark Blum)은 아시아 불교의 전통적 형태에는 '세계와의 동일화 과정을 통한 자아 확장'이라는 개념이 없다고 주장한다. 오히려 해탈은 자연을 포함한 어떤 형태와도 동일시하지 않는 '비동일화의 수사학'이라는 관점에서 표현된다. 그는 다음과 같이 말한다. "도겐의 자아와 대상의 합일에 대한 언급조차도 자연이나 자연 대상들과의 합일에 국한된 것이 아니라, 모든 주목 대상과의 합일에 관한 것이다. 그러므로 요점은 산과 강보다는 마음에 관한 것이다."(30-31) 여기서 도겐의 해석을 두고 논쟁의 소지가 있다. 확실히 선 사상에는 사물에 대한 구축된 개념들과의 비동일시와 더 크고 포괄적인 통합적 실재인 불성과의 재동일시 사이에 변증법적 긴장이 존재한다. 그러나 불성이 중국 불교에서 풀과 바위까지 포함하는 개념으로 확장되었다 하더라도, 그것이 곧 자연 세계 자체로 이해되어야 하는지는 의문이라는 점에서 블럼의 문제 제기는 타당하다. 그리고 모든 것을 포괄하는 궁극적 실재와 동일시하려는 생각은 특정 형태의 인도 대승이나 모든 형태의 테라와다에서도 통용되지 않는다. 사실, 그러한 생각의 주요 원천 중 하나는 신베단타 사상과 항존철학인데, 앞서 언급한 바와 같이 근대 시기에 종종 불교와 융합되었다.

여기서 필자의 요점은 어떤 사상이 진정한가 혹은 그렇지 않은가에 대한 판단이 아니라, 그것이 어떤 요소들로 구성되어 있든 간에, 현대의 상호의존성 표현에는 분명히 새로운 무언가가 존재한다는 점을 인식하는 것이다. 이는 근대 세계의 독특한 상황에 대응하여 등장한 것이며, 붓다, 나가르주나, 도겐 시대에는 단순히 제기될 수 없었던 질문에 답하려는 시도이다. 그러면 다시 질문해보자. 현대의 상호의존성 표현은 표준적이고 고전적인 이해를 순수하게 표현한 것일까? 헤리스와 블럼의 견해처럼, 그렇지 않다는 것이 일반적인 평가이다. 이 개념은 아시아와 서구의 사상을 혼합하여 새롭게 구성된, 이 시대만의 독특한 산물이다. 따라서 누군가는 그것이 '비정통적'이라고 주장하고 싶어질지도 모른다. 그러나 그렇게 말하는 것은 특정 성전聖典, 특정 종파의 규범적 해석, 혹은 아시아 불교의 특정 역사적 순간에 고정되고 본질화된 의미를 부여하는 것에 지나지 않는다. 역사가로서 종교사가宗教史家는 단순히 정통성의 종파적이거나 심지어 정적인 수사학을 되풀이하는 것에 그치지 않고, 실천가들이 텍스트와 전통의 다른 요소들을 어떻게 활용하는지 살펴야 한다. 새로운 역사적 상황에 대응하여 전통적인 교리와 실천을 재구성하는 것이 종교 발전의 표준이다. 텍스트나 교리는 결코 고정되어 있지 않으며, 변화하는 상황에 대처하기 위해 반복적으로 재차용된다. 어떤 주제는 무의미해지고, 다른 주제는 두드러지게 나타나며, 둘 다 변화하는 정치적·경제적·사회적·물질적 현실과 다른 전통과의 변증법적 관계에서 발생하는 새로운 의미를 부여받는다. 따라서 텍스트나 교리는 정적인 기준점이 아니라, 의미가 항상 재구성되는 역동적인 과정이다. 이러한 변화 속의 전통이라는 역동적인 과정은 불교가 경험적으로 무엇인지를 확립한다.

물론 한계가 있다. 텍스트에는 그 해석이 타당할 수 있는 내재적 경계가 있다. 지식이 있는 사람이라면 불교가 모든 것이 영원하다거나,

개별적이고 영원한 영혼이 있다거나, 원인과 결과가 없다는 교리를 지지한다고 주장하지 않을 것이다. 더욱이 가장 새로운 의미의 상호의존성을 캘리포니아 불교도들만 받아들이고, 다른 모든 불교도는 보수적인 견해를 고수한다면, 그것은 근대 세계에서 불교의 주요 흐름과는 무관한 주변부의 발전으로 간주될 수 있다. 하지만 선도적인 불교 인사들이 다수의 재가자 및 동조자들과 함께 새로운 해석이나 실천이나 사상을 받아들이기 시작한다면, 학자들은 교리의 중요한 재구성이 진행되고 있으며 새로운 규범성이 나타날 수 있음을 인식해야 한다. 그리고 세계에서 가장 저명한 불교도들이 상호의존성에 대한 재개념화를 받아들이는 듯하다면, 그것은 필연적으로, 혹은 최소한 점차적으로 불교적인 것이 되어가고 있다고 볼 수 있을 것이다.

따라서 불교의 상호의존성에 관한 오늘날의 환경적·윤리적 담론을 역사적 불교에 대한 부적절한 재현으로 단순히 일축하는 것은, 불교나 다른 역사적 종교에서 나타나는 근대성의 과정을 진지하게 받아들이지 못하게 되는 것이다. 후기 근대 불교 담론은 필연적으로 역사적 자료들에 의존하지만, 그 출발점은 현재의 절박한 환경 위기이다. 사실상 모든 규범적인 종교적 성찰과 마찬가지로, 이 담론은 전례 없는 상황에 대한 실천가들의 건설적인 반응이지 역사적 노력이 아니다. 고대 우주론과 근대 우주론 사이의 불일치를 지적하는 것은 중요하지만, 현재 상황에 맞춰 교리를 종종 급진적으로 재구성함으로써 이러한 불일치를 해소하려는 시도를 보여주는 것보다 역사적으로 더 중요하지 않다. 종교의 역사는 바로 교리와 실천의 재구성의 역사이며, 그 자체가 이전 버전들의 재구성이다.

문화의 통용과 경연

"그러니까 이건 또 다른 방식의 상호 연결성에 대한 해석이죠?" 미국의 위빳사나 스승인 샤론 샐즈버그(Sharon Salzberg)는 다니엘 골먼(Daniel Goleman)이 타인의 정서 상태에 공감하도록 뇌가 반응하는 '거울 신경세포(mirror neurons)'에 대해 설명하자 이렇게 질문했다(Salzberg 2006: 67). 이 질문은 사회학, 경제학, 양자물리학, 생명과학 분야의 수많은 최근 이론과 발견들 속에서 반복해서 제기되어 왔다. 그리고 이러한 이론과 연구 결과는 모두 불교의 핵심 통찰인 '상호의존성'을 뒷받침하는 듯하다. 하지만 이러한 새로운 이론을 단순히 전통적인 이해를 확인하는 것으로 보는 것은 시대착오적일 것이다. 왜냐하면 고대 불교의 상호의존성과 현대의 상호의존성 간의 조화는 부분적으로 전자가 후자의 개념을 바탕으로 더욱 정교하게 설명되어 형성된 것이기 때문이다. 현대 불교는 후기 근대의 다양한 상호 의존적 개념들을 적극적으로 수용하며, 이를 자신의 사상으로 끌어안고, 수많은 현대적 사상과 현실 속에 자신의 통찰을 시너지적으로 엮어내고 있다. 이는 마치 거울 신경세포가 혼잡한 방의 감정 분위기에 맞춰 조율되는 것과도 같다. 오늘날 불교의 상호의존성 개념이 널리 통용되는 이유는 단지 시스템 이론과 같은 명시적인 이론적 틀과 섞여 있을 뿐만 아니라, 이 용어가 우리 시대의 핵심 사실, 즉 자연적·국가적·기업적·생물학적 실체들이 전 세계적으로 서로 연결되어 있다는 점과 모호하게 공명하기 때문이다. 최근 수십 년 동안 '상호의존성'이라는 개념이 거의 모든 것에 대한 불교적 입장을 대표하게 되었다는 사실은(1960년대 이전에는 이 용어가 그런 방식으로 사용된 것을 본 적이 없다), 다른 많은 주제에 대한 현대 담론에서 유사한 개념들이 통용되고 있음을 보여준다. 인터넷, 네트워크, 행렬(matrix), 연결망(nexus), 시스템, 복합체의 시대에서 고립된 사물은 과거의 유물처럼 보인다.

그러나 불교 근대주의의 혼합 요소 대부분이 그러했듯이, 상호의존성 개념이 후기 근대성의 조건들에 맞게 조정된 과정은 단순히 시대에 일방적으로 적응한 결과만은 아니다. 불교는 또한 서구의 상호의존성에 대한 접근 방식에 도전하거나 이를 강화할 수 있는 근대성의 담론들에 고유한 요소들을 제공한다. 예컨대, 상품을 구매하고 소비함으로써 욕망을 충족시키는 방식으로 인간의 복지를 정의하는 관점을 비판할 수 있는 풍부한 자원을 제공한다. 불교는 또한 모든 층위의 삶에 윤리적 책임의 관점을 제공한다. 오늘날 불교도들은 그러한 기여를 현대의 현실에 적용하려고 시도하고 있다. 그러한 기여가 근대성의 담론들에 어느 정도의 영향을 미칠지는 아직 명확하지 않다.

이 개념이 오늘날 문화적으로 널리 회자되고 있음에도 불구하고, 후기 근대적 상호의존성 해석은 불교 세계 전체에서 보편적으로 받아들여지는 것은 아니며, 북미 지역처럼 가장 널리 수용된 곳에서도 논쟁의 대상이 되고 있다. 특히 테라와다 전통에 속한 일부 현대 불교도들은 빨리 문헌에 나타난 더 전통적인 교리들을 근거로 하여, 상호의존성에 대한 현대적 해석을 비판해 왔다. 미국 태생의 테라와다 승려인 빅쿠 타니사로(Bhikkhu Ṭhānissaro)는 한 대중불교 잡지에 기고한, 인상적인 역사적 통찰을 보여주는 에세이를 통해 독일 낭만주의자들(특히 실러와 슐라이어마허)에서 에머슨, 윌리엄 제임스, 융, 그리고 에이브러햄 매슬로우(Abraham Maslow)에 이르기까지 '상호연관성,

완전성, 그리고 자아 초월'이라는 대중 사상들을 추적했다. 타니사로는 불교에 대한 많은 대중 사상은 이러한 인물들로부터 비롯되었으며, 일부 '다르마의 원래 원리'와는 상당히 다르다고 주장한다(2002: 109). 타니사로는 불교 낭만주의가 "모든 상호연관성은 본질적으로 불안정하며, 이러한 불안정성에 근거한 어떤 행복도 고통을 불러온다. 진정한 행복은 상호의존성과 상호연관성을 뛰어넘어 무위(無爲, asaṅkhata)로 가야 한다."라는 불교의 가르침을 가린다고 주장한다(112). 마찬가지로, 매사추세츠에 있는 바레 불교학 센터(Barre Center for Buddhist Studies)의 소장이자 『인사이트 저널(Insight Journal)』 편집자인 앤드루 올렌즈키(Andrew Olendzki)는 다음과 같이 경고한다. "우리가 서로 연결되면 될수록, 우리는 조건화된 현상의 그물에 더 많이 묶이게 될 것이다. 내 생각에 붓다는 이 모든 것에서 벗어날 수 있는 길을 제시하고 있었지만, 그것은 더 많은 연결을 통해서가 아니다. 그 길은 덜 연결되고, 덜 얽히고, 덜 애착하는 것과 더 관련이 있다."(2005: 3)

더욱이 일부 아시아 스승은 상호의존성에 대한 현대적이고 세계 긍정의 관점을 수용하는 반면, 많은 사람은 윤회와 연기에 대한 더 전통적인 해석을 고수한다. 앤드루 코헨(Andrew Cohen)은 현대 티베트 스승인 차트룰 린포체(Chatrul Rinpoche)의 다음과 같은 말을 인용한다. "세상에는 진정한 본질이 없다. 세상은 의미가 없다. 윤회 전체가 의미가 없다. 사실 윤회의 결함을 완전히 깨닫는 것이 바로 깨달음이다. 깨달음은 우리가 윤회를 넘어 이 세상에는 궁극적인 의미가 없다는 것을 이해했음을 의미한다."(Cohen 2000) 마찬가지로 마하시 사야도(Mahāsī Sayādaw)도 윤회의 삶을 '무시무시한 것'이라고 전통적으로 설명한다. "그러므로 윤회의 비참한 조건들을 깊이 인지하고 이 끊임없는 순환에서 벗어나 열반에 도달하기 위해 모든 노력을 다해야 한다."(Fronsdal 1998: 171에서 인용) 이는 메이시가 세상을 '연인'과 '자아'로 보는 것과는 거리가 멀다.

상호의존성의 의미와 중요성을 해석하는 데 있어 이러한 균열은 불교의 전통적인 변형들과 근대주의적 변형들 사이의 긴장을 부각한다. 이는 또한 테라와다 전통과 대승 전통 사이의 차이점을 보여준다. 대승은 관념론적 해석에 더 개방적이며, 아시아 각 지역의 고유한 전통들 간 차이점도 보여주는데, 동아시아 전통은 인도와 티베트 전통보다 자연계에 대한 긍정적 개념들을 더 많이 수용하는 경향이 있다. 이러한 긴장은 상호의존성의 의미와 현상 세계에 대한 가치평가가 오늘날 불교를 지속적으로 형성하고 있는 전통과 근대성 사이의 논쟁과 협상을 통해 계속해서 변하고 바뀔 것임을 시사한다.

7. 명상과 근대성

세계는, 사랑하는 이여, 우리의 마음속 말고는 어디에도 없다.
우리의 인생은 변용 속에 흘러간다. 그리고 외부 세계는 점점 더
적게 사라진다. 한때 옹골찬 집이 서 있던 곳에
가공의 이미지가 끼어든다. 비스듬히, 상상의 세계에
완전히 예속되어, 그 모든 게 아직도 머릿속에 들어 있는 듯.
시대정신은 힘의 거대한 창고를 만들어낸다. 이것은
모든 것에서 취해 온 긴장된 충동처럼 형체도 없다.
시대정신은 사원을 더 이상 모른다. 우리는 이 같은 마음의
낭비를 은밀하게 아껴려 한다. 그렇다, 아직 하나의 사물이,
지난날 숭배하던 것, 무릎 꿇고 모시던 것이 아직 남아 있어도,
그것은 있는 모습 그대로 보이지 않는 세계로 벌써 들어간다.
많은 사람은 그것을 알아채지 못하고 그것을 마음속에
다시 지을 기회를 놓치고 있다, 기둥과 조각상으로 더 위대하게!

–라이너 마리아 릴케(Rainer Maria Rilke), 『두이노의 비가(Duino Elegies)』 (제7 비가)

명상의 근대적 변용

대부분의 무심한 관찰자들과 특히 서양의 많은 열렬한 불교 수행자들은 명상을 본질적인 불교 수행으로 인식할 것이다. 하지만 앞서 언급한 대로, 명상이 항상 깨달음을 얻는 데 필요하다고 여겨져 왔지만 실제로 이를 진지하게 수행하는 불교도는 소수에 불과하다. 대다수의 아시아 불교도는 윤리, 의례, 승가에 대한 봉사를 통해 다르마를 실천해 왔다. 때때로 재가신자들이 명상을 실천할 수 있도록 여건이 마련되었고, 몇몇 중요한 인물들은 이를 명시적으로 지지하기도 했지만, 명상은 일반적으로 선정 수행을 전문으로 하는 소수의 승려가 수행하는 고된 노력으로 여겨져 왔다.

하지만 오늘날 아시아뿐만 아니라 서구 전역에서 많은 불교 재가자와 불교 동조자들뿐만 아니라 기독교인, 유대인, 힌두교인, 세속적인 사람들까지 다양한 형태의 불교 명상과 마음챙김 기법을 실천하고 있다. 전 세계 대부분 불교도의 수행은 여전히 주로 불교의 윤리적 계를 지키고 공덕을 짓기 위한 의례를 수행하는 것이지만, 아시아와 서양의 교육받은 중산층 남녀 중 점점 더 많은 이들이 명상을 불교 수행의 필수 요소로 여기고 있다. 오늘날의 다르마 스승들은 모든 종교 전통의 사람들과 종교가 없는 사람들에게 명상과 마음챙김을 수행하도록 권한다. 이는 알아차림, 연민, 마음의 평화를 증진하고,

심지어 타종교 수행을 향상하는 등의 다양한 목적을 가진다. 서양의 불교 신자들과 불교 동조자들은 종종 불교의 더 큰 교리적·실천론적 틀로부터 명상만을 뽑아내기를 가장 열망해 왔다. 하지만 넓게 퍼진 재가 명상은 근대화된 아시아 불교에서 중요한 현상이다. 실제로 근대 재가 명상 운동은 서양으로 수출되기 전에 아시아에서 시작되었다. 일본, 타이완, 스리랑카, 그리고 불교권 대부분의 절은 현재 재가자들에게 명상 지도를 하고 있으며, 사람들이 수업을 듣고 수련회에 참가할 수 있는 독특하게 근대적인 '명상 센터'가 전 세계 곳곳에 생겨나고 있다.

재가자와 불교 동조자들을 대상으로 하는 현대 문헌은 권위와 전통에 얽매이지 않고, 경험 과학(empirical science)과 유사한 내적 관찰과 분석의 방식으로 명상을 제시한다. 근대 심리학과 밀접하게 연관된 명상은 때로 더 깊은 무의식의 영역에 접근하기 위한 심리적인 방법으로 설명된다. 이는 무의식적 제약들과 부정적 성향들을 드러내고, 이것들을 변화시키거나 해소하여 마음속에 본래 존재하는 창의적이고 자비로운 힘들이 방해받지 않고 흘러나오도록 돕는 방식이다. 많은 현대 불교 스승들은 외부에서 부과된 규칙들을 따르는 것보다는 이러한 내적인 성향의 변화가 윤리적 행동의 근원이라고 말한다. 명상은 더 이상 속세의 삶을 포기한 금욕 수행자들을 위한 초월의 기법이 아닌, 일상 활동들에 대한 더 깊은 이해와 삶에 대해 능숙하고 왕성하고 주의 깊은 참여를 함양하는 목적을 지니게 되었다. 명상은 전통적인 의미에서 깨달음을 성취하는 독점적인 수단이라기보다는, 교리적·종파적인 체계 밖에서 자기 발견, 자기 수양, 자기 변혁, 그리고 신체적·

정신적인 건강을 위한 기법으로 재구성되는 경우도 있었다. 명상은 또한 최근 불교 역사와는 사뭇 다른 방식으로 민주화되고 개인화되었다.[1] 책 문화와 보편화된 문해력은 이와 깊은 관련이 있다. 고대 인도와 중세 티베트에서 명상 지침서들이 편찬되었을 때, 그것들에 접근할 수 있는 유일한 사람은 글을 읽고 쓸 줄 아는 소수의 교육받은 엘리트였으며, 그 대부분은 승려들이었다. 오늘날에는 경험 많은 스승들로부터 배워야 한다는 주장이 여전히 자주 제기되지만, 올바른 자세와 수인(手印, mūdra)을 보여주는 도표와 함께 단계적인 지침을 제공하는 수많은 명상 입문서가 대부분의 서점에 진열되어 있다. 이는 가정주부, 전문가, 임금 노동자, 대학생들도 다리를 꼬고 척추를 곧게 펴고 숨을

---

1 오늘날 명상의 부흥을 명상이 중심이었던 불교의 '원초적인' 가르침과 실천으로의 복귀로 보려는 것에 마음이 많이 끌릴 수 있다. 빨리 경들은 명상의 중요성과 명상이 깨달음에 필수적이라는 점을 분명히 주장하고 있으며, 그 이후 대부분의 불교 학파도 이에 동의하고 있다. 이러한 의미에서 근대에 들어 명상의 중심화(centralization)는, 특히 승가가 성직자와 의식 집전자 역할을 맡게 되면서 가려졌던 고대의 가르침과 실천을 되살리는 일종의 부흥으로 간주할 수 있다. 하지만 빨리 성전뿐만 아니라 이후 대부분의 불교 문헌에서도 명상은 승려의 수행으로 여겨졌으며, 일반 재가자의 생활 조건에서는 어려운 일로 간주되었다. 재가자를 위한 불교의 가르침은 대체로 열반이라는 먼 목표가 아니라, 보다 가까운 목표인 윤리적 수양과 바람직한 재생을 지향하였다. 다수의 대승 경전들은 재가자들이 삶의 일상적 조건 속에서 명상하고 완전한 깨달음을 이루는 것으로 묘사하면서 이 그림을 복잡하게 만든다. 도겐(道元)도 출가자와 재가자 모두에게 명상이 가장 중요하다고 단언했다. 그러나 완전한 깨달음을 추구하기 위한 명상의 이상이 최근까지 대부분의 재가자 상황에서 일반적으로 수행되었다는 증거는 거의 없다. 이 문제를 다루는 빨리 텍스트에 관한 참고문헌으로는 Gombrich 1988: 73-74를 참조하라.

관찰하도록 초대하고 있다.

역설적으로, 명상은 흔히 불교의 핵심으로 여겨지지만 동시에 전통 자체에서 가장 분리되기 쉬운 요소로 여겨지기도 한다. 어떤 분야에서는 불교 전통에서 분리되어 자기 조사, 알아차림, 개인적 만족, 윤리적 성찰의 한 기법으로 재구성되고, 어떤 경우에는 불교 공동체와는 완전히 별개의 영역에서 독자적인 생명력을 갖게 되었다. 심리치료사와 의사들은 스트레스 감소, 혈압 강하, 통증 관리를 위해 불교에서 파생된 명상과 마음챙김 수행을 처방한다. 불교 명상은 교도소, 병원, 학교에서 가르쳐지며, 컨설턴트는 직원 생산성을 높이고 직업 관련 스트레스를 줄이기 위한 프로그램에 마음챙김 수행을 통합한다. 불교의 다른 어떤 측면보다도 명상과 마음챙김은 종교적 수행이라기보다는 심리적·영적·과학적 기법으로 제시된다.

명상을 불교의 광범위한 윤리적·사회적·우주론적인 맥락들과 분리된 하나의 기법으로 바라보는 이러한 사고방식은 19세기에 암묵적으로 존재했으며, 20세기 중반에 기록되기 시작한 명상에 대한 초기 서구의 일부 논의에서 명시적으로 드러나기 시작했다. 양곤(Yangon) 근처 테라와다 절에서 명상을 공부한 영국의 해군 장교 샤톡(E. H. Shattock) 소장은 다음과 같이 썼다. "명상은 정말 실용적인 일이다. 일반적으로 명상이 종교적인 일로 생각되기는 해도, 반드시 그런 것은 아니다. 명상은 그 자체가 기본적으로 학문적이고 실용적이며 유익하다."(1960: 17) 최근에는 불교 명상을 다양한 의학적·심리학적 적용에 맞게 재구성한 마음챙김 기반 스트레스 감소 프로그램(MBSR)의 심리치료사 존 카밧진도 이러한 관점을 반영하며 다음과 같이 주장한다. "〔마음챙김은〕 불교 자체나 불교도가 되는 것과 아무 관련이 없다. 하지만 마음챙김은 깨어나 세상과 조화롭게 살아가는 것과 깊은 관련이 있다. 그것은 우리가 누구인지 성찰하고, 세계와 그 안에서 우리의 위치에 대한 관점을 되묻고, 우리가 살아있는 매 순간의 충만함을 음미하는 마음을 키우는 것과 관련 있다."(1994: 3) 이러한 명상의 탈전통화는 서양 해석가들에게만 국한되지 않는다. 인도계 미얀마인으로 위빳사나 명상을 가르치는 유명한 재가 스승인 고엔카(S. N. Goenka)는 자신의 가르침이 '보편적'이라고 주장한다. 그는 붓다가 종파적 교리나 '종교'를 가르치지 않았으며, 사실 '불교'를 가르친 게 아니라 오히려 '삶의 예술(an art of living)'을 가르쳤다고 주장한다. "붓다는 어떤 종교, 어떤 '주의(-ism)'도 확립하거나 가르치지 않았다. 붓다는 결코 자신의 추종자들에게 어떤 의식이나 의례, 맹목적이거나 공허한 형식을 따르도록 지시하지 않았다. 대신에 붓다는 내면의 실재를 관찰함으로써 자연을 있는 그대로 관찰하도록 가르쳤다."(2007) 고엔카는 "'불교'가 일어난 바로 그날 붓다의 가르침은 평가절하되었다. 불교는 보편적인 가르침이었지만 종파적인 가르침이 되어버렸다."라고 주장한다(2000: 49-50). 오늘날 모든 명상 스승이 고엔카의 노골적인 반전통주의를 공유하는 것은 아니다. 하지만 많은 명상 스승은 명상을 있는 그대로의 현상을 발견하는 자유로운 방법으로, 그리고 종교적 실천이라기보다는 '내면의 과학(interior science)'으로 제시한다.

명상에 대한 새로운 강조, 일반인들에게 명상을 보급하려는 움직임, 그리고 마음챙김을 보편적이고 비종파적인 것으로 주장하는 경향은

20세기 불교의 수많은 개혁 운동과 흐름에서 핵심적인 역할을 해왔다. 이러한 개혁 운동과 흐름 대부분은 기존의 전통들 속에서 이루어졌지만, 미얀마, 태국, 스리랑카의 테라와다 전통에서 등장한 위빳사나 운동은 그 자체로 근대적 명상 전통의 한 축을 형성했다. 이 운동은 「사띠빳타나 숫따(Satipaṭṭhāna-sutta)」를 중심 텍스트로 삼으며, 서양인들이 종종 명상과 같다고 보는 테라와다 불교에 필수적인 의례적·예배적·공덕 짓는 요소들이 없는 명상법을 제시하는 점점 더 독립적인 운동으로 발전해 왔다. 미얀마와 다른 동남아시아 스승들과 함께 공부한 조셉 골드스타인(Joseph Goldstein), 잭 콘필드(Jack Kornfield), 샤론 샐즈버그(Sharon Salzberg) 및 다른 미국 스승들은 위빳사나를 특히 북미에서 대중화시켰다. 미국의 위빳사나 운동은 대체로 아시아 교단들과의 관계로부터 독립되어 있으며, 위빳사나 스승을 인증하는 국가 기관도 존재하지 않는다. 그래서 학자이자 위빳사나 스승인 길 프론스달(Gil Fronsdal)은 위빳사나 운동이 본질적으로 개방적이고 비정형화되어 있고 임의로 정의된 것이라고 말한다(1998: 165).

공덕 쌓기, 독송, 의례, 신앙보다 명상의 역할을 더 높게 평가하는 것은, 다시 말하지만, 단순한 서구의 산물은 아니다. 근대 위빳사나 운동의 가장 중요한 창시자 중 한 명인 미얀마 승려 마하시 사야도(1904~1982)는 많은 현대 명상 스승들과 마찬가지로 거의 전적으로 명상 수행과 깨달음의 목표에만 집중하고 의례와 승가 생활은 덜 강조했다.

마찬가지로 참선參禪이나 좌선坐禪은 어떤 경우에는 일본, 중국, 베트남 또는 한국 절이라는 전통과 제도의 맥락에서 벗어나기도 했다.

선禪에 대한 대중적인 설명은 이와 유사하게 보편주의적 어조를 채택하여, 명상이 단지 불교 고유의 목표를 달성하는 수단이 아니라 모든 종교와 일부 세속적인 철학이 열망하는 보편적 실재를 실현하는 방법으로서 제시한다. 앞서 언급했듯이, 스즈키는 이러한 실재가 모든 문화적 특수성을 초월하므로 불교에만 고유한 것이 아니라고 주장했다. 다만 그는 그것이 일본 선 문화에서 가장 높은 표현에 도달했다고 보았다. 명상의 목적이 불교에만 국한되지 않으며 '선禪' 자체가 모든 종교에 공통적이라는 생각은 좌선을 제도적 선 환경에서 흔히 볼 수 있는 의례, 예식, 성직자, 위계 구조와 같은 복잡한 전통과 분리된 것으로 이해되도록 만들었다. 오늘날 전 세계의 많은 전통적인 선 사찰들이 여전히 전통적인 교리와 수행의 구조를 유지하고 있지만, 좌선은 많은 문화와 하위문화를 자유롭게 넘나든다. 특히 제도적인 소속이 거의 또는 전혀 없는 풀뿌리 선 집단들이 가정, 대학, 교회에서 모이는 서양에서는 더욱 그러하다.

티베트 전통은 더 복잡한 형태의 명상에 입문할 것을 주장하는 등 좀 더 보수적인 경향이 있지만, 명상의 재가화在家化와 탈전통화가 전혀 존재하지 않는 것은 아니다. 티베트 명상의 형태는 히말라야 은둔처에 있는 소수의 전문 승려 영역에서 다소 갑작스럽게 나와서 전 세계 여러 나라의 대중에게 널리 제공되고 있다. 인도, 유럽, 북미의 수많은 디아스포라 스승은 이제 승려와 재가자에게 똑같이 명상을 가르치고 있다. 망명 중인 일부 티베트 스승들은 근대적·세속적인 생활 방식에 명상을 적용하는 혁신가이기도 하다. 예컨대, 초감 트룽파의 샴발라(Shambhala) 수행은 전통 의례를 제거하고 최소한의 교리적 헌신만을 요구하는 마음 수행법을 제공한다. 달라이 라마도 비불교도들에게 명상을 수행하도록 권장하며, 명상을 격변의 세상에 대한 불교적인 기여로 제시한다. 명상은 종교적 신앙과 무관하게 누구에게나 마음의 평화, 연민, 윤리적 책임감을 길러준다는 것이다.[2]

이러한 명상의 개인화, 탈제도화, 탈전통화는 불교 역사에서 중요한 발전이다. 명상의 실천이나 명상의 부재는 전 세계의 많은 제도적 맥락 속에서 수 세기 동안 지속되었다. 하지만 절을 넘어선 명상의 위상과 중요성은 근대 시기에 상당히 바뀌었다. 전 세계 중산층 전문가들 사이에서 불교 명상과 다른 종류의 명상이 점점 더 두각을 나타내고 있는 데에는 여러 가지 근원적인 이유가 있다. 대중 문학은 명상이 근대 일터에서 발생하는 새로운 종류의 스트레스와 정신없이 바쁘게 돌아가는 근대 생활에 대한 고대의 해독제로서 자리매김하고 있음을 널리 입증한다. 아마도 그러한 스트레스를 받는 아시아 사람들이 도움을 받기 위해 자신들의 문화적·종교적 자원들에 의지하는 것은 놀라운 일이 아닐 것이다. 하지만 유럽과 북미의 문화적 자원 중 무엇이 명상을 실현 가능한 것으로 만들었을까? 필자는 서구인들이 불교를 받아들이게 만드는 여러 가지 선이해(preunderstandings)와 불교에 대한 특별한 재해석을 탐구했다. 학자들은 또한 19세기와 20세기 초 북미와 유럽의 절충적 영성 문화(스베덴보리주의, 신사상, 신베단타, 초월주의, 신지학)가 만들어낸 명상 친화적 환경을 탐구해왔다(Albanese 2007; Almond 1988; Schmidt 2005; Tweed 2000). 이 장의

2 앞 내용 중 일부는 McMahan 2007에서 발췌한 것이다.

나머지 부분에서 필자는 불교, 특히 명상이 사회 사상가들이 때때로 근대성의 '주관성 전환(subjective turn)'이라고 부르는 것 속에 어떻게 자리하는지를 탐구하고자 한다. 주관성 전환이란 서구 의식이 여러 문화적 영역에 걸쳐 내면적 삶과 개인 경험에 더 많은 관심을 기울이고 제도와 외부 권위로부터는 멀어지는 쪽으로 이동하는 것을 말한다. 이러한 변화는 권위와 제도에 대한 의구심과 함께 서구 개인주의의 부상에 내재하며, 불교 명상이 재구성되고 변형된 암묵적이고 명시적인 이념적 구조의 일부를 제공한다고 필자는 주장한다. 이러한 변화는 불교 명상이 근대성의 세 가지 중요한 담론인 낭만주의, 심리학, 과학적 합리주의 속에서 해석될 수 있는 여지를 만들었다. 이러한 담론이 명상에 대한 근대적 해석에 어떻게 영향을 미쳤는지 검토하는 것은 불교 명상이 근대 세계에서 전례 없는 기능, 의미, 목적을 어떻게 취했는지를 밝히는 데 도움이 될 것이다.

주관성 전환

'동양'은 영적이고 주관적이며 직관적인 반면, '서양'은 물질주의적이고 이성적이며 외향적이라는 주장을 반복적으로 접했음에도 불구하고, 최근의 많은 사상가는 주관성, 자아, 마음에 관심이 높아지는 방향으로 서구 근대성이 본질적으로 바뀌고 있음을 설명했다. 실제로 서구의 눈부신 산업적·기술적 발전과 과학 지식의 폭발적인 증가와 더불어, 아니 오히려 그것에 대한 반작용으로, 테일러가 '대규모 주관성 전환'이라고 부른 현상이 17세기와 18세기에 본격적으로 시작되었다. 근대성 이론가들은 내면성을 향한 이러한 전환을 주관성의 새로운 주제화, 심지어 자기 성찰성(self-reflexivity)의 증가로 구성된 새로운 종류의 자아 형성이라고 선언했다. 이러한 자아 형성이란 자기 경험을 명시적 성찰 대상으로 삼아 자신을 인식하는 것이다.[3] 근대적 자아의 급진적 새로움에 대한 일부 주장은 어쩌면 과장되었을 수도 있지만, 이 시대에 새로운 무언가가 등장한 것은 분명하다. 이 새로운 자아 감각이 주관성 전환과 성찰성 증가로 이루어진다면, 이것은 분명히 근대성과 명상의 만남을 이해하는 중요한 지점이다 왜냐하면 명상 자체가 집중적인 주관적 성찰의 영역이기 때문이다.

주관성 전환은 낭만주의적·심리적·합리주의적 방식으로 이루어졌으며, 불교 근대주의는 이 모든 방식에서 영향을 받는다. 첫째, 낭만주의에 뿌리를 둔 주관성 전환을 구성하는 몇 가지 요소이다. 예컨대, 이러한 현상은 불교 근대주의의 발전에 결정적인 역할을 했던 19세기 비교祕教 운동에서 분명히 나타났으며, 오늘날 뉴에이지 운동, '생명의 영성(spiritualities of life)', 신이교주의(新異教主義, neo-paganism), 불교와 힌두교의 일부 느슨한 결합 형태들에서도 이어지고 있다. 이 모든 운동은 강렬한 개인주의와 우주적 통합 사이에서 낭만주의적 긴장을 구현한다. 이 운동들은 에고(ego)를 더 낮은 형태의 자아로 보고, 모든 사물과의 통합이나 상호관계 속에서 더 높은 형태의 우주적

---

3 자아로의 전환이라는 개념에 대한 주석이 달린 논의는 Woodhead and Heelas 2000: 342-73을 참조하라. 필자는 이 섹션에서 참조한 몇몇 출처를 알려준 데 대해 감사한다. 더 자세한 탐구를 원한다면 Taylor 1989 and Giddens 1991을 참조하라.

정체성을 상정한다. 또한 일부 낭만주의자들이 종교적·정치적 제도와 그 권위 주장에 대해 가졌던 의구심을 반영하며, 궁극적 권위를 개인의 직관에 둔다. 내면 자유와 자기표현이 가장 중요하다. 그래서 진정한 자기 목소리, 자기 내면의 진실을 찾아서 이를 예술과 일상에서 자유롭게 표현해야 한다고 본다. 이 관점은 또한 모든 종교가 동일한 궁극적 실재로 가는 다른 길이라는 항존주의적 가정을 수용한다. 따라서 특정 전통에 대한 고수는 더 느슨하고 절충적이다. 개인은 다양한 전통의 요소를 선택하여 각자의 필요에 맞게 조합할 수 있다. 1930년대에 에른스트 트뢸치(Ernst Troeltsch)는 이러한 지향을 '종교적 낭만주의(religious romanticism)'로 명명하고, 그것이 기독교의 내면화로 작용하고 있다고 보았다. 그는 이 현상을 '자연철학자들의 자연주의적 일원론과 브라만교와 불교의 사상'으로부터 영향을 받은 기독교와 낭만주의 사상의 브리콜라주로 이해했다. 그는 종교적 낭만주의가 완전히 발전된 종교적 '내면성'과 개성이 개성의 미학과 결합하고, 철저히 개인적인 예술적 감정의 차별화와 함께 어우러지는 것이라고 말했다. 그는 이것을 교육받은 계층의 비밀 종교로 보았다(1931: 793-95).

사회학자들은 이러한 내면의 전환을 다원주의와의 직면 및 종교적·사회적·정치적 공공 기관에 대한 신뢰 상실과 종종 결부시켜 왔다. 한 세기 전에도, 사회학자인 게오르그 짐멜(Goerg Simmel)은 이러한 내면화 추세를 관찰하고서 그 원인이 근대 세계가 점점 불안정해지는 데 있다고 생각했다. "근대 개인 삶의 주관주의는 … 단지 방대하고 복잡하고 정교한 사물, 제도, 객관화된 사상의 문화가 개인에게서 문화 전체와의 지속적인 내적 관계를 빼앗고, 다시금 그를 자신의 자원에 의존하도록 내몰고 있다는 〔사실의〕 … 표현일 따름이다.” (1976〔1909〕: 251) 피터 버거(Peter Berger)는 이 경향이 1960년대 북미와 유럽의 반문화에서 아마도 절정에 달했을 때 이를 논의했다. 공교롭게도, 그 당시 서양에서 불교와 힌두교의 명상은 전례 없는 주목을 받고 있었다. 버거는 세계 상황에 대한 좌절감과 세계적 사건들의 전개 과정에 대한 무력감 속에서 많은 사람이 종교의 제도적·공동체적인 측면들을 거부하고, 공적 영성에서 개인화된 영성으로 전환하며, 개인적 욕구와 시장 중심의 흐름에 맞춘 개인화된 종교적 실천 형태들을 발전시켰다고 주장했다. 정통성이 상대화하고, 절대적인 규범성과 권위 구조가 붕괴하며, 다양한 세계관과 존재 방식이 급속하게 확산함에 따라, 근대인들은 자신의 개인적 경험과 결정에 의존하게 되었으며, 그 결과 내면이 가장 중요한 의미의 중심이 되었다.

> 근대인은 다양한 사회 세계를 경험하면서 각각의 세계를 상대화하게 된다. 그 결과, 제도 질서는 어느 정도 현실성을 상실하게 된다. 따라서 ‘현실의 강조점’은 제도의 객관적 질서에서 주관성의 영역으로 이동한다. 달리 말하자면, 개인은 객관적인 사회 세계에 대한 경험보다 자기 자신에 대한 경험을 더 현실적으로 느끼게 된다. 그러므로 개인은 현실 속에서 자신의 외부가 아닌 자기 내면에서 자신의 ‘발판’을 찾으려 한다. … 그 결과, 주관성은 이전에는 상상할 수 없었던 ‘깊이’를 얻게 된다(Berger et al. 1973: 77-78).

이러한 설명은 근대의 개인이 여전히 다양한 종류의 권위, 제도적 명령, 공동 규범, 전통적인 우주론에 종속된 정도를 종종 과소평가한다. 하지만 특정 인구 집단들, 특히 에른스트 트뢸치(Ernst Troeltsch)의 자유주의적 '교육 계층'(불교 근대주의의 건설에 가장 책임이 있는 사람들) 사이에서 개인이 자율적·도덕적·행동적으로 내부 원천에 의해 인도된다는 근대적 자기 인식의 중요성을 강조한다.

테일러는 이러한 근대적 개인주의가 모든 인간이 타고난 도덕 감각, 즉 옳고 그름에 대한 직관적인 감정을 부여받았다는 18세기 관념에 뿌리를 두고 있다고 본다(1991: 14). 테일러는 이 관념이 '자기 결정의 자유'를 목표로 삼는 개인주의의 발전에 필수적이라고 주장한다. 즉, 외부 영향과 관계없이 무엇이 좋고 중요하며 가치 있는지 스스로 결정해야 한다는 생각이다. 사람은 '자신에게 솔직'해야 하며, 자신 속의 의미를 발견하여 자신의 성취를 추구해야 한다. 로버트 벨라(Robert Bellah)와 크리스토퍼 래시(Christopher Lasch) 및 다른 이들은 이러한 지향이 자기애적이고 사회적·정치적 무관심을 조장한다고 비판한 일은 유명하다. 반면에 테일러와 리 슈미트(Leigh Schmidt) 두 사람은 모두 이러한 지향 속에 사회적·정치적으로 회복 가능한 가치들이 내재한다고 주장한다. 비록 그 가치들이 많이 흐려졌을지라도 말이다(Bellah et al. 1985; Lasch 1991〔1979〕; Schmidt 2005; Taylor 1991). 여기서 중요한 것은 벨라의 주장을 주목하는 일이다. 그는 "각 개인은 교회가 미리 만들어진 일련의 답변을 강요하지 않고", "자신의 궁극적인 해결책을 찾아야 한다."라고 선언한 명령, 그리고 "문화와 인격 자체가 끝없이 수정될 수 있는 것으로 여겨지게 되었다."라는 암묵적 개념이 불교가 근대성에 통합되는 과정을 이해하는 데 있어 분명히 중요하다고 말한다(Bellah 1963: 374, Woodhead and Heelas 2000: 349에서 인용). 많은 근대주의적 해석에 따르면, 불교는 정답을 강요하지 않고 자기 발견, 내면 탐구, 그리고 내면 자유를 촉진한다. 그리고 개인은 진리를 자율적으로 추구하면서 자신의 자원을 수집하고 체화할 자유가 있으며, 뒤르켐이 '자신의 필요에 따라 형성된 자유롭고 사적이며 선택적인 종교'라고 부른 것을 구축할 수 있다. 따라서 개인 자신뿐만 아니라 그들이 사상과 실천을 수집하는 전통들도 '끝없이 수정 가능'하다. 즉, 어떤 전통에서 유용한 것(이 경우 명상)만 취하고, 나머지(제도, 의례, 명시적인 윤리 규칙 등)는 무시할 수 있다는 것이다.

그러한 조건들 속에서 명상은 문화적·종교적 맥락에서 추출되어 주관적·개인적 발전의 문제로 이해될 수 있다. 불교의 현대적 재현들은 종종 이러한 틀에 맞춰져 있다. 셸던 코프(Sheldon Kopp)의 1972년 대중서 『길에서 붓다를 만나면 붓다를 죽여라!(If You Meet the Buddha on the Road, Kill Him!)』는 한 유명한 선의 공안을 다음과 같이 해석한다.

> 선 스승은 이렇게 경고한다. "길에서 붓다를 만나면 붓다를 죽여라!" 이러한 훈계는 우리 밖에서 나오는 어떤 의미도 진실이 아니라는 점을 지적한다. 우리 각자는 이미 붓다이다. 그 점을 인식하기만 하면 된다. 철학, 종교, 애국심은 모두 공허한 우상이다. 우리 삶의 유일한 의미는 우리가 각자의 삶에 안겨주는 것이다. 길에서 붓다를 죽이라는 공안은 우리 밖의 어떤 것이 우리 주인이 될 수 있을 것이라는 기대를 무너뜨리는 것을 의미한다(1972: 140).

이러한 해석은 불교 근대주의에서 규범화되었다. 성전聖典 문헌에 나오는 선 스승들의 관행을 벗어난 익살, 제자들에게 "너희 자신의 등불이 되어라."라는 붓다의 유훈, 깔라마(Kālāma)들에게 개인적 검증 없이 가르침을 받아들이지 말라는 붓다의 경고, 나무 아래에서 홀로 개인적 깨달음을 추구하는 것을 선호하여 붓다가 자기 출생 전통을 거부한 것, 이러한 모든 불교적 요소는 더 넓은 문화적·공동체적 맥락에서 벗어나 자기 결정의 개인주의라는 근대적 서사 속으로 자석磁石처럼 끌려 들어갔다.

방금 열거한 개인주의적 충동의 사례들에도 불구하고, 수많은 민족지학과 역사적 연구들은 불교, 심지어 불교 명상조차도 언제나 공동체적이고 개인적인 노력이었다고 제안한다. 승가 안에는 강력한 상호지지의 유대가 존재하며, 승가는 더 넓은 재가자 공동체 속에 자리 잡고 있다. 불교가 반문화 운동으로 기능했을 때조차, 오늘날의 자유로운 형태의 개인적 영성과는 거의 닮지 않았다. 근대주의적 명상 해석은 근대의 서구 개인주의에서 파생된 암묵적인 태도와 가정의 네트워크 안에 자리한다. 따라서 명상은 열반을 달성하고 윤회를 초월하려는 전통적인 목표를 위한 수단으로서라기보다는 개인의 영적 탐구, 자유로운 내면 탐구, 심리적·생리적 자기 유지의 한 형태로 여겨진다. 명상은 때때로 개인에 대한 근대적·서구적 개념에 내재한 일종의 자율성을 키우는 기술로 설명된다(자세한 내용은 나중에 설명한다). 명상의 목적, 의미, 적용에 대한 이러한 표현은 불교 역사에서 새롭고 중요한 발전이며, 이는 불교를 가장 눈에 띄는 내면성에 대한 근대적 담론 중 하나로, 그리고 불교를 해석하는 데 가장 영향력 있는 모델

중 하나인 심리학의 틀 속으로 결정적으로 끌어들였다.[4]

명상과 정신분석

불교를 해석학적 환경에 포함한 최초이자 가장 중요한 서구 심리학 사상의 학파는 정신분석학이었다. 언급한 바와 같이, 불교 근대주의는 분석심리학을 활용하여 신들을 탈신화화하고, 이들을 마음속의 원형(原型, archetype)으로 재인식한다. 정신분석과 불교가 만나는 또 다른 방법은 명상과 무의식과의 관계를 해석하는 것이다. 정신분석학 전통에서 나온 명상에 대한 가장 영향력 있는 견해 중 하나는 정신분석학과 마찬가지로 명상이 무의식을 의식에 열어줌으로써 개인을 파괴적인 습관과 억압된 마음 상태로부터 해방시킨다는 것이다. 이러한 해방의 심리적 모델은 스즈키의 주장에서 시작된다. 그는 해탈에 이르는 길은 무의식에 이르는 길이라고 보았으며, 무의식을 깨달음의 자유로운 공간으로 이어지는 일종의 관문으로 제시했다. 에리히 프롬은 이러한 생각을 확장하여, 스즈키와 함께 집필한 저서 『선불교와 정신분석(Zen Buddhism and Psychoanalysis)』에서 불교, 특히 선에 대한 정신분석적 해석을 확립했다. 프롬은 증상의 기초가 되는 무의식적 부분만을 회복시키려는 정신분석학과 달리, 선禪이 '무의식의 완전한 회복'을 가능하게 한다는 가설을 제시했다. 지그문트 프로이트(Sigmund Freud)는 정신분석이 할 수 있는 최선은 특정 증상에 대한 무의식적 기반을

4 불교와 서양 심리학의 상호작용에 대한 개요는 Metcalf 2002를 참조하라.

밝혀줌으로써 사람들을 덜 신경증적으로 만드는 것이라고 생각했다. 반면에 프롬은 선이 모든 무의식적 조건화를 제거하여 진정으로 자유로운 개인의 출현을 허용하는 방향으로 더 나아가는 것으로 보았다. "만약 프로이트의 무의식의 의식으로의 전환 원리를 궁극적인 결과까지 밀고 나간다면, 깨달음의 개념에 접근하게 된다."(Suzuki et al. 1960: 139) 프롬은 이러한 깨달음의 과정을 주로 심리학적인 용어로 재구성했다.

> 목표는 인간 소외를 극복하고, 세계를 인식하는 데 있어서 주·객의 분열을 해소하는 데 있다. 그러므로 무의식을 드러낸다는 것은 정서적 오염과 대뇌 작용의 극복을 의미한다. 이것은 억압을 해소하고, 우리 안에 있는 우주적 인간과 사회적 인간 사이의 분열이 사라짐을 의미하는 것이고, 의식 대 무의식이라는 양극성이 사라지는 것을 의미한다. 이는 왜곡이나 지적 성찰의 방해 없이 현실을 즉각적으로 파악하는 상태에 도달하는 것을 의미한다. 이는 자아(ego)에 집착하고 자아를 숭배하려는 갈망을 극복하는 것을 의미하며, 파괴할 수 없는 자아라는 환상을 포기하는 것을 의미한다. … 〔그리고〕 열린 마음으로 반응하고, 아무것도 가지지 않고 존재하는 상태에 이르는 것을 의미한다(135-36).

프롬은 또한 계몽적 합리주의와 낭만주의 모두에서 두드러지고 최근 주관성 전환의 표현에서 확대된 주제, 즉 마음의 자유는 권위로부터의 자유와 불가분의 관계라는 주제를 언급한다. 따라서 그는 무의식을 제거하는 과정이 자신이 직면한 존재 문제를 해결해 줄 권위에 복종하려는 욕망을 극복하는 것을 포함한다고 주장한다(137).

융과 프롬의 영향으로 분석심리학적 측면에서 명상을 설명하는 것은 서양 대중불교 문헌에서 하나의 주요한 흐름이 되었다. 예컨대, 더글라스 번스(Douglas Burns)는 자신의 저서 『불교 명상과 심층 심리학(Buddhist Meditation and Depth Psychology)』에서 전통불교의 번뇌(煩惱, kleśa)를 억압된 정서로, 위빳사나(vipassanā)를 그러한 억압의 해소로 본다.

> 정신의학적 용법에서 위빳사나는 이전에 무의식적이었던 정서, 동기, 가치에 대한 인식을 얻는 것을 의미한다. 죄의식, 두려움, 욕정, 증오 등의 억압된 정서들이 우리 마음의 숨겨진 깊은 곳에 숨어서 무의식적으로 우리의 삶을 형성한다. 이러한 과정은 우리가 이를 인지할 때까지 계속된다. 그러한 정서들이 인지되지 않으면 우리는 그것들을 효과적으로 다룰 수 없다(1994).

그러나 무의식을 탐구하는 것으로 명상을 해석하는 것은 무의식의 '부정적' 상태들을 드러내는 것에 국한되지 않는다. 스리랑카 승려 헤네폴라 구나라타나(Henepola Gunaratana)가 저술한 영향력 있는 대중서인 『평이한 영어로 쓰인 마음챙김(Mindfulness in Plain English)』에 따르면, 명상의 목표는 우리 잠재의식에 내재하는 모든 고귀하고 건전한 자질들의 완성에 도달하는 것이다(2002〔1993〕: 50).

명상을 억압에서 벗어나 무의식을 의식으로 만드는 개념은 심리학

시대의 거의 공리公理처럼 여겨지는 주장, 즉 부정적 감정을 억누르지 말아야 한다는 주장에 불교가 동의함을 의미한다. 많은 근대 불교 저자들이 이 주장을 해야 한다고 생각한다. 번스는 다음과 같이 주장한다. "「사띠빳타나 숫따」나 팔정도의 다른 일곱 단계 중 어느 것도 정서를 부정하거나 억누르는 것을 옹호하지 않는다. 테라와다 불교가 나쁜 생각을 마음에서 몰아냄으로써 나쁜 생각을 파괴하려 한다는 것은 널리 퍼진 부정확한 믿음이다."(1994, 원본은 굵은 서체) 이것은 많은 명상 수행에 대한 불공평한 해석이 아니다. 하지만 이는 분명히 우리에게 문제가 된 것일 뿐 고대인들에게는 문제가 되지 않았다. 그렇지 않다면 우리는 예컨대 「위딱까산타나 숫따(Vitakkasaṇṭhāna-sutta)」(MN 20)에서 발견되는 것과 같은 반박 증거가 없었을 것이다.

> 만일 비구가 나쁘고 불선한 생각들의 원인을 가라앉힘에 마음을 쓰더라도 계속해서 나쁘고 불선한 생각들이 일어나면, 그는 이를 악물고 혀를 입천장에 굳게 대고 (선한) 마음으로 (불선한) 마음을 제지하고 압박하고 짓밟아버려야 한다. 그러면 탐욕, 성냄, 어리석음과 관련된 나쁘고 불선한 생각들이 제거되고 사라진다. … 마치 힘센 사람이 힘이 약한 사람을 머리나 목덜미나 어깨를 잡아서 제지하고 압박하고 짓밟아버리는 것과 같다. 이와 같이 비구는 나쁘고 불선한 생각의 원인을 가라앉힘에 마음을 쓰더라도 계속해서 나쁘고 불선한 생각이 일어나면 (선한) 마음으로 (불선한) 마음을 제지하고 압박하고 짓밟아버려야 한다(Soma Thera 1981).

번스가 이 점에 대해 굵은 서체로 강조한 것은 "억누르지 말라."는 심리적 계명이 근대 문화에서 사실상 타협할 수 없는 요소임을 시사한다. 낭만적 표현주의의 잔존 명령인 그것은 깊은 내면의 정신을 표현할 것을 주장했으며, 나중에는 무의식을 괴롭히는 억압된 감정은 위험하다고 천명하는 정신분석 이론의 격언으로 발전했다.[5]

정신분석학적 해석은 명상, 특히 '비판단적 알아차림(nonjudgmental awareness)'이 무의식의 내용을 발굴하기 위한 자유연상(free association) 기법과 유사하다고 주장한다. 프롬은 선과 마찬가지로 자유연상을 '논리적·의식적·관습적 사고를 우회'하여 그가 서양의 특징이라고 생각한 초합리주의(hyperrationalism)를 초월하는 수단으로 보았다(Suzuki et al. 1960: 83). 마크 엡스타인(Mark Epstein)은 영향력 있는 저서 『생각은 있으나 생각하는 자는 없다(Thoughts Without a Thinker)』에서 정신분석이 효과를 발휘하려면 치료사가 자신의 '비판적 능력'을 일시적으로 중단하고 자기 생각과 환자 생각에 주의를 기울여야 한다는 프로이트의 주장을 지적한다. 치료사는 '자신을 완전히 무의식적 기억에 맡겨' 환자의 말을 '균형 잡힌 주의'로 들어야 한다. 판단하거나 평가하는 것이 아니라 '관찰해야 할 모든 것에 공평하게 주의'를 기울여야 한다. 치료사는 단지 경청하고, 마음에 무엇을 담고 있는지 신경 쓰지 말아야 한다(Epstein 1995: 114-15에서 인용). 엡스타인은 프로이트가 분명 이것이 바로 수천 년에 걸쳐 불교 명상가들이 호소해 온 주의 깊은 자세라는 것을 모른 채 독학한 것 같다고 결론지었다(114).

---

5 낭만주의, 정신분석학, 불교 근대주의 사이의 긴밀한 연관성에 대한 논의는 Payne 2006을 참조하라.

이러한 성찰들과 유사한 고찰들에 따라, 많은 현대 불교 문헌은 명상과 정신분석을 본질적으로 동일한 활동의 두 가지 변형이며, 명상은 정신분석의 더 급진적이고 철저한 형태라고 본다.

명상, 조건화, 그리고 서구 개인주의

이러한 명상의 모델은 명상에 관한 또 다른 중요한 심리학적 개념을 포함한다. 그것은 바로 명상의 목적이 마음을 탈조건화하는 것, 다시 말하면, 개인에게 내재한 모든 심리적·사회적·문화적 조건화인 거짓된 자아를 제거하는 것이라는 개념이다. 이 거짓된 자아는 문화적 가정과 전제뿐만 아니라 과거의 인상, 생각, 감정, 사회적 역할, 자기 이미지의 무의식적인 잔재에 기초한 탐욕과 어리석음으로 구성된 인위적인 자아관이다. 이는 문화적 가치들이 본질적으로 개인들이 본능을 억누르도록 강제하여 심리적 증상을 일으킨다는 프로이트의 입장을 급진적으로 확장한 것이다. 정신분석 이론가인 필립 리프(Philip Reiff)는 정신분석을 전적으로 '말하자면 문화 속에 산 채로 묻혀 있는' 개인을 해방하는 방식'으로 보았다. 그는 "폭군과 같은 슈퍼 자아(super-ego)로부터 자유로워진다는 것은 현 세계에 제대로 자리 잡는 것이다."라고 말했다(1966: 77). 불교 근대주의 문학, 특히 1960년대와 1970년대의 불교 근대주의 문학은 불교의 깨달음을 모든 '조건화(conditioning)'의 극복으로 흔히 해석한다. 20세기 중반의 프랑스계 선禪 작가 로버트 린센(Robert Linssen)은 이를 다음과 같이 규정했다.

> '자기화(I-process)'라는 환상의 가면이 벗겨질 때, 우리의 모든 욕망, 정신적 습관, 기억 자동화된 반응들이 사라진다. 우리는 매 순간 새롭게 거듭난다. 매일 아침 우리는 우리 존재의 수많은 어제의 속박에서 벗어나 깨어나기 때문에 매일은 우리에게 진정한 재생이다. 우리는 제로에서 다시 시작하며, 정신적 화석화의 모든 위험을 저버린다(185).

앨런 왓츠는 '습득된 자아'와 '진정한 가장 깊은 자아' 사이의 구분을 제시했다. 이 진정한 가장 깊은 자아는 가족과 조건화, 학습과 경험, 또는 어떤 형태의 인위적인 것에 의존하는 자아가 아니라 불성 또는 유명한 선 공안의 본래면목本來面目과 같은 개념이다(1973[1958]: 69). 왓츠에 따르면, 선은 "자기라고 믿고 있는 자아는 습관이나 인위적인 반응의 패턴에 불과하다."라는 사실을 깨닫도록 요구한다. 우리가 인생사에서 자발적이지 않고 사회적으로 조건화된 습관에 따라 반응하는 한, 우리는 그냥 무의식적으로 자기 역할을 하고 여전히 자기의 본래면목을 드러내지 않는 것이다(70). 이러한 관점에서 명상은 자아를 해체하여 궁극적으로 가족, 사회, 제도들에서 파생된 모든 조건화로부터 벗어나, 순간순간을 진정성, 자발성, 내적 자유 속에서 살아갈 수 있도록 하는 방법이다. 프로이트는 그러한 급진적인 탈조건화의 가능성뿐만 아니라, 자아 너머에 자발적이고 더 깊은 진정한 도덕적 자아가 존재한다는 생각 자체도 부정했을 것이다. 하지만 그러한 생각은 프로이트 자신의 문화, 즉 깊은 내면과 자유주의적 개인주의에 대한 낭만주의적 이상에 뿌리를 두고 있다.

이제는 표준이 된 서구의 불교 명상 해석은 서구 근대성에 깊이 뿌리내린 일련의 해방적 열망에 영향을 받은 것이다. 여기에는 낭만주의의 영향을 받은 주관주의(subjectivism)와 정신분석뿐만 아니라 자유주의적 사회·정치 이론의 항시 존재하는 암묵적 가정과 외부 제약으로부터 개인의 자유를 강조하는 것도 포함된다. 근대 자유주의의 핵심 신념 중 하나는 개인이 타인, 특히 통치자에 의해 부당하게 강요당하지 않을 권리이다. 예컨대, 로크는 다른 사람의 허가를 구하거나 남의 의지에 종속되지 않고 … 스스로 자기 행동을 규제할 수 있는 **완벽한 자유 상태**에 사는 사람의 이상을 극찬했다(1979[1706]). 자유주의 사회 이론은 개인이 스스로의 방향과 개인적 선택에 따라 목표를 추구할 수 있는 자유를 보장하는 사회 질서를 상정한다. 이는 집단에 대한 깊은 불신을 수반하며, 사회가 이러한 개인의 이익과 목적을 본질적으로는 아니더라도 적어도 잠재적으로 억압한다고 여겨지는 경우가 많다. 자유주의는 자유인이 자신의 내적 명령에 따라 행동하고, 자신의 이상을 비판적으로 성찰하며, 사회 관습을 맹목적으로 따르는 것을 거부한다고 주장한다. 장 자크 루소(Jean Jacques Rousseau)는 진정한 도덕성과 지혜의 원천이 사회가 부과한 규칙이 아니라 인간의 마음이라고 주장했으며, 이는 이 담론에 영향을 주었다. 나중에 분석심리학은 이를 암묵적으로 통합했다. 정신분석은 사회에서 살아가기 위해 욕망을 억압함으로써 불가피하게 발생하는 신경증에서 벗어나기 위한 기술이 되었다. 또한, 제도적 구조의 매개 없이 신과의 개인적이고 친밀한 관계를 맺는 개인을 강조하는 개신교의 관점 역시 이러한 흐름에 중요한 역할을 했다. 이러한 모든 개념은 개인을 사회적 집단과 관계보다 존재론적으로 앞서는 별개의 실체로, 그리고 사회는 개인의 의지를 조화시키고 각 개인이 실현할 권리를 갖도록 보장하려는 사후적事後的 방식으로 각각 간주한다.

이러한 자유, 개인주의, 자기 변혁의 이러한 담론을 바탕으로, 그리고 실제로 그 담론을 급진적으로 변화시키며, 불교가 종종 해석되었던 미국과 유럽의 대안 영성은 영적 성취와 해방이라는 개인주의적 모델로 크게 기울어졌다. 이러한 운동들은 종종 사회, 공동체, 제도를 억압적인 것으로 규정하였는데, 이는 공공연한 정치권력이라는 측면에서뿐만 아니라 개인의 정신적·영적인 자유 측면에서도 그러하였다. 왜냐하면 사회의 억제적 권력은 사회적 행동뿐만 아니라 마음과 영혼 자체에도 영향을 미치는 것으로 여겨졌기 때문이다. 에머슨은 유명한 하버드 신학대학원 연설에서 졸업생들에게 종교적인 문제들에 있어서 전통적인 권위를 피하라고 권고했다. "먼저 여러분에게 충고하고 싶습니다. 홀로 가십시오. 인간의 상상 속에서 신성하게 여겨지는 훌륭한 본보기조차 거부하고, 중개자나 장막 없이 대담히 신을 사랑하십시오." 에드워드 쉴즈(Edward Shils)는 20세기에 발전하는 이러한 영적 개인주의가 자신에게 낯선 무언가에 의해 얽매이는 것에 대한 형이상학적 두려움을 포함한다고 주장한다. 불교가 서양의 영적 절충주의(spiritual eclecticism)와 개인주의에 접목되면서, 불교는 종종 어떤 형태로든 다음과 같은 개념을 바탕으로 운영되었다.

> 각 인간 안에는 잠재된 개성이 존재하며, 그것은 실현의 기회를 추구하지만, 사회가 부과하는 규칙, 신념, 역할의 굴레에 갇혀

> 있다. … 자아의 진정한 상태는 가정, 학교, 대학과 같은 기관들이 부과하는 후천적인 짐과는 매우 다르다. '자기 자신에게 진솔'해진다는 것은 … 오염되지 않은 자아, 즉 이전 세대가 물려준 축적된 지식, 규범, 이상의 부담에서 벗어난 자아에 무엇이 담겨 있는지를 발견하는 것을 의미한다(Shils 1981: 10-11).

쉴즈는 이러한 견해를 낭만주의와 19세기 후반의 빅토리아 시대 도덕의 제약에 맞선 '삶의 긍정'에서 직접적으로 추적하며, 특히 조이스와 로렌스(D. H. Lawrence)에서 두드러지는 '소설가의 상상력 해방'을 가져왔다고 설명한다(자세한 내용은 다음 장에서 다룰 것이다).

불교는 실체적이고 항구적인 자아를 부정하지만, 어떤 경우에는 자연발생적이고 오염되지 않은 자아라는 개념의 등장을 막을 만큼 충분하지 않았다. 오히려 선과 다른 대승 전통에서 '불성' 또는 '자성'의 개념은 종종 이러한 용어들로 명확하게 표현되어 왔다. 이 점은 스즈키의 저작과 캅스(Kopps)와 왓츠의 논평에서 필자가 보여준 바와 같다. 필자는 내면의 순수하고 오염되지 않은 정체성이라는 개념이 전적으로 서양에서 발명된 것이라고 말하려는 것이 아니다. 실제로 불교의 불성 개념과 베단타의 아뜨만(ātman) 개념은 쉴즈가 언급한 바로 그 '오염되지 않은 자아'라는 개념에 상당한 영향을 미쳤을 가능성이 높다. 그러므로 우리는 이를 단순히 서양 사상이 불교 사상에 강제적으로 덧씌운 것으로 볼 수는 없다. 오히려 이것은 다시금 양쪽을 끌어와 서로 뒤섞고, 불교의 순수한 내적 정체성 개념을 다양한 서구의 자유와 개인에 대한 개념, 특히 자아(ego) 너머의 깊은 내면의 자아, 즉 창의성과 진정한 도덕성의 원천에 대한 낭만주의적 이상에 접목한 혼합 형태이다.

그렇다면 이 혼합적 구조에서 서구적 요소는 무엇일까? 하나는 이 내면적 자아가 마음의 탈조건화, 즉 무의식 깊은 곳에 있는 조건화된 신경증을 근절하고 '사회적 자아'를 버리거나 간파한 결과로 나타난다는 주장이다. 왜 우리는 이러한 탈조건화를 특별히 서구적 기여라고 간주해야 하는가? 불교 성전에도 '조건화(conditioning)'라고 부를 만한 것과 그것에서 벗어나려는 시도에 대한 상당한 논의가 있다. 그럼에도 불구하고 이러한 논의에는 버려져야 할 조건화가 문화 제도들이 부과한 심리적·사회적 조건화이거나 사회적·문화적 조건화의 초월이 깨달음의 필수조건이라는 의미가 없다.

빨리 문헌에서 강조되는 것은 외부로부터 문화적·사회적 요인의 부과가 아니라, 개인의 행위(karma)가 지닌 조건화의 힘이다. 몸과 말과 마음으로 짓는 습관적 행위는 훈습(熏習, vāsanā)을 만들어낸다. 이 훈습은 현재 사건들에 대한 우리의 해석을 조건 짓고, 미래 행위들을 형성하며, 다음 생의 조건을 만든다. 훈습은 무의식적인 경향이라고 합리적으로 해석할 수 있으며, 불교가 이러한 조건화 과정에서 벗어나는 것을 분명히 지향하는 것은 사실이다. 하지만 초기 문헌들은 '조건화'를 외적인 사회 규범들을 정신에 주입하는 것으로 해석하거나, 깨달음을 단지 모든 심리적 조건화와 사회적 역할들을 초월하는 것으로 이해할 충분한 근거를 거의 제시하지 않는다. 서구 담론이 개인을 사회적·문화적·제도적 요소보다 우위에 두는 경향을 보이면서, 업의 조건화는 '문화적 조건화'라는 의미로 기울어지게 된다. 하지만 업의 조건화 과정의 전통적인 의미는 행동이 현생과 내생의 상황을 결정한다는, 주로 윤리적이고 구원론적인 것이다. 따라서 조건화는 행운이나 불행한 상황을 설명할 뿐만 아니라 좋은 재생을 얻기 위한 도덕적 행동을 고무하는 역할도 한다. 전통적인 설명에서 그러한 조건화를 깨고 깨달음을 얻는다는 것은 사회적 규범, 어린 시절의 트라우마, 정신의 깊숙한 곳에 자리한 문화적 제한의 굴레를 벗어던지는 것이 아니다. 오히려 우리를 윤회에 묶어두는 업의 경향성을 수행으로 극복하는 것이다. (바로 여기에 불교만의 급진적인 개인주의가 있다!)

실제로 불교가 발전한 아시아 문화의 인격 개념은 근대 서구의 인격 개념과 상당히 다르다. 분명히 서구의 자율적 자아와 불교의 무아라는 두 명시적 교리는 상당히 다르지만, 아마도 사회학적 수준에서는 훨씬 더 중요한 차이가 있을 것이다. 전통적인 아시아 문화에서 개인은 사회적 관계망 이전에 존재하는 독립된 존재가 아니며, 개인의 정체성은 가족, 공동체, 사회적 위치에 따라 결정된다. 빅터 소겐 호리(Victor Sōgen Hori)는 이 점을 다음과 같이 잘 설명한다.

> 서양에서 인간은 사회적 역할과 관계로부터 자율적으로 존재하는 독립된 존재이다. 그러나 유럽 계몽주의의 영향을 받지 않은 대부분 사회에서 사람은 독립적인 존재가 아니다. … 정반대로 사람은 자신의 사회적 관계 때문에 정체성과 고유성을 갖게 된다. "당신은 누구인가?"라는 질문에 대해서 단순히 이름만으로 대답하지 않고, "나는 누구누구의 아들딸(성별은 구별을 만듦)이다, 누구누구의 아버지나 어머니, 누구누구의 남편이나 아내, 이러저러한 공동체의

> 구성원, 이러저러한 지역의 주민이다."라고 대답한다. 인간으로서의 자기 정체성은 다른 사람들과의 관계, 그리고 궁극적으로는 장소, 땅, 국가, 역사, 시간과의 관계에 달려 있다. 나에게 부여되는 권리와 책임은 내가 참여하는 사회적 역할과 관계에 따라 생긴다. 개인적 정체성뿐만 아니라 인간으로서의 자기 본성 자체가 의존적이고 사회적이다(1994: 49).

승가 생활의 중심성, 개인적 깨달음의 목표, 고독한 은둔 수행자의 존재, 그리고 "너희 자신의 등불이 되어라."라는 성전聖典의 권고에도 불구하고, 대부분의 불교문화는 이러한 가족적·시민적 관계에 깊이 자리 잡았다. 실제로도 근대 서구적 의미에서 사회적 조건화를 초월할 것을 강조하지 않는다. 불교는 금욕주의적 지향 속에서 특별한 형태의 개인주의적 충동을 담고 있다. 승가에 합류하는 행위는 전통적인 사회적 역할과의 급격한 단절을 수반한다. 하지만 승가는 언제나 공동체 전체와 긴밀한 관계를 유지해 왔으며, 사회를 떠나는 이유가 개인의 자발적인 자유를 가져오기 위한 사회적·심리적 조건화로부터의 해방이라는 측면으로 표현된 적이 없다. 사실 승가 생활은 재가 생활보다 훨씬 더 높은 수준의 사회적 통제를 수반한다. 승가 생활의 근거는 업, 윤리, 그리고 일과 가정생활을 병행하면서 수행에만 집중하기 어려운 점들로 설명되었다. 더욱이 대부분의 나라에서 승가 생활은 상당히 가정과 밀착하게 되었다. 태국인들은 부모에게 공덕을 돌리기 위해 단기로 출가하고, 일본 승려들은 절의 성직자로 봉직하며, 티베트 승려들은 재가 공동체를 위한 의례 집전자로 봉직한다. 승가의 사명은 아마도 집단적 노력일 것이며, 예전부터 지금까지 그랬을 것이다. 예외는 개별적 구도자인 벽지불(辟支佛, pratyeka-buddha)이다. 아마도 명상을 사회적·문화적 조건화로부터의 자유로워지는 것으로 해석하는 것은 부분적으로 기독교와 유대교에서 개종한 많은 서양 불교인이 자신들의 전통을 버리고 문화적 규범을 극복하고 새로 시작하려고 시도했다는 사실에서 원인을 찾을 수 있을 것이다. 하지만 탈출은 그리 쉽지 않다. 사실 자신의 집을 떠나 외로운 개인적·영적 구도자로 스스로 나서는 것 자체가 개신교 주제이다(Bellah et al. 1985).

합리주의와 성찰성

비록 19세기와 20세기에 그 가장 깊은 함의와 가장 급진적인 표현이 결실을 맺었지만, 내적 전환(inward turn)은 훨씬 더 일찍 시작되었다. 테일러는 서구 사상에 **근원적 성찰성**, 즉 자신에게 집중하고 자기 경험을 명확한 성찰의 대상으로 만드는 데 초점을 맞추는 일을 도입한 인물이 성 아우구스티누스(Augustine)였다고 주장한다. 성 아우구스티누스는 신이 자기 내면의 빛을 통해 접근될 수 있다고 믿었다. 그는 영적 삶에 대한 논의에 내향성(inwardness)이라는 언어를 도입하여 자아를 도덕성과 거룩함에 이르는 자원으로 삼았다. 테일러는 성 아우구스티누스가 내면에 있는 신의 확실성을 추구해 온 서구 영성의 창시자였다고 주장한다(1989: 140). 다른 가톨릭 수도자들은 인간 마음속에서 신의 뜻이 작용하는 방식을 내부 조사하고 분석한 기록을 풍부하게 남겼으며, 많은 사람은 마이스터 에크하르트(Meister

Eckhart)와 십자가의 성 요한(St. John of the Cross)과 같은 기독교 신비주의자들이 불교 명상 전통과 관련 있다고 주장해 왔다. 명상 해석에 직접적인 영향을 거의 주진 않았지만, 청교도들도 은총의 징조를 분별하고 자신의 성향을 신의 뜻에 맞추기 위해 생각과 감정을 성찰했으며, 이러한 흐름은 내적 전환의 역사에서 중요한 역할을 했다. 좀 더 세속적인 관점에서 몽테뉴도 일종의 자기 탐색을 시작했다. 이는 신성神性을 찾기 위한 것이 아니라 개인에게 고유한 것을 분별하고 종교, 사회, 자존심이 만들어낸 환상을 꿰뚫어 보려고 노력한 것이었다.

따라서 주관성 전환에는 다양한 측면들이 있다. 종교적·신비주의적·낭만주의적·심리학적·합리주의적 계몽주의 사상가들로부터 비롯된 사고방식의 흐름은 불교 명상과 정면으로 만나는 현대 심리학에 영향을 미친다. 근대 초기 단계에 발전한 이 사고방식의 흐름은 분리된 성찰성(disengaged reflexivity)이라는 특별한 방식, 즉 자신의 생각과 감정들로부터 떨어져서 그것들을 분석하고 통제하는 방식이었다. 이러한 방식은 오늘날까지 계속된다. 그것은 서양에서 불교 명상에 대한 명시적인 개념 형성에 직접적인 영향을 미치지 않았을지 모르지만, 근대의 암묵적 마음 이해에서 중요한 역할을 해왔다. 그것은 불교 명상에 대한 선이해(preunderstanding)의 일부를 형성했으며, 현대 불교 명상의 개념을 발전시키는 데 중요한 역할을 하는 현대 인지 과학적 접근의 중요한 선구자였다.

이 주관성 전환의 요소를 이해하려면, 생각지도 못한 출처로 돌아가야 한다. 언급한 바와 같이, 르네 데카르트는 종종 불교 근대주의의 대척자로 간주된다. 그는 분리되고 자율적인 자아 개념을 통해 세계의 기계화와 인간이 자연으로부터 소외되는 토대를 마련한 주요한 이원론자로 자주 거론된다. 실제로 르네 데카르트의 코기토(cogito)는 근대의 불교 담론에서 무아론이 반박하는 아뜨만(ātman)을 대부분, 그리고 시대착오적으로 대체해 왔다. 여러 측면에서 르네 데카르트의 주체(subject)에 대한 설명은 분명히 자아에 대한 불교사상과 정반대이다. 하지만 주체성(subjectivity)에 대한 르네 데카르트와 다른 계몽주의 사상가들 입장의 또 다른 요소는 근대 서양에서 명상 수행이 자리 잡을 수 있는 공간을 마련해주었다. 르네 데카르트는 다른 초기 근대 철학자들과 함께 분리된 자아(disengaged self)를 주변 세계뿐만 아니라 자신의 감정과 성향, 두려움과 강박을 객관화할 수 있고, 이를 통해 이성적으로 행동할 수 있는 일종의 거리감과 침착성을 얻을 수 있다고 이해했다(Taylor 1989: 21). 푸코, 테일러 및 다른 사람들이 지적했듯이, 계몽주의 사상은 체계적이고 절제된 행동으로 자신을 재창조할 수 있는 인간 주체에 대한 점점 더 강해지는 이상을 만들어냈다. 이를 위해 필요한 것은 자신에게 주어진 속성, 욕망, 경향, 기질, 사고 및 감정의 습관에 대해 도구적 입장을 취하여, 그것들을 개선할 수 있는 능력이다(159-60). 따라서 르네 데카르트의 이탈(disengagement)은 세계라는 객체뿐만 아니라 주체 자체를 겨냥한 것이다. 테일러는 다시 말한다.

> 우리는 경험의 통상적인 경향에 의해 오류에 휩쓸리는 대신, 이 경험에서 한 걸음 물러나서 거리를 두고, 그것을 객관적으로 재구

> 성한 다음, 그로부터 방어 가능한 결론을 도출하는 법을 배운다. '우리들의 자연적 욕망과 스승들'로부터 통제권을 빼앗기 위해서는 일종의 근원적 성찰성을 실행해야 한다. 우리는 경험을 고정시킴으로써 그것의 힘, 즉 매혹과 오류의 원천을 제거하려는 것이다(163).

이 견해는 외부 권위로부터의 자유뿐만 아니라 자율적인 자기 방향을 방해하는 자신의 강박, 정념, 갈망의 강압으로부터의 자유도 포함한다. 19세기 정치 이론가 토마스 그린(Thomas Green)에 따르면, 이러한 개인 자유에 필수적인 것은 충동이나 갈망의 통제를 받는 사람은 자기 의지가 아닌 다른 사람 의지를 수행하는 노예 상태에 있다는 사상이라고 한다(1986[1895]: 228). 따라서 뜻밖에 터져 나오는 생각, 감정, 욕망에서 한 걸음 물러서 그것들을 관찰하고 면밀히 검토할 수 있는 능력은 서구 개인주의의 또 다른 중요한 측면이다. 존 로크(John Locke)는 이러한 능력을 독립적인 이성의 사용으로 생각했으며, 이를 통해 사람은 공인된 관습과 의견의 소란을 뛰어넘어 스스로 사고할 수 있게 된다고 보았다. 따라서 로크에게 지식 습득은 자율적 추론, 자기 성찰, 자기 재구성, 자기 해방을 포함하는 매우 개인적인 과정이다. 계몽주의는 서구에 주관성 전환을 도입하면서 경험으로부터 물러서서 경험을 분석하고, 그렇게 함으로써 잠재적으로 경험을 자신의 통제하에 둘 가능성을 제시했다. 모든 실재가 마음에 의해 (마음속에서) 매개되고, 질서가 잡히고, 반영된다는 생각은 마음에 전례 없는 힘을 부여했다. 관찰의 힘을 통해서 통제의 힘이 나오고, 통제의 힘을 통해서 자기 변혁의 가능성이 나온다. 이를 통해 사람은 공인된 권위나 전통이 아닌 자신의 추론에 입각하여 자유롭게 진리를 추구할 수 있다. 자신의 사상, 신념, 감정, 욕망과 거리를 두는 이 생각은, 서구 사상에서 전혀 새로운 것이 아니더라도, 적어도 자기 관찰의 방식이 더욱 강화되는 계기를 마련하였다. 자아는 사실상 체계적인 탐구의 새로운 대상이 되었다.

르네 데카르트와 기타 합리주의자들과 경험주의자들은 이러한 자기 관찰과 자기 객관화를, 현생에서 개인의 잠재력과 타고난 능력을 실현함으로써 행복을 추구하는 수단으로 보게 되었다. 르네 데카르트, 로크, 임마누엘 칸트(Immanuel Kant) 등과 같은 위대한 합리주의자들의 전작全作에서 우리는 필연적으로 '정념들'을 위시한 영혼의 다양한 기능들에 대한 체계화된 설명을 마주치게 되는데, 이는 궁극적으로 정념들을 길들여서 이성에 종속시키려는 의도에서 비롯된 것이다. 르네 데카르트는 『영혼의 정념(the passions of the soul)』에서 정념들(존중, 관대, 자부심, 사랑, 증오, 욕망 등)을 길게 나열하고 설명하면서, 그것들을 체계적으로 분리하고 명확히 하고 정의하려는 시도의 요점을 설명한다. "가장 연약한 영혼을 가진 사람이라도 영혼을 훈련하고 지도하는 데 충분한 근면을 발휘한다면 모든 정념에 대해 매우 절대적인 지배력을 갖게 된다."(1982: 1: 356) 르네 데카르트의 논문은 경험 세계를 깔끔하고 분리된 덩어리로 쪼개어 분리와 식별이 가능하고, 따라서 통제가 가능하도록 시도하는 불교 명상 전통에 깊은 영향을 받은 아비다르마 문헌의 느낌을 준다. 둘 다 관찰, 분석, 통제, 궁극적인 변혁을 목적으로, 마음의 현현들로부터의 이 근원적인 이탈(radical disengagement)을 수용한다.

두 접근 방식과 결론의 차이점은 분명하다. 불교 명상이 생각, 감정, 감각을 분리하는 것은 고정된 존재의 퍼즐 조각 속에서 자리를 확립하기 위해서가 아니라, 특히 법무아法無我를 천명하는 대승 사상에서 그것들이 고정적이지 않다는 사실을 드러내기 위한 것이다. 분리된 코기토(cogito)와는 대조적으로, 불교에서는 이러한 현상을 식별하는 주관 자체가 현상 중 하나이다. 경험의 흐름 밖에 서 있는 초월적이거나 고정된 '나'는 없다. 실제로 고정된 '나'가 없다는 사실을 통찰하는 것이 바로 핵심이다. 합리주의적 성찰성과 마찬가지로 불교적 양식은 생각, 감정 등으로부터의 초기적인 이탈(initial disengagement)과 이에 상응하는 그것들에 대한 '관찰자'의 확립을 포함한다. 그러나 관찰자는 고정된 기준점, 영속적이고 독립적인 '나'로 이해되어서는 안 된다. 오히려 관찰자 역시 관찰의 대상이 되며, 경험의 연속체로 넘겨져, 견고해 보이는 기반에서 파헤쳐져 마음 흐름의 일부가 된다. 그러므로 자기 발견은 독립적이고 이성적인 자아를 드러내는 것이 아니라, 오히려 사건의 흐름 밖에는 자아도 없고 주체도 없음을 발견하는 것이다.

서양 합리주의와 불교의 교리적 요소들은 여러 면에서 다르다. 하지만 마음의 내용을 분리하고 관찰하고 궁극적으로 통제함으로써 마음의 힘을 강화하는 문제는 불교 명상 해석에 암묵적으로 적용될 수 있는 주제이며, 필자는 이미 적용되어 왔다고 생각한다. 근대 불교에서 일반적으로 설명되는 위빳사나 명상을 생각해 보라. 먼저 마음을 초연하게 관찰하고 생각이 일어나는 대로 그것을 알아차리고 때로는 이름을 붙인다. 그런 다음 마음의 패턴, 믿음, 습관적인 감정 반응에 대해 더 잘 알게 되면 그 과정을 통제하고 그 과정 자체의 진정한 본질에 대한 통찰을 얻어 그 과정을 변화시킬 수 있다. 데카르트적 사고가 서양에서 불교에 대한 선이해(preunderstanding)의 일부가 될 수 있었던 것은 이성 강조와 심신 이원론 때문이 아니었다. 오히려 근원적 성찰성과 함께, 욕망, 욕구, 사고와 감정의 습관 등을 '다룰 수 있는' 대상으로 보고 변화시킬 수 있다는 도구적 관점 때문이었다.

이러한 성찰성(reflexivity)은 최근 명상 연구에서 중요해진 현대 신경생물학적 인지심리학의 증조부이다. 그것은 19세기와 20세기 초, 불교를 과학과 양립할 수 있는 '합리적 종교'로 이해했던 초기 서구의 불교 해석 속에 처음으로 자리 잡았다(4장 참조). 불교는 부분적으로 합리적 행동, 도덕적 반성, 분리된 자기 관찰, 욕망의 완벽한 통제를 통한 인간의 완전성에 대한 서구적 개념들에 부합하는 인간 개발의 길로 재현되면서 근대 서구 문화에 진입했다. 일부 불교도와 불교 동조자들은 명상과 마음 수련을 이러한 목표들을 달성하기 위한 독특하고 실용적인 기법으로, 또는 적어도 불교의 영향을 받아 재구성된 것으로 보았다. 이러한 신념은 빅토리아 시대 대부분 서구인에게 대체로 이론으로만 남아 있었다. 실제로 불교 명상 수행을 진지하게 받아들인 빅토리아 시대 사람들은 거의 없었다. 왜냐하면 불교에 대한 접근이 주로 문헌을 통해 이루어졌고, 유럽과 미국에 등장하는 아시아 명상 스승들의 물결은 나중에야 도착했기 때문이다(Tweed 2000: 159). 명상에 대한 합리주의적 해석은 20세기에 이르러서야 본격적으로 결실을 보게 되었다.

빅토리아 시대에 서구의 불교 사상에서 핵심 요소는 합리적 철학,

윤리, 연민에 대한 강조였으나, 20세기 중반에서 후반에 이르러서는 명상이 가장 중요한 자리에 올랐다. 그제야 비로소 다양한 명상 기법이 체계적으로 고찰되기 시작했다. 그 이후로 명상의 전반적인 모습은 서구 불교의 축소판이 되었다. 기독교 신앙과 암묵적으로 대조되는 명상은, 믿음이나 특정한 세계관을 요구하지 않는 실용적인 영적 기법으로, 개인적인 경험과 마음의 탐구를 통해 자신과 세상에 대한 이해를 얻는 수단으로 간주되었다. 이러한 '경험적'이고 실용적인 측면에서 명상은 과학과 유사하지만 '유물론적 과학'의 가정에 얽매이지 않고 '영적' 발견에 더 열려 있다고 여겨졌다. 따라서 불교 근대주의는 자기 관찰, 수양, 욕망의 통제를 통한 이상적 인간상을 추구한 계몽적 합리주의의 열망을 수용했을 뿐만 아니라, 여기에 체계적인 마음 훈련의 규율이라는 실천적 요소를 추가했다. 나아가 순전히 유물론적인 과학 접근 방식에 도전할 가능성까지 제시했다. 불교 명상에 대한 이러한 일반적인 관점은 과학과 명상의 현대적 만남을 암묵적으로 이끌어 왔다. 실제로 이 만남에서 가장 활동적이고 사려 깊은 참가자 중 한 명인 앨런 월리스(Alan Wallace)는 불교 명상을 자기 성찰적 합리주의 전통의 발전으로 해석했다. "르네 데카르트와 존 로크 두 사람은 모두 마음에 대한 성찰에 깊이 전념했다. 하지만 그리스와 기독교의 선배들처럼 마음을 사용하여 정신적 사건을 관찰할 수 있도록 주의력을 정제하는 수단을 고안하지 않았다."(2007: 53) 앨런 월리스는 불교가 그렇게 했다고 주장한다.

과학의 대상이자 과학 그 자체로서의 명상

과학의 대상으로서의 명상

인간을 자기 관찰과 심리적 요소들의 규율적인 배열을 통해 다뤄져야 하는 존재로 보는 합리주의적 개념은 불교 명상에 대한 새로운 접근 방식을 위해 필요한 선이해(preunderstanding)였다. 그러나 이러한 관점은 오랫동안 배경에 머물러 있었고, 최근 실험실에서 이루어진 명상에 대한 실증적 연구를 통해서 본격적으로 부각되기 시작했다. 서양에서는 여전히 정신분석학적 불교 해석이 두드러지지만, 지난 수십 년 동안 신경과학에서 새로운 심리학적 이해가 나타났다. 이러한 이해는 명상이 뇌와 신경계에 미치는 영향을 분석하는 실증적 연구들에 의해 형성되었으며, 명상에 대한 과학적 조사에 더 높은 엄밀성을 부여했다. 이러한 연구들은 초기에 '자연법칙'이나 '인과관계'를 바탕으로 불교와 과학을 느슨하게 연결하려 했던 모호한 시도를 훨씬 뛰어넘어, 명상가들을 통제된 실험 환경에 참여시키는 방식으로 접근하고 있다.

명상에 대한 과학적 연구는 1960년대에 시작되었는데, 당시 일본 연구자들은 선 수행자들을 대상으로 광범위한 뇌파 연구를 실시했다. 이들은 알파와 세타 뇌파의 변화를 기록하고, 외부 자극에 대한 반응을 측정했다. 그들의 연구에 따르면, 좌선은 마음이 고요하면서도 깨어있는 상태를 촉진하며, 이 상태에서 마음은 차분하면서도 다양한 자극에 반응한다고 한다(Kasamatsu and Hirai: 1963). 그 이후로 생리적 기능을 관찰하고 측정하는 데 사용할 수 있는 점점 더 정교해지는 기술을 사용하여 뇌파, 호르몬 수치, 심박수의 변화를 측정하는 연구가 활발히 진행되었다. 이러한 연구는 명상이 주의력, 지각 민감도, 불안, 감정 상태 조절, 스트레스 자극에 대한 신경생리학적 반응, 면역 체계 기능, 중추 신경계 활동, 그리고 특정 신경 구조에 미치는 영향을 평가했다.

일부 연구는 명상 중에 뇌와 신경계가 하는 일에 대해 더 많은 통찰을 제공했을 뿐만 아니라 뇌의 특정한 특성에 대한 일반적 이해에도 기여했다. 예컨대, 티베트 불교 전통의 숙련된 명상가들에 대한 리처드 데이비슨(Richard Davidson)의 연구는 신경과학자들 사이에서 뇌 가소성(brain plasticity), 즉 반복적인 활동이나 훈련에 반응하여 변화하는 뇌의 능력에 대한 인식을 높이는 데 기여했다. 그의 연구에 따르면, 명상은 파괴적인 정서를 관리하고 행복, 웰빙, 연민과 관련된 신경 중추를 활성화하도록 뇌를 재훈련할 가능성이 상당히 높음을 보여준다. 지난 수십 년 동안 수집된 방대한 증거는 불교 명상 및 기타 명상 기법이 스트레스 감소, 통증 관리, 심혈관 질환, 또는 단순히 더 큰 만족과 행복을 위한 보조 수단 등 치료적 맥락에서 잠재적으로 사용될 수 있음을 시사한다.[6]

과학으로서의 명상

불교가 일반적으로 과학과 양립할 수 있다는 재현은 불교가 근대성의 담론에 진입하는 데 중요한 부분이었다. 명상 자체를 과학적 활동의 한 유형으로 보는 개념은 현대 불교 문학에서 점점 더 두각을 나타내게

---

6 최근 명상 연구의 요약은 Cahn and Polich 2006을 참조하라. 또한 Austin 1998, 2006; Begley 2007; Davidson and Harrington 2001; Goleman 2003을 참조하라.

되었다.

이러한 재현은 19세기 형이상학 운동에 뿌리를 두고 있다. 이 운동은 모든 주요 종교의 명상적 요소들을 경험 과학(empirical science)에 필적하거나, 어떤 면에서는 그것을 초월하는 내면의 과학으로 보았다. 둘 다 종교적 전통의 특정 주장을 넘어 검증 가능한 지식에 도달한다고 보았다. 오늘날 널리 쓰이는 '종교'와 '영성' 사이의 구분도 이러한 구별을 말하는 한 가지 방식을 계승한다. 그 방식이란 바로 종교는 신앙, 의식, 위계 구조, 공동체 유지와 관련이 있는 반면에, 영성과 신비주의는 종교의 '외적' 형태를 초월하는, 신에 대한 직접적이고 비매개적이며 개인적인 경험이라는 것이다. 이러한 모델에 따르면, 명상 탐구는 편협한 종교적 전통에 얽매인 전통적 신념을 강화하는 것이 아니라 경험을 통해 사물의 실재를 분별하는 것을 목표로 한다. 라훌라와 다른 많은 근대 작가가 제기한 믿음과 경험이라는 용어 간의 대립 문제를 떠올려 보면, 믿음은 '종교'(즉, 기독교)의 문제인 반면, 경험은 불교의 영역으로, 과학적 탐구처럼 '와서 보라.'는 식으로 직접 검증하도록 초대한다." 그러므로 명상은 '종교' 활동이 아니라 경험적으로 실재를 탐구하는 방법으로 여겨지는데, 그 실재란 바위와 별과 쿼크(quark)〔역주: 물질을 이루는 가장 작은 입자를 말한다.〕가 아니라 마음의 활동에서 나타나는 자연법칙이다. 과학이 외부 세계를 탐구하는 것처럼, 명상은 내면세계를 조사하여 어떤 종교에도 얽매이지 않고 어떤 종교의 속성에도 속하지 않는 마음에 관한 진리를 발견한다. 그래서 고엔카는 붓다가 '종교'의 창시자가 아니라, 최근에야 서양에서 발견된 진리들을 앞서, 마음에 대한 진리들을 발견한 용감한 내면

탐험가였다고 말했다. 아나가리카 고빈다(Anagārika Govinda)는 과학과 신비주의 사이의 이러한 관계에 대해 다음과 같이 말한다.

> 〔모든 불교 학파의〕 이 공통 기반은 과학과 신비주의가 만나는 영역인 경험에 있다. 이 두 경험 분야의 유일한 차이점은 객체를 대상으로 하는 과학의 진리는 '객관적'으로 증명 가능하거나 더 좋게 말하면 입증 가능한 반면, 주체를 대상으로 하는 신비주의는 '주관적'인 경험에 기초한다는 것이다(1989: 51).

이 서사에 따르면, 과학과 신비주의 모두 종파적 정체성과 관계없이 진리를 확립하는 데 기여한다. 비록 과학과는 정반대처럼 보일 수도 있지만, 19세기부터 현재까지 표준이 되어 온 신비주의와 영성에 대한 이러한 보편주의적 표현은, 과학과 마찬가지로 직접적인 만남을 통해 보편적 진리를 확립하고, 이를 통해 종교들의 다원적이고 편협한 진리 주장을 초월하는 진리의 언어를 확립하려는 동일한 열망에서 비롯된다. "진리보다 높은 종교는 없다."라는 신지학의 모토처럼 말이다. 이러한 해석은 명상을 물리학에 필적하는 학문으로 해석할 뿐만 아니라, 명상을 불교라는 종교적 맥락에서 분리시키는 데에도 기여한다.

20세기 중반에 냐나포니카 테라(Nyanaponika Thera)는 불교 명상을 '마음의 과학'이라고 불렀는데, 이는 초기 심령술 용어에서 영감을 얻은 표현이었다. 그는 '맨 주의(bare attention)' 방법을 과학자의 방법과 본질적으로 동일하다고 제시했다. 과학자의 방법이란 사물에 대한

'편견 없는 수용성', 판단에서 주관적 요소의 축소, 그리고 '사실에 대한 면밀한 조사가 이루어질 때까지 판단을 유보하는 것'이다. 이는 '진정한 연구자의 정신'이지만, 불교 명상은 '사실들의 설명'과 '마음에 대한 이론적 지식'을 넘어 마음 자체를 형성하려는 시도로 나아간다(1954: 42). 자야틸레케(K. N. Jayatilleke)와 데이비드 칼루파하나(David Kalupahana) 및 기타 학자들은 이러한 사고방식을 상세히 발전시켜 불교를 데이비드 흄(David Hume)과 윌리엄 제임스(William James)와 유사한 일종의 '근원적 경험주의'로 제시했다(Jayatilleke 1963; Kalupahana 1975).[7] 현대 학자, 다르마 스승, 대중 작가들은 차례로 불교 명상을 마음의 과학으로 보는 관점을 널리 퍼트렸다. 예컨대, 현대 티베트 스승인 족첸 폰롭 린포체(Dzogchen Ponlop Rinpoche)는 불교 자체를 일종의 과학으로 제시하면서, 종교와 영성의 구분뿐만 아니라 영성과 과학의 혼합도 강조한다.

> 불교의 영적 가르침은 우리가 마음의 본질과 우리 마음이 경험하는 현상을 … 밝혀낼 수 있는 진정한 마음의 과학을 제시한다. 우리가 불교를 '과학'이라고 말할 때, 물질을 분석하는 무미건조한 과학을 의미하는 것은 아니다. 우리는 훨씬 더 심오한 것을 말하고 있다. 우리는 내면세계의 실재에 깊이 들어가는 것을 말하고 있다. … 이런 의미에서 불교 영성(Buddhist spirituality)은 '종교'라는 용어

---

7 불교에 대한 많은 근대적 해석과 마찬가지로, 이 역시 스즈키로부터 유래했을 수 있다. 그는 자신의 첫 번째 시리즈인 『선불교 에세이(Essays in Zen Buddhism)』(1949: 140)에서 불교를 '근원적 경험주의(radical empiricism)'라고 부른다.

> 가 일반적으로 의미하는 것과는 다르다(Ponlop 날짜가 명기되지 않음).

마찬가지로 고엔카는 위빳사나 명상을 마음을 조사하는 과학적 방법으로 종종 언급한다. 제레미 헤이워드는 불교 명상이 본질적으로 과학적인 노력이라고 주장한다. 그 이유는 불교 명상을 통해 얻은 성과들이 다른 명상가들에 의해 경험적으로 확인되거나 반박될 수 있기 때문이다(1987). 앨런 월리스는 명상을 과학적인 용어로 가장 명확하게 설명한다.

> 불교는 과학과 마찬가지로 자연계에 대한 체계적인 지식의 집합체로 자리매김하고 있으며, 마음의 본질과 물리적 환경과의 관계에 관해 검증 가능한 다양한 가설과 이론을 제시한다. 이러한 이론은 지난 2천5백 년 동안 반복 가능한 명상 기법을 통해 여러 번 실험되고 경험적으로 확인되었다고 주장된다(2003: 8).

앨런 월리스는 고급 명상가를 반복 가능한 실험을 수행하고서, '직접 경험에 기초한 … 발견'을 한 다음, 보고된 결과의 장단점을 논의할 수 있는 동료 명상가들의 동료 검토(peer review)를 받는 조사자로 규정한다(9).

언급한 바와 같이, 불교 근대주의는 엄격한 유물론과 거리를 두면서 과학을 수용하려고 한다. 명상은 이러한 입장의 초점이 되는 경우가 많은데, 일부 저자는 명상을 주류 과학의 과도한 합리주의, 물질주의,

환원주의를 고려하는 과학적 노력이자 교정으로 해석하기 때문이다. 신 카담파(Kadampa) 학파의 현대 티베트 작가 게셰 켈상 갸초(Geshe Kelsang Gyatso)는 과학자들이 외부 요소에 대해 전문적으로 알고, 물질세계를 조작하는 방법을 배우고, 큰 기술적 진보를 이루었고, 놀라운 많은 것을 만들어냈지만, 내면의 과학으로서의 다르마는 우리가 미묘한 요소들을 정확하게 알 수 있게 한다고 주장한다(502).[8] 옹호자들은 종종 이 내면의 과학을 외부 과학의 위험에 대한 온건한 교정책으로 간주한다. 외부 과학은 그 모든 이점에도 불구하고 핵무기, 환경 파괴와 같은 근대 시기의 많은 참상을 초래했다. 이들은 불교가 서양의 어떤 학문 못지않게 정교한 합리적 심리학을 가지고 있을 뿐만 아니라, 서양 과학이 모든 현상을 측정 가능한 데이터로 환원하려는 노력으로 잃어버린 무언가를 가진다고 주장한다. 그것은 바로 사물들, 특히 마음의 사물들에 대한 더 직접적이고 직관적이며 경험적인 이해이다. 그러한 통념은 새로운 것이 아니다. 아나가리카 고빈다는 논리적 운영과 추상적인 원리에 크게 의존하는 이론적이고 가설적인 (서구) 심리학과 경험에 기초한 불교의 실천 심리학을 대조했다(1961: 35-36). 초감 트룽파는 "전통적인 불교 심리학은 명상을 통해 개발되는 마음의 직접적인 경험의 중요성을 강조한다."라고 주장했으며, "우리가 이론에만 의존하면 기본이 상실된다."라고 지적한다(1983: 1). 이는 분명히 서양 심리학이 바로 그런 방식이라는 암시이다. 이들과 다른 많은 현대 저자들에 따르면, 불교 심리학은 서구 사고의 습관에 공통적

8 여기서 언급되는 내용은 구체적으로 18계(十八界, aṭṭhārasa-dhātuyo)에 대한 것이다.

인 끝없는 합리화에 얽매이지 않으며, 따라서 그 주제인 마음 자체에 대해 더 직접적이고 비매개적인 접근을 유지한다.

이 주장의 현대적 변형들은 마음을 이해하기 위한 오늘날 점점 더 정교해지고 있는 유물론적 모델을 종종 겨냥한다. 예컨대, 로버트 서먼은 서구 심리학이 엄격하게 물리적 신경과학에 기반을 내어주고, 동시에 마음을 컴퓨터에 비유하는 은유를 채택했다고 비판한다(1991: 57-61). 서양 심리학이 마음의 '하드웨어'를 점점 더 강조하는 것과 달리, 서먼은 티베트 불교 심리학, 특히 명상을 개인의 내면을 재프로그래밍할 수 있도록 돕는 정교한 소프트웨어 분석과 수정 방법을 가진(산스끄리뜨어 adhyātma-vidyā의 해석인) '내면의 과학'으로 본다. 또한 개선된 소프트웨어를 개인이 통합하고 접목할 수 있게 하는 광범위한 정신 기법, 수정 기법이 존재한다고 말한다(64). 이 내면의 과학은 과학적 지식을 늘릴 수 있는 또 다른 탐구의 길일 뿐만 아니라, 서구 과학적 유물론의 '독단주의'에 대한 교정이기도 하다(59). 서먼은 이러한 유물론적 접근이 인류가 환경을 깊이 이해하고, 질병을 치료하며, 일부 삶의 조건을 개선하는 데 기여했다는 점은 인정한다. 그러나 동시에 이러한 접근이 전례 없는 자기 파괴 수단도 만들어냈다고 주장한다. 실제로 서구 과학은 외부 실재에 영향을 미치는 우리의 힘이 우리 자신에 영향을 미치는 힘을 능가했다는 점에서 잘못된 방향으로 나아갔다는 것이다(56). 동조적인 과학자를 포함한 많은 현대 불교인은 불교의 명상 기법이 현대 과학의 엄격한 유물론적 관점과 그에 따른 사회적·지정학적·환경적 결과에 반하여, 과학 분야에 더 균형 잡히고 인간적인 마음에 대한 관점을 도입할 수 있기를 희망한다(예컨대 Hayward 1987; Varela et al. 1991 참조).

과학으로서의 명상에 대한 간략한 비평

불교 명상에 대한 현대 과학 연구는 실제로 심리 치료와 의학적 적용 모두에서 불교 명상의 잠재적 가치를 제시한다.[9] 이러한 연구들은 또한 뇌의 성질과 그 기능에 대한 더 폭넓은 논의에 기여할 잠재력을 지닌 것으로 보인다. 더 넓게 보면, 명상은 근대 사회뿐만 아니라 인간 존재 전반에 뿌리내린 다양한 문제를 해결하는 데 도움이 될 가능성이 크다고 필자는 믿는다. 하지만 과학적 탐구의 대상으로서의 명상에서 명상 자체를 과학으로 규정하는 것에는 문제가 없지 않다.

우선, 이러한 관점의 명상 설명은 전통적인 사회적·윤리적·제도적·우주론적 맥락에서 명상의 목적과 기능을 종종 간과한다. 또한 그러한 설명은 종종 명상을 독립적인 탐구와 분석과 변형의 방식으로 제시한다. 아마도 이것은 일부 근대적 맥락에서 명상이 자리 잡은 모습일 수도 있지만, 아시아 전역에서 실행되는 명상의 의식적, 사회적, 심지어 마법적 기능까지 간과하기 때문에 전통적인 환경 속의 명상에 대한 적절한 설명은 아니다. 고대인들에게 그리고 오늘날 더 전통적인 맥락에서 명상은 자기 발견의 방법이라기보다는 고통의 완전한 소멸과 완전한 깨달음을 얻기 위해 태어남과 재생의 인과적 과정을 뒤엎는 도구였다. 명상은 또한 초자연적인 능력과 선업善業을

9 학술 연구, 대중서적 및 논문의 참고문헌을 보려면 매사추세츠 의과대학의 센터 포 마인드풀니스(Center for Mindfulness) 웹사이트 www.umassmed.edu/cfm/index.aspx를 참조하라.

생성하여 수행자가 더 나은 재생을 할 수 있도록 촉진했다. 언급한 바와 같이 명상은 단지 단독적인 실천이 아니라 대개 사회 체계와 연결되어 있다. 예컨대, 스리랑카의 승려들은 3개월의 안거 기간 내내 집중적으로 명상을 한 뒤 안거 마지막에 보시받는 의례에서 재가자가 받을 수 있는 '힘'을 생성한다. 선정(禪定, jhāna)에서 생긴 힘으로 승려들은 미래를 예언하고 기적적인 치유를 일으킬 수 있다고 믿어진다. 티베트 명상과 동아시아 선 수행은 모두 전통적으로 의례적·신앙적 요소들과 분리될 수 없으며 때로는 종속되어 왔다. 예컨대 명상은 붓다들과 보살들을 간절히 초대하는 보리도량(菩提道場, bodhi-maṇḍa)을 만드는 데 종종 도움이 된다. 어떤 사람들은 조동선曹洞禪 자체가 내면 탐구의 문제라기보다는 붓다의 깨달음을 의례로 재현하는 것이기 때문에 자세와 신체적 수행에 대한 요구 사항들이 까다롭다고 주장해 왔다(Faure 1996: 217). 이러한 예는 명상이 전통적으로 사회적·윤리적·우주론적 질서에 어떻게 내재하는지를 시사한다. 이는 명상이 그러한 전통적인 맥락 밖에서는 정당한 지위를 가질 수 없음을 의미하지 않으며, 근대주의 명상가들의 실천이 이러한 요소를 포함하지 못한다고 해서 그들의 수행이 진정하지 못함을 의미하지도 않는다. 하지만 이는 명상의 전통적 기능을 과학적 실험으로 설명하는 것이 이러한 맥락을 무시하고 명상이 수행해야 하는 다양한 기능을 간과한다는 것을 의미한다.

더 나아가 명상을 과학으로 해석하는 것은 명상이 전통의 주장에 얽매이지 않고 사회적·교리적·의례적 요인에 의해 제한되지 않는 경험적이고 개방적인 탐구로 여겨질 수 있는 정도를 과대평가하는 일이다. 앨런 월리스의 관점에서 불교 명상가의 '직접 경험에 기초한 발견'을, 반복적인 '실험'을 통해 인격의 덧없는 환영 아래에 실제로 영원한 영혼이 존재한다고 동료와 상급자에게서 확인하고 검증받은 기독교 또는 힌두교 명상가의 발견과 어떻게 구별할 수 있을까? 만약 내가 불교 명상을 하다가 그런 발견을 하게 된다면, 그 다음엔 어떻게 될까? 불교 교리와 나의 결론 사이를 과학적으로 판단할 방법은 없다. 이는 어느 한 결론에 대한 개인적인 근거가 없다는 것을 의미하지 않는다. 다만 '과학적' 실험처럼 공개적으로 검증할 수 없다는 것을 의미한다. 이러한 예는 전통적인 맥락에서 불교 명상이 개방형 '과학적' 실험이 아니라, 수행자를 특정 경험과 결론으로 안내하는 불교적 추정들에 제한된다는 점을 시사한다. 그것은 개방형 탐구라기보다는 붓다가 설한 다르마의 진리, 즉 전통에 의해 승인된 진리를 스스로 발견하는 방법이다. 그렇다고 해서 새로운 생각이나 경험이 일어날 여지가 없다는 뜻은 아니다. 불교의 역사 자체는 다르마가 끊임없이 재구성되고 있음을 암시한다. 필자는 명상을 통해 문화적 조건화의 한계를 뛰어넘는 것이 불가능하다고 주장하는 것도 아니다. 하지만 조르주 드레퓌스(Georges Dreyfus)가 티베트 불교의 대론에 대해 주장한 바와 유사하게, 명상의 개방성은 부분적이며 종종 전통에 의해 적극적으로 제한된다(2003: 274). 따라서 명상은 이론상 과학이 그렇지 않은 방식으로, 전통의 제약과 과거의 권위 내에서 작동한다.[10]

---

10 증거가 이끄는 어떤 결론에도 참으로 열려 있다는 과학의 주장은 물론 그 자체로 논쟁의 여지가 있다. 과학의 역사는 사회적·제도적·이념적 제약이 과학적 노력에 어떻게 작용하는지를 보여준다. 과학도 고유한 전통적 경계를 지니고 있다.

또 다른 질문은 서먼, 월리스, 헤이워드 및 다른 사람들이 제안하듯, 명상이 과학을 '영성화'할 수 있는지, 아니면 오히려 명상이 완화하고자 하는 바로 그 과학적 유물론에 흡수될 위험이 있는지이다. 필자가 반복해서 지적했듯이, 서구에 불교가 도입된 이후 불교는 근대성의 기본 신조들을 수용하면서도 그 물질주의적 과잉들을 개선하겠다는 약속 하에 근대성과 마주해 왔다. 비평가들은 종종 과학, 또는 적어도 과학지상주의(scientism)가 이러한 과잉들의 조장자, 아니면 그 근원이라고 지적한다. 필자가 참석했던 불교와 과학 사이의 대화에 관한 강연에서, 한 열정적이고 표현력이 뛰어난 참가자는 명상 센터에서 수행자들이 앉아 있는 동안 뇌 활동을 모니터링할 수 있도록 바이오 피드백 기계를 사용할 가능성을 제안했다. 개별 바이오 피드백 기계에 연결된 채 연화좌蓮華坐로 명상하고 있는 법복 차림의 명상자 모습은 과학과 명상의 완벽한 융합, 즉 과학의 재인간화를 보여주는 것일까? 아니면 반대로 명상의 기계화이자, 불교가 변화시키고자 했던 바로 그 과학적 유물주의에 대한 묵인일까? 더 나아가, 불교도들이 과학적 관심이 가져다주는 명성을 기꺼이 누리고 있지만, 만약 추가적인 과학적 연구에서 명상이 파괴적인 감정을 줄이는 데 있어 인지 행동 치료나 항정신성 약물만큼 효과적이지 않다는 결과가 나온다면 어떻게 될까? 이러한 고려 사항들은 명상이 유용하기 위해 반드시 과학으로

여기서 핵심은 적어도 이론적으로 과학은 미리 결정된 교리적 경계가 없는 개방형 탐구라는 점이다. 반면에 불교의 명상적 탐구에 대해 그러한 주장을 하는 것은 더 문제가 있다. 왜냐하면 그것은 전통에 의해 확립된 미리 정해진 목적을 갖기 때문이다.

해석될 필요는 없으며, 과학적 합리주의의 담론들 내에 명상을 포함하는 것이 명상의 일부 가능성을 드러내지 않게 할 수도 있음을 말해준다.

하지만 역사가에게 있어서 명상을 과학으로 재현하는 것은 명상이 근대성의 담론과 실천에 자리 잡게 된 경위에 대해서 많은 것을 말해준다. 근대적 맥락에서 명상은 이제 열린 탐구 방식, 즉 어떤 결론에도 이를 수 있는 자기 탐색의 도구가 될 수 있는 바로 그 지점에서 정확히 탈전통화된다. 이 지점에서 명상은 불교 수행의 전통적 세계에서 벗어나, 심리학과 자기 탐색의 도구 중 하나로서 완전히 새로운 영역에 자리 잡게 되었다. 이러한 맥락에서 명상의 목적은 더 이상 불교 전통의 권위에 의해서만 결정되지 않으며, 자율성, 자기 주도, 자기 발견을 강조하는 더 넓은 근대성의 담론들에 내재한 근대 심리학에 의해서도 결정된다. 따라서 명상은 그 혜택, 목적, 그리고 심지어 방법마저도 명상 대가들뿐만 아니라 신경과학자, 심리학자, 그리고 일반 대중이 의문을 제기하고 수정할 수 있는 전례 없는 무대에 들어서게 되었다. 이는 더 전통적 맥락들 속의 명상이 사라졌다는 뜻이 아니라, 오히려 절이라는 경계 안에 머물던 전통적인 틀을 넘어서, 이제는 사상과 실천의 탈근대 시장에서 경쟁하고 있다는 것을 의미한다.[11]

---

11 이러한 상황이 전통적인 명상가 공동체 내에서 논쟁을 불러일으켰다는 점은 주목할 만하다. 달라이 라마는 마음과 생명 연구소(Mind and Life Institute)의 정기적인 학술대회와 출판물을 통해서 불교와 과학 사이의 광범위한 대화를 장려하면서 명상에 관한 과학적 연구에 큰 열정을 일으켰다. 그럼에도 불구하고

탈전통화, 적응, 문화비평

불교 명상의 의미, 목적, 사회적 중요성은 근대성과 만나면서 중요한 방식으로 변화해 왔다. 어떤 맥락에서는 불교의 중심 수행으로 여겨지게 되었지만, 동시에 탈전통화되고 개인화되었으며 제도적 권위와 전통적인 구원론적 의미로부터 분리되었다. 어떤 경우에는 불교와는 완전히 독립된 삶을 누리기도 했다. 이러한 변화는 주로 서구에서든 아시아에서든 앞서 언급한 서구 근대성의 담론 및 실천과의 만남에서 원인을 찾을 수 있다.

불교 명상은 이러한 담론과 실천에서 특별한 방식으로 자리를 잡아 왔다. 불교 명상은 종교적 교리를 초월하는 보편적인 진리를 열망하는 영적 신비적 기법으로서, 어떤 경우에는 불교라는 '종교'에서 벗어나 모든 종교를 초월하여 핵심적인 진리에 이르는 길로 간주되기도 한다. 마음속의 '자연법칙'을 확인하기 위한 도구로서, 불교 명상은 경험적 탐구의 기법이 된다. 부정적 정서들을 길들이고 마음을 제어하는

조세 카베존(José Cabezón)은 '명상에 든 상태와 명상 수행의 장기적 효과에 관한 신경과학 연구에 대한 폭발적인 관심에 대해 [티베트] 명상 승려들 사이에 널리 퍼져 있는 회의적 시각'을 보고한다. 이는 과학자들에게 너무 많은 권위를 부여하는 것에 대한 우려 때문이 아니라, 물리적인 수단으로 '비물리적인 정신 상태'를 연구하는 것과 그렇게 하는 것의 가치에 대한 의심 때문이라는 것이다 (2003: 42). 따라서 이 새로운 부대는 명상에 대한 아시아와 서구의 접근 방식뿐만 아니라, 더 전통적인 공동체 내의 사람들 사이에도 긴장의 지대를 형성한다. 왜냐하면 이제 그들은 전통과 그 너머에서 명상의 위상을 재협상해야 하기 때문이다.

도구로서, 불교 명상은 치료적 도구이자 개인이 자신의 운명을 선택할 자유를 증진하는 수단이 된다. 무의식을 발굴하는 방법으로서, 불교 명상은 자아실현을 방해하는 내면화된 사회적·문화적 제약으로부터 개인을 해방하는 수단이 된다. 건강과 휴식의 수단으로서, 불교 명상은 인류 전체의 이익을 위한 세계화된 의학적·심리학적 실천이 된다.

이것들은 모두 불교 명상의 탈전통화의 한 형태이며, 그 일부는 언급한 바와 같이 권위가 외부에서 내부로 이동하는 것을 수반한다. 이러한 모든 새로운 접근 방식의 밑바탕에는 개인의 명상 경험에 상당한, 아니 거의 절대적인 권한을 부여하는 경향이 있다. 이것이 변화라고 제안하는 것이 이상하게 보일 수도 있다. 결국 명상의 목표는 개인적인 경험을 통해 실재를 발견하는 것이 아닌가? 대답은 '예.'와 '아니요.'이다. 전통적인 맥락에서 개인의 명상 경험은 일반적으로 그 자체로는 권위 있는 것으로 여겨지지 않는다. 그것은 항상 스승과 전통에 의해 점검되고 시험되고 확인된다. 로버트 샤프(Robert Sharf)가 지적했듯이, 불교적 도(道, mārga)의 서사가 지닌 정당성과 권위는 수행자의 개인적인 명상 경험에 호소하는 것이 아니라, 바로 성전聖典에 대한 충성도에 있다(1995a: 239). 개인 경험의 권위가 높아진 것은 대체로 근대적인 발전이다.

언급한 바와 같이, 전 세계의 모든 불교 명상의 실천이 탈전통화된 것은 아니다. 많은 절에서 명상은 매우 전통적인 방식으로 수행되며, 탈전통화된 명상은 때로는 동일한 기구들에서도 전통적인 접근 방식과 공존한다. 그러나 명상이 제도화되지 않고, 전통에 기반하지 않은 실천으로 여겨지는 이미지와 더불어, 불교가 곧 명상이라는 인식이 확산하면서, 일부 서구의 해석에서는 불교 자체가 자유로운 형태의 개별 영성으로 재현되게 되었다. 이는 특히 선禪의 서구적 재현에서 그러하다. 앨런 왓츠는 세상에 문화적 조건화를 극복할 수 있는 것이 있다면 그것이 바로 선이라고 주장한다. 왜냐하면 선은 '제도화'되지 않았고, 고대의 선 수행자들은 조직의 구성원도 아니고 공식적인 권위에 의존하지도 않는 '보편적 개인주의자'였기 때문이라는 것이다(Watts 1989[1957]: xii). 선 수행자들에 관한 이러한 주장은 매우 의심스럽다. 왜냐하면 이들은 항상 고도로 제도화된 구조 내에서 활동해 왔고, 선 스승의 엄격하고 공식적인 권위에 의존해 왔기 때문이다. 그러나 필자가 말하고자 하는 요점은 왓츠가 부정확했다는 것이 아니라, 그의 부정확함은 제도로부터 자유롭고 누구의 권위에도 종속되지 않는 '보편적 개인주의자'라는 근대주의적 이상에 의해 명확히 형성되었다는 것이다. 동아시아 도교 영향을 받은 불교에도 비슷한 이상이 존재한다고 하더라도, 왓츠는 분명히 우리가 논의한 서구의 개인주의적 이상과 공명하는 어조를 분명히 전달하고 있다. 휴버트 브느와(Hubert Benoit)도 이와 비슷한 관점을 제시한다. "선禪은 누군가가 소속되거나 소속되지 않는 교회가 아니다. 선은 모든 이에게 열려 있고, 누구에게도 강요되지 않는 보편적인 관점이다. 선은 가입하고 헌신해야 하는 정당과도 다르다. 나는 문자 그대로든 은유적으로든 중국이나 일본의 옷을 입지 않고도 진리를 탐구하는 데 선의 접근 방식을 활용할 수 있다."(2004: 7) 이 모델에서 명상은 제도적 구조에 얽매이지 않고 개인의 종교적 실천을 형성하기 위해 선택할 수 있는 여러 도구 중 하나가 된다. 바로 이러한 의미에서 명상은 개인화되고,

개별화되고, 탈전통화되었다.

여기서 근대성의 다양한 담론 및 실천에 불교 명상을 통합하는 것은 언제나 일방적인 동화, 즉 서양적 관점에서만 정의된 인간 행복을 위한 목적을 달성하기 위한 도구로서 불교의 특정 요소를 차용하는 것이라 결론짓고 싶을 수 있다. 명상이 근로자의 생산성 향상이나 골프 실력 향상을 위한 명상처럼 확실히 불교적이지 않은 관심사에 의해 완전히 편입된 것처럼 보이는 사례들이 있다. 하지만 그러한 통합은 불교적 가치들을 이러한 근대적인 맥락들에 접목시키며, 명상이 근대적 맥락들에 의해 변화된 것처럼 근대적인 맥락들도 명상에 의해 변화될 잠재력을 가지고 있다. 회의실, 진료실, 헬스클럽과 같은 근본적으로 새로운 환경 속에서도 명상은 근대 심리학, 의학, 근대 서구 문화의 다른 측면들에 새로운 기여를 **한다**. 불교의 가치 및 사상 중 일부는 서양 관용어로의 변형 속에서도 살아남는다. 명상은 서양에 의해 변화되는 동시에 서양도 변화시킨다. 불교 명상은 서구에 맞춰 변화하고 각색되었음에도 불구하고, 혹은 어쩌면 **그 때문에** 근대 문화에 독특한 기여를 해왔다. 명상이 서구 문화에 어떤 영향을 미치게 될지, 혹은 이제 재가자들 사이에 널리 퍼지고 있는 아시아 불교문화에 어떤 영향을 줄지 판단하기에는 아직 이르다.

하지만 그러한 변화를 인지하려고 노력하면서, 우리는 불교 명상에 대한 (단지 서양에만 국한되지는 않는) 근대적 접근 방식에서 이제 친숙해진 특정 열망을 발견할 수 있다. 불교와 근대성의 만남은 다르마가 근대성의 지배적인 패러다임과 관행 중 일부를 개혁하고 고치고 더욱 발전시킬 수 있다는 희망으로 가득 차 있다. 예컨대, 명상을 마음의 과학으로 보는 생각은 과학을 일반적으로 수용하는 것을 의미하지만, 과학의 일부 '유물론적' 의미에 불만이 있음도 의미한다. 예컨대 서먼은 과학을 불교적으로 재인간화하려는 희망을 매우 분명하게 밝혔다. 마찬가지로 프롬도 명상이 정신분석을 더욱 발전시킬 수 있기를 바랐다. 이러한 기대가 명상과 불교의 적절한 재현에 기반한 것이든 아니든 간에, 그러한 기대는 단순히 근대성의 목적을 달성하기 위해 근대 프로젝트에 끌려온 것이라는 견해를 복잡하게 만든다. 앞서 언급된 사례들은 불교 명상이 근대성의 개인주의적 경향들에 어떻게 스며들었는지 보여주지만, 불교 명상이 요청받은 기능은 단순히 그러한 경향들을 강화하는 데 그치지 않는다. 오히려 불교(이 경우에는 명상)는 근대성의 병적인 측면들을 개선할 수 있다는 희망을 품고 근대 대화로 스며들었다. 불교는 근원적 성찰성과 개인주의적 영성이라는 두 서구적 전통 안에서 단순히 그 전통들을 지속시키기 위한 것이 아니라, 개혁하는 방식으로 일하도록 요구받아 왔다. 일부 학자들은 비불교적 문제에 대한 불교적 해결책에 품는 이러한 희망들이 종종 '신비로운 동양'에 의한 구원이라는 서양의 환상과 많은 관련이 있다는 것을 올바르게 지적해 왔다. 하지만 확실히 불교의 사상과 실천에 참여하려는 모든 시도가 이러한 사실로 축소될 수는 없다. 실제로 일부는 근대성의 고질적인 문제들에서 벗어나 새로운 길을 찾으려는 진지한 시도였다. 명상이 근대 생활에 적응해 온 모든 과정을 고려하더라도, 명상은 여전히 그러한 삶 속의 일부 파괴적인 요소들, 즉 광란적인 속도, 물질주의적 허무주의, 소비지향적인 정신, 경련성 폭력에 대한 암묵적인 비판과 해독제로 활용되어 왔다. 현대 명상 스승들이 학생들에게 명상을 통해 '꿰뚫어 볼 것(see through)'을 권하는 많은 것들은 바로 이러한 근대성의 병폐들로, 여기에는 과도한 개인주의가 포함된다. 따라서 명상은 서구의 개인주의 양식에 완벽히 적응하지 못했다. 바로 이러한 적응 과정에서 명상은 문화적 비평을 위한 새로운 어휘를 획득하게 되었다(이는 9장에서 다룰 주제이다).

8. 마음챙김, 문헌, 일상의 긍정

그러나 나뭇잎은 손짓한다. 잎들은 살아있다. 나무들도 살아있다. 잎사귀들이 몇 백만의 섬유가 되어 벤치에 앉은 나의 몸과 연결되어서 나를 아래위로 부채질을 하는 것 같다. 가지가 쭉 뻗을 때마다 나도 뻗는 것 같다. 참새가 불규칙한 분수처럼 팔딱거리며 오르내리는 것도 이 구도의 일부이다. 검은 가지에 줄이 간 흰색과 푸른색, 음音은 이러한 도형과 잘 어울린다. 음과 음 사이의 간격은 음 자체만큼 의미 있는 것이다. 어떤 아이가 울음을 터트렸다. 그와 때를 같이해서 멀리서 기적이 울렸다. 이런 것은 모두 하나의 새로운 종교의 탄생을 의미한다.

– 버지니아 울프(Virginia Woolf), 『댈러웨이 부인(Mrs. Dalloway)』

윌리엄 퍼킨스(William Perkins)는 존경받는 영국 청교도 목사이자 유명한 칼뱅주의 학자가 되기 전에는 술고래였다. 퍼킨스는 1602년에 사망했다. 이때는 엘리자베스 여왕의 통치가 끝나기 직전이자 갈릴레오(Galileo)가 목성의 위성들을 관측하여 태양계의 태양 중심설을 확증하기 몇 년 전이다. 퍼킨스는 매우 현실적인 사람이었다. 그는 청교도 설교자의 금욕적인 이미지와는 달리, 기독교인들은 성경 원칙에 부합하는 조건에서 실용적인 목적뿐만 아니라 '진솔한 즐거움'을 위해 물질적 재화를 자유롭게 사용해야 한다고 주장했다. 퍼킨스는 자신의 저작 중 하나에서 설거지나 신발 닦기와 같은 행위도 "신의 법 안에서 행하는 한 … 겉으로는 아무리 천박해 보이더라도 성스러워진다."라고 말했다(George 1961: 139에서 인용).

오늘날 그러한 생각은 기독교인들보다 불교인들에게 더 친숙하게 느껴질 수 있다. 실제로 현대 불교 문헌에서 마음챙김과 주의 깊은 태도로 삶의 과제를 수행하라는 권고를 흔히 찾아볼 수 있다. 수많은 책, 기사, 다르마 강연은 그렇게 함으로써, 가장 평범한 일과 활동에서도 비범하고 심지어 신성한 무언가를 깨달을 수 있다고 강조한다. 틱낫한이 일상생활 속에서 마음챙김을 실천하는 방법으로 자주 인용하는 조언에는 각 접시에 시간을 들이고, 접시와 물, 그리고 손의 모든 움직임을 완전히 인지하는 것이 포함된다. 틱낫한은 삶의 매 순간이 기적이므로 마음챙김 없이 일을 서두르면 아쉬울 것이라고 주장한다(1991: 26). 마음챙기며 하는 집안일, 걷기, 식사에 대한 틱낫한의 권고(음식을 한 입씩 맛보고, 음식의 씹히는 느낌에 주목하고, 음식의 출처와 다른 것들과의 관계를 숙고하는 것)는 서양에서 현대적 불교 수행의 핵심 요소가 되었다. 마음챙김은 이상적으로는 삶의 모든 측면에 적용되어 명상에 든 마음의 기민한 침잠이 모든 활동에 스며들도록 해야 한다는 것이다. 수행자는 현재 순간들의 흐름에 차분함과 깨어있음과 가치중립적인 주의를 기울이고, 과거와 미래에 대한 생각, 기억, 근심을 내려놓도록 조언받는다. 마음챙김의 대상은 자신의 생각과 느낌, 감각, 신체 상태, 기억, 마주치는 물리적 대상들, 즉 미래에서 과거로 끊임없이 흘러가는 지금 이 순간의 경험을 구성하는 모든 것이 될 수 있다. 마음챙김에 대한 일부 근대적인 묘사에는 어느 정도 관능미(sensuality)가 있다. 속명이 제프리 밀러(Jeffrey Miller)인 라마 수리야 다스(Lama Surya Das)는 맨발로 잔디밭이나 해변을 걷거나, 가을 낙엽을 천천히 밟으며 각 감각을 음미하고, 한 걸음 한 걸음의 바스락거리는 소리에 주의를 기울일 것을 권장한다(1997: 71-72). 위빳사나 명상 스승인 조셉 골드스타인(Joseph Goldstein)과 잭 콘필드(Jack Kornfield)는 마음챙김의 한 측면을 '닫혀 있는 것을 여는 것', 특히 감각을 여는 것으로 설명한다. 즉, 마음챙김은 개념들을 내려놓고 더 직접적으로 사물을 경험함으로써 '우리의 감각적 인상에서 훨씬 더 큰 민감성과 세련미'를 길러준다는 것이다(1987: 15). 위빳사나 명상에서 수행자는 모든 경험에 주의를 기울이며, 그것들을 정확하게 알아차리고 때로는 '생각하기, 호흡하기, 기억하기'라는 명칭을 붙이지만, 그것들에 집착하지 않는다. 주어진 대상에 대한 일반적인 개념, 애착, 혐오, 연상을 내려놓음으로써, 사물이 '있는 그대로' 존재한다는 단순한 경이로움이 인식된다. 자기중심적 차용借用에서 풀려난 사물은 '기적'으로 보일 수 있다.

이 장에서 필자는 명상에서 약간 초점을 옮겨, 보다 일반적인 범주인 마음챙김을 살펴보려 한다. 마음챙김에는 공식적인 명상 수련도 포함되지만, 모든 활동에 대한 명상적 주의력까지 확장된다. 오늘날 재가 중심 불교 환경에서 마음챙김은 개인적 삶뿐만 아니라 가족, 사회, 정치적 삶의 모든 측면에 더 깊은 알아차림, 숙련, 음미의 태도를 가져오는 도구이다. 많은 근대 불교 문헌에 따르면, 마음챙김은 삶의 아름다움에 대한 민감성을 높이는 동시에, 삶의 고통스러운 요소를 다루는 기술을 함양하는 데도 도움이 된다. 마음챙김은 개인의 행복뿐 아니라 윤리적 책임 함양에도 도움이 되며, 자기 행동이 가족, 공동체, 세계 전체에 미치는 영향을 더 깊이 인식하게 한다. 북미, 유럽, 아시아의 많은 재가 불교도와 불교 동조자들 사이에서 마음챙김은 끝없이 쏟아지는 일과 의무로 가득한 근대 생활의 빠르고 복잡한 흐름을 헤쳐 나가는 하나의 방법이 되었다. 마음챙김은 정신없이 바쁜 평범한 활동을 영적인 수행으로 바꾸며, 사물의 평범함을 매 순간 생생하게 고요한 마음으로 음미하는 실천이기도 하다.

많은 수행자와 분석가는 불교 근대주의에서 마음챙김 수행이 특히 재가자들 사이에서 중심적인 위치를 차지하게 된 이유로 후기 근대성의 광란을 지목한다. 일상 속의 명상, 현재 순간에 집중하기, 평범한 것에 대한 가치 부여는 소비지향적이고, 정신적으로 분열되어 있고, 극심한 스트레스에 시달리는 세계 중산층의 자질구레한 불안과 깊은 영적 질병에 대한 해독제로 작용한다. 이러한 평가는 분명 일리가 있다. 하지만 필자는 불교 마음챙김 수행이 그러한 해독제로 이해되고 활용될 수 있도록 자리를 마련하고 변형되게 만든 좀 더 미묘한 역사적·문화적 요인들을 밝히고자 한다. 퍼킨스와 틱낫한이 각각 일상을 신성화한 것은 근대의 시작과 끝을 괄호처럼 감싸고 있다. 퍼킨스의 신성화는 영국의 청교도주의가 여전히 급진적인 색채를 띠던 초기에 등장했다. 틱낫한의 신성화는 불교도와 이슬람교도가 침례교인과 무신론자와 나란히 살아가는 후기 근대성이 만개하는 시점에 등장했다. 이처럼 완전히 다른 전통에서 나온 표면적으로 유사한 두 정서가 과연 서로 관련이 있을까? 또한 불교가 근대 세계에서 어떻게 자리 잡았는지를 조명하는 관계 속에 이 두 정서를 배치할 수 있을까? 과거 비교 종교학자들은 이러한 유사성을 서로의 문화와 교리에 큰 차이가 있음에도 불구하고, 삶에 대한 이 두 가지 접근 방식이 경험적 차원에서 깊은 공통점을 지닌다는 증거로 보았을지도 모른다. 필자는 이 문제에 좀 더 역사적으로 접근하면서, 일상적 삶의 측면들에 대한 이 두 가지 신성화가 (비록 시간적으로나 문화적으로 양극을 차지하고 있기는 하지만) 의미를 갖게 되는 더 넓은 맥락, 즉 공통된 환경이나 새로운 문화적 형성이 실제로 있는지를 질문하고자 한다.

그리고 이 장에서 필자는 특별한 종류의 세계 긍정이 근대성의 구성 요소였으며, 불교 마음챙김에 대한 새로운 해석이 자리 잡을 수 있는 사상과 실천의 생태계를 형성했다고 제안할 것이다. 필자는 이 근대성의 측면에 대한 몇 가지 광범위한 요소를 간략히 설명한 다음, 근대 문학적 감성이 불교 마음챙김 수행에 대한 해석을 형성하는 데 어떤 영향을 미쳤는지에 초점을 맞출 것이다. 또한 그러한 수행이 가능하게 하는 경험의 유형에 대해서도 집중적으로 살펴볼 것이다. 다시 말해서, 마음챙김 수행이 근대적 맥락에서 자리 잡게 된 조건을 살펴보려고 한다. 필자는 이러한 조건을 설명하기 위해 다음과 같은 세 가지 요점을 전개할 것이다. 첫째, 불교적 마음챙김은 근대성의 폭넓은 세계 긍정적 태도의 맥락에서 새로운 의미를 갖게 되었다. 둘째, 불교적 마음챙김의 최근 표현은 근대 문학의 영향을 받았다. 근대 문학은 일상의 사소한 것들에 가치를 부여하고, 마음의 흐름을 정교하게 묘사하며, 평범한 사물이 보편적인 진리를 반영할 수 있는 능력에 대해 새로운 경외심을 보여준다. 셋째, 이러한 표현은 초자연적인 것에 의존하지 않고도 세계를 다시 신성화하는 독특하고 근대적인 방법을 제공한다.

근대성과 일상의 긍정

일, 가족, 사회, 정치 생활 등 근대 생활의 복잡다단에 더욱 능숙하게 접근하기 위해 불교적 마음챙김 기법들을 사용하는 데 있어서 아이러니한 점이 있다. 그것은 바로 이러한 기법들이 원래 이러한 것들을 표면적으로는 포기했던 승려들에 의해 개발되었다는 것이다. 사실 그러한 수행의 초기 공식화는 '세상에 마음을 여는 것'이나 '일상의 음미'와는 거의 관련이 없어 보이며, (요즘의 또 다른 마음챙김 활용 방식인) 직장에서 더 생산적이고 효율적으로 일하기 위한 수단과는 더욱 거리가 있다. 첫째, 그러한 수행은 다양한 마음에 대한 앎의 증대를 가져와서 수행자가 그러한 마음에 얽매이지 않게 하며, 궁극적으로는 열반을 달성하고 고통을 극복하며 윤회를 끝내는 것을 목적으로 설정되었다. 필자가 제안한 바와 같이, 적어도 빨리 성전에 나타난 초기 불교의 승가 정신은 세계에 더 깊이 관여하고 참여하고 연결하는 것을 장려하지 않는다.[1] 하지만 상호의존성의 개념과 마찬가지로 마음챙김 수행은 서양뿐만 아니라 아시아에서도 해석과 재해석과 변화의 오랜 역사를 지닌다. 일부 대승경은 금욕적 초연함을 덜 주장하고 재생의 종식이라는 목표를 덜 강조하며 현세적 성불(this-worldly Buddhahood)의 모델을 선호하는 경향이 있다. 그러나 역사적 기록이나 현대 민족지학에서 전통적인 맥락의 마음챙김과 명상이 일반인들이 다르마를 전형적으로 실천하는 방식의 핵심 요소였다는 증거는 거의 없다. 일, 가족, 삶의 모든 바쁜 활동에 대해 더 음미적이고 능숙한 접근 방식을 찾기 위해 마음챙김을 적용하는 것은 현대에 들어서 나타난 현상이다.

근대 시기는 왜 마음챙김이 재가자 불교 수행의 중심으로 떠오를 수 있는 장을 제공했을까? 먼저 가능한 포괄적으로 대답을 간략하게 설명해 보겠다. 근대성의 핵심 특성 중 하나는 근대 문화에 너무 깊이 뿌리박혀 있어서 오히려 인식하기 어려운 새로운 종류의 세계 긍정 태도이다. 이는 종교개혁과 함께 시작되어 우리 시대까지 이어지고 있다. 테일러는 자신이 '일상의 긍정'이라고 부르는 이 태도를 중세의 명예와 영광의 전사 윤리, 자기 부정 및 금욕의 수도원 윤리, 플라톤의 형상론과 같은 근대 이전적 태도들과 대조한다. 그는 근대성이 평범한 삶에 대한 새로운 가치 평가, 즉 생산, 가족, 일, 재생산을 좋은 삶의 중심으로 보는 윤리를 시작했다고 제안한다. 이러한 세계 긍정은 인간의 존엄성, 심지어 신성함도 일상 밖에서 발견되는 것이 아니라, 오히려 일상을 살아가는 특별한 방식에서 발견된다는 생각을 내포한다

---

1 예외는 사실상 모든 형태의 불교가 명확하게 권고하는 공감적 연민의 개발이다.

(1989: 211-304). 인생이 의미와 존엄성을 위해 반드시 위대한 전사戰士가 되거나 내세만을 위해 살 필요는 없다. 오히려 각자 삶이 제공하는 조건 속에서 가능성과 잠재력을 포용할 수 있다. 이러한 관점은 이전 서구 문화 시대에는 찾아볼 수 없었던 평범한 삶의 고귀함을 드러내며, 동시에 이전 이상들이 내포하고 있던 엘리트주의에 대한 비판도 담고 있다.

종교개혁 신학은 이 긍정의 초기 버전을 제시했다. 그래서 퍼킨스는 신발을 닦거나 설거지를 하는 행위조차 신성한 것으로 여겼다. 계몽주의 사상가들은 이를 우주론과 행복 추구 모두와 연관시켜 세속적 영역으로 더욱 확대했다. 자연신론자들은 인간의 행복은 자연적 욕구의 충족을 수반한다고 주장했다. 신은 인간의 자연적 필요와 욕구를 만들어주었고, 그러한 필요와 욕구를 충족시키는 것은 단지 허용되는 수준을 넘어 신의 율법을 합리적으로 실현하는 행위이다. 자연신론자들은 신의 섭리를 이 땅에서 인간의 행복을 위한 수단을 제공하는 것으로 해석했으며, 이러한 목적을 고귀하고 숭고한 것으로 거리낌 없이 받아들였다. 이 사상가들이 사후세계를 믿는 것을 그만둔 것이 아니었지만(몇몇은 그렇게 했지만), 이 지상의 삶은 더 이상 천국의 보상을 기다리며 견뎌야 할 고난으로 여겨지지 않았고, 자연스러운 욕망도 피해야 할 유혹으로만 여겨지지 않았다. 자연신론적 개념에서는 우리의 자연스러운 욕구와 감정을 합리적이고 도덕적으로 충족시키는 것 자체가 신이 지구상의 인간을 위해 의도한 선이었다. 그리하여 지금 여기의 행복은 인간에게 주어진 신의 능력을 활용하여 사물의 자연 질서에 부합하도록 살아가는 합리적인 방식으로 여겨지게 되었다. 이는 중세의 종교 관념과는 극명한 대조를 이룬다. 중세 신학자들은 신의 뜻을 따르는 것을 중시했으며, 행복 자체에는 거의 가치를 두지 않았고, 그것은 단지 순종의 부산물로 간주되었다. 그들은 지상의 삶을 견뎌야 할 것으로 묘사했고, 그 자체로는 거의 가치가 없으며 영원을 준비하는 과정으로만 여겼다. 계몽주의 사상가들은 대체로 이러한 금욕주의 도덕을 거부하고, 그들이 건전한 자기애라고 여긴 것에 대한 존중을 도입했다. 이처럼 인간의 행복과 그에 이르는 적절한 수단은 계몽주의와 후기 계몽주의 담론의 지배적인 주제가 되었다.

서양에서 이러한 일상의 긍정이 형성된 역사는 또한 개신교 개혁이 가져온 물질의 탈신성화와도 관련이 있다. 윌리엄 퍼킨스(William Perkins)와 같은 개신교 사상가들은 지역화된 물질적 신성함—성물聖物, 성골聖骨, 성지聖地—을 대체로 거부했는데, 이는 세계의 영적인 풍경을 밋밋하게 만드는 효과가 있었다. 새로운 개신교 질서에서는 어떤 장소나 물건도 본질적으로 다른 장소나 물건보다 더 신성하지 않았다. 이러한 변화는 각 개인이 중재 없이 신에 접근할 수 있으므로 특별한 장소나 성직자나 성상(聖像, icon)이나 의례가 필요하지 않다는 개혁가들의 주장으로부터 비롯되었다. 신성함은 성골, 순례지, 성찬聖餐과 같은 사물에서 물러나 두 극으로 이동하게 된다. 하나는 세계를 초월한 신 자신이며, 다른 하나는 자신의 신앙 속에 있는 개인이다. 세계의 탈주술화 또는 탈신성화의 이러한 측면은 그 후 과학적 합리주의에 의해 더욱 심화되었다. '물질적 신성함(material sacred)'에 대한 거부와 신성함을 매개하는 다양한 중재자에 품는 의구심이 확산되면서, 일상적 사물에 순전히 도구적인 가치만을 부여하는 경향이 더욱 자리 잡게 되었다.

그러나 이러한 사물의 점증하는 도구화 경향은 넓은 의미에서의 합리주의적 관점과 낭만주의적 관점 사이에 긴장을 불러일으켰다. 합리주의적 경향은 일상의 사물을 도구화하는 것이었다. 즉, 세상의 평범한 사물을 더욱 충분히 감상하되, 인간의 필요를 충족시킬 수 있는 능력의 관점에서 주로 바라보는 것이었다. 이는 세계가 탈주술화 되었다는 인식을 더욱 강화했고, 이는 처음에는 낭만주의자들로부터, 나중에는 이러한 사물들 속에서 잃어버린 의미를 되찾으려는 다양한 20세기 예술가, 작가, 사상가들로부터 반응을 끌어냈다. 테니슨의 『암벽 사이에 핀 꽃(Flower in a Crannied Wall)』은 낭만적인 경향을 잘 보여준다. 그는 만약 꽃이 무엇인지 '뿌리째 전부' 이해할 수 있다면 신과 인간이 무엇인지도 알 수 있으리라고 말한다. 따라서 평범한 사물을 도구화하는 행위는 그에 상응하는 은폐감과 신비감을 불러일으켰으며, 사물에 단순한 유용성 이상의 '무언가'가 반드시 있을 것이라는 감각을 낳았다. 20세기에 현상학자들은 사물의 단순한 도구적 가치로부터 사물을 되찾으려는 노력을 다른 방식으로 이어갔다. 그들은 일상적인 상호작용에서 사람과 사물 사이의 원초적 친밀감을 재정립하고자 했다. 하이데거(Heidegger)가 사물을 '도구적 존재(ready-to-hand)'로 설명한 것과 메를로퐁티(Merleau-Ponty)의 몸과 사물의 관계를 설명한 것은 모두 마음의 표상적 모델로부터 물리적 세계에 대한 반성 이전의 경험을 회복하려는 시도였다. 이는 모두 마음과 대상 간의 하부 인격적이고 암묵적 얽힘을 주장함으로써 이루어졌다.

분명히, 근대 시기에는 일상을 재평가하고 긍정하기 위한 정치적·경제적·상업적·사회적인 다른 많은 강력한 문화적 힘들이 작용해 왔다. 하지만 이러한 포괄적인 개괄만으로도, 명상과 마음챙김에 대한 근대주의적 불교 개념이 등장한 맥락에 대해 몇 가지 초기 제안을 하는 데는 충분할 것이다. 근대 서구의 일상 긍정은 근대성의 만연한 문화적 태도 중 하나이다. 이는 마음과 사물의 지위에 대한 합리주의적·계몽주의가 지배하는 사고방식과 낭만주의가 시작하고 이후 20세기 다양한 운동이 발전시킨 순수한 도구주의적·합리주의적 접근 방식에 대한 저항 사이에서 앞서 언급한 긴장을 모두 내포한다. 이러한 세계 긍정뿐만 아니라 그 다양한 방식들 사이의 긴장은 불교의 마음챙김 수행을 위한 공간을 마련했고, 이를 승가 규율로부터 종종 현세적 목적에 봉사하는 행복과 자기 수양의 기술로 변형시켰다. 특히, 새로운 세계 긍정은 기독교와 불교 모두에 공통으로 나타나는 성골聖骨 숭배와 같은 근대 이전의 신성화 방식으로 돌아가지 않으면서도, 일상 세계를 다시 신성화하려는 다양한 시도의 여지를 마련했다. 마음챙김 수행의 현대적 적용은 일상 그 자체를 신성함의 장소로 여기는 독특하고 근대적인 가치관이 마음챙김 수행에 열린 공간을 제공했기에 가능했다. 바로 이러한 근대성의 측면을 통해서 불교는 오늘날 내세의 열반이나 천상의 세계로 가는 길이 아니라, 근대 일본의 선 스승 하쿠유 타이잔 마에즈미(前角 博雄)의 말을 빌리면 '자기 삶을 음미하는' 방법으로, 또는 틱낫한의 말을 빌리면 '삶을 만끽하는 영리한 방법'으로 이해되게 되었다(Maezumi 2002; Nhat Hanh 1988: ix).

이상의 설명을 바탕으로 이제 필자는 불교가 근대의 세계 긍정적 태도를 수용할 수 있도록 도운 20세기의 어떤 문학 형식들에 주목할 것이다. 왜냐하면 그러한 문학 형식들은 일상에 주의 깊은 관심을 기울이는 실천을 확립하였고, 일상의 평범함 속에 비범함, 심지어 초월적인 것들이 존재할 가능성을 지적했기 때문이다.

문학적 현시

헨리 페론(Henry Perowne)은 욕실에서 들리는 아내의 헤어드라이어 소리에 잠에서 깬다. 전날 밤 읽었던 책에서 다윈의 문구 "생명에 대한 이런 시각에는 장엄함이 깃들어 있다."가 머릿속에 메아리친다. 페론은 아내의 옷장 문이 열리는 소리를 듣고, 옷장 속의 옻칠한 베니어판을 떠올린다. 아내의 맨발 소리와 바닥에 그녀의 가운이 바스락거리는 소리가 들렸고, 이어서 타일 위를 걷는 '일 처리하듯 단정한 부츠 굽 소리'가 들렸다. 페론은 눈이 살짝 내리는 강변을 딸과 함께 산책하며 시에 관해 나눈 대화를 떠올리고, 실제로 진화론에는 일종의 종교적 장엄함이 있다는 생각을 잠시 한다. 그런 다음 페론은 그날 저녁 가족 모임을 위해 생선 스튜를 만들 계획을 기억하고 화장실로 향한다. 확실히 설명할 수 없는 과거의 수치심이나 당혹감에 대한 막연한 기억을 느끼면서 말이다. 변기를 내리며, 페론은 자신의 배설물 속 분자 하나가 언젠가는 비가 되어 자신에게 떨어질 것이라는 주장을 담은 기사를 약간 회의적으로 떠올린다. 그는 전시戰時 노래를 흥얼거리기 시작한다. "우리는 다시 만날 거예요. 어디서일지는 모르지만, 언제일지는 모르지만."〔역주: 미국의 베라 린(Vera Lynn)의 'We'll meet again'이라는 곡에 나오는 가사이다. 제2차 세계대전이 시작된 1939년

발매된 곡으로 그 제목처럼 사랑하는 이들을 고향에 둔 채 전장으로 떠나야 했던 군인들을 기리기 위한 곡이었다.〕

페론은 불교와는 전혀 무관한 저작인 이언 매큐언(Ian McEwan)의 소설 『토요일(Saturday)』에 등장하는 가상 인물이다.[2] 그러나 이런 종류의 서사는 근현대 문학에서 필자의 주제와 관련된 두 가지 주제를 다룬 수많은 사례 중 하나이다. 하나는 마음 자체를 탐구하는 자기 성찰적 내면 전환이고, 다른 하나는 특정 맥락에서 인간 일상의 사소한 것들에 대한 관심이다. 『토요일』은 정교하고 촘촘하게 짜인 하루의 과정을 통해 주인공의 사상과 세계를 정확하게 반영한 소설이다. 『더 네이션(The Nation)』의 서평대로, 이 책은 '마음에 관한 소설'이다(Siegel 2005). 이러한 장르의 저작이 근현대 불교 형태를 검토하는 데 적합한 이유는 그것이 중요한 문학적 발전일 뿐만 아니라, 근대 시기와 후기 근대 시기의 더 넓은 감성적 특징을 담고 있기 때문이다. 필자는 이러한 감성적 특징이 불교 마음챙김 수행의 현대적 적용을 이해하는 데 결정적으로 중요하다고 주장한다. 그 감성적 특징이란 바로 일상의 일상적 대상에 세심한 주의를 기울이고, 마음과 대상과의 정확한 상호작용을 탐구하는 태도이다.

대부분 시대에서 그러한 사소한 것들은 주목할 가치조차 없다고 여겨졌으며, 예술로 간주되는 일은 더더욱 상상할 수 없었다. 용변 보는 행위는 말할 것도 없고, 페론의 아내 옷이 바스락거리는 소리,

---

2 기술된 구절은 McEwan 2005: 51-53에서 나온 것이다.

노래와 대화 속의 무작위적인 구절과 기억들이 이를테면 그리스나 인도의 서사시나 유럽의 십자군 문학에 등장했으리라고는 상상조차 할 수 없다. 그것들은 단순히 이야기에서 중요한 것으로 여겨지지 않았을 것이다. 일상의 사소한 것들은 근대 소설에서 전례 없는 중요성을 부여받으며, 그동안 주목받지 못했던 영역에서 벗어나 독자의 관심을 끌고 인정을 요구한다. 이는 부분적으로는 상징 사용이 점점 더 정교해졌기 때문이다. 근대 소설과 시에서 등장하는 반지, 꽃병, 비, 강과 같은 상징들은 주요 서사의 주제들을 환기하는 의미로 가득 차 있다. 하지만 일상적 요소들에 대한 이러한 관심은 단순히 상징적 의미를 분별하는 것 이상을 요구한다. 우리는 가장 평범한 대상, 사건, 사고, 감정을 그 자체로 중요한 것으로 바라보도록 요구받는다. 왜냐하면 그것들이야말로 인간 삶의 촘촘한 구조를 이루고 있기 때문이다. 근대 소설가의 임무를 정의하면서, 버지니아 울프는 독자들에게 내면을 들여다보고, 평범한 날의 평범한 마음을 잠시 살펴보라고 간곡히 요청한다.

> 마음은 사소하고 환상적이고 부질없고 날카로운 강철처럼 새겨지는 수많은 인상들을 받아들인다. 인상은 사방에서, 수많은 원자가 퍼붓는 소나기처럼 쏟아지고, 그 인상들이 월요일 혹은 화요일의 일상을 구성하고, 초점은 예전과 다른 지점에 놓인다. 중요한 순간은 여기가 아니라 저기에서 오는 것이다. … 이 다양한, 알려지지 않고 한정 지어지지 않는 정신을 가능한 한 외적이고 이질적인 것이 섞이지 않게끔 전달하는 것이 소설가의 직무가 아니겠는가?

(1984b: 150)

이러한 접근 방식은 독자가 줄거리의 흐름에서 주의를 분산시킬 수 있는 무수한 사소한 것들을 걸러내기보다는, '어떤 일탈이나 복잡성'이 나타나더라도 이를 열린 태도로 받아들이게 한다. 이러한 무차별적인 관심은 헤겔이 비웃듯 '세계의 가구'라 불렀던, 이전에는 고려되지 않았던 대상들에 시선을 돌리게 할 뿐만 아니라, 사고하고 느끼며 감각하는 가장 내밀한 움직임들을 끌어내기도 한다. 울프를 비롯한 많은 근대주의자(Modernists)와 현대 작가들에게 있어 외부 사건은 그것이 어떻게 내면의 삶을 자극하고 풀어내는가에 따라 의미를 갖는다(Showalter 2000: xx).

근대 시각 예술이 영웅적인 전투, 성경 이야기, 사후세계에 대한 중세의 비전보다는 평범한 장면을 묘사하듯이, 근대 소설도 평범한 삶의 세세한 부분에 전례 없는 관심을 보여주고 있다. 이러한 지향은 예술을 통해 일상을 변화시키려는 충동을 지니며, 적어도 낭만주의 시대로 거슬러 올라간다. 콜리지에 따르면, 천재성이란 '사물을 새로운 관점으로 볼' 수 있는 능력이다. 워즈워스도 마찬가지로 사물을 완전히 새롭게 보는 것을 상상한다. "당신 주위의 어머니 대지를 보라. … 당신이 그녀의 첫 번째 자식인 것처럼, 어느 누구도 당신 이전에 살지 않았던 것처럼!"(Perry 2005: 596에서 인용). 낭만주의자들에게 이것은 사회의 인위적인 장치들에 맞서 자연과 친밀해지는 것, 관습을 꿰뚫고 어린이처럼 사물을 바라보아서 기계화된 사물들을 재주술화하고, 신비감을 다시 불어넣는 영혼의 울림에 귀 기울이는 자세와 관련이 있었다. 이러한 미학의 후기 낭만주의적 여파는 플로베르, 발자크(Balzac), 졸라(Zola)와 같은 수많은 19세기 소설가들에게서 나타난다. 그러나 문학적 근대주의(literary Modernism)는 완전히 새로운 방식으로 평범한 사물이나 상황을 특별하게 만드는 데 중점을 두었다. 심지어 근대주의자들(Modernists)이 낭만주의의 많은 요소(감정, 개인, 초월에 대한 낭만주의의 강조, 낭만주의의 종종 과열되고 허세적인 언어)를 명백히 거부했음에도 불구하고, 많은 사람은 자연의 깊은 직관에 대한 강조를 삶의 일상적인 요소들로부터 비범한 것을 끌어내는 방식으로 재구성했다.[3] 익숙한 것을 재창조하여 그 평범함을 주목할 만한 것으로 만드는 묘사력, 그리고 습관과 고정된 관념에 의해 흐려진 사물들의 즉시성, 신선함, 생생함을 회복하는 것은 20세기 문학적·예술적 감성의 핵심이었다. 그들은 합리화되고 관료화되고 기계화된 세계에서 점점 휘말리는 것으로부터 사물 자체를 회복시켜야 할 필요성뿐만 아니라, 그러한 세계에 의해 결정되고 규정되지 않은 방식으로 사물을 이해할 수 있도록 마음을 해방시켜야 할 필요성도 제안한다. 프레데릭 제임슨(Frederic Jameson)에 따르면, 규범적 근대주의의 가장 영향력 있는 형식적 충동은 내면성의 전략이었으며, 이는 소외된 우주를 개인 스타일과 사적인 언어로 변형함으로써 그것을 재배치하려는 시도였다(1979: 2). 근대주의적 충동(Modernist impulse)의 일부는 근대 세계가 마음에 강요하는 경직된 인식에서 벗어나려는 것이다. 비록 그러한 자유가 그 세계의 공포를 직시하는 것을 수반하더라도 말이다.

---

3 근대주의 문학에서 존속한 낭만주의적 요소에 대한 논의는 Bayley 1957를 참조하라.

조이스의 의식의 흐름 소설은 아마도 이러한 평범함의 새로운 변모를 보여주는 가장 적절한 예라 할 수 있다. 실제로 『율리시스(Ulysses)』의 출판은 앙리 르페브르(Henri LeFebvre)가 '문학으로 일상의 순간적 분출'(1971: 2)이라고 부른 것을 예고했다. 조이스의 작품은 인간 경험의 순간순간 흐름을 검열 없이 밀도 높고 모호하게 드러내며, 일상에 빛을 비추고 종종 불협화음처럼 들리는 내면과 외면 목소리의 상호작용을 시적으로 표현한다. 줄거리, 서사, 관점에 대한 전통적인 고찰은 배제되고, 내면의 독백과 물리적 실재가 끊임없이 변화하며 복잡하게 얽히는 모습을 드러낸다. 전통적인 통합 주인공은 지속적으로 변화하는 목소리, 위치, 인식의 배열 속에서 펼쳐지는 변화무쌍한 주관성으로 대체된다. 『율리시스』와 그 이후 수많은 소설과 시들은 가장 평범한 물리적 실재를 비추는 데 그치지 않고, 인간 정신의 작용을 그 어느 때보다 정교하고 섬세하게 묘사한다. 조이스는 평범한 것에서 비범한 것을 드러내는 이러한 문학적 깨달음을 '현시(顯示, epiphany)'라고 불렀다. 그에게 있어서 현시는 '사물의 본질이 갑작스럽게 드러나는 순간', 즉 '가장 평범한 객체의 영혼이 … 우리에게 찬란하게 빛나는 듯한 순간'을 의미했다. 조이스에게 이러한 '갑작스러운 영적 현시'는 '사소하고 수수한, 심지어 불쾌한 순간들'에서 발견될지도 모른다(Ellman 1959: 87).

마찬가지로, 『잃어버린 시간을 찾아서(Remembrance of Things Past)』에서 마르셀 프루스트(Marcel Proust)의 평범한 객체와의 우연한 접촉을 통해 불현듯 떠오르는 기억의 서사는 세속적 종교성의 정점에 이른다. 주인공이 과자와 차를 맛보았을 때 옛 기억이 떠오른다는 그의 유명한 묘사는 완전히 평범한 것에서 놀라운 것이 분출되는 고전적인 근대주의 표현(classic Modernist eruption)이다.

> 부스러기와 섞인 따뜻한 액체가 내 입천장에 닿자마자 전율이 나를 휩쓸었고 나는 멈춰서 나에게 일어나고 있는 놀라운 일을 생각했다. 어떤 절묘한 즐거움이 내 감각을 침범했다. 뭔가 근원을 알 수 없는 고립되고 분리된 것이었다. 그리고 즉시 삶의 우여곡절은 나에게 무관심해졌고, 삶의 재난은 무해했고, 삶의 짧음은 환상에 불과했다. 이 새로운 감각은 사랑이 나를 귀중한 본질로 채우는 효과를 나에게 안겨주었다. 아니 오히려 이 본질은 내 안에 있는 것이 아니라 바로 나였다. 나는 이제 더 이상 평범하고, 우연적이며, 필멸의 존재라는 느낌을 갖지 않게 되었다. 이 전능한 기쁨이 어디서 나에게 왔는가? 나는 그것이 차와 케이크의 맛과 관련되어 있지만, 그 맛을 무한히 초월하는 것이 실제로 동일한 성격을 가질 수는 없다는 것을 느꼈다. 그것은 어디서 왔는가? 무슨 뜻인가? 어떻게 붙잡고 체포할 수 있겠는가?(1981: 48-50).

제인 오스틴(Jane Austen)의 한 소설에서 저녁 식사 전 계단에서 나누는 두 연인의 대화를 예로 들며, 버지니아 울프는 오스틴이 평범한 순간에 등장인물의 자기 계시(self-revelation)를 끌어내는 오스틴의 능력에 주목한다. "그러나 사소하고 평범하던 가운데 그들이 하는 말이 갑자기 의미심장해지고, 이 순간은 두 사람 모두에게 그들의 인생에서 가장 기억에 남을 만한 순간 중의 하나가 된다. 이 장면은 그 자체로 충만해진다. 환하게 빛난다. 빛을 발한다. 심오하게 떨면서, 고요하게 우리 앞에 한순간 떠 있다. 다음 순간 하녀가 지나가고 인생의 모든 행복이 모여 있던 이 한 방울은 다시 부드럽게 가라앉아서 일상생활의 썰물과 밀물의 일부로 다시 잦아들게 된다."(1984a: 142)

현대 불교인들 가운데 조이스, 울프, 프루스트 등을 읽지 않은 이들이 많다고 가정해도 무방하다. 그러나 문학적 근대주의(literary Modernism)와 그 후속 사조들이 근대 문화에 도입한 감수성은 일상의 긍정이라는 더 큰 맥락 속에서 오늘날 불교적 마음챙김을 이해하는 방식에 선이해(preunderstanding)를 형성하고 영향을 미쳤다. 필자가 말하고자 하는 요점은 그들, 혹은 다른 근대 소설가들이 서양 불교의 형태에 '영향을 미쳤을 수 있다.'라는 것이 아니다. 그러한 문학 작품들이 근대적이고 서구적인 맥락에서 불교가 이해되고 변화될 수 있는 조건들을 형성하고 보여주었다는 것이다. 일상의 사소한 것들과 질감에 대한 고양된 인식이라는 개념과, 일상적 사물, 사건, 생각 따위가 예술을 통해 심오한 무언가를 드러내도록 변모될 수 있다는 제안은 조이스의 '현시', 파운드의 '아주 멋진 순간(magic moment)', 또는 프루스트의 과자를 맛보는 기억의 흐름과 같이, 평범함과 심오함의 변증법적 상호작용을 보여준다. 이것은 버지니아 울프가 '일상의 솜털'과 '존재의 순간'이라고 부른, 해안에 부딪히는 파도 소리와 같은 일상적인 것들에 의해 유발되는, 기억에 남을 만큼 황홀한 경험이다(1985: 69-70). 평범한 것과 비범한 것의 뒤섞임은 불교의 마음챙김이 번역되는 데 필요한 특별한 언어를 형성하여, 그러한 실천이 의미를 갖는 새로운 맥락을 제공하고, 수행자가 그 실천에서 무엇을 도출해야 하는지에 대한 기대를 제시한다.

근대 불교의 현시

많은 근대주의 불교도와 불교 평론가는 다르마, 특히 명상을 근대주의 문학 및 현대 문학(Modernist and contemporary literature)과 명시적으로 연결하려고 시도해 왔다. 철학자 윌리엄 바렛(William Barrett)은 스즈키의 『선불교(Zen Buddhism)』에 대한 서문에서 조이스의 『율리시스(Ulysses)』를 '대단히 동양적인 … 책'이라고 불렀다. 왜냐하면 그 책이 '동양 정신처럼 빛과 어둠, 아름답고 추함, 숭고함과 평범함'이라는 상반되는 것들을 함께 아우르는 데 성공했기 때문이다(1956: 13). 바렛은 또한 로렌스(D. H. Lawrence)의 '자기 문화의 피도 눈물도 없는 합리주의에 반대하는 설교'와 '무념무상(無念無想, mindless)'이 되는 것에 대한 관심을 선의 '무심(無心, no-mind)' 교리를 모색하는 직관으로 보았다(xii-iii). 바렛은 선, 로렌스, 그리고 조이스 하이데거에게서 실패한 서구 추상화와 이원론을 극복하고, 구체적인 것으로 관심을 돌릴 수 있는 가능성을 간파했다.

현대 학자이자 선 스승인 타이겐 댄 레이튼(Taigen Dan Leighton)은 그러한 일반론을 넘어서, 필자가 관심 있는 연결 고리를 더 정확하게 제시한다. 그리고 '주인공의 활동과 수렴 과정 속의 마음을 상세히 묘사한' 『율리시스』가 불교 전문가의 '일상적이고 평범한 인식의 본질에 대한 예리한 통찰'을 보여준다고 주장한다(2003: 129). 현대 인도 작가 판카지 미쉬라(Pankaj Mishra)는 앞서 인용한 프루스트의 구절을 불교의 무아 교리와 연결하며, 두 가지 모두 자아를 기억으로 연결된 광범위한 경험의 연속성을 포괄하는 허구적 통일체로 보는 현시를 암시한다고 주장한다(2004: 259-61). 선禪을 공부하는 미국인 학생이자 『뼛속까지 내려가서 써라: 내면의 저자를 해방하기(Writing Down the Bones: Freeing the Writer Within)』의 저자인 나탈리 골드버그(Natalie Goldberg)도 명상, 세계 긍정, 그리고 글쓰기에서 사소한 사항을 정밀하게 표현하는 것 사이의 연관성을 제시한다. 그녀는 작가가 "삶에, 삶의 모든 것에, 즉 물잔, 켐프스 하프 앤 하프(Kemp's half-and-half)〔역주: 우유와 크림이 반반씩 들어간 미국의 유제품 브랜드이다.〕, 계산대에 놓인 케첩에 '예'라고 대답해야 한다."라고 주장한다. 작가는 사물을 있는 그대로 받아들이고, 사소한 것들을 사랑하며, '예.'라는 대답을 입에 달고 앞으로 나아가야 한다고 말한다(1986: 44). 골드버그는 이 세속의 사소한 것들의 긍정을 선 명상과 자아 소멸과 직접 연결한다. 카타기리 로시(Katagiri Rōshi)는 다음과 같이 말했다. "좌선할 때 당신은 사라져야 한다. 그래서 좌선이 좌선을 한다. 스티브나 바바라가 좌선하는 것은 아니다. 글쓰기 할 때에도 그렇게 되어야 한다. 글쓰기가 글쓰기를 한다. 당신은 사라진다. 당신은 단지 당신을 통해 흘러나오는 생각을 기록하고 있을 뿐이다."(45-6) 마찬가지로, 앞서 언급한 바와 같이, 불교의 영향을 받은 일부 비트 작가들, 특히 긴즈버그는 마음챙김 수행을 검열되지 않은 흐름에서 마음을 스스로 여는 방법으로 여겼는데, 이는 바로 비트 문학의 본질이었다. 다른 작가들도 마음챙김을 글쓰기뿐만 아니라 다양한 활동의 전제 조건으로 여겨 왔다. 유명한 아프리카계 미국인 소설가이자 불교도인 찰스 존슨은 다음과 같이 말한다.

> 평생에 걸친 글쓰기 노동을 포함한 모든 세속적인 활동을 잘 하려면 마음챙김을 통한 집중(mindful concentration)이 필요하다. 하지만 우리가 말하는 활동이 소설 쓰기, 저녁 식사 준비, 강연, 차 제공, 아니면 단순한 산책인지는 전혀 중요하지 않다. 영적인 핵심은 어디에나 있고 언제나 동일하다. 어떠한 행위이든, 특히 불쾌한 일일수록, 행위자가 불교도들이 말하는 '마음챙김'을 실천할 때, 즉 행위에 대한 모든 뉘앙스를 온전히 그리고 사심 없이 인식하고 행위에 몰입할 때 가장 훌륭하고 아름답게 수행된다(2003: 34-35).

여기에서 마음챙김은 단순히 글쓰기에 영감을 주는 효과적인 방법 그 이상이라고 주장된다. 마음챙김은 세속적 사소한 것들과 마음의 뉘앙스에 주의를 기울이는 특별한 기법으로 자리 잡았으며, 이는 근대주의 소설가들(Modernist novelists)이 문학에서 표현하려고 시도한 것과 유사한 현시를 가져온다.

이러한 근대 불교의 일상 긍정은 더 전통적 형태의 불교가 세상의 사물들과 그것들이 마음을 현혹하고 고통을 주는 기능에 가지는 의심과 긴장 관계에 있다. 사실 불교 근대주의 문학은 무작정 '입에 예를 달고 앞으로 나아가라.'라는 것이 아니다. 종종 일상에 대한 현시적 통찰은 사물의 무상이나 비실체성, 완전히 만족시켜 주지 못하는 사물의 속성을 깨닫는 것이다. 긴즈버그는 「그걸 상실하면 당신은 어떻게 하겠는가?(What would you do if you lost it?)」라는 자기 시에서 불교적 암시를 자신의 아파트와 마음속 물건들의 목록과 함께 엮어내며, 결국 그것들이 모두 자신의 죽음과 함께 사라질 것임을 깨닫는다 (Tomkinson 1995: 101).

> 가르침, 탄트라(tantra), 핫가다(Haggadah), 조하르(Zohar), 계시록, 시, 공안
> 눈 덮인 세상과 함께 망각되었고
> 길가의 하얀 도랑에 여러 세대에 걸쳐 고드름이 부딪히는 가운데,
> 법신(法身, dharma-kāya)은 망각되었고, 화신(化身, nirmāṇa-kāya)은 관에 쑤셔 넣어졌으며, 응신(應身, saṃbhoga-kāya)은 장난꾸러기 고양이가 끈 촛불에 가려졌네.
> 안녕, 내 보물들이여, 젖꼭지까지 사랑받던 몸들아, 꽃눈을 숭배하거나 상상의 청각 파노라마 해골을 따르던 옛 영혼들이여. …
> 안녕, 세탁한 낡은 양말, 파란색 사각팬티, 심랭처리深冷處理한 긴 속옷, 농장 우편함 근처의 눈더미를 치우기 위한 엉덩이 길이의 새로운 검은색 볼 부츠들이여. …
> 안녕, 필사되지 않은 노트, 자필로 된 수백 편의 작은 시와 산문, 신문 인터뷰, 모아둔 기록 보관소, 나를 둘러싸고 있는 불완전하고 연대순으로 된 쓸데없는, 영원하고 유머러스하고 도시의 특정 거리 스튜디오와 내실內室을 반영하는 서류 뭉치들이여. …
> 안녕, 미국이여. 당신은 당신의 온유함을 기도하기를 바라네. 당신의 IBM 135-35 전자 자동 전장 이글루 화이트 드라곤 투스 기화폭탄은 인도차이나 상공에 있네.

> 안녕, 천국이여, 열반이여, 슬픈 낙원이여. 안녕, 모든 천사와 대천사, 천신과 데바키(Devakī), 보살, 붓다, 치품천사熾品天使의 반지, 황금의 부미 가로대(Bhumi Rung)에서 울고 노래하는 선택받은 영혼들의 성좌여. 안녕, 높은 왕좌, 높은 중앙계, 빛 너머의 할렐루야 빛, 손짓하는 중앙의 황금 장미여.…
> 아무도 남아 있지 않네! 눈에 눈물이 남지 않고, 울기 위한 눈이 없고, 노래를 위한 입이 없고, 듣는 사람을 위한 노래가 없고, 마음을 위한 말도 더 이상 없네.

여기에서 무상의 가르침과 주의 깊은 참여와 불교적 거리두기가 서로 뒤엉켜 작용하고 있다. 우리는 사물에 주의를 기울여 그 속에 숨겨진 경이로움을 바라보지만, 사물이 영원할 것처럼 집착하면 오히려 더 많은 좌절과 고통을 가져올 뿐이다. 이 두 가지 통찰은 종종 불교 사상에서 매우 밀접하게 얽혀 있다. 사실 긴즈버그의 시는 처음에 그렇게 보일 수 있는 것만큼 슬프지는 않다. 마지막 시행은 만물에 내재한 자성의 결여(만물의 무상, 의존성, 고정성의 부재)가 이중부정으로 강조되는 『반야심경』을 유희적으로 암시한다. 하지만 이러한 앎은 곧 깨달음으로 환희롭게 전환되며, 마지막은 기쁨의 감탄사 '사바하(娑婆訶, svahā)'로 마무리된다. 그렇다면 사물의 경이로움 중 하나는 바로 사물의 무상이다. 평범함과 심오함이 서로 얽히면서 긍정과 부정도 서로 얽히게 된다. 삶의 사소한 것들은 덧없고 상호 의존적이며 실체가 없는 것으로 받아들여질 때만 긍정될 수 있다. 더 나아가, 그것들은 개인적 갈망과 혐오, 그리고 '나'와의 순전히 도구적인 관계에서 벗어날 때만 긍정될 수 있다.

헤르만 헤세의 고대와 근대의 붓다

근대주의자(Modernist)나 비트 작가들의 저작만이 이러한 평범함과 심오함의 변증법을 구현하는 것은 아니다. 헤르만 헤세(Hermann Hesse)의 소설 『싯다르타(Siddhartha)』는 붓다 시대의 인도를 배경으로 한 일종의 신낭만주의 우화에서 이러한 변증법을 다루고 있다. 고대 인도의 세계를 재현하기 위해 여전히 대학 과정에서 자주 사용되는 이 책은 1922년 출판된 이래 남아시아 종교에 대한 서구의 이해에 지속적인 영향을 미쳤다. 이 소설은 가우따마 싯다르타(Gautama Siddhartha)와 비슷한 삶을 살며, 심지어 붓다와 이름도 같은 한 남자에 관한 이야기이다. 헤세의 주인공은 고대 인도를 배경으로 하고 있음에도 불구하고, 필자가 논의해 온 많은 주제(개인주의, 세계 긍정, 제도적 종교에 대한 의구심)를 구현하고 있으며, 소설 자체도 아시아 계몽주의라는 근대 서구적 개념들을 반영하고 형성해 왔다.

이야기는 붓다 시대 인도에서 펼쳐진다. 주인공인 브라만은 사제들 사이에서 생활하는 것에 대해 불안하고 불만족스러워하며, 사제들의 의례, 지식, 찬가, 신들에게 드리는 기도 따위가 모두 제한된 가치를 지녔다고 생각한다. 싯다르타(Siddhartha)의 헌신적인 친구이자 그의 불안감을 공유하는 고빈다(Govinda)에게 전형적인 브라만은 게을러 빠진 사제, 탐욕스러운 주술 거래자, 자만에 가득 찬 무가치한 웅변가, 사악하고 교활한 성직자, 또는 큰 무리 속의 착하고 어리석은 양이다

(1951〔1922〕: 4). 두 친구가 붓다를 만났을 때, 싯다르타는 붓다의 교리에서 어떠한 결점도 찾지 못하고, 붓다를 진리의 발견자로 인정한다. 하지만 고빈다와는 달리 승가에 합류하는 것을 거부한다. 왜냐하면 싯다르타가 가우따마(Gautama)에게 지적했듯이, 붓다는 자신의 방식으로 자신의 추구로 깨달았기 때문이다. 싯다르타는 자신도 그래야 한다고 주장한다. "그래서 나는 내 길을 가리라. 다른 더 나은 교리를 추구하는 것이 아니라 모든 교리와 스승을 버리고 홀로 내 목표에 도달하거나 죽으리라."(33-4) 젊은 가우따마처럼 싯다르타도 사문(沙門, śramaṇa) 집단에 합류했지만, 급진적 고행이 자신의 목표에 이르지 못하게 한다는 사실을 깨닫고서 사문들의 수행법만 숙달하고는 그들을 떠난다. 싯다르타는 스스로 경험하기 위해 세상에 다시 들어가기로 결심하고서, 내면의 목소리가 자신에게 명령하는 것은 무엇이든 추구하기만 할 것이며, 그 목소리가 조언하는 곳 외에는 어디에도 머물지 않을 것이라고 다짐한다. 왜냐하면 가우따마도 깨달음을 얻었을 때 자기 내면의 목소리를 따라서 보리수 아래에 앉았기 때문이다(47-8).

하지만 내면의 목소리와는 명백히 모순되게, 싯다르타는 매매춘 여성과 사업가와 관계를 맺으며 사랑과 돈 버는 기술을 배운다. 그 후 몇 년 동안 싯다르타는 부자가 되었고, 마침내 마흔이 되었을 무렵, 풍성한 음식과 안락함에 익숙해진 그는 무의미한 방종의 삶에 염증을 느끼게 된다. 결국 싯다르타는 재산, 하인, 애인을 모두 뒤로 한 채 다시 숲으로 들어간다. 붓다처럼 싯다르타도 방종과 고행이라는 두 극단을 깊이 경험했으며, 결국 그 둘 모두가 만족스럽지 않다는 것을 깨달았다. 자살하려는 순간에 싯다르타는 수년 전 뱃사공 바수데

바(Vasudeva)를 만난 적이 있는 강으로 온다. 강을 바라보면서 잠시 '자신이 잊어버린 모든 것, 신성한 모든 것'을 기억했다(1951〔1922〕: 90). 싯다르타는 부와 욕망으로 가득 찬 이 '어리석고 공허한 삶', '부드럽고 포동포동하게 살이 찐 지옥'을 끝내야 했고, 그제야 자기 내면의 목소리가 여전히 살아있음을 깨닫는다(97-8).

싯다르타는 이제 현명하지만 못 배운 바수데바와 함께 뱃사공으로서 새로운 삶을 시작한다. 그렇게 하면서 싯다르타는 강물 소리를 듣는 법을 배워 강물이 내는 많은 소리를 듣는다. 싯다르타는 바수데바에게 "강물은 왕과 전사와 황소와 밤의 새와 임신한 여인과 노래하는 남자의 소리와 수많은 다른 소리가 있지 않은가?"라고 묻는다. 이 모든 것이 뒤섞여 '생명의 목소리, 존재(Being)의 목소리, 영원한 생성(Becoming)의 목소리'가 된다(107-8). 그러나 강의 가르침에서 비롯된 평화는 이전에 알지 못했던 어린 아들의 갑작스러운 출현으로 중단된다. 싯다르타는 어린 아들을 보살피지만, 어린 아들은 아버지와 그의 단순한 삶에 대해 나쁜 감정을 품고 결국 도망친다. 이 상실의 고통으로 이전에 일반인들에 대해 냉담하고 우월한 경향을 갖던 싯다르타는 일반인들의 고민, 욕망, 불안을 자기 일로 간주하게 된다. 싯다르타가 아들을 잃고 깊은 상처를 입은 것을 보고 바수데바는 그를 다시 강으로 데려가서 주의 깊게 들으라고 권한다. 열심히 집중한 싯다르타는 이제 강물 속에 떠다니는 자신의 과거 그림들, 즉 아버지, 어린 시절, 고행자이자 사업가였던 시절을 본다. 싯다르타는 강물에서 행복과 슬픔, 선과 악, 이득과 손실에 대한 수많은 목소리를 다시 듣는다. 마침내 싯다르타는 두 대립물을 더 이상 구별할 수 없게 된다. "그것들은 모두 서로에게 속했다. … 그것들은 모두 서로 얽혀 있고 서로 뒤엉켜 있으며 수많은 방식으로 관계를 맺고 있었고 함께 완벽한 조화를 이루었다. 싯다르타는 마침내 만물의 통일성에 속하여 강물에 몸을 맡기고 평화를 누리게 된다(135-36).

마지막 장에서 수년 전에 붓다의 교단에 합류했지만 깨달음을 얻지 못한 고빈다는 어린 시절 친구였던 싯다르타를 마지막으로 만난다. 고빈다는 싯다르타가 깨달음을 얻었다는 것을 알고 그에게 '교리'나 '확실한 지식'을 간청한다. 싯다르타는 다시 교리와 가르침에 대한 불신을 표현하지만, 오랜 친구에게 몇 가지 생각을 제시한다. "세상은 매 순간 완벽하다."라는 것, "죽음과 삶, 죄악과 성스러움, 지혜와 어리석음과 같은 존재하는 모든 것은 좋다."라는 생각이 그것이다. 실제로 싯다르타는 세상을 사랑하는 법을 배우기 위해서 애욕, 돈, 참담함이 필요했다고 설명한다(1951〔1922〕: 144). 그런 다음 싯다르타는 돌 하나를 집어 들고 고빈다와 토론한다.

> 이 돌은 돌이고 동물이기도 하고 신이기도 하고 붓다이기도 해. 이 돌이 언젠가 이것이 되고 또 저것이 될 것이기 때문이지. 그래서 내가 이 돌을 존중하고 사랑하는 것은 아니야. 오히려 이 돌은 이미 오래전부터 모든 것 그 자체였고, 그리고 언제나 모든 것 그 자체이기 때문에, 그래서 이 돌을 존중하고 사랑하는 거지. 그리고 바로 이 사실, 즉 이것이 돌이고 지금 나에게 돌로 모습을 드러내고 있다는 사실 때문에 나는 이 돌을 좋아하는 거야. 이 돌의 무늿결과 우묵하게 파인 곳, 그 하나하나에 이 돌의 가치와

의미가 있어. 노란색, 회색, 단단함, 내가 두드릴 때마다 울리는 이 소리에서, 표면의 건조함이나 축축함 같은 이 모든 것에서 이 돌의 가치와 의미를 찾을 수 있지. … 모든 돌이 다 브라만이야. 그러면서도 동시에, 아니, 그렇기 때문에 더욱더 돌이지. 기름처럼 미끈거리고 비누 같은 것 말이야. 바로 이 사실이 난 마음에 들어. 그래서 더욱 놀랍게 느껴지고 숭배할 가치가 있는 것이지(145).

싯다르타는 말이나 생각조차 중요하지 않지만, 사물은 가치가 있다고 주장한다. "모든 바람, 모든 구름, 모든 새, 모든 풍뎅이도 숭상했던 강물과 마찬가지로 신과 같은 존재이고, 강물처럼 많은 것을 알고 있어서 가르칠 수 있다."(146)

고빈다는 붓다가 제자들에게 연민과 관용을 권고하면서 우리가 세속적인 사랑에 묶이는 것을 금지했다고 지적하면서 이러한 무조건적인 세계 긍정에 의문을 제기한다. 그러나 싯다르타는 자신과 고타마의 가르침 사이의 명백한 모순은 단어의 충돌 속에 있는 의미적 미로의 산물이라고 친구에게 확신시킨다. 싯다르타는 자신이 고따마와 같은 의견이라는 것을 안다고 주장한다(1951[1922]: 147-48). 이러한 합치는 고빈다가 강이 아닌 싯다르타의 얼굴을 바라보며, 다양성 속의 통일성과 평범함 속의 심오함에 대한 자신만의 포괄적인 관점을 가지면서 확인된다. 친구의 얼굴 속에서 고빈다는 사람, 동물, 물고기, 신이 태어나고 죽고 고통에 빠져 있고 폭력을 행사하고 성적 황홀경에 빠져 있고, 모두는 밀려오고 떠나가지만 계속해서 되돌아오고 끊임없이 변화하는 그런 얼굴들의 흐름을 본다. 이 모든 현현을 포괄하는 것은 싯다르타의 미소 짓는 얼굴이다. "고빈다는 또한 유전하는 무수한 형체 위에 뜬 가면의 미소, 단일의 미소, 수천의 생과 사를 동일한 것으로 보는 미소를 보았다. 이 싯다르타의 미소야말로 실로 저 고따마의 미소였다. 자기가 한없이 존경하며 우러러보던 고요하고 명랑하고 통찰할 수 없는, 자비로운 것도 같고 조소하는 것도 같은, 현명한 붓다의 수천 가지 미소 바로 그것이다."(151)

소설 『싯다르타』의 반탐(Bantam) 영어 번역본의 마지막 페이지에 있는 헤세의 전기 주석은 이 작품을 '붓다에 관한 소설'이라고 부른다. 이는 헤세가 주인공에게 붓다와 같은 이름을 부여했다는 사실에 근거한 부주의한 실수임이 분명하다. (청동 불상의 표지 삽화는 이러한 혼란을 고조시킨다.) 하지만 이는 의도치 않게 헤세가 싯다르타를 가우따마 싯다르타와 동일시했음을 드러낸다. 그러한 동일시는 이 서사 자체의 일부이다. 싯다르타는 결국 가우따마와 동일한 목표를 달성하는데, 가우따마와 동일한 평화와 행복의 지복 상태를 이루고(사실 두 사람이 공유하는 이름은 산스끄리뜨어로 '목표를 달성한 자'를 의미한다), 가우따마와 동일한 수수께끼 같은 미소를 짓는다.

둘은 또 다른 수준에서도 동일시된다. 헤세의 싯다르타는 20세기에 재개념화된 붓다이며, 어쩌면 헤세가 역사적 붓다가 그러했기를 바랐던 모습의 붓다일지도 모른다. 즉, 수 세기 동안 축적된 전통의 짐을 지니지 않은 깨달은 자로서, 고대 인도의 영적 관심뿐만 아니라 근대 유럽과 미국의 영적 관심까지 모두 구현한 존재이다. 헤세의 싯다르타는 에머슨식 자립적 영적 구도자의 전형으로서, 권위에 반대하고, 의례와 신앙적 헌신에 회의적이며, 강한 개인주의적 성형을 지닌다.

낭만주의자들처럼 헤세도 '내면의 목소리'라는 확고부동한 권위를 중시한다. 헤세 내면의 목소리를 억누르는 비즈니스, 쾌락, 탐욕의 도시 세계('포동포동하게 살이 찐 지옥')에 대한 혐오감, 그리고 소박하고 못 배운 뱃사공의 삶에 대한 이상화는 분명히 근대성의 병폐에 대한 비판이며, 낭만주의 영향을 받은 불교 근대주의자들이 농부를 이상화했던 태도와 유사하다. 이 책에서 브라만 사제직을 가혹하게 묘사한 것은 헤세와 그의 동시대인들이 기독교 교회와 '조직화된 종교'에 대해 느꼈던 반성직주의적 태도와 점차 커지는 불만을 반영한다. 더욱이 단어, 가르침, '의미들의 미로'에 품은 헤세의 불신은 인도 사상에서 전통적으로 언어의 한계에 대해 경계하는 태도를 넘어서 있다. 그것은 또한 근대 다원주의에 대한 반응이며 싯다르타가 고타마와 자신 사이에 공통성이 있다고 주장한 것처럼 전통 사이의 공통성을 찾으려는 열망을 표현한다. 실제로, 싯다르타가 '고따마와 같은 의견'이라고 주장하는 것은 헤세가 자신의 독특하고 근대적인 개념이 겉보기에는 다르지만, 고대 불교와 일치한다고 주장하는 것과 같다. 항존주의자들의 의견을 반영하여, 헤세는 그러한 일치가 교리의 수준에서는 도달할 수 없으며, 오히려 공동의 **경험**, 즉 가르침보다는 얼굴, 돌과 같은 **사물**에 대한 주의에 의해서 촉발되는 통합의 경험을 통해 도달할 수 있다고 주장한다. 낭만주의와 베단타(Vedānta)에서 영향을 받은, 평범함과 심오함 사이의 변증법적 구현 속에서, 싯다르타의 한 가지 사물에 대한 몰입은 모든 것에 대한 인식의 흐름으로 이어진다. 그리고 모든 것은 다시 하나로 수렴되며, 각각이 통일된 우주적 조화 속에 제자리를 찾아간다. 이 경우 변증법은 무조건적인 세계 긍정을 낳는다.

즉, 악, 늙음, 죽음조차도 그 전체가 거룩하고 선한 우주적 조화의 필수적인 부분으로 간주된다. 세속의 사소한 것들에 대한 그러한 긍정은 헤세가 일깨우는 초기 불교적 맥락과는 대체로 이질적이며, 오히려 근대 시기와 세계에 대한 근대 시기의 긍정의 산물이다. 싯다르타가 자신의 근원적 세계 긍정의 통찰과 붓다 가르침의 정신 사이에 일치를 주장하는 것은, 헤세가 근대의 일상 긍정과 인도 역사 속의 불교 사이에 다리를 놓으려는 시도이다. 근대 시기에 고대 붓다는 다시 한번 세상에 '예.'라고 대답해야 하며, 상호의존성의 그물은 구속하는 사슬이 아니라 조화로운 그물이다.

헤세가 묘사한 일상의 현시는 문학적 근대주의자들(literary Modernists)의 현시와는 확연히 다르다. 헤세의 현시는 더 우주론적이고 더 초월적이며 더 낙관적이다. 이는 근대주의자들(Modernists)의 단호하게 세속적인 현시와는 대조적이다. 근대주의자들은 '존재의 순간'을 경험하긴 하지만, 모든 개별적인 것들을 빛나는 우주 전체로 통합하려는 데는 거의 관심을 두지 않는다. 하지만 이는 단지 여러 문학적 하위문화와 다른 세계관에서 경험적이고 현시적인 정신이 발전했음을 보여줄 뿐이다. 여기서 중요한 것은 조이스와 헤세가 세계에 대한 동일한 비전을 공유했다는 것이 아니라, 서로 다른 차이에도 불구하고 두 사람 모두 평범함에 대한 변형적인 이해 속에서 궁극적인 의미를 보았다는 사실이다. 근대주의자와 신낭만주의자 모두 우리가 매일 경험하는 일상적인 사소한 것들과 사건들 속에 궁극적인 의미가 깃들어 있다고 주장한다. 둘 다 평범함과 심오함의 근대적 변증법을 구현하는데, 이는 불교를 이해하는 방식이 되었고, 더 넓게는 20세기의

'종교적 체험'이라는 개념을 형성하는 데 영향을 주었다.

평범함과 심오함의 얽힘, 불교와 서양의 교차

평범함과 심오함이 근대적·현시적·변증법적으로 뒤섞이는 특정한 불교의 자료, 사상, 실천 중 일부는 다음과 같다. 여기에는 첫째, 빨리 경과 명상 텍스트에서 발견되는 마음챙김 기법이 포함된다. 「마하사띠빳타나 숫따(Mahāsatipaṭṭhāna-sutta)」(DN 22)와 「아나빠나사띠 숫따(Ānāpānasati-sutta)」(MN 118)는 명상과 관련된 빨리 경들 중에서 가장 자주 인용된다.[4] 이 경들은 현대 마음챙김 운동의 핵심 텍스트이며 전 세계 수많은 승려와 재가자에게 마음챙김(sati)을 소개하는 데 사용되었다. 이 경들은 다양한 인간 활동 및 능력과 관련하여 마음챙김을 확립하는 방법에 대해 명시적인 지침을 제공한다. 그 핵심 수행은 호흡을 관찰하는 것이다. "숨을 길게 들이쉬면, (비구는) '숨을 길게 들이쉬고 있다.'라고 안다. 숨을 길게 내쉬면 '숨을 길게 내쉰다.'라고 안다. 또는 숨을 짧게 들이쉬면 '숨을 짧게 들이쉰다.'라고 안다. 또는 짧게 숨을 내쉬면 '나는 짧게 숨을 내쉰다.'라고 안다." 「마하사띠빳타나 숫따」에서 마음챙김은 다양한 활동들로 확장되고 특정 기준들이나 기초(paṭṭhāna)인 몸(kāya), 느낌(vedanā), 마음(citta), 마음의 대상들(dhamma)〔역주: 저자는 산스끄리뜨어 형태인 dharma로 표기했으나 역자는

---

4 「마하사띠빳타나 숫따(Mahāsatipaṭṭhanna-sutta)」(DN 22)와 「사띠빳타나 숫따(Satipaṭṭhanna-sutta)」(MN 10)는 대체로 동일하며, 전자는 후자에서 빠진 사성제에 대한 논의를 포함한다.

「마하사띠빳타나 숫따」가 빨리 경인 점을 감안하여 빨리어 형태인 dhamma로 표기했다.]에 대한 마음챙김 속에서 수행된다(DN 2: 290). 예컨대 몸에 대한 마음챙김에서 수행자는 걷기, 앉기, 서기, 눕기, 앞으로 가기, 돌아오기, 구부리기, 뻗기, 옷을 들기, 먹기, 씹기, 배설하기, 말하기, 침묵하기 등과 같은 다양한 신체 활동들로 깨어있는 관찰을 확장한다(DN II 292). 텍스트는 더 나아가 몸에 대한 엄격한 분석을 권장한다. "마치 숙련된 백정이나 그의 조수가 소를 잡아서 각을 뜬 다음 교차로에 이를 벌려놓고 앉아 있는 것처럼, 비구는 그렇게 이 몸을 관찰한다." 각 준거 틀 속에서 수행자는 다양한 구성 요소를 관찰한다. 느낌에서는 즐겁거나 불쾌하거나 중립적인 느낌을 관찰한다. 마음에서는 분노, 탐욕, 망상, 제한되고 분산되고 확장되고 집중된 생각 등이 관찰된다. 수행자는 이 모든 것을 '세상의 어떤 것에도 집착하지 않고' 관찰한다. 마음챙김의 목적이 세상으로부터의 초연함을 촉진하는 것이라는 점은 비구와 비구니를 위한 규정들의 방대한 개요서인 『율장律藏』에서 더욱 강조된다. 여기서 일상의 모든 사소한 것들을 검토하는 것은 그 숨겨진 깊이와 뉘앙스를 음미하기 위한 것이 아니라, 승가 생활의 모든 측면을 규율 있게 통제하기 위한 것이다.

여기에는 일부 근대 다르마 문학에서 종종 볼 수 있는, 세심한 사랑, 개방성, 만물과의 교감에 대한 암시가 없다는 점에 유의하는 것이 중요하다. 그 태도는 성찰한 것들을 찬양하는 것과는 거리가 멀다. 세상의 사물은 종종 기만적이고 쓸모가 없으며 고통을 가져오는 것으로 여겨진다. 사물에 대한 모든 갈망과 혐오는 극복되어야 하며, 이러한 냉정한 관찰을 통해 개인적 의도라는 익숙한 틀을 벗어나 사물을 보아야 한다. 5장에서 언급했듯이 현상계에 대한 더 긍정적인 평가는 일부 대승 문헌에서 나타난다. 여기서 거리두기는 반드시 명상의 주요 목적이 아니며 번뇌는 깨달음과 동일시된다. 공의 교리, 윤회와 열반의 구별이 없다는 주장, 화엄의 모든 현상의 상호 침투, 그리고 모든 곳에 편재한 불성이라는 대승의 주장은 모든 법에 열반의 요소를 스며들게 하며, 만물의 신성함을 긍정한다. 이는 어떠한 사물이든 그 '진여(眞如, tathatā)'를 그대로 파악하면 승의제(勝義諦, paramārtha-sātya)가 드러날 수 있게 한다. 마찬가지로 여래장 사상에서는 만물이 불성을 지니고 있기 때문에, 가장 세속적인 것조차도 그것을 진정으로 이해하면 깨달음을 불러일으킬 수 있다. 이러한 사상적 전개는 세속적인 현상에서 벗어나려는 원래의 열망을 완전히 버리진 않았지만, 이전의 더 탈세속적인 마음챙김의 목표를 더 복잡하게 만든다. 우리는 사물 자체나 사물에 대한 습관적인 반응으로부터 한발 물러서지만, 그러한 물러섬 속에는 그 사물 속에 깃들어 있는 더 깊은 신비를 이해할 가능성이 있다.

이러한 접근 방식은 아마도 선禪 문학에서 가장 잘 재현되며, 선이 평범함과 심오함의 근대적 변증법과 가장 일반적으로 얽히게 된 전통이라는 점은 놀라운 일이 아니다. 마당의 편백나무, 여섯 근의 아마亞麻, 마른 똥 막대기, 일상의 마음인 도(道, dao), 가섭(迦葉, Kāśyapa)에게 꽃을 든 붓다, 나무를 패고 물을 나르는 일, 연못에 뛰어드는 바쇼의 개구리, 그리고 매우 구체적이면서도 완전히 세속적인 수많은 다른 이미지들이 선의 성전聖典 문헌에 널려 있으며, 근대 선에서도 신성한 일상을 설명하는 데 자주 인용된다. 이러한 사례들은 모두 승려가 다르마에 대한 심오한 깨달음을 얻는 기폭제가 되었다고 전해진다. 종종 공안의 질문에 대한 스승의 답변인 이 이미지들은 제자들이 추상적·형이상학적·이론적인 답변을 기대할 때, 그 기대를 꺾고 다시 평범하고 구체적이고 특정한 현실로 제자들의 마음을 되돌려놓는다. 스승은 그러한 기대를 꺾음으로써, 제자들이 삶의 평범한 특징들 속의 궁극을 깨닫도록 자극하며, 형이상학적인 추측과 추상적인 사색을 단호히 차단한다.

이렇게 지극히 평범함을 자주 인용하는 문학적 표현들 외에도 선가禪家의 수행은 일상 활동을 의례화했다. 윤회와 열반의 불가분성을 강조하는 대승 교리의 논리를 확장함으로써, 모든 행위와 사물이 궁극적 실재의 표현이 되었다. 이는 도겐이 "수행과 깨달음, 좌선과 일상 사이에는 간격이 없다."라고 주장한 대로다(Yokoi 1976: 47). 그러나 선의 자발성에 대한 현대적 해석들과는 대조적으로, 이는 명상에서부터 식사하기와 화장실 사용에 이르기까지의 모든 활동을 철저히 형식화하는 것을 의미했다. 이 모델에서 진정한 자발성은 자신이 하고 싶은 대로 행동하는 것이 아니라, 승가 생활을 구성하는 지극히 형식적인 몸짓과 행동이 애쓰지 않고 자연스럽게 행해질 때만 비로소 나타날 수 있는 것이었다. 그러한 몸짓과 행동은 불성의 표현으로 이해될 수 있었다.

20세기 예술과 문학에서 일상에 대한 주의 깊은 관심은, 평범한 삶을 긍정적으로 바라보는 더 넓은 맥락 속에서 나타났으며, 이를 통해 전통적인 불교 맥락에서 일상의 신성화를 재개념화할 수 있는 틀을 일부 마련해 주었다. 스즈키는 이러한 해석에서 다시금 영향력 있는 인물 중 한 명이었다. 스즈키가 묘사한 사토리(悟り)〔역주: 일본 선불교의 용어로, 깨달음 득도得道, 대오大悟로 번역될 수 있다.〕는 근대주의적 선의 규범이 되었으며, 이 사토리는 먹고 마시거나 다양한 종류의 일상적인 활동과 같은 우리의 일상적이고 구체적이고 특정한 경험 속에 지금까지 숨겨진 의미를 찾는 것, 즉 '존재 그대로의 실재(reality in its isness)'라고 주장한다(1959: 16). 로버트 린센(Robert Linssen)은 이렇게 덧붙인다. "선은 우리에게 이른바 평범한 상황이라고 불리는 모든 상황 속에서도 특별한 주의를 집중할 것을 요청한다. … 일상의 사건 하나하나, 구체적인 세계에 대한 인식 하나하나가 사토리의 계기가 될 수 있다."(1988〔1958〕: 174) 여기서 대승의 진여는 갑작스러운 깨달음에 대한 선의 개념과 함께 평범한 것의 문학적 깨달음, 즉 조이스의 사물의 '본성(whatness)'을 드러냄과 울프의 '존재의 순간(moments of being)'과 공명할 수 있다. 미국에 거주한 최초의 일본 선승으로 자주 거론되는 사사키 소케이안(佐々木 指月, 1882~1945)은 선종의 전설적인 창시자인 보리달마菩提達磨에게는 "물 마시고 식사하고 잠자고 가게 보고 이웃과 대화하는 아침부터 저녁까지의 모든 행위가 종교이다."라고 주장한다(Ross 1960: 35). 하지만 앨런 왓츠에 따르면, 일상의 사소한 것들을 종교적으로 만드는 것은 자의식의 복잡성에 의해 왜곡되지 않고 우리가 있는 그대로를 인식하는 마음 상태이다. 왓츠에 따르면, 그러한 상태들은 사물의 지극히 평범함에 주의를 기울이지만, 평범한 사물을 이처럼 이러한 왜곡되지 않은 방식으로 보기 위해서는 하이쿠 시인처럼, 우리가 살아있음을 유난히 생생한 방식으로 인식하는 '강렬한 지각의 순간(moment of intense perception)'을 가져야만 한다고 주장한다(1960: 124-25).

여기에 또 다른 변증법이 있다. 왓츠와 스즈키는 한편으로는 독자들에게 이러한 일상적인 것들에서의 더 깊은 의미를 찾는 것을 피하도록 권하면서도, 다른 한편으로는 사물에 대한 인식을 변화시켜 비록 정교하지 않은 평범함 속에서도 궁극적이고 신성한 의미를 얻을 수 있도록 독려한다. 왓츠와 선의 다른 많은 근대 해석자가 이러한 일상의 신성화를 묘사하기 위해 사용하는 언어는 선의 성전聖典 문헌에는 상당히 생소하다. 하지만 그 언어는 시인과 시각 예술가들뿐만 아니라 20세기 소설가들이 일상 속 비범함의 중요성을 설명하기 위해 사용한 언어와 거의 동일하다. 의식적이든 무의식적이든, 근대 선 옹호자들은 선의 이러한 측면을 강조하며, 이미 서구 예술과 문학에서 이슈가 되고 있던 일상 속 사물에 대한 관심과 공명하는 방식으로 이를 표현했다. 이는 결국 선禪이 재현되어 온 방식뿐만 아니라 근대 세계에서 선이 어떻게 형성되어 왔는지에도 영향을 미쳤다.

근대성의 기적

마음챙김은 일상 세계에 대한 주의 깊은 음미를 통해 후기 근대 세계에서 또 다른 방식으로 자리를 잡았다. 다시 말하면, 마음챙김은 근대성의 자연주의적 신조와 부합하는, 세계를 재주술화하는 방식이 되었던 것이다. 틱낫한의 '마음챙김의 기적'으로 돌아와서, '기적'이라는 가장 반근대적인 용어의 사용은 근대적이고 교육받고 때론 세속적인 청중에게 다가가려는 현대 작가로서는 뜻밖의 선택처럼 보일 수 있다. 분명히 이는 은유적 표현으로서 의도된 것이다. 하지만 그 이상으로, 이는 근대의 '기적 이후' 시대에만 비로소 얽힐 수 있었던 불교와 서양 사상의 특징을 매끄럽게 엮어낸다. 기적은 근대와 후기 근대의 세계에서 완전히 사라지지는 않았지만, 공적인 담론으로부터는 대체로 배제되었다. 교육을 받은 엘리트들, 특히 엘리트 종교인들조차 기적을 종종 의심과 당혹감의 시선으로 바라본다. 많은 사람이 여전히 기적을 믿고 있다고 해서 다른 시대의 기적에 대한 인식과 견주었을 때 하락한 위상에 변화가 오는 것은 아니다. 필자가 이미 주장한 바와 같이, 불교 근대주의는 초자연적인 것에 대한 노골적인 호소를 내세우는 기독교에 맞서 과학 및 자연주의와 동맹을 맺으려는 자의식적인 시도 때문에 기적에 대한 호소를 최소화하는 데 특별한 노력을 기울여 왔다. 따라서 불교 근대주의는 세상에서 자연법칙의 위반을 제거하려는 계몽주의를 존중하면서도, 동시에 신성한 의미를 제거하지 않으려는 서구의 여러 전통과 유사한 입장에 놓이게 되었다.

유럽에서 슐라이어마허는 『종교론: 교양 있는 경멸자들에 대한 연설』(1799)에서 하나의 해법을 제시했다. 이 해법은 초월주의자들이 채택하였고, 다양한 종교적이고 세속적인 근대주의들이 여전히 널리 사용하고 있다. 슐라이마허는 '종교를 경멸하는 교양 있는 사람들'의 청중에게 종교의 본질은 의식, 위계 구조, 초자연적 기적에 있는 것이 아니라, 유한자 속에서 무한자를 직관하는 경험에 있다고 강조한다. 그는 '기적'이 자연법칙을 위반하는 특이한 사건이 아니라, 만물이 무한자의 현현이라는 점에서 기적이라고 주장한다. "나에게는 모든 것이 기적이다. … 당신이 더 종교적일수록, 어디서나 기적을 보게 될 것이다."(1988: 133) 이러한 움직임은 물 위를 걷거나 벽을 통과하는 것과 같은 단일한 기적 사건을 묵살하고, 그 기적을 피조물 전체로 확산시켜 자연주의적 방식으로 그 피조물 전체에 신성함을 다시 부여한다.

틱낫한의 마음챙김의 기적은 고전적인 선 스승들뿐만 아니라 슐라이어마허의 신성함의 확산과도 일맥상통한다. "나는 진정한 기적이란 물 위나 허공 위를 걷는 것이 아니라 땅 위를 걷는 것이라고 생각한다. 푸른 하늘, 하얀 구름, 초록 잎들, 한 아이의 검고 호기심 많은 눈, 우리 자신의 두 눈, 우리가 인식하지 못하는 기적과 매일 마주치고 있다. 모든 것이 기적이다."(1976: 12) 일상의 '참된' 기적에 대한 이러한 선언은 선에서 강조되는 구체성에 대한 환기를 불러일으킬 뿐만 아니라, 근대 독자들에게 불교가 근대인들이 회의적으로 여겨온 전통적 의미의 '기적'과는 무관하다는 확신을 심어준다. 그리고 마음챙김으로 땅 위를 걷는 기적과 예수의 물 위를 걷는 기적을 암묵적으로 대비시키는 틱낫한의 표현 속에서, 우리는 전통 기독교가 강조해 온 초자연적 기적이 사물이 그저 평범하게 존재한다는 사실 자체가 기적이라는 불교 근대주의의 관점으로 부드럽게 대체되는 움직임을 느끼지 않을 수 없다.

불교(특히 선)의 이러한 '구체성(concreteness)'은 전통적인 기독교의 추상성, 교조주의, 초자연성과 대비되는데, 이는 서양의 많은 사람이 기독교와 겪어온 갈등을 보여주는 동시에, 불교 개종자들이 합리적 종교를 찾았다고 자주 안도하는 상황을 반영한다. 수많은 공안 가운데 서양에서 가장 널리 알려진 것 중 하나가, 폴 렙스(Paul Reps)가 그의 유명한 저서 『선육선골(禪肉禪骨, Zen Flesh, Zen Bones)』에서 '참된 기적'이라는 제목으로 소개한 공안이라는 사실은 결코 우연이 아니다. 이 공안은 사랑의 붓다인 아미타불의 명호를 되풀이 외워 구원을 얻을 수 있다고 믿는 정토진종淨土眞宗의 한 승려가 선 스승 반케이(盤珪)가 많은 청중이 있음을 시샘했다는 이야기를 담고 있다.

> 성직자(priest)는 자랑했다. "우리 종파의 개조는 강 이쪽에서 한 손에 붓을 쥐고 강 저쪽에 한 사람이 종이를 들고 있게 하고는 허공에 아미타불의 성스러운 이름을 쓰는 신통력을 가지고 있네. 자네는 그런 기적을 행하는 능력이나 있는가?" 반케이는 대수롭지 않게 대답했다. "아마도 자네 강아지도 그런 신통을 부릴 수 있을 거야. 하지만 그것은 선의 방식이 아닐세. 나의 기적은 배고플 땐 먹고 목마를 땐 마시는 것이라네."(Reps 1987[1957]: 68)

근대 해석가들은 이 구절이 불교의 합리성을 다시 한번 입증한다고 쉽게 추측한다. 즉, 반케이는 초자연적 현시를 거부하고, 모든 행위와 사물에 깃든 신성함을 자연주의적으로 보는 것을 선호한다는 것이다. 확실히 이 이야기를 근대주의적인 용어들로 읽는 것은 서양인들에게는 거의 저항할 수 없을 정도로 매력적이다. 이러한 이유로 그것은 번역 과정에서 수많은 암호화된 메시지들을 획득했다. 근대 서구의 독해에서, 정토진종의 승려는 자기 견해에 대한 독단적인 고수를 공언하고, 군중의 환심을 사기 위해 초능력을 과시하는 전통적인 종교인들(신앙 치료사들과 텔레비전 전도사들이 생각난다.)을 상징하는 인물로 쉽게 읽힌다. '성직자(priest)'라는 용어의 사용은 근대주의 담론에서 미련하고 전통에 얽매인 신봉자로 종종 묘사되는 가톨릭 성직자와 정토진종 승려 사이의 유사성을 더 상상하도록 유도한다. 이에 반해 선 스승은 (자연신론자와 매우 유사하게) 적당히 먹고 마시려는 건강하고 자연적인 욕구를 따라간다. 그는 낭만주의자나 근대주의자와 매우 유사하게 자연법칙을 거스르는 것을 피하면서, 마음챙김으로 행할 때 기적이 되는 단순한 행위를 완수함으로써 세계를 다시 신성화한다. 따라서 일상을 기적으로 변화시키는 주의력은 성직자의 기적보다도 더 놀랍다. 왜냐하면 이는 이전에 신성함을 퇴출했던 근대 세계에 신성함을 다시 불어넣기 때문이다. 따라서 두 경쟁 불교 학파 간의 종파적 논쟁은 교조적이고 미신적이며 전통에 얽매인 성직자의 엉뚱한 행동을 능가하는, 근대적이고 자유로운 정신을 지닌 세속적 신비주의자의 이야기로 재구성된다. 실제로 앞서 언급한 바와 같이, 선에 대한 근대적 해석은 (훨씬 더 일반적인 선 '성직자'는 아닌) 제도적 유대나 미신적인 신념이나 모호한 형이상학의 제약에 얽매이지 않는 프리랜서 신비주의자로서의 선 스승의 이미지로부터 상당한 영향력을 얻는다. 하지만 이러한 이미지는 본질적으로 근대적 산물이며, 스즈키, 헤세 등이 불교에 급진적인 개인주의자라는 서구 이미지를 주입함으로써 형성된 것이다. 이 급진적 개인주의자는 모든 관습의 틀을 벗어나 신성함과 마주하고, 편협한 의례주의자와 제도화된 독단주의자를 배척하며, 사물에 대한 자신만의 독특한 깨달음을 찾는다.

이 모든 것은 불교 근대주의의 최근 구성이 역사적·문화적 조건의 매우 특별한 조합에 의존해 왔음을 시사한다. 만약 선禪 문학이 평범함에 거의 기이할 정도로 부여하는 고양된 의미가 가령 13세기 영국과 같은 세계에 나타났다면, 그것을 이해하려고 시도할 만한 어떠한 호의적인 틀도 존재하지 않았을 것이다. 내 말은 당시 영국인들이 물질적인 대상들의 신성화를 이해할 수 없었을 것이라는 뜻이 아니다. 불교와 기독교 사이의 유사성을 찾는 사람이라면 각 종교의 창시자와 제자들과 관련된 성골聖骨에 대한 공통된 경외심에 주목했었을 것이다. 선의 성상 파괴 명성에도 불구하고, 그리고 근대주의적 선이 자연의 이치에 맞게 설명된 기적에 중점을 두었음에도 불구하고, 더 전통적인 형태의 선은 사리舍利의 기적적 힘을 결코 부정한 적이 없다. 하지만 이것은 전혀 다른 유형의 물체 승격, 즉 힘을 지닌 특정한 물체에 대한 공경이다. 하지만 넓은 의미의 근대주의는 그러한 선택적인 신성화를 거의 용인하지 않는다. 근대주의는 신체의 질병을 치료해 달라거나 악령으로부터 보호해 달라고 물체에 요구하지 않고, 인간 경험에 대한 통찰을 제시해 달라고 요구한다. 우리는 '모래 한 알 속의 무한'은 볼 수 있을지 모르지만, 성골의 치유력은 볼 수 없다. 따라서 불교 사리에 대한 광범위한 숭배는 불교 근대주의에서 거의 눈에 띄지 않는다. 다만 미신적인 문화적 추가 요소로 가끔 비판받는 경우는 있다. 반면에 모든 것이 하나이고 하나가 모든 것이고, 평범한 것이 심오한 것이고 심오한 것이 평범한 것인 역설의 문학이 중심이 된다. 여기서 특수는 보편으로 가는 문이며, 그 문을 여는 특수한 물체나 행위의 바로 그 무작위성(마당의 편백나무나 식탁 위의 케첩 병)은, 근대주의자의 세계에서 특정 물질적 대상에 깃든 특별한 힘이 추방되었음을 보여주는 증거이다. 근대 문학에서든 불교 명상에서든, 세상의 일상적 사소한 것들 속에서 고양된 의미나 갑작스러운 계시를 찾아내려는 시도는 물질성의 재가치화(re-valorization)를 수반한다. 그러나 이러한 재가치화는 개신교와 합리주의적 도구주의가 개별 사물들로부터 초자연적인 힘을 제거한 이후, 즉 세계의 탈신성화 이후에나 비로소 가능했던 일이다.

그렇다면 근대주의적 기적은 물 위를 걷는 것이 아니며, 근대주의적 깨달음도 초기 불교 문헌에서 정의하는 것처럼 자신의 전생과 다른 모든 이의 전생을 관찰하고 팔정도를 식별하는 것이 아니다. 오히려 근대주의적 깨달음은 문학적 근대주의자(literary Modernist)의 현시, 즉 존재의 순간 속에서 평범함이 존재 그 자체의 충만함으로 새롭게 드러나는 경험에 더 가깝다. 이와 유사한 현시가 전통불교에 완전히 알려지지 않은 것은 아니다. 하지만 그러한 현시가 평범함과 심오함의 근대주의적 변증법(Modernist dialectic)과 융합되면서 전통불교의 고유한 특징이 많이 사라졌고, 그러한 경험을 명확하게 함양하는 마음챙김 기법을 위한 독특한 공간이 근대 세계에 생겨났다.

불교 근대주의의 다른 많은 측면과 마찬가지로 마음챙김의 근대주의적 변형들은 초자연주의(supernaturalism)를 피하려는 합리주의의 요구와 세계의 재주술화에 대한 낭만주의적 열망 사이에서 균형을 모색한다. 이러한 긴장의 영역 안에서 그러한 되풀이가 이루어짐으로써, 본래는 마음을 세상의 얽힘에서 끌어내도록 고안된 고대 수행이 근대 문학에서 평범함과 심오함의 변증법을 포함한 세계 긍정의 근대적 양식에 포함될 수 있게 되었다. 근대주의 저작(Modernist works)에서 발견되는 것과 같은 현시와, 헤세의 『싯다르타』에서 발견되는 것과 같은 세계 긍정의 신비적 체험은 불교의 마음챙김 수행을 위한 해석적 틀이 되었고, 불교적 통찰과 깨달음, 더 나아가 '종교적 경험' 자체에 대한 근대적 개념들에 영향을 미쳤다. 불교 근대주의자들은 그러한 경험이 가르침이나 교리보다 더 중요하다고 종종 주장해 왔으며, 이는 다원주의를 조율하는 한 방법—중요한 것은 교리, 제도, 개념이 아니라 경험 자체라는 것—을 제공했다. 이러한 이해는 로버트 샤프가 불교 근대주의에서 '경험의 수사학'이라고 불렀던 것, 즉 불교를 거의 전적으로 개인의 경험과 관련이 있다고 보는 경향에 기여했다(1995a).

돌이나 강이나 케첩 병에서 더 심오한 것을 보고자 하는 욕구가 물론 근대성의 산물만은 아니다. 불성에 대한 전통적인 대승 개념은 오랫동안 사람들을 평범한 사물의 숨겨진 깊이를 탐구하는 여정으로 이끌어 왔다. 하지만 근대성은 이러한 욕구에 특별한 의미를 부여했다. 바로 근대에 돌을 중립화하고 객관화하고 상품화하여 돌에 과연 더 이상의 의미가 있는지에 대한 질문을 불러일으킨 것이다. 근대 문학 작품들은 이 질문을 탐구하고, 이러한 종류의 객관화로부터 세상의 사물을 구출하는 한 가지 방법을 제시했다. 등장인물들의 마음속에서, 사물들을 생생하게 되살리고, 특정한 주체의 경험 속에서 세상이 어떻게 형성되는지를 풍부하고 치밀하게 묘사함으로써 말이다. 불교 근대주의는 일상적 사물과 사건을 회복하려는 이 프로젝트와 긴밀히 협력해 왔으며, 경험의 흐름에 섬세한 주의를 기울이는 특정한 수련으로 재구성되었다. 따라서 마음챙김은 일상적 삶의 요소들을 되살리고자 하는 문화적 힘들에 대한 불교적 공헌으로 재창조되었다. 이러한 요소들에 깃든 신성함은 근대성의 합리화·기계화의 힘에 의해 추방될 위기에 처해 있다.

9. 근대에서 탈근대로?

필자는 불교 전통주의자와 근대주의자 사이의 이질적인 연속체를 설정하면서 불교가 근대성과 서로 영향을 주고받은 방식 중 일부를 분석하려고 했다. 필자는 이러한 적응 과정에서 탈전통화, 탈신화화, 심리화의 역할을 제안했다. 필자는 또한 불교 근대주의의 발전이 불교를 근대성의 세 가지 중첩되는 구성적 담론, 즉 서구 유신론(주로 개신교), 과학적 합리주의, 낭만주의 및 그 후속 사조들과 어떻게 특별한 관계를 맺게 했는지를 보여주려고 했다. 이러한 주제들은 불교 근대주의와 그 출처들의 전체 범위를 모두 다루는 것은 아니지만, 이 운동의 역사성과 혼합성, 그리고 아시아, 유럽, 북미에서 이 운동이 활용해 온 다양한 자원을 잘 보여준다.

필자가 사례 연구로 사용해 온 불교 근대주의의 형태들은, 일본인, 스리랑카인, 태국인, 또는 티베트인에 의해 만들어졌을지라도, 불교를 서양 사상의 궤도로 끌어들이는 경향을 보여준다. 그 반대의 경우는 없었다. 이러한 특정한 종류의 혼합성은 종종 헨리 스틸 올콧(Henry Steel Olcott)의 혼합성과 유사하다. 스티븐 프로테로(Stephen Prothero)의 해석에 따르면, 이는 불교를 주로 개신교의 범주와 가정假定과 논리로 동화시킨 '크레올화(creolization)'였다. 크레올 방언처럼, 불교 근대주의의 어휘는 불교인 반면에 그 문법은 대부분 개신교였다(1996: 9). 필자는 서구에서 불교 근대주의의 많은 부분이 개신교뿐만 아니라 과학적 합리주의와 낭만주의에도 뿌리를 두고 있음을 지적하였다. 하지만 동시에 다른 근대성들처럼 아시아의 불교 근대주의들도 종종 이러한 상황을 역전시켜 근대성의 어휘를 불교의 문법에 동화시킬 수 있다는 암시도 했다.

과거를 이해하기 위해 현재를 살펴봤으니, 이제 미래를 바라보며 현재의 몇 가지 주제를 살펴보겠다. 이번에도 필자는 포괄적인 개요를 제시하려는 것은 아니며, 필자가 논의해 온 역사와 주제에서 중요해 보이고 명확히 드러나는 몇 가지 발전 사항을 살펴볼 것이다. 만약 근대 시기가 후기·급진·탈근대성으로 바뀌고 있다는 소문이 사실이라면, 불교 근대주의도 이 새로운 이 시대에 맞춰 변화하고 있는 것일까? 후기 근대 세계에서 불교 근대주의는 얼마나 실행 가능한가? 필자가 논의해 온 불교 근대주의의 계통에서 탈근대 불교와 같은 것이 출현하고 있는 것일까? 그리고 불교가 근대·서구·탈근대 문화에 순응함으로써, 오히려 이러한 문화들에 대한 도전, 비판, 대안을 제시하는 능력이 약화되는 것은 아닐까?

민주화, 여성화, 혼합성

필자의 주요 지리적 사례인 북미에서 우리는, 다른 학자들이 훌륭하게 지적했듯이(Prebish 1999; Prebish and Tanaka 1998; Seager 1999), 민주화, 여성화, 혼합성의 증가가 두드러진다. 지난 수십 년 동안 이러한 경향은 초창기 불교 근대주의의 수사학적 주장을 넘어서는 수준에 이르렀다. 당시에는 불교가 민주적이고 남녀 평등을 옹호하며 서구의 종교적 전통들과 양립 가능하다는 주장이 살아있는 불교도들의 실제 상황을 거의 고려하지 않은 채 제기되었다. '불교'는 고전 문헌에 의해 정의되었고, 그러한 문헌에서 여성의 평등과 민주주의에 부합하는 구절들을 찾을 수 있었다. 따라서 실제 불교도들의 현지 상황이 어떠했든지 간에, '불교'는 그러한 가치들과 일치했다. 오늘날 불교도들은 이러한 문제를 단지 문헌 해석학의 문제로만 다루는 것이 아니라 사회적이고 제도적인 차원에서도 접근하고 있다.

미국에서는 가장 눈에 띄는 불교 기관 중 일부에서 민주화를 추진해 왔다. 예컨대, 1980년대에 성추문으로 인해 큰 혼란을 겪은 이후, 선 스승 스즈키 순류(鈴木俊隆)가 설립한 샌프란시스코 선 센터(San Francisco Zen Center)는 미국에서 가장 유명한 선 센터 중 하나인데, 리더십을 민주화하고 어느 누구도 과도한 권력을 갖지 않도록 하는 방법을 모색해 왔다. 선 스승 리처드 베이커(Richard Baker)가 기혼 여학생과의 불륜을 인정한 후 사임하자, 그의 다르마 후계자인 렙 앤더슨(Reb Anderson)이 4년 임기로 임용되었고, 이사들을 임명하는 대신 선출하는 제도가 도입되었다(Fields 1992: 362-64). 1990년대에는 또 다른 혁신이 이루어졌다. 그것은 바로 조케추 노먼 피셔(Zoketsu Norman Fischer)와 젠카이 블랑쉬 하트맨(Zenkai Blanche Hartman) 간의 리더십 공유 실험이었다. 이러한 변화는 권력 집중을 방지하고, 피셔가 말하듯 젠도(zendō) 또는 선당禪堂의 '스승 중심'이 아닌 '제자 중심'의 조직으로 전환하기 위한 것이었다(Tworkov 1994: 245-46에서 인용).

사회 참여적 불교의 흐름은 근대 불교 환경 내에서 여성의 역할을 개혁하기 시작했으며, 때로는 전통적인 역할 및 기회들로부터 여성이 급진적으로 벗어나도록 했다. 예컨대, 여성은 서양 불교 환경에서 전례 없는 지도자 역할을 맡기 시작했다. 그들은 미국에서 가장 유명한 불교 스승 중 일부이며, 여성 스승이 남성 제자들을 가르치는 일이 일상적으로 일어나고 있다. 이는 아시아 환경에서는 극히 드문 일이다. 더욱이 아시아의 근대주의 경향은 비구니 승가를 부활시키고 여성을 공적 생활과 지도자 역할에 참여시키려는 노력에 기여해 왔다.[1] 이러한 노력은 여성 불교 스승을 장려하고 비구니 승가의 공식적 설립을 고무하는 국제 불교 여성 네트워크인 사캬야디타 인터내셔널(Sakya-dita International)과 같은 최근 글로벌 조직들의 지원을 받고 있다. 이러한 리더십과 제도적 조직에 대한 실험들, 그리고 전 세계 여성들이 점점 더 자신의 전통을 형성해 나가는 방식은 불교의 미래에 큰 영향을 미칠 것으로 기대된다.

필자가 이 책에서 논의한 혼합성의 대부분은 의도하지 않은 상황에서 발생한 것이다. 이는 하나의 문화 구성체가 다른 문화 구성체의

---

1 개요는 Findly 2000을 참조하라.

용어로 번역될 때 발생하는 불가피한 변형의 결과이다. 많은 사람이 불교를 근대 세계에 적응시키는 방법에 대해 고심했다. 하지만 빅토리아 시대 사람들은 붓다를 모범적인 빅토리아 시대 신사로 묘사하면서, 자신들이 가진 범주와 개념을 통해 붓다를 바라보는 경우가 많았다. 앞서 언급했듯이, 빅토리아 시대의 불교 해석은 종종 식민주의와 탈식민주의 논리, 그리고 본질적으로 불평등한 권력 관계에 의해 지배되는 경우가 많았다. 유럽인들은 불교를 자신들의 사상 틀에 맞추려 했고, 아시아 불교도들도 불교의 위신을 높이고, 식민지 열강에 저항하는 형태로 그러한 해석을 받아들였다.

이러한 식민지 논리가 현대 시기에도 여전히 존재하지만, 그것이 새로운 형태의 혼합성을 지배하는 주요 원동력은 아니다. 오늘날 불교와 다른 전통들을 통합하려는, 보다 의식적인 노력이 이루어지고 있으며, 이는 단지 재현이나 이론 차원에서뿐만 아니라 실제 실천에서도 나타나고 있다. 이러한 노력은 불교를 특정한 도그마나 신념에 얽매이지 않는 '기법'이나 '삶의 방식'으로 보는 근대주의적 해석 덕분에 가능해졌으며, 그로 인해 불교는 다른 종교 전통과 이례적으로 높은 호환성을 갖게 되었다. 항존주의가 다시금 중요한 역할을 했다. 모든 길이 동일한 신비로운 경험이나 궁극적 실재로 향하는 서로 다른 길이라면, 그 각각의 독자성보다는 공통된 목표가 더 중요하게 여겨진다. 하지만 불교 명상이 기독교 예배에 도움이 될 수 있다는 견해도 등장했다. 이에 따라 기독교인을 위한 선禪 수행이라는 개념이 생겨났다(Lassalle 1974). 이는 주로 토마스 머튼(Thomas Merton)이 기독교와 선 수행을 융합한 데서 영감을 받은 것으로, 많은 가톨릭 명상가가

두 전통을 혼합하려는 시도를 해 왔다. 예컨대, 미국 예수회 신부이자 매주미 로시(Maezumi Rōshi)가 설립한 화이트 플럼(While Plum) 계통의 선 스승인 로버트 케네디(Robert Kennedy)는 『기독교인에게 드리는 선의 선물과 선 정신, 기독교 정신(Zen Gifts to Christians and Zen Spirit, Christian Spirit)』을 저술했으며, 가톨릭 수녀와 선승禪僧으로 구성된 다르마 계승자를 많이 두고 있다. 오늘날에는 불교와 기독교, 불교와 유대교의 통합에 관한 수십 권의 대중 서적이 출판되어 있을 뿐만 아니라, 이러한 실험적인 종교적 혼합성에 참여하는 수십 개의 공동체도 있다.

이와 같이 불교의 요소들과 비불교 전통들을 선별적으로 통합하는 방식은 현대 불교 근대주의의 형성에 중요한 긴장을 조성하고 있다. 그것은 바로 근원적으로 탈전통화된 불교와 재전통화된 불교, 개인화된 영성으로서의 불교와 참여 사회적 행동주의, 그리고 지역화된 불교와 세계화된 형태의 다르마 사이의 긴장이다.

탈전통주의와 탈근대불교

이러한 종교 간의 혼합 외에도, 특히 북미에서 불교 근대주의의 특정 측면들은 필자가 이미 설명한 탈신화적·탈전통적 경향의 급진화 속에서 점점 더 세속적인 문화와 혼합되어 왔다. 이 운동은 불교의 권위, 위계 구조, 의례, 그리고 '종교적' 측면들을 제거하려는 명확한 서구적인 경향을 보여주며, 대체로 명상을 유일한 수행은 아니더라도 핵심 수행으로 삼는다. 점점 더 인기를 얻고 있는 세계적인 운동인 초감트룽파의 삼발라 수행과, 필자가 논의한 세속적 환경에 대한 명상의 다양한 적용은 불교의 세속화와 탈전통화를 향한 움직임을 나타낸다. 이는 불교의 기법, 태도, 사상을 최소한의 제도적·의례적·전례적 요소만 갖춘 반半세속적·'영적' 삶의 접근 방식 일부로 보는 것이다(Baumann 2001). 예컨대, 영국의 다르마 스승이자 학자인 스티븐 배첼러(Stephen Batchelor)는 고전 불교 경들과 주석서들에서 선별한 독본讀本을 사용하여 붓다가 원래 설명한 다르마의 내용이라고 굳게 믿는 것—'실존적·치유적·해방적 불가지론'—에 근거한 '믿음 없는 불교(Buddhism without beliefs)'를 주장한다. 많은 근대주의자처럼, 배첼러도 다르마가 '종교로서 제도화'되기 전, 즉 엘리트 승려 집단에 의해 통제되고 항상 유효하며 존경받는 신앙 체계가 되기 전, 불교 본연의 고대 원천인 자신의 깨달음으로 되돌아가야 한다고 주장한다(1997: 15-16).

일부 현대 탈전통주의자들은 자신들의 다르마 해석이 '원래의 가르침'에 뿌리를 두고 있다고 보지만, 또 다른 현대 탈전통주의자들은 전통과 의도적으로 거리를 두면서 새로운 것을 계발하고 있음을 인정했다. 플로리다에 있는 선 센터인 오픈 마인드 젠(Open Mind Zen)의 광고는 '승려도 없고 마술도 없고 알아들을 수 없는 말도 없는' '선을 수행하는 새로운 방식'을 제시한다. 오픈 마인드 젠은 승려 계층, 중세 동양 복장 … 황금 왕좌, 구루 숭배, 내부 모임뿐만 아니라 외국어로 독송하고 절하고 자세를 취하는 것도 거부한다.[2] 뉴저지(New Jersey)

---

2 *Buddhadharma: The Practitioner's Quarterly*. Spring 2007, p.84를 참조하라. www.openmindzen.com도 참조하라.

의 프린스턴 지역 선 그룹(Princeton Area Zen Group)의 창립자인 맨프레드 스테거(Manfred B. Steger)와 펄 베서만(Perle Besserman)은 자신의 수행을 일본 문화 양식에 맞추려는 노력에 환멸을 느꼈다고 (조금 더 섬세한 방식으로) 말한다.

> 우리는 20세기 후반을 살고 있는 서양인이라는 사실을 더 이상 피할 수 없었다. 인문주의자이자 '진보주의자'로서 우리는 시민권, 인종 평등, 경제 정의, 비폭력, 생태학, 페미니즘에 관심을 가졌다. 우리는 전통 일본 선의 가부장적·위계적인 성격, 군국주의, 그리고 사회적 행동이나 '현실 세계' 문제들과의 괴리에 괴로웠다. 대량학살 시대의 증인으로서 우리는 가장 존경받는 선 스승들의 폭력적인 인종차별주의에 더 이상 눈과 귀를 닫을 수 없었다(2001: 4).

따라서 스테거와 베서만은 보다 미국적인 방식으로 '풀뿌리 선'을 만들기 시작했다. 이들은 더 이상 따를 수 없다고 판단한 일본 전통의 흔적들, 즉 가부장제, 위계 구조, 계보의 강조를 의도적으로 배제하면서도, 자신들이 필수적이라고 여긴 요소들, 즉 좌선, 명상 수련회인 섭심攝心, 다르마 강연, 공안, 그리고 학생과 스승 간 단독 인터뷰인 독참獨參 등을 유지했다(4-5).

독일계 미국인 스승 토니 패커(Toni Packer)는 이러한 추세의 가장 탈전통화된 사례이다. 그녀는 뉴욕 로체스터 선 센터(Rochester Zen Center)에서 필립 카플로 로시(Phillip Kapleau Rōshi)의 후계자로 활동했다. 하지만 전통 형식과 위계 구조에 환멸을 느껴 그곳을 떠나 자신만의 승가를 만들었다. 그녀는 현재 '명상 탐구와 수련을 위한 스프링워터 센터(Springwater Center for Meditative Inquiry and Retreat)'를 운영하고 있다. 이곳에서는 선禪의 영향을 받은 명상 워크숍과 수련회를 개최하고 있지만, 철저한 소속 의무는 없고 전통의 표준적 형식도 거의 따르지 않는다. 패커는 자신의 가르침과 책에서 계통을 전승하고 한 세대에서 다음 세대로 가르침을 전수하는 것의 가치를 부정한다. 그 대신에 현재의 순간에 머물고, 조건화된 생각의 네트워크를 열린 자세로 탐구하고, 마음이 그 네트워크를 넘어 움직일 수 있도록 하는 것이 중요하다고 주장한다. 유일한 권위는 자기 경험의 권위이다. 독송, 종소리, 절, 그리고 가장 중요한 스승과 제자의 전통적인 관계는 모두 깨달음을 이루는 데 필수적이지 않으며, 심지어 해가 되는 것으로 여겨진다(1995a, 1995b).

패커만큼 전통적인 신앙, 관습, 사회 제도를 저버린 불교 스승은 드물다. 주로 개종자를 대상으로 하는 기관을 포함하여 대다수 서양 불교 기구들은 어느 정도 전통적인 의례를 따른다. 이 기구들은 여전히 스승의 중요성을 유지하지만, 이를 절대적인 권위로는 보지 않는다. 선과 티베트 기구들은 여전히 계통의 중요성을 고수하며, 일부 의례를 따르고 전통불교의 많은 법구法具를 사용한다. 패커는 이들 대부분을 일축하면서 '명상적 탐구'의 중요성을 여전히 강조하지만, 자신이 더 이상 진정한 불교를 실천하고 있지 않다는 점을 인정한다. 이런 점에서 파커의 접근은 일종의 '포스트 선(post-Zen)'이라 할 수 있으며, 이는 불교 근대주의, 특히 선불교의 핵심 주제 중 하나의 극단적이면서도 논리적인 귀결을 보여준다. 이 주제는 스즈키로 거슬러 올라가며,

선이 역사적 전통이나 제도라기보다는 내면적 과정이나 경험에 가깝다는 생각이다. 패커는 역사적 전통이나 제도로서의 선과는 거리를 두면서, 자신이 이해하는 선이라는 단어는 매 순간 자신을 명확하고 온전히 이해하는 마음을 묘사하는 것이며, 자아의 한계 없이 자유롭게 보고 반응하는 방식을 암시한다고 말했다(Friedman 1987: 60에서 인용). 이러한 선을 역사적 전통이나 동아시아 문화 형식과 분리된 마음의 상태로 보는 관점은 서구에서 근대주의적 선과 불교 근대주의의 독특한 성격을 형성하는 데 핵심적인 역할을 해 왔다.

재전통화

비록 서구에서 극단적인 탈전통화가 어느 정도 확산되었지만, 이것이 불교의 탈근대적인 상황에서 나타나는 주요 경향을 모두 설명하는 것은 아니다. 실제로 우리는 전 세계에서 전통을 재차용하고, 불교 근대주의의 일부 주요 요소를 버리고, 다르마에 대한 더 전통적인 견해를 재확인하려는 여러 운동을 목격한다. 이러한 '회귀' 자체가 근대성의 산물이다. 이 회귀는 근대성의 일부 지배적 주제들에 대응하여 전통을 재구성하며, 그 반대되는 모습을 고대 과거 속에서 상상하려고 시도한다. 일부 회귀는 단순히 불교의 전통적인 형태가 아니라 재전통화된 형태이다. 이들이 반드시 근대성을 아예 포기하려는 것은 아니며, 종종 근대 기법들을 사용하고 불교 근대주의의 언어를 활용하기도 한다. 그러나 이들은 불교의 더 정통적인 측면을 재구성하기 위하여 근대성의 일부 혁신을 거부했다.

아시아에서는 전통을 되찾으려는 시도가 많이 보인다. 여기에는 1980년대 미얀마의 승가 개혁이 포함되는데, 이는 위계 구조를 복원하고 교리적 혁신의 자유를 억눌렀다. 스리랑카와 동남아시아에서도 숲속 승려 전통이 부활하였다. 티베트 불교는 1950년 중국의 티베트 합병으로 근대성과 갑작스럽게 대립하게 되면서, 다른 근대화 형태들보다 전통적 요소를 더 많이 유지해 왔다. 이러한 더 보수적인 경향은 부분적으로 티베트인들의 문화와 종교가 위협을 받는 결과이다. 티베트인들은 전통을 유지하는 동시에 후기 근대성의 맥락에서 전통을 실행 가능하게 만드는 것이 초미焦眉의 관심사다. 게다가 서구에서 티베트 불교에 대한 틈새시장은, 티베트를 근대성에 오염되지 않은 고대 지혜의 고립된 공간으로 낭만화해 온 서구 시각에 의해 100년 이상에 걸쳐 형성되어 왔다(Lopez 1998). 서구에서 티베트 불교는 합리적인 종교에 대한 전형적인 근대주의적 희망을 상징하는 동시에, 여전히 주술에 걸려 있는 세계 지역에서 '마법과 신비'에 대한 갈망을 나타내기도 했다.[3] 또한 이 주술의 생존을 위해 무자비한 군사력과 제국주의 침략이라는 근대적 힘에 맞서 처절하게 투쟁하는 이야기를 강력한 서사로 구현했다.

이러한 요인들은 아마도 티베트 불교가 서구에서 보다 전통적 형태를 유지하는 여지를 만드는 데 기여했을 것이다. 티베트 불교의 공개적인 얼굴은 여러 측면에서 전형적인 근대주의자인 제14대 달라이 라마

3 알렉산드라 데이비드 닐(Alexandra David-Neel)의 저서 『티베트의 마법과 신비(Magic and Mystery in Tibet)』(1971〔1932〕)는 블라바츠키(Blavatsky)의 신지학에서 이미 등장했던, 티베트가 마법이 여전히 존재하는 곳이라는 이미지를 굳혔다.

이다. 그럼에도 불구하고 티베트 불교의 일부 계통은 서양 개종자들을 대상으로 하는 다른 형태의 불교만큼 세계 긍정적·평등주의적·민주적으로 도(道, mārga)를 재해석하려는 움직임을 그렇게 빨리 받아들이지 못했다. 닝마(Nyingma) 학파 전통 팔율(Palyul) 계통의 수장인 페노르 린포체(Penor Rinpoche) 또는 드루부왕 페마 노르부 린포체(Drubwang Pema Norbu Rinpoche) 성하聖下와의 인터뷰에서 앤드루 코헨은 엘리자베스 레서(Elizabeth Lesser)의 다음 인용문에 대한 답변을 요청했다. "새로운 미국 영성의 독특하고 가장 긍정적인 측면은 자기 권위에 대한 강조이다. … 민주적 영성에서는 (외부) 권위가 그대에게 신성한 진리와 그것을 발견하는 길을 설명하는 것이 더 이상 의미가 없다. (새로운 미국 영성)에서는 **당신이** 그 여정을 지도로 그린다."(강조와 괄호는 원본, Lesser, Cohen 2000에서 인용) 그러자 페노르 린포체는 단호하게 대답했다. "민주주의적 영적 길을 따르는 데는 아무런 이익이 없다. … 그들은 단지 시간을 낭비하고 있을 뿐이다." 페노르 린포체는 그 길에서 성공할 기회가 있으려면 매우 순수한 계통 출신 스승인 라마의 전승과 축복이 있어야 한다고 주장했다(Cohen 2000). 사실 '순수'라는 용어는 현대 티베트 가르침에서 자주 등장한다. 이는 불교 가르침이 전 세계적으로 혼합되었음을, 그리고 전통주의적 관점에서는 그로 인해 타협되었다고 보는 인식을 분명히 반영한다.

근대주의에 직면하여 불교의 전통적인 측면들을 보존하는 데 새로운 관심을 보이는 이들은 티베트인들과 전통주의적 아시아 불교도들만이 아니다. 테라와다 전통의 일부 서양 승려들도 불교 근대주의의 다양한 측면들에 대해 날카로운 비판을 제기해 왔다. 빨리 성전의 번역가이자 해설가로 활동하는 미국 태생의 현대 승려 빅쿠 보디(Bhikku Bodhi)는 근대주의적 성전聖典의 가장 중심인 「깔라마 숫따」에 기초한 근대주의적 불교 해석에 대해 회의적인 입장을 피력했다. 이 경에서 붓다는 한 무리의 구도자들에게 가르침을 신앙으로 받아들이기보다는 스스로 이를 시험해 보라고 권한다. 빅쿠 보디는 다음과 같이 주장한다. "문맥에서 벗어나 인용된 단 하나의 구절로, 붓다는 모든 교리와 믿음을 거부하는 실용적인 경험주의자로 묘사되었으며, 붓다의 법(法, dhamma)은 단지 각자가 좋아하는 것은 무엇이든 받아들이고 거부할 수 있는 진리 탐구를 위한 자유사상가의 도구가 되어 버렸다." 빅쿠 보디는 이 경에서 붓다가 아직 다르마를 실천하지 않는 사람들 사이에서 회의적 태도를 조장하고 있지만, 이미 붓다의 길에 들어선 사람들에게는 그런 태도를 권고한 적이 없다고 주장한다. 빅쿠 보디는 불교 추종자가 모든 신앙과 교리를 버릴 수 있으며, 자신의 개인적인 경험을 붓다의 말씀을 판단하고 붓다의 말씀과 맞지 않는 것을 거부하는 기준으로 삼아야 한다는 생각을 거부한다. 오히려 불교도들은 자기 경험 범위 안에 있는 다르마의 요소들을 시험하고 검증한 뒤에는, 현재 개인적으로 검증할 수 있는 능력을 넘어서는 붓다의 교리에 대한 믿음을 가져야 한다는 것이다(1998).

(6장에서) 이미 언급했듯이, 빅쿠 타니사로는 '불교 낭만주의'에 비판을 가했다. 또한 빨리 성전의 전통적인 가르침과, 낭만주의, 초월주의, 서구 심리학의 영향을 받아서 상호 연결성, 전체성, 자기실현, 자발성, 자아초월 이야기가 스며든 현대 불교 사이의 명확한 대비를 지적하였다. 근대주의자들이 강조하는 강렬한 '절정 경험'과는 달리,

빅쿠 타니사로는 초기 가르침이 종교적 경험을 인과관계의 원리에 대한 지식뿐만 아니라 모든 고통이 멈추는 인과관계를 초월한 차원으로도 본다고 주장한다. 빅쿠 타니사로는 고통이 우주의 무한한 자아로 확장되는 '분리된 자아'에 뿌리를 두고 있다는 생각도 거부한다. 대신에 고통은 집착, 특히 '유한하든 무한하든' 자아 감각에 대한 집착에 뿌리를 두고 있다고 말한다. 그는 불교가 고통의 치유를 개인적 통합의 지속적 과정으로 이해하는 대신에, 깨달음을 시공을 초월한 무위로 열리는 완전한 치유로 제시한다고 주장한다(2002: 108-11).

미국에 있는 중국(타이완) 불교의 서구 계통도 선배인 근대주의자에 비해 근대성에 훨씬 덜 적응하는 모습을 보인다. 예컨대, 북부 캘리포니아에 있는 만불의 도시(the City of Ten Thousand Buddhas) 승려들은 하루에 한 끼만 먹고, 밤새 앉은 채로 잠을 자며, 남녀가 구분된 숙소에서 생활한다. 이처럼 엄격한 승가 생활의 기준과 더불어, 서구의 저명한 다르마 스승들이 제기한 불교 근대주의에 대한 비판은, 필자가 논의해온 '표준' 근대주의의 형식들에 부합하지 않는 더 많은 수행 방식이 서구에서 가능해졌음을 시사한다. 그러한 비판은 불교의 전통적인 요소들에 대한 재평가와 재언명, 그리고 전통이 근대성에 맞설 수 있다는 더 큰 자신감을 시사한다. 아시아에서 그러한 재언명은 정체성 정치(identity politics)의 부상과 밀접한 관련이 있음이 분명하다. 왜냐하면 20세기 후반 전 세계의 전통들이 그 독특성과 고유 가치를 주장하기 위해 새롭게 대담해졌기 때문이다. 심지어 근대 서구의 문화에 완전히 부합되지는 않더라도 말이다. 특히 그러한 재언명은 스리랑카나 미얀마처럼 민족주의에 물든 경우도 있고, 아시아 국가들의 급속한 근대화 속도에 대한 불안감을 드러내는 경우도 많다.

북미에서 더 보수적이고 전통적인 스승들과 기구들이 성공을 거두고 있다는 사실은, 아시아계 이민자 불교도들이 서양 불교의 형성에 점점 더 큰 가시적 존재감과 영향력을 갖게 되었음을 보여줄 뿐만 아니라 모든 서양인이 철저히 근대화된 형태의 불교를 원하는 것은 아니라는 점도 보여준다. 서양 공동체와 이민자 공동체가 서로 뒤섞이면서, 서양인들은 불교의 더 전통적인 모델에 노출되게 되었고, 일부는 이를 받아들이기도 한다. 진지한 서양 수행자들은 점점 더 많아지는 텍스트와 스승들을 통해 자신들이 수행하는 전통에 대해 더 깊이 있게 배우게 되며, 그 결과 전통에 더욱 익숙해지고 덜 근대화된 형태의 불교에 적응하게 된다. 전통주의·근대주의의 스펙트럼을 따라서 다양한 입장을 수용할 의향도 더 커질 수 있다. 그리고 더 많은 스승이 아시아에서 서양으로 와서 절과 다르마 센터를 설립함에 따라, 서양인들 역시 특정 계통의 특정 전통에 더 많이 참여하게 되었고, 이는 불교 근대주의의 보편주의적 경향을 완화하는 역할을 하고 있다.

이러한 것들은 모두 후기 근대성 또는 탈근대성과 더 관련된 조건들(전통에 대한 다양한 해석, 증가하는 다원주의, 다양한 근대성과 전통의 이질적인 결합)이 등장하고 있음을 알리는 신호이다. 탈근대 상황에서는 다양한 '생활양식 공동체(lifestyle enclaves)'〔역주: 사회학자 로버트 벨라(Robert Bellah)가 만든 신조어로, 가치 기준과 취미를 공유하고 동질감을 추구하는 집단을 말한다.〕 속에서 살아가는 것이 더욱 현실적인 선택지가 되며, 전통주의적 형태의 불교도 때때로 그러한 공동체를 구성한다.[4] 따라서 의례, 도그마, 비과학적인 세계관, 초자연적인 존재에 대한 믿음 등으로부터 대체로 자유롭다는 서양 불교의 이미지는 수십 년 전에 비해 타당성이 떨어지고 있다. 극도로 탈전통화된 '탈불교(post-Buddhism)'와 전통을 회복하려는 움직임의 공존, 불교의 특정 학파 안에서 전통과 혁신의 다양한 조합의 존재는 오늘날 불교의 다양성과 이질성이 증가하고 있음을 시사한다.

이러한 이질성과 불교 근대주의(또는 탈근대주의)의 향후 발전에서 의심의 여지 없이 중요한 것은 정토종淨土宗, 일련정종日蓮正宗, 중국과 타이완의 학파들과 같이 초기에 불교 근대주의 형성에서 그다지 두드러지지 않았던 학파들과 법계불교총회(法界佛教總會, Dharma Realm Buddhist Association)와 같은 기구들이 현재 수행하고 있는 역할이다. 이 단체들은 근대성에 관한 질문들과 씨름하며, 필자가 언급한 단체들보다 더 다양한 민족적 배경을 지닌 사람들을 끌어들이고 있다. 이는 그 단체들의 활동, 해석, 지향의 폭을 넓히는 요인이 된다. 이 단체들은 종종 서양의 개종자들과 이민자들 사이의 간극을 메우며, 서양의 영적 구도자들과 불교가 문화 형성에 더 깊이 뿌리내린 아시아인들 모두에게 호소력 있는 형태를 개발한다. 이러한 전통들의 근대주의적 형태들이 계속해서 두각을 나타내면서, 불교 근대주의의 면모는 분명 변화하게 될 것이며, 불교를 실천하는 방식 또한 더욱 다양해질 것이다.

---

4 게다가 즉각적인 의사소통이 쉬워진 오늘날, 그러한 공동체는 특정한 장소에 얽매이지 않는다. 이제 다양한 '사이버 승가들'이 전 세계의 다양한 종류의 불교도들을 연결하고 있기 때문에, 개인의 공동체가 반드시 지리에 기반을 둘 필요는 없다(Prebish 1999).

개인화된 영성과 사회적 참여

우리는 불교의 탈전통화를 다른 좌표들을 따라 파악할 수도 있다. 전통과 근대 사이의 다양한 연속체와 함께, 최근 수십 년 동안 또 다른 연속체가 부각하였다. 그것은 바로 내향적이고 탈전통화된 '영성'으로서의 불교와, 명상뿐만 아니라 사회적·정치적·환경적 행동주의까지 강조하는 사회적 참여불교 사이의 연속체이다. 어떤 경우에, 내향적이고 탈전통화된 '영성'으로서의 불교는 불교의 명상 전통이 다양한 절충적인 대안적 종교 지향들과 융합한 형태를 나타낸다. 이러한 지향들은 종종 심리치료, 인간의 잠재적 운동, 자력구제 경향, 19세기 형이상학적 운동의 증손자인 뉴에이지 영성 아래 분류되기도 한다. 사회적 참여불교는 아나가리카 다르마팔라와 암베드카르와 같은 일부 초창기 불교 근대주의자들의 정치적 참여, 그리고 더 최근에는 베트남, 캄보디아, 라오스, 티베트와 같은 불교 국가들을 괴롭혀 온 엄청난 사회적·정치적 격변과 전쟁, 그리고 서방 국가들의 정치적 좌파 움직임에서 비롯되었다. 분명히 불교는 그 역사 전반에 걸쳐 내적 성찰의 명상과 사회적·정치적 참여 모두의 다양한 프로그램들을 추진해 왔다. 숲속 승려들과 산속 암자庵子의 수행자들뿐만 아니라, 정치 지도자로서의 달라이 라마, 왕의 고문으로 활동한 승려들이 그러한 예이다. 하지만 개인적 영성과 사회적 참여불교의 현대적 스펙트럼을 만들어낸 조건들은 근대성 담론들과 불교 사이의 상호 교류와 그것들의 후기 근대적 표현에 의해 독특하게 형성되었다.

불교를 몸과 마음의 통합, 영적·개인적 개발, 종교적 체험의 촉진,

심리 건강, 치유, 내면적 변혁을 지향하는 영성의 한 형태로 해석하는 것은 불교의 금욕적인 측면뿐만 아니라 내면성과 성찰성에 대한 개신교, 계몽주의, 낭만주의 전통에서도 영향을 받은 것이다. 이러한 접근법은 영성의 개념들을 사적·개인적인 영역의 내적 경험으로 이해하고, 제도적 종교, 의례, 성직자 제도에 대한 회의적 시각을 내포한다. 필자는 불교가 어떻게 자유로운 형태의 영성으로 해석되었는지, 그리고 어떻게 명상이 심리치료, 건강, 교육, 그리고 더 나아가 소비자와 기업 문화의 담론과 실천에 활용되었는지에 대한 역사를 일부 논했다. 불교 명상과 마음 분석이 뉴에이지 영성과 심리치료에 의해 수용된 것은 서구에서 종교의 상대적 개인화의 한 예이며, 유럽과 북미에서 불교가 현대적으로 해석되는 데 있어 중요한 부분을 차지한다. 그로 인해 특정 서구 사회에서 불교의 문화적 자본이 증가했지만, 동시에 전통의 특정 요소를 급진적으로 탈맥락화하고, 그것을 전통적인 목표와 사회적 맥락에서 분리한 채, 불교를 완전히 새로운 맥락에 다시 편입시켰다. 이러한 경향의 가장 극단적인 표현은 가혹한 세상에서 개인의 의미, 행복한 경험, 자기 향상, 개인적 위안을 제공하기 위한 '기법' 중 하나로 불교를 제시하는 것이다. 많은 대중 서적에서 이러한 의미의 '불교'는 다른 많은 상품과 마찬가지로, 인간관계의 어려움부터 직장 스트레스까지 다양한 문제에 대한 신속한 치료법으로 광고되며, 섹스, 재무 계획, 스포츠를 포함한 다양한 활동의 성과를 높이겠다고 약속한다. 『불교를 이해하기 위한 완벽한 바보 가이드(The Complete Idiot's Guide to Understanding Buddhism)』라는 책의 뒷면에서 보듯이 대중 서적들은 "깨달음이 이보다 쉬운 적이 없었다."라고 약속한다.

'선의 진주(Pearls of Zen)'라고 불리는 영국의 한 녹음 시스템은 "몇 분 안에 여러분은 수년간의 수련이나 수행 없이도 선 스승처럼 명상하게 될 것이고, 명상의 모든 이익도 누리게 될 것이다."라고 약속한다. 이 시스템을 구매하는 사람들은 뇌를 더 건강하고 강력하게 만들고, 창의성을 향상하며, 학습 속도를 높이고, 기억력을 개선하고, 동기부여와 집중력, 창의력을 증진하고, 통증을 완화하며, 자신감과 자존감을 높이고, 면역 체계를 강화하는 등의 효과를 기대할 수 있다는 것이다.[5]

20세기 후반 불교의 가장 중요한 최근의 발전 중 하나인 사회적 참여불교가 국제무대에 부상한 것은 그러한 개인화되고 상업화된 해석 및 수용 방식과 극명한 대조를 이룬다. 이 초국가적 운동은 고통, 연민, 해탈과 같은 불교의 전통적인 언어와 인권, 사회 정의, 평등, 여권女權과 같은 근대 서구 사상의 해방적인 유형의 언어를 서로 결합한다. 사회적 참여불교는 전 세계적으로 다양한 형태로 평화운동을 주도하고, 노숙자와 소외계층을 옹호하며, 환경운동을 촉진하며, 농촌 마을과 협력하여 지속 가능한 경제적 자립을 구축하기 위해 노력한다(Queen 1999, 2003; Queen and King 1996 참조).

참여불교는 불교 용어의 의미를 확장하여 현세적인 용어로 고통과 해방을 체계적으로 풀어낸다. 분명히 이것은 필자가 불교 근대주의에서 이미 설명한 몇 가지 경향의 확장이다. 즉, 전통적 교리의 재해석과 탈신화화, 활발한 세계 긍정, 그리고 서구 해방 담론과의 혼합이다.

---

5 www.pearlsofzen.com/index.htm.

많은 면에서 참여불교는 서구의 특정 해방 운동, 특히 해방신학과 유사하며, 전통적인 불교 개념들로부터 유사한 의무들을 도출해낸다. 케네스 크래프트(Kenneth Kraft)는 5계와 관련하여 이러한 추론 몇 가지를 요약한다.

> 원래 개별 승려를 위한 행동 강령이었던 5계는 이제 세계적인 문제들에 적용되고 있다. 따라서 "살생하지 말라."는 계는 전쟁과 군국주의에 대한 저항을 포함하도록 확장되었다. "도둑질하지 말라."는 계는 착취적인 경제 시스템을 금지한다. "거짓말하지 말라."는 계는 권력자들에게 진실을 말하라는 명령으로 바뀌었다. 틱낫한의 '마음챙김 사회를 위한 식단'은 "음주를 삼가라."는 계를 해석한 것으로, 개인의 행동이 사회적 기반 위에 놓여 있음을 강조한다. … 불교는 고전적으로 고통을 심리적·영적인 용어로 분석했으며, 욕망을 고통의 주요 원인으로 보았다. 오늘날 불교사상가들은 사회적 조건과 정치 제도도 고통을 악화시키거나 완화하는 등 결정적인 방식으로 고통에 영향을 미친다고 주장한다. 초기 불교에서 강조되었던 욕망, 탐욕, 성냄, 어리석음과 같은 동일한 힘들은은 이제 개인적 차원뿐만 아니라 사회적·정치적 차원에서도 다뤄져야 한다. 예컨대, 통제 불능의 소비주의는 개인을 불안하게 만들고 국내외적으로 빈부격차를 확대하며 환경을 파괴한다. 술락 시와락사(Sulak Sivaraksa)는 "소비문화는 어리석음과 무명에서 비롯된 탐욕과 정욕과 밀접하게 연관되어 있다."라고 단호하게 선언한다(Kraft 1999: 53).

그러므로 참여불교는 개인적 고통의 원인뿐만 아니라 체계적 고통의 원인에도 대응할 것을 강조한다.

개인화된 방식의 불교와 참여적인 방식의 불교 사이에 긴장이 있다고 해서 후자가 명상과 마음챙김에 대한 전통적인 관심이 없다는 의미는 아니다. 오히려 많은 저자들은 이러한 활동들이 정치적 행동주의의 실천에 필수적이며, 사회적 행동주의와 결합되어야 한다고 생각한다. 언급한 바와 같이 틱낫한은 일상 속 마음챙김을 강조하는 저명한 불교 옹호자 중 한 명이다. 식사, 설거지, 기다 수많은 활동은 일상의 경이로움을 음미하는 기회가 될 수 있다. 필자가 지금까지 설명한 것처럼, 일상 속 마음챙김은 전적으로 개인적인 실천, 즉 개인적 경험의 가장 개인화된 영성 내에서 확고하게 자리 잡을 수 있는 실천처럼 보일 것이다. 그러나 베트남의 젊은 승려로서 전쟁 중 자신이 설립한 종단의 평화운동과 사회 프로그램을 설명하기 위해 '참여불교(Engaged Buddhism)'라는 용어를 만들어낸 틱낫한은 일상 속 마음챙김의 의미를 더 넓은 영역으로 확장한다. 예컨대, 주의 깊게 먹기 위해서는 음식의 맛과 질감뿐 아니라 음식을 식탁에 올려놓은 원인과 조건의 네트워크도 포함된다. 이 네트워크에는 가난한 나라에서 힘들게 일하고 저임금을 받는 농부, 착취당하는 노동자, 그리고 부유한 나라로 음식을 반입하는 과정에서 사용되는 상당한 양의 화석 연료와 배출되는 온실가스도 포함된다. 식사는 날마다 굶어 죽는 사람들이나 자신의 나라에서 부유한 나라로 수출되는 좋은 음식을 먹기에는 너무 가난한 사람들에게 주목하는 기회이다(1991, 1998). 틱낫한은 내면의 평화를 키우는 것이 세상에 평화를 가져오는 데 중요하기 때문에 이러한 종류의 인식을 키우는 것이 사회적 행동에 중요한 자극이 된다고 주장한다.

개인적 영성으로서의 불교 근대주의와 사회적·환경적 정의를 위한 사회적·정치적으로 활동적인 힘으로서의 불교 근대주의 사이의 연속체는 필자가 설명한 다른 연속체와 마찬가지로 다양하다. 한쪽 극단에는 세계화된 탈근대주의의 소비주의적·물질주의적·자본주의적 문화에 거의 완벽하게 적응한 불교적 변형들이 있다. 그러한 변형들의 주요 목표는 복잡하고 스트레스 많은 세상에서 마음의 평화를 찾는 것이며, 더 큰 사회적 이슈뿐만 아니라 전통적인 윤리적 관심사도 대체로 배제한다. 또한 불교의 사회적 또는 제도적 측면에 대한 헌신을 요구하지 않으며, 불교의 가르침과 기법을 적용하는 데 매우 선택적이다. 하지만 불교에 대한 가장 무지한 설명을 제외하고는 윤리적·사회적 관련성이 전혀 없이 철저하게 개인화된 불교를 찾기란 어렵다. 도덕적 삶에 대한 불교의 전통적 강조는 가장 개별화된 형태의 영성에서도 제거하기 어렵다. 가장 대중적인 불교 서적들은 적어도 명상이 개인 마음의 평화뿐만 아니라 다른 사람에 대한 윤리적 입장의 변화도 가져오는 것임을 암시한다.

연속체의 반대편에는 사회적 참여불교도가 있다. 이들은 자애(mettā)의 사명을 수행하거나 모든 중생을 구원하는 보살의 길이 사회적·정치적 행동주의를 필요로 한다고 본다. 이러한 모델에서 불교가 고통과 불의로 가득 찬 세상에서 단지 개인적 위안을 찾는 데만 그친다면 불교는 별 소용이 없다. 모든 중생에 대한 연민은 군국주의, 인종주의, 불평등, 빈곤, 환경 악화에 정면으로 맞서 이러한 현상들의 개인적 원인뿐만 아니라 구조적 원인에도 도전하는 것을 의미한다. 이렇게 극명하게 대조적인 양극단 사이에는 불교적이 되는 여러 가지 방법들이 있는데, 실제로 오늘날 대부분의 다양한 불교 근대주의는 두 지향을 결합한다. 그럼에도 불구하고 이 두 지향은 현대의 불교 근대주의 내부에 긴장이 존재함을 시사하며, 이러한 긴장은 앞으로 수년 내에 불교 전통을 어떤 방향으로든 끌고 갈 가능성이 높다.

세계화와 정당성의 탈중심화

불교 근대주의의 혼합성, 변화무쌍한 성질, 전통적인 많은 것 폐기, 교리와 실천을 급진적으로 재작업하기는 자연스럽게 정당성, 적법성, 정의定義에 관한 질문을 불러일으킨다. 불교도란 무엇인가? 불교와 비불교의 경계는 무엇인가? 불교가 너무 철저하게 근대화되고 서구화되고 탈전통화되고 적응되어 더 이상 불교로 간주할 수 없는 시점은 어디인가?

우리는 모든 변형이 반드시 순수한 원형에 부합되어야 한다는 신화를 이제는 분명히 버릴 수 있다. 만일 '진정한 불교'가 새로운 문화적 요소들이 섞이지 않은 불교만을 의미한다면, 오늘날 존재하는 어떤 불교도 그 기준에 부합하지 않는다. 서양 불교가 선조격인 아시아 불교를 엄격하게 고수해야 한다고 말하는 것은 여전히 자의적인 주장일 뿐이다. 왜냐하면 아시아 불교도 수많은 문화 적응을 포용하고 있는 혼합체이기 때문이다. 현존하는 모든 형태의 불교는 오랜 시간 동안 다양한 문화적·역사적 환경 속에서 형성되고 재구성되어 왔다. 불교의 전통들, 아니 실제로 모든 전통은 독특한 역사적·문화적 조건들에 대응하여 새로운 문화의 요소들을 융합하고, 새로운 맥락에서 더 이상 실행 가능하지 못한 요소들을 버리고, 이전의 불교에서는 결코 던질 수 없었던 질문들을 던지면서 끊임없이 스스로를 재창조해 왔다.

필자는 이 책에서 정당성과 비정당성을 규정하는 데는 집중하지 않았다. (이러한 용어들은 경험적으로 적용될 수는 있지만, 대개는 규범적이고 논쟁적인 주장을 수반하는 경우가 더 많다.) 오히려 필자는 불교 근대주의의 독특한 구조 속에서 몇 가지 실마리를 추적하는 데 초점을 맞추었다. 그럼에도 불구하고 정의定義, 적법성, 정당성의 문제가 불교의 전례 없는 빠른 변화와 새로운 형태의 불교 확산 때문에 동시대의 수행자들에게 중요해졌다. 그리고 불교를 지지하는 목소리와 불교에 대해 말하는 목소리가 전통적인 승가의 경계를 넘어 커짐에 따라, 학자들과 수행자들 모두에게 불교가 무엇인지에 대한 논의는 더욱 복잡해지고 있다. 스티븐 버크위츠(Stephen Berkwitz)가 지적한 대로다. "불교의 정체성과 전통을 구성하는 요소에 대해 제기되는 총체적이고 본질주의적인 주장들은 근본적으로 역사적 조건에 따라 달라지며, 정치나 종교와 같은 현대적 논쟁의 변화하는 기반 위에서 서로 다르게 정당화된다는 점을 학자들이 인식하는 것이 점점 더 중요해지고 있다."(2006: 7)

한 가지 측면에서 불교 근대주의의 다양한 형태나 그 내부에서의 발전이 정당한지를 묻는 것은 불교 근대주의의 정당성을 확신한 실천 공동체가 있는지를 묻는 것이다. 이러한 형태 중 많은 형태에 대해서는 분명히 "그렇다."라고 답할 수 있다. 하지만 최근 수십 년간 불교 근대주의의 급속한 세계화는 이 문제를 더욱 복잡하게 만들었다. 앤서니 기든스에 따르면, 후기 근대성과 세계화는 더 이상 물리적 영역과 국가적 경계만으로는 지도로 그려지지 않는 사회적 공간의 재구성을 수반한다. 사회적 관계는 이제 지역적 상호작용의 맥락에서 벗어나 … 무한한 시공간을 가로질러 재구성된다(1990: 21). 세계화는 멀리 떨어진 지역들을 연결하는 전 세계적인 사회관계의 심화를 수반하며, 그로 인해 지역적 사건들이 수 마일 떨어진 곳에서 발생한 사건들에 의해 형성되고, 그 반대의 경우도 마찬가지가 된다(64). 이와 유사하게 데이비드 헬드(David Held)와 그의 동료들(1999: 16)도 세계화를 사회적 관계와 거래의 공간적 조직에서 변화를 구현하는 한 과정(또는 일련의 과정)으로 정의한다. 이 과정은 그 범위, 강도, 속도, 영향력을 창출하는 대륙 간 또는 지역 간 흐름과 활동의 네트워크 측면에서 평가된다. 이러한 상황에서 거대한 인구 이동과 대중 매체는 사상과 실천의 체계를 다른 체계들과 전례 없는 관계로 몰아넣었다. 다양한 학파와 지리적으로 특정한 형태의 불교가 국제화됨에 따라서, 불교 전통은 이제 이념적·정치적·사회적·상업적인 여러 체계 속에서 기능하게 되었다. 승가가 재가자의 충성과 왕국이나 국가의 지원을 받는 것만으로 더 이상 충분하지 않다. 탈근대 상황은 어떤 형태의 전통이나 그 안에서 새롭게 등장한 발전이 정당성과 문화적 자산을 인정받고 (종종 그렇게 인정받아야 하는) 체계를 더욱 확대하였다.

예컨대, 티베트 불교도들은 근대성과 갑작스럽게 마주하게 되면서, 전례 없는 다양한 담론적 맥락 속에서 자신들의 전통을 재정립하고 재해석하며 정통성과 문화적 자본을 구축해야 하는 상황에 놓이게 되었다. 이제 티베트 불교는 중화인민공화국 정부와의 투쟁에 대한 국제적 지지를 얻기 위해 서구 열광적 지지자들의 요구와 희망에 부응하고 적응해야 한다. 또한 공산주의 정부 내에서 종교적 전통으로 존재할 권리를 주장해야 하며, 중국이 점령한 티베트, 상당한 규모의 망명 공동체, 티베트 불교를 수행하는 새롭고 세계적인 비非티베트인 인구라는 급격히 변화된 상황 속에서 전통이 어느 정도까지, 그리고 어떻게 적응해야만 하는지에 대해 내부적으로 논의해야 한다. 마지막으로, 티베트 불교는 비非티베트인들과 가르침을 나누고 그들의 문화에 맞게 가르침을 조정하려는 열망과 다르마에 대한 충실성을 어떻게 조율할 것인지 협상해야 한다. 달라이 라마는 불교의 근대화된 표현을 장려하기 위해 광범위한 세계적 인지도를 얻고 언론 보도를 탈 수 있다. 이러한 대중 매체에서의 정당성은 티베트 공동체뿐만 아니라 다른 불교 공동체에도 반향을 일으킬 수 있다. 하지만 달라이 라마는 자신이 속한 겔룩파 학파 안에서 더 전통주의적인 불교도들의 비판을 받고 있으며, 그들에게 자파의 가르침을 근대 사회에 맞게 조정하는 것이 다르마를 심각하게 훼손하는 것이 아니라는 점을 설득해야 한다. 게다가 티베트 불교는 미국과 유럽뿐만 아니라 싱가포르, 타이완, 뉴질랜드, 브라질 등 여러 나라에서 인기를 끌었으며, 이러한 각각의 문화적 맥락에서 자신을 어떻게 표현해야 할지도 고민해야 한다.

상황은 단순히 다른 문화들에 적응하는 것 이상을 요구한다. 탈근대 세계화의 탈중심화 경향은 불교 담론을 전통적인 장소에서 분리하여 다양한 담론들에 다시 편입시켰다. 그러한 담론들은, 예컨대 환경 운동이나 최근 '세계 종교들' 간의 대화뿐만 아니라, 불교 서적, CD,

불교 의례 공연이 소설, 음악, 연극과 경쟁하는 시장의 흔히 볼 수 있는 표현들이다. 이제 저명한 스승들도 책 시장, 연설 장소, 언론과 정치인들과 어떻게 교류할 것인지, 할리우드 영화와 심지어 록 콘서트에 참여할지 여부와 방법 따위도 고려해야 한다.[6] 따라서 이 전통이 가르침과 실천을 적용하고 정당성과 명성을 창출해야 하는 상황은 종파나 지리적 영역을 넘어 증가하고 있으며, 이러한 다양한 상황에 메시지를 조정하고 맞춰야 할 필요성은 종종 급속한 변화의 원동력으로 작용한다.

물론 불교 역사에서 정당성의 수사법과 문화적 자본의 맥락이 다양한 지지층들 사이에 퍼져 나갔던 때는 있었지만, 다양한 문화적·종교적·이념적 경계를 넘어 전 세계로 퍼져나간 적은 일찍이 없었다. 전통적인 사회 네트워크들로부터 다르마가 분리되고, 다양한 담론들과 문화적 맥락들에 새롭게 참여하게 되면서, 불교도들이 정당화를 위한 적응과 전략들을 개발해야 하는 상황은 더욱 다양해지고 있다.

---

6 1990년대에, '리틀 붓다(Little Buddha)', '티베트에서의 7년(Seven Years in Tibet)', '쿤둔(Kundun)'과 같은 세 주요 할리우드 영화는 티베트 불교를 주연으로 다루었다. 이 영화들에는 모두 실제 티베트 승려들이 출현했다. 1990년대에, '티베트 자유(Tibet Freedom)'라는 콘서트 시리즈에는 '비스티 보이즈(Beastie Boys)', '레드 핫 칠리 페퍼스(Red Hot Chili Peppers)', '비요크(Bjork)', '존 리 후커(John Lee Hooker)'와 같은 대중음악 공연 중간에 무대에서 티베트 승려들이 독송하는 모습이 등장했다. 다음多音 독송을 전문으로 하는 규토(Gyuto) 승려들은 다수의 CD 발매에 등장했는데, 여기에는 그래이트풀 데드(the Grateful Dead)의 미키 하트(Mickey Hart), 필립 글래스(Phillip Glass), 키타로(Kitaro)도 등장하는 세계의 지붕에서 들려오는 '자유의 노래(Freedom Chants from the Roof of the World)'가 포함된다.

이러한 변화는 결국 새로운 해석, 새로운 수행 방식, 새로운 혼합 형태들을 낳게 되며, 다양한 형태의 불교는 점점 더 다양해지는 문화, 담론, 이데올로기, 인쇄 문화, 전자 매체 공간, 그리고 지역적·국제적 공동체 속에서 자신만의 생태적 틈새를 찾아 나서게 된다.

그러한 맥락에서 불교 근대주의라는 관용어는 초국가적이고 범세계적인 관객들에게 연설할 때 다양한 불교 전통의 사실상 국제어로 작용하는 경우가 많다. 티베트 승려들이 전 세계 무대에서 모래 만다라(sand-maṇḍala)를 만들고 독송하고 춤추고 의례를 행하는 대중적인 여행은 불교 근대주의가 국제 불교 언어로 사용되고 있을 뿐만 아니라 전통 불교문화의 탈근대적 해체와 다양한 맥락에서 불교가 참여하는 것도 보여주는 구체적인 예이다.

'티베트의 신비한 예술(The Mystical Arts of Tibet)'이라는 미국 순회공연에서 드레펑 로슬링사寺(Drepulng Loseling monastery)의 승려들은 공연장과 대학 강당 무대에서 절에서 보통 행해지는 의례들, 계절 축제에서 전통적으로 공연되는 대중적인 춤, 그리고 승려 전통 교육의 일부인 토론 시범을 혼합하여 공연한다. 이러한 공연에서 배포되는 팸플릿의 언어는 전통적인 철학, 의례, 탄트라 텍스트의 언어도 아니며, 이러한 의식을 지켜보는 일반 재가자들이 이해할 수 있는 언어도 아니다.[7] 물론 이것은 단순히 그 팸플릿이 티베트어가 아닌 영어로 작성되었다는 명백한 의미만을 뜻하는 것은 아니다. 오히려 이 팸플릿에 담긴 의미와 함의 중 일부는 이 전혀 새로운 맥락에서만 독특하게

7 팸플릿은 www.mysticalartsoftibet.org/에서 입수할 수 있다.

나타나며, 많은 티베트 불교도에게는 희미하게만 인식될 수 있다. 특정 의례에 대한 설명에는 '자신들(승려들)과 관객에게 창의적 앎(creative awareness)을 불러일으키는 의례'와 '주변 환경에서 선善의 영혼을 고양하는 의례'가 포함된다. 작은 만다라의 건설은 내면적 완벽함의 눈으로 보이는 세계를 창조하는 것이라고 말해지며, 이는 세계 치유를 위한 공물로 보내진다. 검은 모자를 쓴 스승들의 춤(sha-nak gar-cham)에 대한 설명은 이 춤을 '드락포(drak-po) 또는 분노라고 알려진 방식으로 추는 … 부정적인 에너지와 장애를 제거하기 위한 고대 춤'이라고 부른다. 팸플릿 곳곳에는 '창의성'에 대한 언급이 등장한다. "노래는 창의적인 삶의 방식에 영감을 주고, 의례는 창의적 에너지를 불러일으키며, 세계 평화를 위한 독송은 평화, 조화, 그리고 창의적인 삶의 방식을 불러오는 잠재의식의 힘을 불러일으킨다."

팸플릿은 불교의 실천과 사상이 불교 근대주의의 언어로 번역된 몇 가지 방식을 보여준다. 예컨대, 검은 모자를 쓴 스승들의 춤은 전통적인 맥락에서 보면 라마들이 악령들을 제압하면서, 그중 구제 가능한 악령은 다르마의 수호자로 만들고 나머지 악령은 파괴하는 연극이다. 이 연극은 9세기 티베트의 왕이자 불교의 박해자인 랑다르마(Langdarma)를 암살한 한 승려 이야기와 흔히 연관된다. 또 주목할 만한 점은 승려들이 이러한 공연을 하기까지 종종 며칠에 걸쳐 만드는 아름답고 복잡한 모래 만다라에 대한 설명에는 만다라가 전통적으로 내면적 완벽함의 눈을 통해 보는 세계를 상징할 수 있지만, 종종 특정한 목적을 위해 초대되는 특정 신들을 구현하기 위한 것이라는 사실, 즉 단순히 '세계 치유를 위한 공물'로만 여겨지지 않는다는 사실에 대한 언급이 전혀 없다는 것이다. 만다라는 특정한 붓다나 보살의 궁전을 나타낸다. 천상의 존재를 초대하여 머물도록 하는 예배 의식을 거행한 뒤에 만다라는 천상의 존재에게 임시 거주지로 기능하며, 따라서 숭배 대상으로 취급된다. 하지만 팸플릿에서는 만다라에 특정 신들이 거주한다는 전통적 개념과 관련된 모든 언어가 삭제되었다. 게다가 자주 사용되는 용어인 '창의성(creativity)'에 상응하면서, 적어도 서구 관객에게 필연적으로 수반되는 의미를 전달할 수 있는 티베트 용어를 찾는 것도 어려울 것이다.

제프리 사무엘(Geoffrey Samuel)은 티베트 불교에서 깨달음(bodhi) 지향과 실용주의적 지향의 두 가지 지향을 분석했다(1993). 후자는 주로 악으로부터 보호받고 더 나은 삶의 환경을 조성하기 위해 영계靈界 존재들을 통제하는 것과 관련이 있고, 전자는 깨달음을 달성하는 것과 관련이 있다. 주지하는 바와 같이 불교 근대주의는 거의 항상 이러한 실용주의적 요소를 배제하고, 근대화된 형태의 깨달음 지향을 강조한다. 그러한 의례들이 서양에서 소개될 때, 불교 근대주의의 언어는 실용주의적 지향과 근대주의적인 깨달음 지향 사이를 중재한다. 이 중 일부는 드라마 속 특정 배우의 비인격화를 포함한다. 예컨대, 불교 만신전(萬神殿, pantheon)에 있는 자비로운 신들은 자기 내면의 '선善의 영혼'이나 이타적 동기가 되며, 악마도 마찬가지로 정신 내면의 분노의 힘이 된다. 많은 근대화 사례처럼, 영계 존재들에 대한 이러한 내면화와 심리화는 순수하게 서양의 발명품이 아니라 이미 불교 전통에 있던 해석을 정교하게 만든 것이다. 확실히 악마, 보살, 다르마의 수호자, 기타 영계 존재들은 티베트 불교 철학 사상에서 마음의 성질과 상관관계를 가진다. 서양의 주관성 전환과 이러한 존재들을 심리화하려는 근대주의의 경향에 공명하기 위해, '티베트의 신비주의 예술' 팸플릿은 다소 비교祕敎적 해석을 제시한다. 이는 대부분의 티베트의 재가자들에게는 친숙하지 않을 수 있지만, 교육받은 승려들에게는 이해될 수 있는 해석이다. 하지만 영계 존재들에 대한 엘리트 티베트인들의 상징적 내면화와 서구의 심리화 사이에는 중요한 차이가 있다. 예컨대, 티베트인들은 외부 존재로서의 악마와 내면의 부정적인 심리 상태 사이의 상관관계를 인정하지만, 전자를 후자로 축소하지는 않는다. 이미 지적한 바와 같이, 티베트인들은 이러한 존재들이 마음의 요소들을 상징한다손 쳐도 실제로 존재한다고 생각한다. 그러나 서구에 설명되는 초자연적 존재들은 그러한 위치에서 떨어져 심리적 상태나 비인격적인 영적 '에너지'의 상징으로 축소된다.

필자는 이미 이 연구에서 여러 차례 그러한 탈신화화 사례를 살펴보았다. 그러나 이번 사례가 주목할 만한 점은 이전에 고도로 지역화된 형태의 불교가 불교 근대주의의 언어를 사용하여 자기 문화의 일부를 서구의 범세계적인 관객에게 전달하고 있음을 보여준다는 것이다. 이는 티베트 불교의 복잡한 의례적 우주론을 전달하려는 것이 아니라, 이를 기존 관용어로 번역하고 변형하여 무대 공연, 순회 극단, 미술 전시회, CD 녹음과 같은 새로운 환경에서 사용하기 위함이다.

이와 같이 티베트 의례를 불교 근대주의 언어로 번역한 작업은, 세계화가 이전에는 지역화되었던 전통이 작동하는 맥락을 어떻게 확장시키는지, 그리고 그러한 확장이 어떻게 다르마의 새롭게 변형된 형태들을 만들어낼 수 있는지를 보여준다. '티베트의 신비한 예술'

팸플릿에 나오는 것과 같은 설명은 대부분 불교도가 아닌 광범위한 독자층을 위한 신속하고 간략한 요약으로 의도된 것이지만, 동시에 불교를 여전히 대중적이면서도 더 심층적으로 소개하는 (서구와 티베트의) 대중 작가들로부터 비롯되었으며, 그들에게 단서도 된다. 그리고 수십 권의 대중 서적은 팸플릿의 내용과 유사한 언어로 티베트 불교의 가르침을 심리화하고 근대화하며, 이러한 저작들은 서양에서 불교를 대표하는 권위 있는 재현으로 자리 잡는다. 하지만 그것은 단순한 재현을 넘어, 새로운 해석뿐 아니라 새로운 실천 공동체를 만들어낸다는 점에서 불교 안의 새로운 하위 전통이다. 더 나아가, 티베트 교리와 실천을 근대적으로 재구성한 이러한 표현은 사회적 명성, 정치적 영향력, 미디어에 대한 접근성을 갖춘 강력한 엘리트 인구 사이에서 어느 정도 세계적인 통용성을 얻음에 따라, 더 지역화된 불교 인구에게 영향을 미치게 된다. 일부는 이러한 근대적인 해석을 받아들이게 되고, 다른 일부는 전통적인 반발을 일으킨다. 따라서 세계화는 급속한 혁신, 새로운 하위 전통의 증식, 재전통화, 정당성과 적법성에 대한 논쟁을 야기하는 환경을 조성한다.

불교 근대주의가 초국가적이고 세계적인 맥락에서 제시되는 불교의 링구아 프랑카(lingua franca)가 되고 있다고 주장한다고 해서, 그것이 반드시 다양한 불교 전통의 핵심적 공통 요소들을 대체한다는 뜻은 아니다. 사성제, 팔정도, 삼귀의는 근대적이든 아니든 전 세계 불교의 공통된 특징으로 남아 있으며, 우리는 불교 스승들이 세계 각지에서 이것들에 관해 이야기하는 것을 듣는다. 오히려 불교 근대주의의 언어는 메타언어라고 할 수 있다. 메타언어는 이러한 기본적인 요소들을 해석하고 근대의 사회적·정치적·문화적 맥락에 어떻게 배치할지를 제시한다. 메타언어는 우리가 무엇에 주목하고 무엇을 무시해야 하는지, 무엇이 중심이고 무엇이 주변인지를 제시한다. 서구 근대성의 언어와 관습이 점점 더 세계화됨에 따라 불교 근대주의의 언어도 점점 더 국제적인 다르마의 언어가 되어가고 있다.

세계불교: 적응과 도전

불교 근대주의가 전통으로부터 벗어나 서구의 사상 및 실천과 혼합된 양상은 적응과 정당성의 문제를 넘어, 불교가 근대성과 서구의 규범적 문화적 가치에 도전할 수 있는 역량을 지니고 있는지 의문을 제기한다. 앞서 언급했듯이, 불교와 서구의 상호작용에서 반복되는 주제 중 하나는 서양이 기술 개발과 물질적 행복을 추진하는 과정에서 놓쳐버린 근대성의 엄청난 문제들에 대한 해결책을 불교가 제시할 수 있다는 희망이다. 그러한 희망 중 많은 부분은 오리엔탈리스트적 환상과 낭만적 이국주의에 뿌리를 두고 있다. 하지만 불교가 서양, 더 넓게는 현대 세계에 새로운 관점, 통찰, 비판을 제공할 수 없다고 생각하는 것은 문화적 오만일 것이다. 앞서 살펴본 바와 같이, 불교 근대주의는 서구의 사상, 문화, 사회적 실천에 다양한 방식으로 적응해 왔다. 서양 근대의 언어로 불교를 재구성하는 이러한 과정은 두 가지 잠재적이고 상반된 결과를 초래할 수 있다. 첫째, 불교가 서양과 근대 세계에 새로운 개념적 자원들을 제공하여 근대성의 개인적·사회적·정치적·환경적 병폐에 대해 참신한 관점을 제공할 수 있다는 가능성이다.

실제로 불교가 근대성의 언어를 사용하지 않는다면, 이러한 병폐들을 해결할 수 없다. 그러나 두 번째 가능성은, 불교가 서구의 주류 가치와 전제에 너무 완전히 적응함으로써 더 이상 그것들에 대한 대안이 되지 못하고, 따라서 그것들을 비판할 수 있는 자원을 스스로 포기하게 될 수도 있다는 점이다.

그렇다면 현재 탈근대와 세계화 단계로 진입하고 있는 불교 근대주의가 근대, 서구 사상, 사회적 관행, 윤리적 가치에 도전하고 비판하고 강화하고 대안을 제시할 수 있는 역량은 무엇일까? 이 질문에 대한 충분한 답변은 또 다른 한 권의 책이 필요할지도 모르지만, 여기 그 함의에 대한 간략한 개요를 제시해 본다. 불교 근대주의는 그러한 도전, 비판, 기여를 위한 충분한 자원들을 지닌 것으로 보인다. 예컨대, 갈애(tṛṣṇa)와 불만족(duḥkha) 사이의 관계에 대한 불교의 분석과 불교의 금욕적 경향은 소비주의, 물질주의, 자본주의의 병리학적 측면의 토대 자체에 대한 강력한 비판으로 재구성될 수 있다(예컨대 Loy 2003; Kaza 2005 참조). 활발한 윤리적 성찰과 결합한 불교의 정교한 명상 기법은 심리적·영적 자기 수양의 형태를 제공하며, 이는 일부 근대 심리 치료와 뉴에이지 영성에 나타나는 자기 몰입과 사회적 무관심을 초월할 수 있도록 해준다(Carrette and King 2005). 더욱이 참여불교는 인권, 전쟁과 평화, 환경주의, 기타 시급한 사회적·정치적 문제들에 대한 담론들에 고유한 관점과 새로운 어휘를 제공함으로써 그 담론들의 개념적 자원들을 확장한다.

불교 근대주의는 또 다른 연속체 위에 위치할 수 있는데, 이는 (탈)근대성의 현상에 도전하고 새로운 통찰을 제시할 수 있는 역량을 가늠한다. 그 연속체의 한쪽 끝에는 이러저러한 이슈를 해결하고 이러저러한 비판을 전개하는 다양한 불교의 재구성이 있는데, 이는 근대적 방식의 승가 생활이든 사회적으로 참여하는 불교이든 마찬가지이다. 달라이 라마, 틱낫한, 붓다다사와 같은 가장 유명한 현대 불교인들과 그들의 가르침을 확장하는 많은 사람이 이 연속체의 한쪽 끝에 자리하고 있다. 그런 세계적 영향력을 가진 인물들에 대해서는 많은 글이 쓰였으며, 그들이 근대성을 어떻게 활용하고 도전하였는지에 대해서는 더 이상 자세히 설명할 필요가 없을 것이다.

이 연속체의 반대쪽 끝에는 서구문화에 너무도 철저하게 흡수되어 서구문화의 가치와 가정에 대한 진정한 대안이나 비판을 제시하거나 새로운 것을 제시할 잠재력을 상실한 불교의 형태와 파편들이 있다. 바로 이 지점에서 불교는 모호한 뉴에이지 영성, 자력구제 요법, 순전히 개인적인 자기 개발의 길로 사라져 버린다. 그러한 접근법에 개인적인 이점이 있을 수 있지만, 그것은 대체로 대중적 가치에 종속되어 있으며, 돈을 잘 벌고 사무실에서 효율적으로 일하고 풍요롭고 만족스러운 사생활을 누리는 등의 목적을 달성하기 위한 수단일 경우가 많다. 연속체의 가장 극단적인 지점에서 이러한 파편들은 대중문화 속으로 사라지며, 불교 이미지는 산산이 부서져 젠 팝콘(Zen popcorn), 젠 티(Zen tea), 붓다 비키니(Buddha bikini), 붓다 바(The Buddha Bar)와 같은 무수한 상품의 비유로 변모한다.[8] 여기서 불교 근대주의는 미디어

---

8 젠 팝콘(Zen Popcorn)은 로버트스 아메리칸 고메(Robert's American Gourmet)의 제품이다. 젠 티(Zen Tea)는 타조(Tazo)의 제품이다. 붓다 비키니(Buddha bikini)는 가랑이 중앙에 석가모니가 있는 등 심한 노출의 수영복에 붓다 형상들이 그려져

주도 소비라는 거대한 기계들 속으로 사라지며, 제품을 판매하는 수단이 될 뿐만 아니라 제품 자체가 된다. 불교가 윤리적 파장이 거의 없는 순전히 개인화된 자력구제 방식이 되는 연속체의 지점부터 단순한 상업적 비유가 되는 지점까지, 불교는 서구의 (점점 더 세계화되고 있는) 대중문화와 소비주의와 상업주의의 가치에 너무나 철저하게 적응하여, 현대 문화의 이러한 요소들을 비판할 수 있는 불교의 풍부한 자원은 무력화된다.

세계 민속불교

이러한 연속체의 끝자락에서 우리는 새로운 발전 양상을 보게 되는데, 필자는 이를 세계 민속불교, 즉 불교 근대주의 안에서 새롭게 부상하는 대중 종교라고 부르겠다. 이는 대승 전통과 소승 전통, 엘리트 전통과 대중 또는 민속 전통이라는 일반적인 분류법을 헷갈리게 만드는 아이러니한 범주이다. 학자들은 흔히 대중 전통을 일반 서민들의 비교적 세련되지 못한 지역 종교라고 표현한다. 이러한 전통은 복잡한 교리보다 의례적 내용을 더 많이 담고 있고, 여러 전통을 자유롭게 혼합하고, 보호와 그 밖의 현세적 이익을 위해 물질적 대상의 조작과 마법을

있었다. 이 제품은 빅토리아 시크릿(Victoria's Secret)에 의해 판매되다가 불교도들의 항의로 철수했다. 붓다 바(The Buddha Bar)는 파리의 고급 레스토랑이자 술집이며, 현재 맨해튼(Manhattan), 베이루트(Beirut), 두바이(Dubai), 암만(Amman), 리스본(Lisbon)에도 지점이 있다. 붓다 바는 아시아 요리와 장식, 느린 템포의 세계적 비트 음악, 큰 불상이 특징이다.

활용한다. 때로는 물신숭배(fetishism)나 주술 등을 포함하기도 하며, 종종 정통 교리에 반하기도 한다. 대중 전통은 지역적이고 특정 장소에 뿌리를 둔 경향이 있는 반면, 엘리트 전통은 보편화를 지향한다. 엘리트 전통은 정교하고 문헌 중심적이며 철학적이며 규범적이며 종종 제국주의적 성격을 띤다. 또한 상류 사회 계층에 속하며, 모든 시대와 장소에 적용 가능한 보편적 진리로 제시된다.

세계 민속불교는 대중과 엘리트의 구분에서 흔히 나타나는 특정 요소들을 뒤집는다. 세계 민속불교는 종종 부유층에게 호소력이 있으며, 특정 지역에 얽매이지 않고 점점 더 세계화되고 있고, 지역적·문화적·민족적 차이를 무시하는 대신 통합을 우선시하는 경향이 있다. 그것은 특정한 문화적 맥락에 뿌리내리기보다는, 전자 시대의 세계 담론, 상업 장소, 대중문화, 사회적 관행의 흐름에 합류한다. 이러한 탈근대적인 세계 민속불교는 세계화의 흥기와 함께 등장한 재가불교의 독특한 형태이다. 이는 끊임없이 부상하고 확장하는 초국가적 대중문화와 어우러져 주로 텔레비전, 인쇄물, 인터넷을 통해 유통된다. 티베트 승려이든 국제 불교 작가이든, 엘리트 불교 근대주의자들이 세계화하는 대중문화의 의미 체계, 문화적 관행, 상업 장소 안에서 활동할 때, 그들은 불교 전통이 다르마를 새로운 장소로 가져올 때 항상 해 왔던 방식을 변형하여 수행한다. 즉, 그들은 지역 방언을 사용하여 불교 요소들을 선택적이고 창의적으로 재현하는데, 때로는 지역 관습으로 희석하기도 하고, 때로는 지역 방언에 맞추기도 하고, 때로는 지역 관행에 적응하기도 하며, 때로는 지역 신들을 차용하기도 한다. 그러는 와중에 종종 그들 자신도 이 모든 것에 의해 형성된다.

탈근대 상황에서 독특한 점은 세계 민속불교의 현지어, 관습, 방언, 실천이 더 이상 지역적이지 않다는 점이다. 대신에 미디어, 상업, 그리고 국제적인 대중문화라는 세계적인 시스템과 연결되어 있다. 그 활동 무대는 대중 서적, 강연 투어, 콘서트 무대, 웹사이트, CD이다. 현지 민속불교의 수행자들과 마찬가지로 세계 민속불교의 수행자들도 자신들 전통에 대한 정교한 이해가 없으며, 이를 '토착' 관습들과 자유롭게 뒤섞는다. 이 경우 토착 관습들이란 다양한 형태의 자력구제, 스포츠, 상업, 오락, 마약, 패션, 기업 문화, 기타 종교 전통들과 하위문화들이다. 그러한 예로는 불교의 팬들과 그래이트풀 데드(the Grateful Dead)를 위한 '데드 부디스트 소사이어티(The Dead Buddhist Society)', 그리고 기업 CEO를 위한 선 경영(Zen Management)이 있다. 엄격한 명상을 통해 자아를 해체하는 엘리트적인 수행과는 달리, 세계 민속불교는 성찰적인 자아 형성과 재구성의 지속적인 과정에서 도움을 주는 존재가 된다. 기든스에 따르면, 이러한 자아 형성과 재형성은 현대 세계에서 자아 정체성을 구성하는 핵심적인 과정이다(1991). 이러한 불교는 수행자들이 대중화된 불교 가르침과 실천을 흡수하고, 소비재와 서비스라는 틈새시장에서 소비함으로써 불교적 정체성을 형성함에 따라, 불교용품(염주, 조각상, 이국적인 의상)이라는 독특한 물질문화를 만들어낸다. 붓다의 이미지는 석재나 금속뿐만 아니라 인쇄물이나 전자 이미지로도 끝없이 증가하며, 더 이상 붓다들을 구현하는 형상이 아니라 특정 제품이나 특정 생활 방식의 액세서리를 광고하는 역할을 한다. 붓다의 이미지는 지역 대중불교처럼 기도에 응답하고 소원을 들어주고 공덕을 베풀기 위해 나타나는 것이 아니라,

문화 자본을 투사하고, 특히 불교를 광고에 활용하는 최근 유행 속에서 실제 자본을 끌어들이기 위해 나타난다.

우리는 이러한 모습에 경악해야 할까? 스티븐 프로테로는 『살롱(Salon)』에 실은 한 기고문에서 미국의 '베이비 붐 세대 불교'는 (앞의 설명만큼 이 모든 것이 노골적으로 상업화된 것은 아니지만) 불교의 진정으로 급진적인 사상들을 길들여 평준화한 것이며, 불교 수행과 현대 미국 생활의 평범함 사이의 뚜렷한 마찰을 완화하고, 불편하게 하기보다는 달래는 희석된 다르마라고 비난한다(2001). 그는 이러한 현상을 미국 승려 빅쿠 타니사로의 강건한 전통 승가 생활과 비교하며 상당히 부정적으로 평가한다. 여러 면에서 그의 말이 옳다. 하지만 역사가의 관점에서 보자면, 불교적 카리스마가 일상화되고 대중문화에 순응하게 되는 현상은 그리 놀라운 일이 아니다. 결국 아시아 불교도의 절대다수는 빅쿠 타니사로와 같은 승려가 아니라 재가신자들이다. 이들의 불교 수행은 급진적인 변화를 추구하기보다는 문화 규범에 편안함과 순응을 제공한다. 그러한 재가신자들은, 마치 미국인과 유럽인이 불교를 자신들의 소비주의와 상품 물신숭배 문화와 혼합하듯이, 불교를 지역 정령 및 부적 문화와 자유롭게 혼합한다. 다만 차이점은 세계 민속불교가 속해 있는 세계 탈근대 대중문화는, 문화의 모든 요소를 평범함에 동화시키려는 경향을 지닌 제국주의적이라는 점이다. 세계화 문화는 모든 사회적 공간을 점유하려는 방식으로 지역 문화에 스며드는 경향이 있는 반면, 지역 대중문화는 이동성이 떨어지고 초국가적 매력이 부족하므로 세계화 문화에 의해 대체될 가능성이 더 크다. 이러한 이유로 세계 민속불교는 실제로 지역 불교에 위협이 될 수 있다. 반대로, 불교 근대주의가 서구 근대성에 순응함으로써 서구 근대성에 도전하고 비판하는 능력이 약해졌다면, 그러한 더 극단적인 순응은 주류 미국 문화와 세계화 문화에 대한 대안을 제시할 수 있는 능력을 더욱 약화시킨다.

대중문화에서 불교 근대주의가 열린 공간을 식민지화하려는 위협 속에서도, 세계 민속불교는 뿌리를 내린 좀 더 진지한 형태의 불교 근대주의와 경쟁해야 한다. 전통주의 승려들과 정치적 참여불교도들은 세계화된 미국과 유럽 문화의 공리公理에 도전하고, 이를 통해 불교 근대주의의 첫 희망을 더욱 발전시킬 수 있는 분명한 개념적 자원들을 가지고 있다. 이 두 가지 측면을 결합하고, 주류 문화를 선택적으로 수용하면서 동시에 비판하는 형태의 불교 근대주의가 가장 높은 실현 가능성을 가질 수 있다. 전통에 뿌리를 두면서도 미디어에 능숙하고, 폭넓은 문화적 지식을 갖추며, 현대 문화와 사상에 대해 비판적이면서도 개방적으로 참여하려는 노력을 결합한 독특하고 근대적인 불교 단체들이 존재한다. 무엇보다 중요한 것은 이 기구들이 다르마에 대한 참여 수준도 다르고 삶도 다양한 영역에 있는 재가신자들과 동조자들을 참여시킨다는 점이다. 어쩌면 이러한 근대주의자들이 열렬한 전통주의자보다 (탈)근대 문화의 문제들(자기애, 소비주의, 군국주의 등)과 전통주의 문제들(성차별, 위계주의, 독단주의)에 대해 실행 가능한 불교적 대응을 할 수 있는 불교 근대주의(또는 탈근대주의)를 발전시킬 수 있는 이들일지도 모른다.

미국 뉴욕 트렘퍼 산에 위치한 존 다이도 루리의 젠 마운틴 사원은 전통과 적응 사이의 균형을 성공적으로 이룬 사례로 평가받는다.

명상에 중점을 두고 있음에도 불구하고, 젠 마운틴 사원의 프로그램은 선불교 기관으로서의 조직 정체성을 희석하지 않는 방식으로 재가 생활의 모든 영역으로 확장된다. 전통적인 계통과 제도적 소속에 충실함은 진지한 불교 신자들뿐만 아니라 때때로 짧은 수련회나 워크숍에 참여하기 위해 오는 동조자들에게도 신뢰를 제공한다. 강력한 전통적 정체성, 카리스마 넘치는 지도자, 일반 대중에게 다가가는 혁신적인 방법의 조합은 이 사원을 미국에서 가장 성공적인 불교 단체 중 하나로 만들었다. 이 사원은 정식적이고 다소 전통적인 선 승려 교육을 실시하며, 다수의 승려를 수용하고 있다. 일반 대중을 위한 장기 거주 명상 수련회와 짧은 주말 프로그램도 운영한다. 또한 다양한 예술, 야외 명상, 청소년 프로그램, 텍스트 연구, 가족 관계, 심리적 문제, 직장 문제, 정치 활동을 중심으로 한 주제별 수련회를 제공한다. 이 사원에는 다양한 봉사 활동 프로그램이 있다. 교도소 프로그램은 교도소에서 명상을 가르치고, 사원 부설의 선 환경 기구(Zen Environmental Institute)는 자연 수련회(nature retreats), 연구 기회, 생태 활동주의 프로그램을 후원한다. 사원 부설의 비영리 대외 활동 기관인 다르마 커뮤니케이션스(Dharma Communications)는 온라인 라디오 방송국, 월간 오프라인 저널, 온라인 아트 갤러리, (카탈로그와 온라인 모두를 통해서) 책, 미술품, 명상용 쿠션, 종, 조각상을 판매하는 선물 가게를 운영한다. 또한 비디오, 팟캐스트, 테이프, 양방향 멀티미디어를 제작한다.

이 조직이 탈근대의 미국에서 불교의 성공적인 적응을 위한 가능한 모델이 되는 이유는 활동의 광범위성 때문이 아니라, 미국 문화의 흐름에 적응하고, 전통의 핵심 요소(승가 생활, 전례, 명상, 계통 강조)를 유지하면서 그 가르침과 방법을 근대성 담론에 맞게 조정하는 방식 때문이다. 이 사원은 근대성과 주류 문화의 선택적 요소들에 대한 적응과 이에 대한 비판적 입장을 효과적으로 결합하고 있다.[9]

불교 근대주의의 많은 성공적인 변형들은 전통과 혁신, 명상과 사회 참여, 상업적 기업가 정신과 문화 비평이 유사하게 어우러져 있다. 확실히 비교적 최근의 불교 근대주의인 소카갓카이(創価學會)는 이러한 요소들을 훌륭하게 결합해 냈다. 이 비교적 젊은 운동은 다양한 사회적·경제적·민족적 배경을 지닌 새로운 신도들을 끌어들이는 데 큰 성공을 거두었다. 이는 서양에서는 주로 백인, 고학력, 비교적 부유한 계층에게, 아시아에서는 중산층과 상류층에게 주로 호소하는 명상 중심의 불교 근대주의의 형태들에서는 찾아보기 어려운 일이다. 소카갓카이의 중심 수행은 명상보다는 염불이다. 이 단체는 기금을 모으고 단체의 메시지를 전 세계에 전파하는 데 능숙하며, 불과 수십 년 만에 진정한 초국가적 운동으로 성장했다. 소카갓카이는 당당하게 정치적이고, 심지어 메시아적이기도 했으며, 그 구성원들은 세상을 변화시키는 것 외에는 아무것도 바라지 않았다. 소카갓카이의 정치적 사명은 평화와 비폭력, 경제 정의, 인권을 옹호하는 다른 참여불교도들의 사명과 여러 면에서 일치한다. 따라서 소카갓카이는 근대 문화에 성공적으로 적응하면서도 강력한 윤리의식을 지니고, 근대 문화에

---

9 젠 마운틴 사원과 그 활동에 대한 자세한 설명은 Prebish 1999: 96-107과 젠 마운틴 앤드 리버스 교단(the Mountains and Rivers Order)의 웹사이트 http://www.mro.org/mro.html을 참조하라.

대한 비판적인 입장을 취하는 또 하나의 모델을 제시한다.

비록 필자가 여기서 그려낸 세계불교 연속체에서 어느 쪽이 서구와 근대의 문제, 가치, 암묵적 가정에 도전하고 비판적으로 참여할 가능성이 가장 높은지는 꽤 분명하지만, 궁극적으로 어느 쪽이 가장 큰 영향력을 미칠지는 분명하지 않다. 세계 민속불교는 서구적 존재 방식에 너무도 잘 적응했기 때문에 궁극적으로 상당한 성공을 거둘 수 있다. 하지만 특정 형태의 뉴에이지 종교처럼 개인을 넘어서는 문제들에 대해 말하지 못한다는 한계는 그 발전을 심각하게 제약할 수 있다. 반면에 좀 더 사회적으로 참여하는 불교는 내면의 수양과 사회적·윤리적 개념을 결합하여 폭넓은 관심을 끌어낼 수 있는 역량을 갖추고 있다.

하지만 어떤 종류의 세계화된 탈근대 불교가 주도권을 잡게 될 것인가에 대한 질문은 오해의 소지가 있고, 주제의 증가하는 복잡성과 이질성을 다루기에는 너무 이분법적일 수 있다. 언급한 바와 같이, 현대 불교의 많은 형태는 이 연속체 전반에 걸쳐 다양한 요소들을 결합한다. 예컨대, 달라이 라마와 틱낫한은 복잡한 불교 가르침을 모호한 뉴에이지 영성과 자유롭게 뒤섞는 경우가 많다. 따라서 아마도 진정으로 던져야 할 질문은 다음과 같을 것이다. "이 연속체에서 어떤 특정 기능들의 조합이 현대 개인과 사회의 요구를 강력하게 충족하는 새로운 형태를 만들어낼 수 있을까?" 그 대답은 절뿐만 아니라 인터넷, 텔레비전, 서점, 블로그, 강당에서도 나타날 것이다. 그리하여 1세기 전 교토(京都)와 콜롬보(Colombo)에서 나온 다르마는 국경을 넘나드는 문화의 흐름을 통해 새로운 옷을 입고, 다른 보석을 걸친 채, 보이지 않는 공중파와 외국어로 된 책에서 돌아와 무상, 끊임없는 변화, 무수한 원인과 조건에서 비롯되는 존재라는 옛 가르침들을 확인시켜 준다.

참고문헌

약어

AN. *Aṅguttara Nikāya*

Aṣṭa. *Aṣṭasāhasrikā Prajñāpāramitā Sūtra*

DN. *Dīgha Nikāya*

Iti. *Itivuttaka*

MMK. *Mūlamadhyamaka-kārikā*

MN. *Majjhima Nikāya*

SN. *Saṃyutta Nikāya*

Thag. *Theragāthā*

Ud. *Udāna*

인용한 서적

Abrams, Meyer. *The Mirror and the Lamp: Romantic Theory and the Critical Tradition.* New York: Oxford University Press, 1953.

______________. *The Correspondent Breeze: Essays in English Romanticism.* New York: Norton, 1984.

Albanese, Catherine L. *The Spirituality of the American Transcendentalists.* Macon, Ga.: Mercer University Press, 1988.

____________________. *Nature Religion in America: From the Algonkian Indians to the New Age.* Chicago: University of Chicago Press, 1991.

____________________. *A Republic of Mind and Spirit: A Cultural History of American Metaphysical Religion.* New Haven: Yale University Press, 2007.

Alger, William Rounseville. *The Solitudes of Nature and of Man or The Loneliness of Human Life.* 1867. Reprint. Whitefish, Mont.: Kessinger, 2003.

Almond, Philip C. *The British Discovery of Buddhism.* Cambridge: Cambridge University Press, 1988.

Austin, James H. *Zen and the Brain: Toward an Understanding of Meditation and Consciousness*. Cambridge, Mass.: MIT Press, 1998.

______________. *Zen-Brain Reflections: Reviewing Recent Developments in Meditation and States of Consciousness*. Cambridge, Mass.: MIT Press, 2006.

Baas, Jacquelynn. *Smile of the Buddha: Eastern Philosophy and Western Art from Monet to Today*. Berkeley: University of California Press, 2005.

Baas, Jacquelynn, and Mary Jane Jacob, eds. *Buddha Mind in Contemporary Art*. Berkeley: University of California Press, 2004.

Badiner, Allan Hunt, ed. *Dharma Gaia: A Harvest of Essays in Buddhism and Ecology*. Berkeley: Parallax Press, 1990.

____________________. "Introduction." In *Dharma Gaia: A Harvest of Essays in Buddhism and Ecology*, ed. Allan Hunt Badiner, xiii–xviii. Berkeley: Parallax Press, 1990.

Barbour, Ian G. *Religion and Science: Historical and Contemporary Issues*. San Francisco: HarperSanFrancisco, 1997.

Barrett, William. "Zen for the West." In Daisetz T. Suzuki, *Zen Buddhism: Selected Writings of D. T. Suzuki*. Edited by William Barrett, vii–xx. Garden City, N.Y.: Anchor, 1956.

Barrows, John Henry, ed. *The World's Parliament of Religions: An Illustrated and Popular Story of the World's First Parliament of Religions, held in Chicago in connection with the Columbian exposition of 1893*. Chicago: Parliament, 1893.

Barthelemy Saint Hilaire, Jules. *The Buddha and His Religion*. London: Routledge, 1895.

Batchelor, Stephen. *The Awakening of the West: The Encounter of Buddhism and Western Culture*. Berkeley: Parallax Press, 1994.

________________. *Buddhism without Beliefs: A Contemporary Guide to Awakening*. New York: Riverhead Books, 1997.

________________. "Letting Daylight into Magic." *Tricycle* 7, no. 3 (spring

1998): 60-66.

Bateson, Gregory. *Mind and Nature: A Necessary Unity*. New York: Dutton, 1979.

Baumann, Martin. "Global Buddhism: Developmental Periods, Regional Histories, and a New Analytic Perspective." *Journal of Global Buddhism* 2 (2001): 1-43. www. globalbuddhism.org/2/baumann001.html.

Bayley, John. *The Romantic Survival: A Study in Poetic Evolution*. London: Constable, 1957.

Bechert, Heinz. *Buddhismus, Staat und Geselschaft in den Landern des Theravada Buddhismus*. Vol. 1. Berlin: Alfred Metzner, 1966. Vol. 2. Wiesbaden: O. Harrassowitz, 1967. Vol. 3. Wiesbaden: O. Harrassowitz, 1973.

____________. "Buddhist Revival in East and West." In *The World of Buddhism*, ed. Heinz Bechert and Richard Gombrich, 273-85. London: Thames and Hudson, 1984.

____________. "Buddhistic Modernism: Present Situation and Current Trends." In *Buddhism into the Year 2000: International Conference Proceedings*, 251-60. Bangkok: Dhammakaya Foundation, 1994.

Begley, Sharon. *Train Your Mind, Change Your Brain: How a New Science Reveals Our Extraordinary Potential to Transform Ourselves*. New York: Ballantine, 2007.

Bellah, Robert N. "Religious Evolution." *American Sociological Review* 29, no. 3 (1963): 358-74.

Bellah, Robert, et al. *Habits of the Heart: Individualism and Commitment in American Life*. Berkeley: University of California Press, 1985.

Bennett, Andrew. "The Idea of the Author." In Roe, *Romanticism*, 654-64.

Benoit, Hubert. *The Light of Zen in the West*. Portland, Ore.: Sussex Academic Press, 2004.

Berger, Peter L. *The Social Reality of Religion*. London: Faber and Faber, 1969.

Berger, Peter L., Brigitte Berger, and Hansfried Kellner. *The Homeless Mind:*

Modernization and Consciousness. New York: Random House, 1973.

Berkwitz, Stephen C. "The History of Buddhism in Retrospect." In *Buddhism in World Cultures: Comparative Perspectives*. ed. Stephen Berkwitz, 1-44. Santa Barbara, Calif.: ABC-CLIO, 2006.

Berman, Marshall. *All That's Solid Melts into Air: The Experience of Modernity*. New York: Simon and Schuster, 1982.

Bhabha, Homi. *The Location of Culture*. London: Routledge, 1994.

Blake, William. *The Poetry and Prose of William Blake*. Edited by David Erdman. New York: Doubleday, 1965.

Blum, Mark L. "Baptizing Nature: Environmentalism, Buddhism, and Transcendentalism." In *Bukkyo to Shizen* [Buddhism and nature], 133-63. Kyoto: Research Institute of Bukkyo University, 2005.

Blyth, Robert. *Zen in English Literature and Oriental Classics*. Tokyo: Hokuseido Press, 1942.

Bodhi, Bhikkhu. "A Look at the Kalama Sutta." *Buddhist Publication Society Newsletter* 9 (spring 1988). www.accesstoinsight.org/lib/authors/bodhi/bps-essay_09.html.

Bond, George Doherty. *The Buddhist Revival in Sri Lanka: Religious Tradition, Reinterpretation and Response*. Chapel Hill: University of North Carolina Press, 1988.

Brahmavamso, Ajahn. "Buddhism, the Only Real Science." *Daily News* (Sri Lanka), February 23, 2005. www.tipitaka.net/community/news.php?page=050227b.

Bryant, William Cullen. *Poems by William Cullen Bryant*. Whitefish, Mont.: Kessinger, 2004.

Buddhaghosa. *Path of Purification (Visuddhamagga)*. Translated by Bhikkhu Ñāṇamoli. Seattle, Wash.: BPS Pariyatti Editions, 2003.

Bultmann, Rudolf. *Jesus Christ and Mythology*. New York: Scribner's, 1958.

Burns, Douglas M. *Buddhist Meditation and Depth Psychology*. The Wheel publication no. 88/89. Kandy, Sri Lanka: Buddhist Publication Society, 1994.

www.accesstoinsight.org/lib/authors/burns/wheel088.html.

Cabezón, José. "Buddhism and Science: On the Nature of the Dialogue." In *Buddhism and Science: Breaking New Ground*, ed. B. Alan Wallace, 35-68. New York: Columbia University Press, 2003.

Cahn, B. Rael, and John Polich. "Meditation States and Traits: EEG, ERP, and Neuroimaging Studies." *Psychological Bulletin* 132, no. 2 (2006): 180-211.

Capra, Fritjof. *The Tao of Physics: An Exploration of the Parallels Between Modern Physics and Eastern Mysticism*. New York: Bantam, 1975.

Carrette, J., and Richard King. *Selling Spirituality: The Silent Takeover of Religion*. London: Routledge, 2005.

Carus, Paul. *Homilies of Science*. Chicago: Open Court, 1892.

__________. *The Religion of Science*. [1893] Reprint. Chicago: Open Court, 1896.

__________. *Buddhism and Its Christian Critics*. Chicago: Open Court, 1897.

__________. *The Gospel of Buddhism, Compiled from Ancient Records*. Chicago: Open Court, 1915.

__________. *The Dawn of a New Religious Era and Other Essays*. Chicago and London: Open Court, 1916.

Clarke, James Freeman. *Ten Great Religions*. Boston: Osgood, 1871.

Clarke, J. J. *Oriental Enlightenment: The Encounter between Asian and Western Thought*. London: Routledge, 1997.

Cleary, Thomas F., trans. *The Flower Ornament Scripture: a Translation of the Avatamsaka Sutra*. 3 vols. Boulder, Colo.: Shambhala, 1984-87.

______________________. *Entry into the Realm of Reality: The Text*. Boston: Shambala, 1989.

Cohen, Andrew. "The World Is Unreliable: An Interview with His Holiness Penor Rinpoche." *What Is Enlightenment?* 18 (fall-winter 2000). www.wie.org/j18/penor.asp.

Coleridge, Samuel Taylor. *The Friend*. 3 vols. 1818. Reprint. Whitefish, Mont.:

Kessinger, 2004.

Conze, Edward. *The Perfection of Wisdom in Eight Thousand Lines and Its Verse Summary.* San Francisco: Four Seasons Foundation, 1973.

Coleman, James William. *The New Buddhism: The Western Transformation of an Ancient Tradition.* New York: Oxford University Press, 2001.

Cuevas, Bryan J. *The Hidden History of the Tibetan Book of the Dead.* New York: Oxford University Press, 2006.

Dalai Lama, His Holiness the Fourteenth [Bstan-'dzin-gyat-mtsho]. *The Way to Freedom.* Edited by Donald S. Lopez. San Francisco: HarperSanFrancisco, 1994.

_________. *Ethics for the New Millennium.* New York: Riverhead Books, 1999.

_________. *The Universe in a Single Atom: The Convergence of Science and Spirituality.* New York: Morgan Road Books, 2005.

Das, Lama Surya. *Awakening the Buddha Within: Tibetan Wisdom for the Western World.* New York: Broadway Books, 1997.

Alexandra David-Neel. *Magic and Mystery in Tibet.* 1932. Reprint. New York: Dover, 1971.

Davidson, Richard J., and Anne Harrington, eds. *Visions of Compassion: Western Scientists and Tibetan Buddhists Examine Human Nature.* Oxford: Oxford University Press, 2001.

DeCharms, C. *Two Views of the Mind: Abhidharma and Brain Science.* Ithaca, N.Y.: Snow Lion, 1998.

"Deity or Demon? The Controversy over Tibet's Dorje Shugden." Series of articles. *Tricycle* 7, no. 3 (spring 1998): 58-82.

Descartes, Rene. *The Philosophical Works of Descartes.* 2 vols, Translated by Elizabeth S. Haldine and G. R. T. Ross. Cambridge: Cambridge University Press, 1982.

Dharmapala, Anagarika. *Return to Righteousness: A Collection of Speeches, Essays and Letters of the Anagarika Dharmapala.* Ceylon: Government Press,

1965.

Dreyfus, Georges B. J. *The Sound of Two Hands Clapping: The Education of a Tibetan Buddhist Monk.* Berkeley: University of California Press, 2003.

______________. "Are We Prisoners of Shangri-la?" *Journal of the International Association of Tibetan Studies* 1 (October 2005): 1-21. www.thdl.org/collections/journal/jiats/index.php?doc=dreyfus01.xml.

Droit, Roger-Pol. *The Cult of Nothingness: The Philosophers and the Buddha.* Translated from the French by David Streight and Pamela Vohnson. Chapel Hill: University of North Carolina Press, 2003.

Eckel, Malcolm David. "Is There a Buddhist Philosophy of Nature?" In *Buddhism and Ecology: The Interconnection of Dharma and Deeds*, ed. Mary Evelyn Tucker and Duncan Ryūkan Williams, 327-50. Cambridge, Mass.: Harvard University Center for the Study of World Religions Publications, 1997.

Eisenstadt, Shmuel N. *Multiple Modernities.* New Brunswick, N.J.: Transaction, 2002.

Ellmann, Richard. *James Joyce.* New York: Oxford University Press, 1959.

Emerson, Ralph Waldo. *The Portable Emerson. Edited by Mark Van Doren.* New York: Viking Press, 1974.

Epstein, Mark. *Thoughts without a Thinker: Psychotherapy from a Buddhist Perspective.* New York: Basic Books, 1995.

Evans-Wentz, W. Y., ed. *The Tibetan Book of the Dead or The After-Death Experiences on the Bardo Plane, according to Lāma Kazi Dawa-Samdup's English Rendering.* 1927. Reprint. London: Oxford University Press, 1960.

Faure, Bernard. *The Rhetoric of Immediacy: A Cultural Critique of Chan/Zen Buddhism.* Princeton: Princeton University Press, 1991.

__________. *Chan Insights and Oversights: An Epistemological Critique of the Chan Tradition.* Princeton: Princeton University Press, 1993.

__________. *Visions of Power: Imagining Medieval Japanese Buddhism.* Princeton: Princeton University Press, 1996.

______________. *Double Exposure: Cutting across Buddhist and Western Discourses.* Palo Alto: Stanford University Press, 2003.

Fields, Rick. *How the Swans Came to the Lake: A Narrative History of Buddhism in America*, 3rd ed., Boston: Shambala, 1992.

Findly, Ellison Banks, ed. *Women's Buddhism, Buddhism's Women: Tradition, Revision, Renewal.* Somerville, Mass.: Wisdom Publications, 2000.

Foucault, Michel. *Discipline and Punish: The Birth of the Prison.* New York: Pantheon Books, 1977.

Franck, Frederick. *Zen Seeing, Zen Drawing.* New York: Bantam, 1993.

Freund, Julien. *The Sociology of Max Weber.* New York: Pantheon, 1968.

Friedman, Lenore. *Meetings with Remarkable Women: Buddhist Teachers in America.* Boston: Shambhala, 1987.

Fronsdal, Gil. "Insight Meditation in the United States: Life, Liberty, and the Pursuit of Happiness." In *The Faces of Buddhism in America*, ed. Charles Prebish and Kenneth Tanaka, 163–80. Berkeley: University of California Press, 1998.

Fulford, Tim. "Science." In *Romanticism: An Oxford Guide*, ed. Nicholas Roe, 90–101. Oxford: Oxford University Press, 2005.

Garfield, Jay. "Translation as Transmission and as Transformation." In *Trans-Buddhism: Translation, Transmission and Transformation*, ed. Nalini Bhushan, Jay Garfield, and Abraham Zablocki. Amherst: University of Massachusetts Press, forthcoming.

Gate of Sweet Nectar: Feeding the Hungry Spirits in an American Zen Community. Dir. Peter N. Gregory and Lesley J. Weaver. DVD. 2004.

George, Charles H. *The Protestant Mind of the English Reformation.* Princeton: Princeton University Press, 1961.

Gergen, Kenneth J. *The Saturated Self: Dilemmas of Identity in Contemporary Life.* 1990. 2nd ed., New York: Basic Books, 2000.

Giddens, Anthony. *The Consequences of Modernity.* Stanford: Stanford University Press, 1990.

________________. *Modernity and Self-Identity: Self and Society in the Late Modern Age*. Cambridge: Polity Press, 1991.

Gihwa. "The Exposition of the Correct" *Hyeonjeong non* 顯正論 By 已和 (Hamheo Deuktong 涵虛得通), chapter 7. Translated from the Hanmun Text by Charles Muller. Unpublished. Available online at: *http://www.acmuller.net/jeong-gihwa/hyeonjeongnon.html#refpoint-6-33*.

Goddard, Dwight. *The Buddha's Golden Path: A Manual of Practical Buddhism Based on the Teachings and Practices of the Zen Sect, but Interpreted and Adapted to Meet Modern Conditions*. Whitefish, Mt.: Kessinger Publications, 2004 (1930).

Goenka, S. N. "The Art of Living: Vipassana Meditation." *Vipassana Meditation* web site. http://www.dhamma.org/.5/11/08.

____________. "Superscience: An Interview by Helen Tworkov." *Tricycle* 10, no. 2 (2000): 44-50.

Goldberg, Natalie. *Writing Down the Bones: Freeing the Writer Within*. Boston: Shambhala, 1986.

Goldstein, Joseph, and Jack Kornfield. *Seeking the Heart of Wisdom: The Path of Insight Meditation*. Boston: Shambhala, 1987.

Goleman, Daniel. *Destructive Emotions: Psychology and Psychiatry*. New York: Bantam, 2003a.

______________. "Taming Destructive Emotions." *Tricycle* 47 (spring 2003b): 75-78.

______________. ed. *Healing Emotions: Conversations with the Dalai Lama on Mindfulness, Emotions, and Health*. Boston: Shambhala, 1997.

Gombrich, Richard. *Theravada Buddhism: A Social History from Ancient Benares to Modern Colombo*. London: Routledge and Kegan Paul, 1988.

Gombrich, Richard, and Gananath Obeyesekere. *Buddhism Transformed: Religious Change in Sri Lanka*. Princeton: Princeton University Press, 1988.

Govinda, Anagarika. *The Psychological Attitude of Early Buddhist Philosophy and Its Systematization According to the Abhidharma Tradition*. London: Rider, 1961.

________________. *Creative Meditation and Multi-dimensional Consciousness*. Wheaton, Ill.: Theosophical, 1976.

________________. *A Living Buddhism for the West*. Boston: Shambhala, 1989.

________________. *Art and Meditation: An Introduction and Twelve Abstract Paintings*. 1936. Reprint. Delhi: Book Faith India, 1999.

Green, Thomas Hill. *Lectures on the Principles of Political Obligation and Other Essays*. Edited by Paul Harris and John Morrow, 1895. Reprint. Cambridge: Cambridge University Press, 1986.

Gunaratana, Henepola. *Mindfulness in Plain English*. 1993. Reprint. Boston: Wisdom Publications, 2002.

Gyatso, Geshe Kelsang. *The Joyful Path of Good Fortune: The Complete Guide to the Buddhist Path to Enlightenment*. 1990. Reprint. Glen Sprey, N.Y.: Tharpa, 2003.

Halbfass, Wilhelm. *India and Europe: An Essay on Understanding*. Albany: State University of New York Press, 1988.

Halifax, Joan. "The Third Body: Buddhism, Shamanism and Deep Ecology." In *Dharma Gaia: A Harvest of Essays in Buddhism and Ecology*, ed. Allan Hunt Badiner, 20-38. Berkeley: Parallax Press, 1990.

___________. *The Fruitful Darkness: Reconnecting with the Body of the Earth*. San Francisco: HarperCollins, 1993.

Hanaoka, Eiko. "The Problem of Evil and Difference: A Report on Nishitani's Relationship to Schelling." In *Schelling Now: Contemporary Readings*, ed. Jason M. Wirth, 238-46. Bloomington: University of Indiana Press, 2005.

Hardy, Robert Spense. *A Manual of Buddhism*. 1853. Reprint. Varanasi: Chow -khamba Sanskrit Series Office, 1967.

Harris, Ian. "How Environmentalist Is Buddhism?" *Religion* 21 (1991): 101-14.

________. "Buddhist Environmental Ethics and Detraditionalization: The Case of Eco-Buddhism." *Religion* 25 (1995): 199-211.

________. "Buddhism and the Discourse of Environmental Concern: Some Methodological Problems." In *Buddhism and Ecology: The Interconnection of Dharma and Deeds*, ed. Mary Evelyn Tucker and Duncan Ryuken Williams, 377-402. Cambridge, Mass.: Harvard University Press, 1997.

________. "'A Commodius Vicas of Recirculation': Buddhism, Art, and Modernity." In *Westward Dharma: Buddhism beyond Asia*, ed. Charles S. Prebish and Martin Buamann, 365-82. Berkeley and Los Angeles: University of California Press, 2002.

Hattori, Masaki. *Dignāga, On Perception, Being the Pratyakṣapariccheda of Dignāga's Pramāṇasamuccaya*. Cambridge, Mass.: Harvard University Press, 1968.

Hayward, Jeremy. "Ecology and the Experience of Sacredness." In *Dharma Gaia: A Harvest of Essays in Buddhism and Ecology*, ed. Allan Hunt Badiner, 64-74. Berkeley: Parallax Press, 1990.

____________. *Shifting Worlds, Changing Minds: Where the Sciences and Buddhism Meet*. Boston: Shambhala, 1987.

Hayward, Jeremy W., and Francisco J. Varela, eds. *Gentle Bridges: Converstions with the Dalai Lama on the Sciences of Mind*. Boston: Shambhala, 1992.

Heelas, Paul. "Introduction: Detraditionalization and Its Rivals." In *Detraditionalization*, ed. Paul Heelas, Scott Lasch, and Paul Morris, 1-20. Cambridge: Blackwell, 1996.

Hegel, Georg Friedrich Wilhelm. *Introduction: Reason in History, in Lectures on the Philosophy of World History*. Translated by H. B. Nisbet. Cambridge: Cambridge University Press, 1975.

Heine, Steven. *Opening a Mountain: Kōans of the Zen Masters*. New York: Oxford University Press, 2004.

Heine, Steven, and Dale Wright. *The Kōan: Texts and Context in Zen Buddhism*.

New York: Oxford University Press, 2000.

Held, David, et al. *Global Transformations: Politics, Economics, and Culture.* Stanford: Stanford University Press, 1999.

Helmstadter, Richard J., and Bernard Lightman, eds. *Victorian Faith in Crisis: Essays on Continuity and Change in Nineteenth-Century Religious Belief.* Stanford: Stanford University Press, 1991.

Henricks, Robert G. *The Poetry of Han-shan: A Complete, Annotated Translation of Cold Mountain.* Albany: State University of New York Press, 1990.

Hesse, Hermann. *Siddhartha.* 1922. Reprint. New York: Bantam, 1951.

Hori, Victor Sōgen. "Sweet-and-Sour Buddhism." *Tricycle* 4, no. 1 (fall 1994): 48-52.

________________. *Zen Sand: The Book of Capping Phrases for Koan Practice.* Honolulu: University of Hawaii Press, 2003.

Houshmand, Zara, Robert B. Livingston, and B. Alan Wallace, eds. *Consciousness at the Crossroads: Conversations with the Dalai Lama on Brain Science and Buddhism.* Ithaca, N.Y.: Snow Lion, 1999.

Huxley, Aldous. *The Perennial Philosophy.* 1949. Reprint. New York: Harper, 1970.

Inada, Kenneth. *Buddhism and American Thinkers.* Albany: State University of New York Press, 1984.

Jameson, Frederick. *Fables of Aggression.* University of California Press, 1979.

Jayatilleke, K. N. *Early Buddhist Theory of Knowledge.* London: Allen and Unwin, 1963.

Jensen, Lin. "An Ear to the Ground." *Tricycle* 15, no. 4 (summer 2006): 34-37.

Johnson, Charles. *Turning the Wheel: Essays on Buddhism and Writing.* New York: Scribner's, 2003.

Johnson, Samuel. *Oriental Religions and Their Relation to Universal Religion.* Boston: Osgood, 1872.

Jones, Sir William. *Works of Sir William Jones.* Edited by Lord Teignmouth.

1799. Reprint. London: John Stockdale, 1807.

Jung, Carl G. "Psychological Commentary." In W. Y. Evans-Wentz, *The Tibetan Book of the Dead, or, The After-death Experiences on the Bardo Plane, According to Lama Kazi Dawa-Samdup's English Rendering*, xxxv-lii. Oxford: Oxford University Press, 1960.

Kabat-Zinn, Jon. *Wherever You Go, There You Are: Mindfulness Meditation in Everyday Life*. New York: Hyperion, 1994.

Kalupahana, David J. *Buddhist Philosophy: A Historical Analysis*. Honolulu: University of Hawai'i Press, 1975.

__________________. *A History of Buddhist Philosophy: Continuities and Discontinuities*. Honolulu: University of Hawaii Press, 1992.

Kandinsky, Wassily. *Concerning the Spiritual in Art*. 1914, Reprint. New York: Dover, 1977.

Kasamatsu, A., and T. Hirai. "Science of Zazen." *Psychologia* 6 (1963): 86-91.

Kaza, Stephanie, ed. *Hooked! Buddhist Writings on Greed, Desire, and the Urge to Consume*. Boston: Shambhala, 2005.

Kaza, Stephanie, and Kenneth Kraft, eds. *Dharma Rain: Sources of Buddhist Environmentalism*. London: Shambhala, 2000.

Ketelaar, James E. "Strategic Occidentalism: Meiji Buddhists as the World's Parliament of Religions." *Buddhist-Christian Studies* 11 (1991): 37-56.

Kim, Hee-jin. *Eihei Dogen, Mystical Realist*. Sommerville, Mass: Wisdom Publications, 2004.

King, Richard. *Orientalism and Religion: Postcolonial Theory, India and the "Mystic East."* London: Routledge, 1999.

Knight, David. *The Age of Science: The Scientific World-View in the Nineteenth Century*. Oxford: Blackwell, 1986.

Kopp, Sheldon. *If You Meet the Buddha on the Road, Kill Him! The Pilgrimage of Psychotherapy Patients*. 1972. Reprint. New York: Bantam, 1976.

Kraft, Kenneth. *The Wheel of Engaged Buddhism: A New Map of the Path*.

New York: Weatherhill, 1999.

Kwee, Maurits G. T., Kenneth J. Gergen, and Fusako Koshikawa. *Horizons in Buddhist Psychology: Practice, Research and Theory*. Chagrin Falls, Ohio: Taos Institute, 2006.

LaFleur, William. "Enlightenment for Plants and Trees." In Tucker and Williams, *Buddhism and Ecology*, 109-16.

Lai, Whalen, and Michael von Bruck. *Christianity and Buddhism: A Multicultural History of Their Dialogue*. Maryknoll, N.Y.: Orbis, 2001.

Lamotte, Étienne. "The Assessment of Textual Interpretation in Buddhism." In *Buddhist Hermeneutics*, transl. Sara Boin-Webb and ed. Donald S. Lopez Jr. Honolulu: University of Hawaii Press, 1988.

Lancaster, Lewis. "Buddhism and Ecology: Collective Cultural Perceptions." In *Buddhism and Ecology: The Interconnection of Dharma and Deeds*, ed. Mary Evelyn Tucker and Duncan Ryūkan Williams, 3-20. Cambridge, Mass.: Harvard University Center for the Study of World Religions, 1997.

Lardas, John. *The Bop Apocalypse: The Religious Visions of Kerouac, Ginsberg, and Burroughs*. Urbana: University of Illinois Press, 2001.

Lasch, Christopher. *The Culture of Narcissism: American Life in an Age of Diminishing Expectations*. 1979. Reprint. New York: Norton, 1991.

Lassalle, H. M. Enomiya. *Zen Meditation for Christians*. LaSalle, Ill.: Open Court, 1974.

Lefebvre, Henri. *Everyday Life in the Modern World*. Trans. Sacha Rabinovitch. New York: Harper and Row, 1971.

Leighton, Taigen Daniel. *Faces of Compassion: Classic Bodhisattva Archetypes and Their Modern Expression*. Boston: Wisdom Publications, 2003.

Linssen, Robert. *Living Zen*. Translated by Diana Abrahams-Curiel. 1958. Reprint. New York: Grove, 1988.

Locke, John. *An Essay Concerning Human Understanding* (1706). Edited by Peter H. Nidditch. New York: Oxford University Press, 1979.

Lopez, Donald S., Jr. *Prisoners of Shangri-La: Tibetan Buddhism and the West.* Chicago: University of Chicago Press, 1998.

________________, ed. *A Modern Buddhist Bible: Essential Readings from East and West.* Boston: Beacon Press, 2002.

Loy, David. *The Great Awakening: A Buddhist Social Theory.* Boston: Wisdom Publications, 2003.

Macy, Joanna. *Mutual Causality in Buddhism and General Systems Theory: The Dharma of Natural Systems.* Albany: State University of New York Press, 1991a.

___________. World as Lover, World as Self. Parallax Press, 1991b.

Maezumi, Taizan Rōshi. *Appreciate Your Life: The Essence of Zen Practice.* Boston: Shambhala, 2002.

Marx, Werner. *The Philosophy of F. W. J. Schelling: History, System, and Freedom.* Bloomington: Indiana University Press, 1984.

Maugham, W. Somerset. *Of Human Bondage.* New York: Viking Penguin, 1915.

McEwan, Ian. *Saturday.* New York: Doubleday, 2005.

McMahan, David L. *Empty Vision: Metaphor and Visionary Imagery in Mahāyāna Buddhism.* London: RoutledgeCurzon, 2002a.

_______________. "Repackaging Zen for the West." In *Westward Dharma: Buddhism beyond Asia*, ed. Charles S. Prebish and Martin Baumann, 218-29. Berkeley: University of California Press, 2002b.

_______________. "Demythologization and the Core-versus-Accretions Model of Buddhism." *Indian International Journal of Buddhism* 10, no. 5 (2004a): 63-99.

_______________. "Modernity and the Discourse of Scientific Buddhism." *Journal of the American Academy of Religion* 72, no. 4 (2004b): 897-933.

_______________. "Meditation, Modern Movements." In *The Encyclopedia of Buddhism*, ed. Charles S. Prebish and Damien Keown, 502-505. London: Routledge, 2007.

Metcalf, Franz Aubrey. "The Encounter of Buddhism and Psychology." In *Westward Dharma: Buddhism beyond Asia*, ed. Charles S. Prebish and Martin Buamann, 348-64. Berkeley and Los Angeles: University of California Press, 2002.

Mishra, Pankaj. *An End to Suffering: The Buddha in the World.* New York: Picador, 2004.

Moacanin, Radmila. *The Essence of Jung's Psychology and Tibetan Buddhism: Eastern and Western Paths to the Heart.* Boston: Wisdom Publications, 2003.

Mohanty, Jitendra Nath. *Reason and Tradition in India Thought: An Essay on the Nature of Indian Philosophical Thinking.* Oxford: Clarendon Press, 1992.

Muir, John. *The Yosemite.* New York: Century Company, 1912.

__________. *My First Summer in the Sierra.* 1911. Reprint. San Francisco: Sierra Club Books, 1988.

Naess, Arne. "The Shallow and the Deep: Long Range Ecology Movements." *Inquiry* 16 (1973): 95-100.

__________. "Through Spinoza to Mahāyāna Buddhism or through Mahāyāna Buddhism to Spinoza?" In *Spinoza's Philosophy of Man: Proceedings of the Scandinavian Spinoza Symposium 1977*, ed. Jon Wetlesen, 136-58. Oslo: Universeitetsforlaget, 1978.

Nauriyal, D. K., Michael S. Drummond, and Y. B. Lal. *Buddhist Thought and Applied Psychological Research:* Transcending the Boundaries. London: Routledge, 2006.

Nhat Hanh, Thich. *The Miracle of Mindfulness! A Manual of Meditation.* Boston: Beacon Press, 1976.

______________. *The Heart of Understanding:* Commentaries on the Prajña-paramita Heart Sutra. Edited by Peter Levitt. Berkeley: Parallax Press, 1988.

______________. *Peace Is Every Step: The Path of Mindfulness in Everyday Life.* New York: Bantam, 1991.

______________. *Interbeing: Fourteen Guidelines for Engaged Buddhism.*

Edited by Fred Eppsteiner, Berkeley: Parallax Press, 1998.

______________. "The Sun in My Heart." In *Dharma Rain: Sources of Buddhist Environmentalism*, ed. Stephanie Kaza and Kenneth Kraft, 83-91. Boston: Shambhala, 2000.

Nicol, Caitrin. "Brave New World at 75." *New Atlantis* 16 (spring 2007). 41-54. www.thenewatlantis.com:80/archive/16/nicolprint.htm.

Numrich, Paul David. *Old Wisdom in the New World: Americanization in Two Immigrant Theravada Buddhist Temples*. Knoxville: University of Tennessee Press, 1996.

Nyanaponika Thera. *The Heart of Buddhist Meditation*. Kandy, Sri Lanka: Buddhist Publication Society, 1954.

Nyanaponika, Thera, and Bhikku Bodhi, trans. *Numerical Discourses of the Buddha: An Anthology of Suttas from the Aṅguttara Nikāya*. New York: Altamira Press, 1999.

Obeyesekere, Gannanath. "Personal Identity and Cultural Crisis: The Case of Anagarika Dharmapala of Sri Lanka." In *The Biographical Process: Studies in the History and Psychology of Religion*, ed. Frank Reynolds and Donald Capps, 221-52. Paris: Mouton, 1976.

Odin, Steve. *Process Metaphysics and Hua-yen Buddhism*. Albany: State University of New York Press, 1982.

Olcott, Henry Steel. *A Collection of Lectures on Theosophy and Archaic Religions, Delivered in India and Ceylon by Colonel H. S. Olcott, President of the Theosophical Society*. Madras, India: A Theyagar Rajier, 1883.

______________. *A Buddhist Catechism, According to the Canon of the Southern Church*. Colombo, Ceylon: Theosophical Society, Buddhist Sections, 1881. Rev. 47th ed. Adyar, India: Theosophical, 1947.

______________. *Old Diary Leaves: The History of the Theosophical Society*. 6 vols. 1895-1935. Reprint. Adyar, India: Theosophical, 1974-75.

Olendzki, Andrew. "Interconnected... Or Not?" *Insight Journal* 24 (Spring 2005)

: 3.

Packer, Toni. *The Light of Discovery*. Rutland, Vt.: Tuttle, 1995a.

__________. *The Work of This Moment*. Rutland, Vt.: Tuttle, 1995b.

Payne, Richard. "Individuation and Awakening: Romantic Narrative and the Psychological Interpretation of Buddhism." In *Buddhism and Psychotherapy across Cultures: Essays on Theories and Practices*, ed. Mark Unno, 31-52. Boston: Wisdom Publications, 2006.

Perry, Seamus. "Literary Criticism and Theory." In *Romanticism: An Oxford Guide*, ed. Nicholas Roe, 594-606. New York: Oxford University Press, 2005.

Preece, Rob. *The Psychology of Buddhist Tantra*. Ithaca, N.Y.: Snow Lion, 2006.

Ponlop Rinpoche, Dzogchen. "A Science of Mind." www.nalandabodhi.org/science_of_mind.html.

Prebish, Charles S. *Luminous Passage: The Practice and Study of Buddhism in America*. Berkeley: University of California Press, 1999.

Prebish, Charles S., and Kenneth Tanaka, eds. *The Faces of Buddhism in America*. Berkeley: University of California Press, 1998.

Prothero, Stephen. *The White Buddhist: The Asian Odyssey of Henry Steel Olcott*. Bloomington: Indiana University Press, 1996.

______________. "Boomer Buddhism," *Salon.com*, February 2001. http://archive.salon.com/books/feature/2001/02/26/buddhism/print.html.

Proust, Marcel. *Remembrance of Things Past*. Vol. 1. *Swan's Way: Within a Budding Grove*. Translated by C. K. Scott Moncrieff and Terence Kilmartin. New York: Vintage, 1981.

Queen, Christopher, ed. *Engaged Buddhism in the West*. Boston: Wisdom Publications, 1999.

__________________. *Action Dharma: New Studies in Engaged Buddhism*. London: RoutledgeCurzon, 2003.

Queen, Christopher S., and Sallie B. King. *Engaged Buddhism: Buddhist Libe-*

ration Movements in Asia. Albany: State University of New York Press, 1996.

Rahula, Walpola. *What the Buddha Taught*. 1959. Reprint. New York: Grove Press, 1974.

Reiff, P. *The Triumph of the Therapeutic: Uses of Faith after Freud*. Chicago: University of Chicago Press, 1966.

Reps, Paul. *Zen Flesh, Zen Bones: A Collection of Zen and Pre-Zen Writings*. 1957. Reprint. Rutland, Vt.: Tuttle, 1987.

Rhys Davids, Caroline A. F. *Buddhism: A Study of the Buddhist Norm*. London: Williams and Norgate, 1912.

Rhys Davids, Thomas W. *Lectures on the Origin and Growth of Religion as Illustrated by some Points in the History of Indian Buddhism*. Hibbert Lectures. New York: Putnam, 1882.

Rilke, Rainer Maria. *Duino Elegies*. Translated by J. B. Leishman and Stephen Spender. New York, London: Norton, 1939.

Ross, Nancy Wilson, ed. *The World of Zen: An East-West Anthology*. New York: Random House, 1960.

Rousseau, Jean-Jacques. *Emile*. Translated by Barbara Foxley. London: Dent, 1911.

__________________. *The Social Contract and Discourse on the Origins of Inequality*. Edited by Lester G. Crocker. New York: Simon and Schuster, 1967,

Rydell, Robert. *All the World's a Fair: Vision of Empire at American International Exhibitions, 1876-1916*. Chicago: University of Chicago Press, 1984.

Safran, Jeremy, ed. *Psychoanalysis and Buddhism: An Unfolding Dialogue*. Boston: Wisdom Publications, 2003.

Salzberg, Sharon. "I Feel Your Brain." *Tricycle* 62, no. 2 (Winter 2006): 67-69, 188-89.

Samuel, Geoffrey. *Civilized Shamans: Buddhism in Tibetan Societies*. Washington, D.C.: Smithsonian Institution Press, 1993.

Sangharakshita, *The Religion of Art*. Glasgow, UK: Windhorse Publications, 1973.

Śāntideva. *A Guide to the Bodhisattva's Way of Life*. Translated by Alan Wallace and Vesna Wallace. Ithaca, NY: Snow Lion, 1997.

Schelling, Friedrich Wilhelm Joseph von. *Friedrich Wilhelm Joseph Schelling's Sammtliche Werke*. Edited by K. F. A. Schelling, Pt. I, vols. 1-10. Pt. II, vols. 1-4, Stuttgart: Cotta, 1856-61.

________. *System of Transcendental Idealism* (1800), Translated by Peter Heath. Charlottesville: University Press of Virginia, 1978.

________. *Philosophy of Art*. Translated and edited by Douglas W. Stott. Minneapolis: University of Minnesota Press, 1989.

Schiller, Friedrich. *On the Aesthetic Education of Man, in a Series of Letters*. Translated by Elizabeth M. Wilkinson and L. A. Willoughby. Oxford: Oxford University Press, 1967.

Schleiermacher, Friedrich. *On Religion: Speeches to Its Cultured Despisers*. Translated and edited by Richard Crouter. Cambridge: Cambridge University Press, 1988.

Schmidt, Leigh Eric. "The Making of Modern Mysticism." *Journal of the American Academy of Religion* 71, no. 2 (June 2003): 273-302.

________________. *Restless Souls: The Making of American Spirituality*. New York: HarperCollins, 2005.

Schopenhauer, Arthur. *The World as Will and Representation*. Translated by E. F. J. Payne. New York: Dover, 1969.

Schwab, Raymond. *Oriental Renaissance: Europe's Rediscovery of India and the East, 1680-1880*. New York: Columbia University Press, 1987.

Seager, Richard Hughs. *The World's Parliament of Religions: The East/West Encounter, Chicago, 1893*. Bloomington: Indiana University Press, 1995.

Schmidt, Leigh Eric. *Buddhism in America*. New York: Columbia University Press, 1999.

______________. *Encountering the Dharma: Daisaku Ikeda, Soka Gakkai, and the Globalization of Buddhist Humanism*. Berkeley: University of California Press, 2006.

Sharf, Robert H. "Buddhist Modernism and the Rhetoric of Meditative Experience." *Numen* 42, no. 3 (October 1995a): 228-83.

______________. "The Religion of Science: Paul Carus and the Gospel of Buddha." *Tricycle* 4, no. 4 (summer 1995b): 12-15.

______________. "The Zen of Japanese Nationalism." In *Curators of the Buddha: The Study of Buddhism Under Colonialism*, ed. Donald S. Lopez Jr., 107-60. Chicago: University of Chicago Press, 1995c.

______________. *Coming to Terms with Chinese Buddhism: A Reading of the Treasure Store Treatise*. Honolulu: University of Hawaii Press, 2001.

Shattock, E. H. *An Experiment in Mindfulness*. New York: Dutton, 1960.

Shils, Edward. *Tradition*. Chicago: University of Chicago Press, 1981.

Showalter, Elaine. Introduction to Virginia Woolf, *Mrs. Dalloway*, xi-xlix. New York: Penguin Books, 2000.

Siegel, Lee. "The Imagination of Disaster." *Nation*, April 11, 2005. www.thenation.com/doc/20050411/siegel.

Singh, Nagendra Kumar, ed. *International Encyclopedia of Buddhism*. New Delhi: Anmol, 1996.

Simmel, Goerg. "The Future in Our Culture." In *Georg Simmel: Sociologist and European*. 1909. Reprint. Middlesex, England: Thomas Nelson, 1976.

Snodgrass, Judith. *Presenting Japanese Buddhism to the West: Orientalism, Occidentalism, and the Columbian Exposition*. Chapel Hill: University of North Carolina Press, 2003.

Snyder, Gary. *The Practice of the Wild: Essays*. San Francisco: North Point Press, 1990.

______________. *The Gary Snyder Reader: Prose, Poetry and Translations, 1952-1998*. Washington, D.C.: Counterpoint, 1999.

____________. "Writers and the War against Nature." *Resurgence* 239 (2006): 12–17. http://www.resurgence.org/magazine/article291-WRITERS-AND-THE-WAR-AGAINSTNATURE.html.

Sōen (Soyen) Shaku. *Zen for Americans: Including the Sutra of Forty-two Chapters.* 1913. Reprint. New York: Barnes and Noble Books, 1993.

Soma Thera. *The Removal of Distracting Thoughts: A Discourse of the Buddha.* Kandy, Sri Lanka: Buddhist Publication Society, 1981. www.accesstoinsight.org/lib/authors/soma/wheel021.html.

Steger, Manfred B., and Perle Besserman. *Grassroots Zen.* Rutland, Vt.: Tuttle, 2001.

Strauss, C. T. *The Buddha and His Doctrine.* Port Washington, N.Y.: Kennikat Press, 1922.

Suzuki, Daisetz Teitarō. *Essays in Zen Buddhism.* First series. New York: Grove Press, 1949.

____________. *Zen Buddhism: Selected Writings of D. T. Suzuki.* Edited by William Barrett. Garden City, N.Y.: Anchor, 1956.

____________. Zen and Japanese *Culture.* Princeton: Princeton University Press, 1959.

____________. "Lectures on Zen Buddhism." In *Zen Buddhism and Psychoanalysis*, ed. D. T. Suzuki, Erich Fromm, and Richard De Martino, 1–76. New York: Grove Press, 1960.

____________. *Mysticism Christian and Buddhist.* 1957. Reprint. London: Allen and Unwin, 1979.

Suzuki, D. T., Erich Fromm, and Richard De Martino, ed. *Zen Buddhism and Psychoanalysis.* New York: Grove Press, 1960.

Swearer, Donald K. *The Buddhist World of Southeast Asia.* Albany: State University of New York Press, 1995.

____________. "The Hermeneutics of Buddhist Ecology in Contemporary Thailand: Buddhadāsa and Dhammapiṭaka." In *Buddhism and Ecology: The*

Interconnection of Dharma and Deeds, ed. Mary Evelyn Tucker and Duncan Ryūkan Williams, 21-44. Cambridge, Mass.: Harvard University Center for the Study of World Religions, 1997.

________________. "Aniconism versus Iconism in Thai Buddhism." In *Buddhism in the Modern World: Adaptations of the Ancient Tradition*, ed. Steven Heine and Charles S. Prebish, 9-26. New York: Oxford University Press, 2003.

T'ai hsu [Taixu]. *Lectures in Buddhism*. Paris, 1928.

Tambiah, Stanley J. *Buddhism and the Spirit Cults in North-East Thailand*. Cambridge: Cambridge University Press, 1987.

Taylor, Charles. *Sources of the Self: The Making of Modern Identity*. Cambridge: Harvard University Press, 1989.

____________. *The Ethics of Authenticity*. Cambridge: Harvard University Press, 1991.

Ṭhānissaro Bhikkhu. "Romancing the Buddha." *Tricycle* 12, no. 2 (Winter 2002): 45-47, 106-12.

Thoreau, Henry David. *Walden*. New York: Quality Paperback, 1997.

Thurman, Robert. "Tibetan Psychology: Sophisticated Software for the Human Brain." In Herbert Benson et al., eds., *Mindscience: An East-West Dialogue*. Somerville, Mass.: Wisdom Publications, 1991.

_______________. trans. *The Tibetan Book of the Dead: The Great Book of Natural Liberation through Understanding in the In-Between*. New York: Bantam, 1994.

_______________. Interview. *Pulse of the Planet*, program 2971, July 21, 2003. Excerpt online.http://pulseplanet.com/archive/Jul03/2971.html.

Tonkinson, Carole. *Big Sky Mind: Buddhism and the Beat Generation*. New York: Riverhead Books, 1995.

Toulmin, Stephen. *Cosmopolis: The Hidden Agenda of Modernity*. New York: Free Press, 1990.

Trine, Ralph Waldo. *In Tune with the Infinite: Fullness of Peace, Power, and*

Plenty. London: Thorsons, 1995.

Troeltsch, Ernst. *The Social Teaching of the Christian Churches*, Vol. 2. New York: MacMillan, 1931.

Trungpa, Chögyam. *The Myth of Freedom and the Way of Meditation*. Boston: Shambhala, 1976.

________________. "Introductory Essay: The Meeting of Buddhist and Western Psychology." In *Buddhism and Western Psychology*, ed. Nathan Katz, 1-10. Boulder, Colo.: Prajña Press, 1983.

________________. *The Collected Works of Chögyam Trungpa*. 8 vols. Boston: Shambhala, 2003-4.

Tucci, Giuseppe. *The Theory and Practice of the Mandala: With Special Reference to the Modern Psychology of the Subconscious*. Translated by Alan Houghton Brodick. 1961. Reprint. New York: Samuel Weiser, 1970.

Tuchman, Maurice. *The Spiritual in Art: Abstract Painting 1890-1985*. New York: Abbeville Press, 1986.

Tucker, Evelyn, and Duncan Ryūken Williams. *Buddhism and Ecology: The Interconnection of Dharma and Deeds*. Religions of the World and Ecology Series. Cambridge, Mass.: Harvard Center for World Religions, 1998.

Turner, Frank M. "The Victorian Crisis of Faith and the Faith That Was Lost." In *Victorian Faith in Crisis: Essays on Continuity and Change in Nineteenth-Century Religious Belief*, ed. Richard J. Helmstadter and Bernard Lightman. Stanford: Stanford University Press, 1991.

Tweed, Thomas A. "Night-Stand Buddhists and Other Creatures: Sympathizers, Adherents, and the Study of Religion." In *American Buddhism: Methods and Findings in Recent Scholarship*, ed. Duncan Ryūken Williams and Christopher S. Queen, 71-90. Richmond, Surrey: Curzon Press, 1999.

________________. *The American Encounter with Buddhism, 1844-1912: Victorian Culture and the Limits of Dissent*. 1992. Reprint. Chapel Hill: University of North Carolina Press, 2000.

Tworkov, Helen. *Zen in America: Five Teachers and the Search for an American Buddhism.* New York: Kodansha America, 1994.

Vaidya, P. L., ed. *Aṣṭasāhasrikā Prajñāpāramitā.* Buddhist Sanskrit Texts no. 4. Darbhanga, India: Mithila Institute, 1960.

_______________. *Gaṇḍavyūha Sūtra.* Buddhist Sanskrit Texts, no. 5. Darbhanga, India: Mithila Institute, 1960.

Varela, Francisco J., ed. *Sleeping, Dreaming, and Dying: An Exploration of Consciousness with the Dalai Lama.* Boston: Wisdom Publications, 1997.

Varela, Francisco J., Evan Thompson, and Eleanor Rosch. *The Embodied Mind: Cognitive Science and Human Experience.* Cambridge, Mass.: MIT Press, 1991.

Verheoven, Marin J. "Americanizing the Buddha: Paul Carus and the Transformation of Asian Thought." In *Faces of Buddhism in America*, ed. Charles S. Prebish and Kenneth K. Tanaka, 207-26. Berkeley: University of California Press. 1998.

Victoria, Brian. *Zen at War.* 2nd ed. Lanham, Md.: Rowman and Littlefield, 2006.

von Stuckrad, Kucko. "Re-enchanting Nature: Modern Western Shamanism and Nineteenth-Century Thought." *Journal of the American Academy of Religion* 70, no. 4 (December 2002): 771-99.

Wallace, B. Alan. "Introduction: Buddhism and Science—Breaking Down the Barriers." In *Buddhism and Science: Breaking New Ground*, ed. B. Alan Wallace, 1-29. New York: Columbia University Press, 2003.

_______________. *Contemplative Science: Where Buddhism and Neuroscience Converge.* New York: Columbia University Press, 2007.

Wallace, B. Alan, and Arnold P. Lutzker, eds. *Buddhism and Science: Breaking New Ground.* New York: Columbia, 2003.

Watts, Alan. "Haiku." In *The World of Zen: An East-West Anthology*, ed. Nancy Wilson Ross, 121-28. New York: Random House, 1960.

__________. *This Is It: And Other Essays on Zen and Spiritual Experience.* 1958. Reprint. New York: Vintage Books, 1973.

__________. *The Way of Zen.* 1957. Reprint. New York: Vintage Books, 1989.

Weber, Max. *The Protestant Ethic and the Spirit of Capitalism.* Translated by Talcott Parsons. New York: Scribner's, 1958.

Williams, Duncan Ryūken. *The Other Side of Zen: A Social History of Sōtō Zen Buddhism in Tokugawa Japan.* Princeton: Princeton University Press, 2005.

Wilson, A. L. *A Mythical Image: The Ideal of India in German Romanticism.* Durham, N.C.: Duke University Press, 1964.

Woodhead, Linda, and Paul Heelas. *Religion in Modern Times: An Interpretive Anthology.* Oxford: Blackwell, 2000.

Woodward, F. L., trans. *The Book of Gradual Sayings (Aṅguttara Nikāya) or More Numbered Suttas.* 5 vols. London: Oxford University Press, 1932.

Woolf, Virginia. "Jane Austen." In *The Common Reader,* 1st series, 134–45. New York: Harcourt Brace Jovanovich, 1984a.

__________. "Modern Fiction." In *The Common Reader,* 1st series, 146–54. New York: Harcourt Brace Jovanovich, 1984b.

__________. "A Sketch of the Past." In *Moments of Being,* 2nd ed., ed. Jeanne Schulkind, 61–160. Orlando, Fla.: Harcourt Brace, 1985.

__________. *Mrs. Dalloway.* New York: Penguin Books, 2000.

Wordsworth, William. *William Wordsworth—The Major Works: Including the Prelude.* Edited by Stephen Gill. New York: Oxford University Press, 2000.

Wu, Duncan, ed. *Romanticism: An Anthology.* 2nd ed. Malden, Mass.: Blackwell, 1998.

Yokoi, Yūhō. *Zen Master Dōgen: An Introduction with Selected Writings.* New York: Weatherhill, 1976.

Yusa, Michiko. *Zen and Philosophy: An Intellectual Biography of Nishida Kitarō.* Honolulu: University of Hawaii Press, 2002.

찾아보기

【ㄹ】

【ㅁ】

【ㅂ】

【ㅅ】

【ㅇ】

【ㅈ】

【ㅊ】

【ㅋ】

역자 후기

이 책은 서양인과 동양인이 근대성의 압박을 받아서 새로운 형태의 불교인 불교 근대주의를 형성한 방식을 포괄적이고 정교하게 분석한 것입니다. 각 장은 불교 교리나 실천의 일부 측면이 근대성의 담론과 실천 속에 어떻게 자리 잡게 되었는지에 초점을 맞추고 있습니다. 먼저 1장, 2장, 3장은 불교 근대주의의 형성에 기여한 요소, 문화적 맥락, 담론을 소개하고 있습니다. 이 세 장은 초보 독자들에게 더 구체적인 이후 장을 이해하는 데 필요한 배경지식을 제공합니다. 4장, 5장, 6장은 불교 전통과 19세기의 세 가지 지배적인 근대성 담론인 과학적 합리주의, 낭만주의, 서양 유일신론과의 관계를 밝혀내어 불교와 서구 근대성의 연관성을 더 자세히 살펴봅니다. 4장은 헨리 스틸 올콧(Henry Steel Olcott), 폴 카루스(Paul Carus), 아나가리카 다르마팔라(Anagārika Dharmapāla)와 같은 인물들을 논의합니다. 저자는 이러한 인물들이 과학, 근대성과 불교와의 관계에 대해 서로 다른 인식을 지녔음에도 불구하고, 각자의 방식으로 불교 근대주의의 한 측면을 형성하는 데 기여하였음을 밝힙니다. 5장은 불교와 낭만주의의 관계를 조사합니다. 저자는 장 자크 루소(Jean-Jacques Rousseau)와 같은 사상가들과 미국 초월주의와 같은 운동을 개괄하면서, 불교도들이 영향을 받은 주제를 보여줍니다. 저자는 또한 불교도들이 낭만주의의 영향을 받은 사람들과의 대화에 어떻게 참여하고 그 흐름을 형성해 나갔는지를 보여주려 합니다. 여기서 초점은 선 불교와 스즈키 다이세츠(鈴木大拙)의 역할에 있습니다. 6장은 불교의 상호의존성 또는 연기緣起라는 개념이 어떻게 전통 불교 사상과 근대 서양 사상이 서로 혼합되는 무대가 되었는지를 살펴봅니다. 저자는 이 개념이 처음에는 윤회의 메커니즘을 설명하는 데 사용되었으나, 점차 모든 존재의 확장된 몸체를 의미하는 방향으로 발전해 온 과정을 추적합니다. 7장과 8장은 명상과 마음챙김(sati)에 대한 사례 연구를 통해 불교 근대주의의 다양한 국면을 더욱 심도 있게 살펴봅니다. 7장은 명상이 어떻게 전통적인 불교 세계에서 벗어나 심리학과 신경과학의 새로운 영역으로 들어왔는지를 서술합니다. 여기서 저자는 주관성과 개인주의의 개념이 명상과 근대성이 결합하는 지점을 이해하는 데 중요한 단서가 된다고 말합니다. 8장은 틱낫한과 다른 불교 사상가들의 사유를 통해 불교의 마음챙김이 근대성의 세계 긍정 사상과 어떻게 조화를 이루도록 어떻게 재구성되었는지를 설명합니다.

결론인 9장은 이 책의 주제에 대한 종합적 성찰을 제공하고, 불교의 근대적 적용이 어떻게 발전할지, 그리고 어떤 긴장에 계속 직면할지 고찰합니다. 여기서 저자가 만든 가장 흥미로운 범주는 이른바 '세계 민속불교(global folk Buddhism)'입니다. 이는 교육 받은 부유층에게 호소력이 있고, 미디어 및 세계화와 결부된 대중불교를 설명하는 개념입니다. 저자는 이 세계 민속불교의 수용과, 보다 진지한 승가 중심의 전통불교 및 사회적 참여불교와의 결합이 불교 근대주의의 미래에 가장 실행 가능성이 높다고 조언합니다.

비록 저자는 티베트, 일본, 스리랑카 등을 소재로 삼고 한국은 다루지 않았음에도 불구하고, 이 책은 우리와도 무관하지 않으며, 오히려 시사하는 바가 적지 않다고 생각됩니다. 왜냐하면 우리의 불교도 전통, 근대, 탈근대, 재전통화 등 책에서 논의하는 거의 모든 이슈가 혼재하며, 2장에서 저자가 묘사한 전통 불교도와 근대주의 불교도의 초상肖像들을 우리 주변에서도 찾아볼 수 있기 때문입니다.

역자가 이 책을 번역하면서 염두에 둔 중요한 사항 하나를 밝히고자 합니다. 그것은 modern과 contemporary를 철저히 구분하여 번역하였다는 점입니다. 한국어로 번역할 때 양자는 모두 '현대'라고 번역되는 경우가 종종 있지만, 사실 둘은 별개의 개념입니다. 영어 'modern'은 일반적으로 우리가 살고 있는 '지금'을 의미하지만, 학술적인 측면에서는 대체로 18세기 후반부터 19세기 초의 프랑스 시민혁명과 산업혁명을 거치며 중세를 벗어나는 기간이며, 20세기 중반까지 이어지는 시기를 가리킵니다. 그래서 서양의 역사적 경험과 관련된 시대 구분이라고 할 수 있습니다. 이러한 근대 시기에 시작돼 현대 초중반까지 이어진 사상적 흐름을 '근대주의(modernism)'라고 일컫습니다. 반면에 'contemporary'는 어원적으로 con(같이)과 temp(시간)의 결합입니다. 그래서 '동시대의', '현대의', '당대의'라는 뜻으로, 주로 현재 또는 같은 시대에 존재하거나 발생하는 것을 의미합니다.

1년이 넘는 시간 동안 번역 작업에 몰두한 끝에 마침내 탈고하게 되어 무척 홀가분한 마음입니다. 동시에 역자로서의 역량 부족으로 인해 오역이 있었던 것은 아닐까 하는 두려움도 남아 있습니다. 혹여 그런 오류가 있다면, 그 모든 책임은 전적으로 역자인 저에게 있음을 밝힙니다. 끝으로 이 번역서가 나오는 데 도움을 주신 분들을 언급하고

자 합니다. 이 책의 한국어 번역에 시종일관 지대한 관심을 보이고 격려해 주셨을 뿐만 아니라 친히 한국어 서문을 써주신 데이비드 L. 맥마한 교수님께 감사드립니다. 또한 이 책이 나올 수 있도록 지원해 주신 대한불교진흥원 학술 콘텐츠 공모 사업의 신진욱 사무국장님, 고영인 부장님을 포함하여 사업을 진행하셨던 진흥원분들께도 감사드립니다. 또한 이 책의 출판을 맡아주신 운주사 김시열 사장님과 직원분들께도 감사드립니다.

2025년 겨울

김한상

지은이 데이비드 L. 맥마한(David L. McMahan)

펜실베이니아 프랭클린 앤 마샬 칼리지(Franklin and Marshall College)의 종교학과 부교수이다.
저서로는 이 책을 비롯하여 『대승불교의 메타포와 환상적 심상(Metaphor and Visionary Imagery in Mahayana Buddhism)』 등이 있고, 남아시아 불교 및 불교와 근대성에 대한 논문들이 있다.

옮긴이 김한상

동국대학교 불교대학 불교학과를 졸업하고, 스리랑카 켈라니아 대학(University of Kelaniya)의 빨리불교학대학원(Postgraduate Institute of Pali and Buddhist Studies: PGIPBS)에서 석사와 박사학위를 받았다. 한국외국어대학교 인도연구소 HK연구교수, 동국대학교 불교학술원 전임연구원, 동국대학교 불교대학 세계불교학연구소 연구초빙교수를 거쳐 현재는 능인대학원대학교 불교학과 조교수로 재직 중이다.
주요 연구 분야는 초기불교, 테라와다 불교, 스리랑카 불교이며, 불교 심리학, 불교 철학, 불교 윤리학으로도 연구 영역을 확장하고 있다.

대원불교 학술총서 43 불교 근대주의의 형성

초판 1쇄 인쇄 2026년 2월 2일 | **초판 1쇄 발행** 2026년 2월 10일
지은이 데이비드 L. 맥마한 | **옮긴이** 김한상 | **펴낸이** 김시열
펴낸곳 도서출판 운주사
(02832) 서울시 성북구 동소문로 67-1 성심빌딩 3층
전화 (02) 926-8361 | **팩스** 0505-115-8361
ISBN 978-89-5746-913-2 93220 값 32,000원
http://cafe.daum.net/unjubooks 〈다음카페: 도서출판 운주사〉